PIECHNICZEK

Paweł Czado Beata Żurek

PIECHNICZEK

Tego nie wie nikt

Biblioteka
Gazety
Wyborczej

Wstęp

11 grudnia 1985 roku. Adana, prowincjonalne tureckie miasto blisko granicy z Syrią.

Reprezentacja Polski rozgrywa z gospodarzami oficjalny towarzyski mecz międzypaństwowy. Goście atakują. Jeden z tureckich obrońców uderza łokciem w twarz napastnika Andrzeja Zgutczyńskiego. Polski piłkarz upada na murawę, turecki sędzia Talat Tokat nie reaguje. Gra toczy się dalej, ale tylko przez chwilę. Polski trener gwałtownie zrywa się z ławki rezerwowych, wbiega na boisko i wślizgiem wchodzi w przeciwnika. Zabiera mu piłkę i przerywa akcję. Tumult, ale wściekły szkoleniowiec na nic nie zważa.

– A co tam wcześniej było?! – krzyczy.

Polscy piłkarze w szoku. – Nasz szkoleniowiec zawsze gwałtownie reagował na niesprawiedliwość. Ale to, co zdarzyło się w Turcji, było niezwykłe – mówi Waldemar Matysik, który grał w tamtym meczu i wciąż opowiada o tym drżącym głosem.

Tym trenerem był Antoni Piechniczek. Człowiek, który zapisał się w historii polskiego futbolu. Jako jedyny szkoleniowiec zdobył z Biało-Czerwonymi awans do dwóch mundiali, a w jednym z nich poważnie namieszał.

O nim jest ta opowieść.

Trening reprezentacji Polski. Dyryguje Antoni Piechniczek.
Za nim Stefan Majewski, przed nim Roman Wójcicki. Na pierwszym planie w parze trenują – Janusz Kupcewicz i Włodzimierz Ciołek.

ROZDZIAŁ 1.

Miód na serce narodu

(1982)

„W 1982 roku Polska była bliżej zdobycia mistrzostwa świata niż w 1974". Rzesze kibiców uważają, że jedenastka Kazimierza Górskiego powinna być odesłana do Sèvres jako wzorzec piłkarskiego ideału. Dla nich powyższe zdanie brzmi więc jak herezja. Muszą jednak wziąć pod uwagę to, że w 2015 roku zgodnie wypowiadają je Grzegorz Lato i Władysław Żmuda, a byli przecież na obu tych mundialach i zagrali we wszystkich turniejowych meczach. Opinia świetnych polskich piłkarzy brzmi o tyle nieprawdopodobnie, że żadna inna drużyna nie musiała pokonać aż tylu przeszkód, żadna inna drużyna nie przeżywała tylu kuriozalnych problemów jak ekipa Antoniego Piechniczka. Jego piłkarze zmagali się przed mundialem w Hiszpanii i w jego trakcie z przeciwnościami, które żywcem mogliby przejąć scenarzyści serialu „Alternatywy 4" nagranego zresztą rok później. Atmosfera w Polsce jest fatalna. Od grudnia obowiązuje stan wojenny. Władza nie patyczkuje się z obywatelami, coraz więcej internowanych. Każde połączenie telefoniczne rozpoczyna uprzejmy głos, że rozmowa będzie kontrolowana. 1 lutego 1982 roku ceny artykułów żywnościowych rosną o 241 procent. Ludzie i tak wykupują wszystko. Sklepowe półki są puste, a najłatwiej dostać ocet. Sklepikarze nie przejmują się wyglądem towarów, wcale nie musi być zachęcający. Artykuły spożywcze i przemysłowe sprzedawane są w przypadkowych opakowaniach, wystarczy pieczątka z napisem „etykieta zastępcza". Dlatego gra naszych piłkarzy na hiszpańskim mundialu ma być miodem na serce umęczonego narodu.

Ale piłkarze też łatwo nie mają. Po ponad trzydziestu latach naprawdę trudno uwierzyć w to, w jaki sposób reprezentacja Polski przedzierała się do sukcesu w 1982 roku. Przygody piłkarzy na turnieju w Hiszpanii nie są jednak satyrą na rzeczywistość w PRL-u. Oddają ducha tamtych czasów, kiedy prowizorka goniła prowizorkę. Sukces drużyny Antoniego

Piechniczka można porównać do wyścigu, w którym świetny kolarz siada na dziecięcy rower, żeby się ścigać z rywalami dysponującymi najnowszym sprzętem. A jednak daje radę. To zdumiewające, ale wpada na metę w pierwszej trójce...

– Szkoda, że Antoni Piechniczek tak szybko zostawił polski futbol. Gdyby został na stanowisku selekcjonera, na pewno grałbym w piłkę co najmniej trzy lata dłużej – deklaruje dziś Zbigniew Boniek.

„Gdybyśmy mieli taką obronę ze Żmudą i Janasem i takiego bramkarza jak Młynarczyk, bylibyśmy mistrzami świata" – pisze smętnie po hiszpańskich mistrzostwach brazylijski dziennik „O Globo".

Klepisko na początek

W pierwszej rundzie mundialu Polacy trafiają na Włochy, Peru i Kamerun. W powszechnej opinii Polska ma powalczyć o awans i drugie miejsce w grupie przede wszystkim z reprezentacją Peru. Nastroje są jednak stonowane, hurraoptymizmu nie ma. – Przed mistrzostwami świata nie odczuwałem wielkiej społecznej presji. Ludzie mówili: „Najpierw niech wyjdą z grupy, a potem zobaczymy". Na pewno nie byliśmy w gronie faworytów – wspomina Andrzej Buncol.

10 czerwca Polacy zostają zakwaterowani w hotelu Porto Cobo w galisyjskiej miejscowości Santa Cruz. Do pierwszego meczu cztery dni. Z początku sielanka: właściciele hotelu, bracia Francisco i Eduardo Caridadowie, zapraszają ekipę na występ folklorystycznego zespołu Los Gaiteirinos. Wydaje się, że o reprezentację zadbano jak należy. Pobudka wyznaczona na godz. 8.30. O godz. 8.45 zawodnicy stają na wadze, a pomiary notują masażyści – Zbigniew Lorek i Zbigniew Korolkiewicz.

O godz. 9 śniadanie, potem piłkarze wychodzą na trening. Szok! Boisko obok hotelu to żałosne klepisko, murawa jest w skandalicznym stanie. Trawy właściwie nie ma, nierówne piaszczysto-gliniaste podłoże jest tylko gdzieniegdzie upstrzone nieregularnymi kępkami zieleni.

– Jak zobaczyłem to boisko, byłem przerażony i zdegustowany. Jak dobrze przygotować zespół do meczu na takiej murawie? – wspomina Antoni Piechniczek.

Trudno uwierzyć, że w takim miejscu mógłby trenować uczestnik mistrzostw świata. Nikt z działaczy tego nie przewidział?! A jednak... Okazuje się, że brak trenera Piechniczka podczas styczniowego rekonesansu w Hiszpanii to poważny błąd piłkarskich działaczy. Pojechali sami, trenera nie zabrali.

Piechniczka rozbawia pierwszy list, który przychodzi do niego na adres w Porto Cobo. To oferta z jakiegoś sklepu numizmatycznego

Reprezentacja Polski w trakcie prowizorycznego treningu na klepisku w Santa Cruz podczas mundialu w Hiszpanii (czerwiec 1982). Antoni Piechniczek pierwszy z lewej.

oferującego kupno złotych monet. Piechniczek nie ma złota. Oszczędza na dietach, żeby wysłać widokówki wszystkim, którym obiecał.

– Niedoróbki organizacyjne podczas hiszpańskiego mundialu? O Matko Boska! – łapie się za głowę Grzegorz Lato. – Boisko treningowe było do niczego, musieliśmy na nim ćwiczyć. W 1974 roku w RFN pod tym względem było perfekcyjnie. Rodzina Bofingerów w Murrhardt dbała tam o nas jak o własne dzieci, nigdy tego nie zapomnę – mówi Lato [Albert Bofinger był właścicielem hotelu Sonne Post, w którym byli zakwaterowani Polacy, a boiska treningowe były w idealnym stanie – przyp. aut.].

Zbigniew Boniek: – W Hiszpanii na widok boiska rzeczywiście można się było załamać. Ale my nie płakaliśmy. Urodziliśmy się przecież w komunistycznej Polsce i byliśmy zahartowani. Człowiek był szczęśliwy, że może grać i trenować... Kiedy byłem dzieckiem, rano dostawałem kromkę chleba, a wracałem do domu wieczorem, po pięciu meczach zagranych przed lekcjami, pięciu po lekcjach i po pięciu bójkach na ulicy. Nie byliśmy chowani pod kloszem, nie byliśmy płaczkami.

Działacze w pośpiechu szukają innych miejsc do treningów. Udaje się znaleźć lepsze murawy w niedalekim Courel, a później jeszcze w Vilaboa. Piłkarze trenują tam dwa razy dziennie. Działacze ustalają, że w zamian za udostępnienie obiektu Polacy rozegrają tam mecz kontrolny. Trener nie ma wyjścia, musi na to przystać.

Piłkarze nie marudzą, chcą spełniać marzenia. 21-letni Waldemar Matysik jest podekscytowany. – Muszę się przyznać, że na mundial do

Hiszpanii jechałem po... mistrzostwo świata. Naprawdę! Mundial był jak Oksford, a ja bardzo wierzyłem w siebie i w tę drużynę. Dotąd o tym nie mówiłem, bo niektórzy mogliby to źle zrozumieć, ale ja w Hiszpanii chciałem realizować dziecięce marzenia. Właśnie po to ostro trenowałem, biegałem jak szalony. Zawsze byłem bardzo ambitny – wspomina.

Mecz numer 1. Rozbudzone nadzieje

Na przywitanie mundialu mecz w Vigo z najtrudniejszym rywalem w grupie. Włosi są faworytem w każdym turnieju, w którym startują. Z poprzedniego mundialu w 1978 roku wracają z czwartym miejscem. Jedyni pokonują Argentynę – gospodarza i późniejszego mistrza świata.

Przed meczem do kadry docierają plotki z Casa de Baron w Pontevedra, gdzie stacjonują Włosi, że w ekipie Enzo Bearzota są konflikty, panuje kiepska atmosfera. Piechniczek nie daje im wiary.

Mecz kończy się remisem 0:0. Nasi uznają to za dobrą pozycję startową w walce o wyjście z grupy. Obrona spisuje się bezbłędnie. Głównego rozgrywającego rywali Giancarlo Antognoniego neutralizuje Waldemar Matysik (początkowo Piechniczek zastanawia się, czy na jego miejscu w podstawowym składzie nie powinien zagrać Roman Wójcicki). Paweł Janas dobrze pilnuje Marco Tardellego, a Stefan Majewski – Paolo Rossiego.

Antoni Piechniczek: – Po uważnej obserwacji gry Włochów byłem zadowolony z remisu, ale trzeba powiedzieć, że był to remis ze wskazaniem na naszych rywali. Ich przewaga brała się stąd, że wystawiłem jednego defensywnego pomocnika i aż trzech ofensywnych. Teraz uważam, że o jednego za dużo. Zbyszek Boniek powinien był wtedy zagrać w ataku, a zamiast niego w środku pomocy powinien wyjść inny, bardziej defensywny piłkarz, na przykład Stefan Majewski [który wystąpił wtedy na prawej obronie – przyp. aut.]. Skąd się więc wzięło to ofensywne ustawienie? Po pierwsze, bardzo chciałem wygrać na inaugurację, po drugie, pamiętałem nasz bardzo dobry mecz w Argentynie z końcówki 1981 roku. Po tym spotkaniu pomyślałem, że nawet dwadzieścia meczów z różnymi drużynami klubowymi to nie to samo co kilka meczów reprezentacji. Brakowało tego rodzaju spotkań.

Grzegorz Lato: – Remis z Włochami na początek mundialu to był dobry wynik. Mecz kosztował nas dużo zdrowia, graliśmy w słońcu. Po meczu nikt na wynik nie narzekał.

Zbigniew Boniek: – Byliśmy w dobrej formie, z Włochami zremisowaliśmy spokojnie, choć graliśmy zachowawczo.

W tym meczu debiutuje Marek Kusto, napastnik Wisły Kraków. Na poprzednie mistrzostwa zabrali go zarówno Kazimierz Górski w 1974 roku, jak i Jacek Gmoch w 1978 roku, ale obydwa turnieje przesiedział na ławce rezerwowych. – Wprowadzenie Marka w drugiej połowie świadczyło o tym, że zależało nam na zwycięstwie. Nie baliśmy się Włochów, w ostatnich minutach nie zamierzałem bronić wyniku – mówi Piechniczek.

Polacy bezbłędnie spisują się w obronie. Włoscy napastnicy nie potrafią sobie poradzić z duetem stoperów.

Władysław Żmuda: – Graliśmy tak, że ja byłem ostatni, a Paweł Janas przede mną. Miał pilnować najgroźniejszego napastnika rywali, a ja miałem go asekurować. Dobrze się rozumieliśmy, ale postanowiliśmy wymyślić własny system i poczyniliśmy wewnętrzne ustalenia. Kiedy napastnik przeciwników biegał jak szalony wzdłuż pola karnego, mówiłem Pawłowi: „Po co masz za nim tak gonić? Podzielmy się tym zadaniem. Niech on się męczy, a my będziemy mieli więcej sił". W efekcie kiedy jakiś napastnik schodził w lewo, to ja go przejmowałem, a Paweł mnie asekurował, a kiedy w prawo – było odwrotnie.

– A co na to trener Piechniczek? – pytamy.

– Początkowo mu to nie pasowało. Denerwował się: „Paweł, co wy robicie, ty masz go kryć!" – uśmiecha się Żmuda.

Piechniczek: – Podobało mi się, jak w reprezentacji RFN współpracowali w ten sposób Schwarzenbeck z Beckenbauerem. To zdawało egzamin. Chciałem, żeby podobnie funkcjonowało to u nas. Janas i Żmuda byli świetną parą stoperów. Paweł nigdy nie odpuszczał, a Władek to był prawdziwy lis, który zawsze wiedział, jak się ustawić.

Adidas przynosi kasę w kopercie

Pierwszego dnia pobytu w Hiszpanii kierownictwo ekipy spotyka się z przedstawicielami Adidasa zaopatrującymi reprezentację w sprzęt. Słychać narzekania, bo jest słabej jakości. Grzegorz Lato i Andrzej Szarmach nie wytrzymują, odpruwają paski z butów.

Lato: – Ludzie z firmy już po pierwszym meczu z Włochami zrobili mi piękne zdjęcie, a właściwie nie mnie, tylko mojej nodze z numerem 16 na spodenkach. Odprułem te paski, bo uważałem, że zachowanie Adidasa jest skandaliczne. Nic z tego nie mieliśmy. Byłem już dwa lata na Zachodzie i widziałem, jak to działa. Piłkarze za reklamę powinni mieć korzyść. Działacze wyjaśniali, że Adidas zaopatruje w sprzęt polskich zawodników innych dyscyplin. Odpowiedziałem, że mnie nie interesują inne dyscypliny. Niech inni załatwiają sobie na własny rachunek. Ja tę firmę za długo za darmo reklamowałem.

Zbigniew Kaliński, sekretarz PZPN, naciska na obu piłkarzy, żeby nie wszczynali awantury.

– To głupia sytuacja – mówi Kaliński.

Lato: – Nie pasuje wam? Nie wstawiajcie mnie do składu, ale ja zdania nie zmienię. Nie będę grał.

Konsternacja. Do Laty podchodzi Edward Kucowicz, kierownik drużyny. – Przedstawiciel Adidasa chce z tobą rozmawiać – mówi.

Lato się zgadza. – Chodźmy do mojego pokoju – mówi. Zabiera Kucowicza, który ma tłumaczyć, i Władka Żmudę.

W pokoju Laty na podłodze stoi osiem nowiutkich par butów Diadory. Przedstawiciele tej firmy obiecują 3 tys. dolarów za każdy mecz rozegrany w tych butach.

– Co to jest? – pyta przedstawiciel Adidasa.

– Nie widać? Buty. Ja was już tyle lat reklamuję. Jedna olimpiada, mistrzostwa świata, druga olimpiada, drugie mistrzostwa. Teraz już trzeci mundial, a wy nic!

Człowiek Adidasa z pokorą przyjmuje krytykę. Ustala stawki z piłkarzami za grę w grupie i za wyjście z grupy.

– Osobiście na tym straciłem, ale wywalczyłem, żeby premię od Adidasa dostali wszyscy zawodnicy – mówi Lato.

– Tylko, żebym was nie szukał, jak wyjdziemy z grupy – mówi na odchodne przedstawicielom Adidasa.

Niemcy dotrzymują słowa. Po zwycięstwie z Peru wysłannik firmy przynosi Lacie szarą kopertę.

– Komplet?

– Tak jest.

Lato: – Przeliczyliśmy pieniądze z Władkiem Żmudą. Uznaliśmy, że podzielimy je między piłkarzy i pierwszego trenera, a na lekarza i masażystów się zrzucimy. Dostali po 550 dolarów, byli bardzo zadowoleni.

Nikt nie chce powiedzieć, ile pieniędzy wypłacił piłkarzom Adidas, ale Piechniczek po powrocie z hiszpańskiego mundialu zaczyna budować dom w Wiśle.

Mecz numer 2. Zwątpienie

Pięć dni później mecz z Kamerunem w La Corunii. W Polsce olbrzymi optymizm, zlejemy „kelnerów" jak nic! O tej drużynie w kraju nikt nic nie wie, o Kameruńczykach mówi się z pobłażliwością. Ale Piechniczek nie jest pewny zwycięstwa. – Wiedziałem, na co stać Kamerun. Na trzy miesiące przed mundialem pojechałem do Libii na Puchar Narodów Afryki. Kameruńczycy trzy razy tam zremisowali [kolejno 1:1 z Tunezją, 0:0 z Ghaną i 0:0 z Libią. Ghana i Libia doszły aż do finału, który po karnych wygrali gospodarze – przyp. aut.] i pechowo odpadli, zajmując trzecie miejsce. Może ich wyniki nie robiły wrażenia, ale widziałem dwa mecze tej reprezentacji. Wiedziałem, że na mundialu będzie ciężko. To była twarda drużyna, grająca bardzo szczelnie w obronie. Zaimponował mi ich bramkarz Thomas N'Kono.

Pocztówka z reprezentacją wydrukowana w Polsce z okazji mundialu. Od góry, pierwszy rząd od lewej: Antoni Piechniczek, Józef Młynarczyk, Piotr Mowlik, Jacek Kazimierski, Władysław Żmuda, Piotr Skrobowski, Jan Jałocha, Marek Dziuba; drugi rząd – Paweł Janas; trzeci rząd – Stefan

Majewski, Tadeusz Dolny, Zbigniew Boniek; czwarty rząd – Waldemar Matysik, Andrzej Buncol, Janusz Kupcewicz; piąty rząd – Grzegorz Lato, Włodzimierz Ciołek, Roman Wójcicki, Włodzimierz Smolarek, Andrzej Iwan, Andrzej Szarmach, Marek Kusto, Andrzej Pałasz.

Miał fantastyczne warunki fizyczne i był niezwykle skoczny. Dodajmy do tego potężnych, muskularnych, bezkompromisowych obrońców, z którymi każde fizyczne starcie jest kłopotliwe...

Mimo to Piechniczek ustawia zespół ofensywnie. Panuje opinia, że z takim rywalem nie wypada inaczej. Błąd!

– Wiedzieliśmy, jakie oczekiwania są w Polsce. Miało to być łatwiutkie wysokie zwycięstwo. Wysokie, bo przecież bramki mogą się liczyć przy awansie. Cud, że tego meczu... nie przegraliśmy. Kiedy teraz, po latach, czytam nasz ówczesny skład, muszę przyznać, że postąpiłem jak kamikadze. Cała nasza druga linia była zorientowana ofensywnie, wycofałem nawet Matysika. Kto miał przechwytywać piłki? Za bardzo chciałem wygrać. W efekcie Kameruńczycy często mieli przewagę na boisku i stworzyli wiele sytuacji, z których mogła paść bramka – przyznaje Piechniczek.

Polacy dostają zadanie skracania pola gry. Odległość między najbardziej wysuniętym do przodu Andrzejem Iwanem a stoperem Władysławem Żmudą ma być jak najmniejsza. Chodzi o to, żeby Kameruńczycy nie „rozbujali się" w środku pola. Paweł Janas ma kryć najgroźniejszego z rywali, słynnego potem Rogera Millę.

Paweł Janas: – Wiedzieliśmy, że z Kamerunem nie będzie łatwo. Trener opowiedział nam, co widział na mistrzostwach Afryki. Dobrze pamiętam Millę, potem rywalizowaliśmy w lidze francuskiej – ja w Auxerre, on w Bastii i St. Etienne. Był dobry technicznie i szybki, z niezłym dryblingiem. Z Władkiem Żmudą ustawialiśmy się tak, żeby być jak najbliżej niego. Gdyby miał czas, żeby się rozpędzić, mógłby minąć nawet pół drużyny. Sprawiał nam trochę kłopotów, ale najważniejsze, że nic nie strzelił. Zero do zera.

– Byliśmy krajem zacofanym informacyjnie – mówi Zbigniew Boniek. – Kamerun dla większości naszych kibiców to było tylko jedenaście „małp", które nie potrafią grać. A przecież wtedy rodziła się w Kamerunie reprezentacja, która była strasznie mocna, tylko nikt nie zdawał sobie z tego sprawy. Mogliśmy ten mecz wygrać 4:0. Dwa razy wybili mi piłkę z pustej bramki. Gdyby ktoś tamten mecz obejrzał dzisiaj, musiałby przyznać, że z Kamerunem grałem nie „dobrze", ale „bardzo dobrze". Na pewno niewiele gorzej niż w meczu z Belgią. Ale cóż, skoro z Kamerunem nie wygraliśmy, trzeba było zrobić rozpierduchę.

Nieładnie zachował się „Ajwen"

Jedną z gwiazd tej drużyny ma być Andrzej Iwan. Cztery lata wcześniej napastnika Wisły Kraków zabiera na mundial Jacek Gmoch. Iwan w wieku 18 lat debiutuje w reprezentacji Polski w meczu z Tunezją.

W Hiszpanii Piechniczek umieszcza go w podstawowym składzie. Iwan gra cały mecz z Włochami. W 25. minucie drugiego meczu z Kamerunem pada na murawę. Zerwanie mięśnia. Nie ma szans na dalszy udział w mistrzostwach. Piłkarz jest rozżalony. Uważa, że po kontuzji został bez pomocy. Wini za to selekcjonera.

W swojej autobiografii jednocześnie rozbrajająco przyznaje, że był do Antoniego Piechniczka... uprzedzony.

„Cóż to była za udręka – Piechniczek. Nie lubiłem go, jeszcze zanim się poznaliśmy. Macie tak czasami, prawda? Oceniacie kogoś z dystansu, nawet nie musicie podchodzić (...). Antoni Piechniczek nie spełniał ani jednego warunku, byśmy mogli znaleźć wspólny język. Wszystkie sygnały, które wysyłał, były sprzeczne z moimi. Kiedy został selekcjonerem, powiedziałem tylko: – O kurwa!" – napisał Iwan.

W trakcie kariery nigdy jednak selekcjonerowi nie mówi wprost, że go nie lubi, nie szanuje i że nie chce grać dla reprezentacji, którą on prowadzi. Ale nie protestuje, kiedy Piechniczek powołuje go na mundial, i nie odmawia wejścia na pokład samolotu lecącego do Hiszpanii.

Uzmysławia sobie jedynie, że „ma awersję do apodyktycznych trenerów".

Antoni Piechniczek: – Mam żal do Iwana, bo dopiero po latach, długo po mundialu, dowiedziałem się, że miał do mnie jakieś pretensje. Do dziś właściwie nie wiem o co. Wtedy w oczy mi nic nie powiedział. A ja zawsze w niego wierzyłem. Do mundialu był u mnie jednym z najczęściej grających piłkarzy w reprezentacji. Zawsze występował na środku ataku, a że zdołał strzelić tylko jednego gola – w towarzyskim meczu z Irlandią – to inna sprawa. Po drugie, Iwanowi nie podobało się, jak został potraktowany, kiedy odniósł kontuzję, a przecież powiedzieliśmy mu od razu: „Andrzej, leczenie takiego urazu trwa około sześciu tygodni. Na mundialu już nie zagrasz. Albo od razu lecisz do kraju, żeby się leczyć, albo zostajesz z nami". Iwan kalkuluje: jeśli zostanie z drużyną, może liczyć na takie pieniądze jak wszyscy. Jeśli wyjedzie, nie wiadomo, jak będzie z premią.

Zostaje z kolegami w Hiszpanii.

Lekarz nie może się nim zajmować przez cały czas, ma na głowie pozostałych piłkarzy.

Zbigniew Boniek: – Andrzeja szanuję. Wiem, że miał różne problemy w życiu [alkohol – przyp. aut.] i radził sobie z nimi lepiej lub gorzej. Zawsze byliśmy dobrymi kolegami i na kadrze nigdyśmy sobie w paradę nie wchodzili. Ale uczciwie mówiąc, w sporze Piechniczek – Iwan biorę stronę trenera. Andrzej wyszedł na mundialu w pierwszym składzie, selekcjoner miał do niego zaufanie i liczył na niego. A jeśli w trakcie turnieju się rozkraczył, to co trener winien? To normalne, że selekcjoner liczy żołnierzy gotowych do bitwy i nie ma czasu zajmować się tymi, którzy walczyć nie mogą. Pretensje Iwana są niesłuszne.

– Niełądnie zachował się „Ajwen" – mówi Grzegorz Lato. – Po latach obraził prawie wszystkich w swoich wspomnieniach, przykro było słuchać. Ja tego gówna, które napisał, nie czytałem. Powiedziałem mu tylko, co o tym myślę. Mógł go przecież Piechniczek w Hiszpanii od razu wsadzić w samolot i do Polski wysłać. A pozwolił mu zostać.

Józef Młynarczyk: – Iwan to był taki fajny chłopak. Mógł powiedzieć, że brakuje mu pieniędzy, a nie pisać głupoty, poratowalibyśmy go. Nie utrzymuję z nim kontaktu.

Piechniczek: – Niedawno zauważyłem Iwana na Stadionie Narodowym w Warszawie podczas meczu reprezentacji. Rozmawiał ze Zdzisławem Kręciną. Podszedłem i powiedziałem: „Andrzej, na głowę upadłeś, że piszesz takie bzdury?". A on mi na to: „Panie trenerze, trzeba, żeby coś się działo, żeby się sprzedawało". Czasem piłkarze zachowują się jak prostytutki. Chodzi o to, że mówią coś, co dziennikarze chcą usłyszeć. Dokładają do pieca, bo wiedzą, że to się sprzeda – mówi Piechniczek.

Ryszard Komornicki: – Na miejscu trenera nie przejmowałbym się słowami Iwana. To był wprawdzie najlepszy piłkarz, z jakim grałem, ale często nie myślał trzeźwo.

Nie będzie świń w ogródku

Nad piłkarzami Wisły Kraków podczas tego mundialu wisi fatum. Drugi wiślak, Jan Jałocha, jest podstawowym lewym obrońcą. W trzecim meczu z Peru już w 26. minucie musi zejść z boiska, bo od uderzenia piłką pęka mu jądro. Dzisiaj nie ma z nim kontaktu. Wyjechał do Niemiec, telefonu do niego nie ma nawet bratanek Marcin Jałocha (w 1992 roku zdobędzie wicemistrzostwo olimpijskie).

Trzeci wiślak, Piotr Skrobowski, utalentowany defensywny pomocnik, nie gra w Hiszpanii nawet minuty. Kontuzjowany jeszcze przed turniejem.

Antoni Piechniczek: – Skrobowski złamał kość piszczelową na tydzień przed wyjazdem na mundial. Był załamany. Podeszli do mnie starsi piłkarze i powiedzieli: „Trenerze, weź pan tego Skrobowskiego na mundial. Facet, który miałby go zastąpić, siedzi teraz na plaży i piwsko żłopie. A Skrobowski jest lubiany, nie będzie panu wrzucał świń do ogródka. Zasłużył sobie na ten wyjazd".

Piechniczek się zgadza. Dziennikarze wyciągają mu, że zabiera na mundial kontuzjowanego zawodnika. – To była moja decyzja i ja brałem za nią odpowiedzialność. Szczerze? Miałem gdzieś, co o mnie mówili – wspomina trener.

Wkrótce okazuje się, że ze Skrobowskim jest jednak drobny problem.

Lato: – Kiedy dzieliliśmy pieniądze z Adidasa, uznałem, że Skrobowskiemu nic się nie należy. Po pierwszym treningu zgłosił ból nogi, a potem całe mistrzostwa spędził na basenie. Opalony był jak Murzyn! Powiedziałem do Iwana i Jałochy: „Dostaliście pełną kwotę, mimo że jesteście kontuzjowani? Jak jesteście tacy charakterni, że się o niego upominacie, to zrzućcie się na niego. Ja się nie podzielę".

Przez resztę mundialu Piechniczek chodzi na basen z trójką kontuzjowanych wiślaków. Nie słyszy słowa pretensji.

Antek, zrezygnuj z Bońka

Atmosfera po meczu z Kamerunem fatalna. O sytuacji gorączkowo dyskutują działacze i trenerzy obserwatorzy. PZPN wysyła bowiem do Hiszpanii również kilku innych szkoleniowców: Edmunda Zientarę, Huberta Kostkę, Władysława Żmudę (nie mylić z piłkarzem o tym samym imieniu i nazwisku, młodszym o 15 lat) i Waldemara Obrębskiego. Oglądają mecze w innych grupach.

Piechniczek: – Po dwóch bezbramkowych remisach prasa chciała nas pożreć. Uznano, że to najsłabsza grupa, bo w jej meczach nie padały gole [w czterech pierwszych padły tylko dwa – przyp. aut.]. Jakby średnia goli decydowała o poziomie gry. Niektórzy przestali pamiętać, że w stawce były aż trzy drużyny, które znalazły się w najlepszej ósemce poprzednich mistrzostw świata. Czy to nie ironia losu, że to właśnie z tej grupy wyszli późniejsi mistrzowie świata i zdobywcy trzeciego miejsca?

Ale dziennikarze komentują, że w dwóch meczach Polska nie potrafi zdobyć nawet jednej bramki. Dostaje się Bońkowi, który miał być asem atutowym, a na razie nie potrafi tego pokazać.

Po latach Piechniczek przyzna, że czas między meczami z Kamerunem i Peru był najtrudniejszy w jego trenerskiej karierze: – Przed meczem z Peru podchodzili do mnie różni ludzie i mówili: „Pokaż, że masz jaja, i posadź Bońka na ławce rezerwowych". Inni chcieli więcej: „Pokaż, że się nie boisz, i posadź go na trybunach". Komentator Janek Ciszewski przyszedł pierwszy do mnie do pokoju. Odpiął protezę i zapytał, czy poczęstuję go jakimś dobrym trunkiem. Nalałem mu szklaneczkę whisky, a on do mnie tak: „Wiesz co, Antek? Ja na razie o tobie źle w telewizji nie mówię, ale muszę dbać o własny tyłek. Na twoim miejscu zrezygnowałbym z Bońka".

Odpowiedziałem mu: „Jasiu, na szczęście to ja decyduję. Zbyszka zawsze można posadzić na ławce, ale wtedy na pewno stracimy go na zawsze. A to nie jest przecież facet, z którego można łatwo zrezygnować. Jeśli wygramy z Peru, to zobaczysz, że wszystko się zmieni".

Boniek: – Ja nie z tych, którzy się łatwo obrażają. Na Jacka Gmocha też się nie obraziłem, gdy mundial w 1978 roku zaczynałem na ławce rezerwowych. A przecież właśnie tam mieliśmy najsilniejszą drużynę w historii, byłem w strasznym gazie. Katowicki „Sport" uznał mnie za najlepszego piłkarza wiosny, a ja i tak usiadłem na ławce. Dopiero przed meczem z Meksykiem Gmoch mi powiedział: „Wystawiam cię, bo cała Polska tego chce. Pokaż mi się z dobrej strony". No to strzeliłem dwa gole. Czy po takiej szkole mógłbym się obrazić na Antoniego Piechniczka? Bez sensu...

– Uważam, że mecz z Kamerunem miał największy wpływ na to, co się dalej działo – wspomina Bogusław Hajdas, asystent Piechniczka. – Po tym spotkaniu spadła na nas totalna krytyka. Boniek był łasy na komplementy, nie przyjmował krytyki. Był charakterny, zawadiacki, zdarzało mu się wyładowywać złość na innych. Ale to świetny zawodnik.

Panowie, trzeba kogoś odstrzelić

Grzegorz Lato: – Po nieszczęsnym meczu z Kamerunem Zbyszek zamknął się w pokoju, przeżywał. Rozmawialiśmy z trenerem, prosiliśmy, żeby nie robił rewolucji, że nie ma co mieszać w składzie, wiemy, o co gramy.

Boniek: – Byłem postrzegany jako lider tej drużyny, więc „po polsku" uznano, że lidera trzeba zmienić, a wtedy na pewno wszystko dobrze pójdzie. No bo jak to: Polska nie wygrywa z jakimś Kamerunem? „Panowie, trzeba kogoś odstrzelić". Na szczęście trener Piechniczek nie dał sobie wejść na głowę. Wiem, że różni ludzie dawali mu rady, ale na szczęście „różni ludzie" nie decydowali o reprezentacji. Trener Piechniczek był zbyt doświadczony, żeby ulec takim podszeptom. Był fachowcem i wiedział, że ta drużyna musi się odblokować. Na szczęście nie oszalał. Zrobił zmiany, które okazały się trafione. Wrzucił do środka Kupcewicza, mnie przesunął do ataku. Miał nosa.

Po meczu z Kamerunem piłkarze próbują ratować atmosferę na własny sposób.

Boniek: – Byliśmy zaszczuci tym remisem. Podszedłem do Piechniczka i powiedziałem: „Panie trenerze, chcemy dziś wieczorem wyjść na dwie-trzy godziny i pogadać we własnym gronie. Musimy odreagować". Trener się zgodził. Śmiać mi się chciało, bo przed wejściem do hotelu stał Włodzimierz Reczek, prezes PZPN, i kategorycznie zapowiadał: „Kto przejdzie przez te drzwi, już nigdy więcej nie zagra w reprezentacji!". Dobre! Powiedzieliśmy mu, że w takim razie sam będzie w niej grał i... wyszliśmy. Jedyny, który bał się opuścić hotel głównym wyjściem, był Romek Wójcicki. Poszukał schodów przeciwpożarowych, spadł z nich i się pokaleczył.

Przy piwie Boniek tłumaczy kolegom z drużyny: – Chłopaki, za dwa, trzy dni gramy mecz o wszystko, ale nie ma co panikować. Jeśli wygramy, wszystko będzie w porządku. Po trzech godzinach zawodnicy zgodnie z obietnicą wracają do hotelu.

Antoni Piechniczek udziela wywiadu Dariuszowi Szpakowskiemu w trakcie hiszpańskiego mundialu. W środku Hubert Kostka.

Boniek: – Prezes PZPN nie był szczęśliwy, że wyszliśmy z hotelu, ale miał przynajmniej piłkarzy z jajami.

Paweł Janas: – Przed meczem z Peru wszyscy działacze byli już spakowani. Nakupili nawet egzotycznych owoców na prezenty do Polski. Potem musieli się rozpakować, a my te owoce jedliśmy.

Boniek: – Graliśmy o nie w karty.

Ściągnij garnitur, Antek!

Mecz z Peru ma zadecydować o wszystkim. Przegrana oznacza pożegnanie z mundialem. Trenerzy i działacze mobilizują piłkarzy. Na poranną odprawę przychodzą pod krawatami, podkreślają powagę chwili. Waldemar Matysik: – Hasło, że liczą na nas ludzie w całej Polsce, rzeczywiście zrobiło na mnie wrażenie. Byłem tak zmobilizowany, że bardziej chyba się nie da.

Ale piłkarze są coraz bardziej wściekli na dziennikarzy. Z opóźnieniem dociera do nich ostra krytyka w polskich mediach.

Antoni Piechniczek: – Radio miało zapewnioną łączność z krajem przez całą dobę. Dariusz Szpakowski, który wtedy pracował jeszcze w radiu, zaproponował, żebyśmy w małych grupach przyjeżdżali do studia w centrum miasta. Mogliśmy pogadać z rodzinami i znajomymi za darmo. Trudno było nie skorzystać z takiej okazji. Po treningach kolejne trójki piłkarzy brały służbowy samochód i w towarzystwie uzbrojonego ochroniarza jechały do radia. Rozmawiali i od razu wiedzieli, jaka jest atmosfera w Polsce. „Słuchaj, a ten dziennikarz napisał na ciebie to, a tamten co innego".

Zawodnicy są wściekli, mają żal. W ekipie aż buzuje.

– Partia uznała, że dziennikarze polecą na mistrzostwa czarterowym samolotem razem z ekipą, i zaznaczyła, że będą tam tak długo jak my. Jeśli po trzech meczach Polska odpadnie, oni też wracają. Dłuższy pobyt wiązał się z lepszym kieszonkowym – mówi Piechniczek.

Przed meczem z Peru żona przekazuje Piechniczkowi prośbę swojego brata, który pracował w Hucie Batory: „Antek! Ludzie w hucie mówią, żebyś zdjął wreszcie ten garnitur, który zakładasz na mecze, i przebrał się w dres. Garnitur przynosi pecha. Jak założysz dres, na pewno będzie lepiej".

Piechniczek: – Posłuchałem i pomogło!

Mecz numer 3. Przełamanie

Selekcjoner decyduje się na kilka poważnych zmian w składzie. Wciąż stawia na Bońka, ale przesuwa go do ataku. Jego miejsce w drugiej linii zajmuje dotychczasowy rezerwowy Janusz Kupcewicz. Jako defensywny pomocnik wraca też Waldemar Matysik.

Boniek: – Kiedy człowiek jest w formie, może grać na każdej pozycji. W Juventusie cały czas grałem jako wysunięty pomocnik, ale kiedy trzeba było, to i w obronie mogłem zagrać. Zdarzało mi się to i w Romie, i wcześniej, w Widzewie. To kwestia chęci, woli, zaangażowania, poświęcenia. Kiedy słyszę, jak jakiś zawodnik mówi: „Trener wystawił mnie na lewej pomocy, a na prawej byłbym lepszy", to jest zwykła ściema.

Piotr Czaja, trener bramkarzy: – Mecz z Peru był najtrudniejszym momentem mundialu w Hiszpanii. Wtedy wszystko się ważyło. Tim, trener Peru, opowiadał, że nawet jeśli ktoś ich obudzi w środku nocy, to z Polską i tak wygrają. To spotkanie odblokowało nas psychicznie, ten mecz zaczął budować naszą pewność. Po meczu z Peru w drużynie zaczęła się rodzić dobra atmosfera.

Już w pierwszej połowie Boniek strzela Peruwiańczykom gola. Ławka rezerwowych zrywa się z miejsc, ale meksykański sędzia Lamberto Rubio Vázquez nie uznaje bramki. W przerwie atmosfera napięta, bo Polacy rozegrali już pięć połówek, a jeszcze nie zdobyli bramki. 225 minut bez gola!

W przerwie Piechniczek mówi piłkarzom: – Panowie! Grajcie, jak graliście dotychczas. Przede wszystkim konsekwentnie, bo stwarzaliście sytuacje i bramki wreszcie muszą paść. Musicie sobie jednak uzmysłowić jedno – jeśli nie wygramy tego meczu, dla mnie będzie to koniec przygody z reprezentacją, ale dla większości z was również. Nowy selekcjoner może was nie powołać. Przemyślcie to i weźcie pod uwagę. Wykrzeszcie z siebie to, co w was siedzi.

W szatni nie ma biadolenia, wszyscy skupieni i zawzięci. Piłkarze namawiają się na Peruwiańczyków: „Po każdej stracie od razu siadamy na nich i odzyskujemy piłkę".

Boniek wymachuje pięścią w stronę kolegów: – Musimy wreszcie strzelić tę bramkę!

Druga połowa jest jak ze snów. Pierwszego gola strzela Smolarek. Zaraz potem Lato posyła piłkę z daleka, tuż obok samotnego bramkarza.

Lato: – Dobrze pamiętam ten gol. Marek Dziuba zagrał daleko, Boniek odegrał głową. Peruwiański bramkarz wyszedł daleko od bramki, a obrońcy nie mieli żadnych szans mnie dogonić. Ja mu więc ci-ci-ci w sam środek brameczki. Jeszcze się tylko zakurzyło na linii bramkowej, he, he, he!

Marek Dziuba: – Początkowo na mundialu nie łapałem się do składu, ale często w tym sporcie jest tak, że nieszczęście jednych jest szczęściem drugich. Gdy w pierwszej połowie meczu z Peru Jasiu Jałocha został kontuzjowany, wskoczyłem do składu i już nie oddałem miejsca. Przed wejściem na boisko byłem zdenerwowany. Rozegrałem wcześniej 44 mecze w reprezentacji, nie byłem nowicjuszem, ale czułem ogromną odpowiedzialność. „A co będzie, jeśli zawalę bramkę, przeze mnie przegramy mecz i odpadniemy? Co jeśli stanę się antybohaterem?" – myślałem. Na szczęście zaraz po wejściu na boisko przestałem o tym myśleć.

Bardzo dobrze układała mi się współpraca z Grześkiem Latą. Ja grałem na prawej obronie, on na prawej pomocy. Mówiłem mu, żeby nie wracał, że od biegania będę ja, a on niech goni do przodu, bo robi niepotrzebne zamieszanie. Mam satysfakcję, że po moim wybiciu Grzesiek pognał z piłką i strzelił gola na 2:0.

Trzeci gol Bońka po rzucie rożnym, a czwarty to bomba Buncola.

Buncol: – To była rzeczywiście piękna akcja. Poszliśmy z kontrą. Grzesiek Lato podał z prawej strony, Boniek przepuścił piłkę, trafiła do mnie. Kiedy Zbyszek wbiegł w pole karne, podałem mu, a on piętką, myląc Peruwiańczyków, odegrał mi piłkę. Trafiłem idealnie lewą nogą pod poprzeczkę. Taki gol na mistrzostwach świata! Czego chcieć więcej? Tak spełnia się marzenia. Widziałem to potem w telewizji z tysiąc razy!

Boniek: – Buncol oglądał to tysiące razy? Nie rozumiem Andrzeja, bo ja oglądałem to... miliony razy! Lubię oglądać ten mecz. Fajne bramki wtedy strzelaliśmy. Gdy mnie pytają o najładniejszą bramkę, odpowiadam, że to nie ja ją strzeliłem, tylko Buncol. Czasem człowiek ma większą satysfakcję, kiedy koledze dobrze poda, niż kiedy sam strzeli. Andrzej to był mój człowiek. Świetnie grał w piłkę i był dobrym kumplem. Mało mówił, ale zawsze trzymał się „na kole". To znaczy, że zawsze był z tyłu. Jak gdzieś szliśmy, to nikt się o niego nie musiał martwić, bo wiadomo było, że jest, z tyłu, zaraz za nami. A kiedy szliśmy na piwko, „Buncolek" zawsze był.

Na przechadzce w trakcie mundialu. Od lewej: Zbigniew Boniek, Antoni Piechniczek, maskotka ekipy fotoreporter Marek Wielgus, Piotr Skrobowski.

Piątą bramkę zdobywa Włodzimierz Ciołek płaskim strzałem minutę po wejściu na boisko. Stracony w końcówce gol nie ma już żadnego znaczenia.

Piechniczek: – W Polsce kochali nas wszyscy.

Wał dla redaktorów

Lato: – Kiedy Boniek strzelił bramkę Peruwiańczykom, od razu poleciał do trybuny głównej, na której siedzieli polscy dziennikarze, i krzyknął: „A teraz pocałujcie mnie wszyscy w dupę". I pokazał im wała.

– Odreagowałem – wspomina Boniek. – Media były w rękach propagandy. Wyżywały się na mnie, bo byłem symbolem tej drużyny. Bardzo mnie bolało, gdy mówili, że Bońkowi nie zależy już na kadrze, bo podpisał kontrakt z Juventusem Turyn. Jak się obronić przed takim stwierdzeniem? Ale właściwie dobrze się stało. Dzięki temu narastała we mnie sportowa złość. Było nerwowo, ale w piłce musi być taka atmosfera, bo jak jej nie ma, to się z nikim nie wygra.

Mimo wszystko piłkarze wcale nie żyli z dziennikarzami źle. Paweł Janas: – Rozumieliśmy, że w tamtych czasach oni też mieli ciężko.

Podczas mundialu często u nas spali, wynosiliśmy im jedzenie z kuchni. Diety były głodowe, a wiadomo, że każdy chciał kupić jakiś prezent swojemu dzieciakowi. Jedzenie i spanie mieliśmy za darmo, więc pomagaliśmy. Niektórzy dziennikarze spali u nas na podłodze w przedpokoju.

Jednym z polskich fotoreporterów na tym mundialu jest Marek Wielgus. Zaprzyjaźnia się z piłkarzami i choć nie ma akredytacji na turniej, udaje mu się wejść na wszystkie mecze! Grzegorz Lato oddaje mu własną akredytację. Wielgus odwraca ją na drugą stronę, żeby nie było zdjęcia widać, i zakłada dres z napisem „Polska". Nikt go nigdy nie sprawdza, wszędzie się wkręca.

Lato prosi czasem Wielgusa: „Marek, daj nam swoją beemkę, chcemy pojechać do radia".

– Zaparkowaliśmy kiedyś w mieście na chodniku. Wracamy, a auto już na lawecie. Zbyszek Boniek kłóci się z policją, zbiera się tłum gapiów. Ludzie stanęli w naszej obronie. „Zostawcie ich, to nasi goście". Rozdaliśmy wtedy mnóstwo autografów – wspomina Lato.

Morda na kłódkę, ruda małpo!

Podczas mundialu w Hiszpanii Janusz Kupcewicz po raz pierwszy wchodzi na boisko w meczu z Peru. Dobrze spisuje się w pomocy.

Kupcewicz: – Pierwsze dwa mecze przesiedziałem na trybunach. Gdybyśmy wygrali z Kamerunem, być może z tych trybun już bym się nie podniósł do końca turnieju. Trener uznał jednak, że musi coś zmienić, i w przeddzień meczu z Peru poinformował mnie, że zagram. Byłem w dobrej dyspozycji i gotowy do gry. Nie denerwowałem się.

Kupcewicz i Boniek debiutują w reprezentacji jeszcze u Kazimierza Górskiego, w tym samym towarzyskim meczu z Argentyną na Stadionie Śląskim w 1976 roku. Kupcewicz zmienia Bońka 25 minut przed końcem.

W Polsce plotki, że Boniek ma z Kupcewiczem na pieńku.

– Były jakieś drobne nieporozumienia, ale między nami nie było niechęci – zapewnia dziś Kupcewicz.

Boniek: – Janusz pięknie grał, dobrze się poruszał. Ładnie to wyglądało, więc niektórzy kreowali go na lidera. Ale faktycznym liderem byłem jednak ja i to wystarczyło, żeby gdzieś ktoś wydumał jakiś konflikt. Z Januszem mam normalny kontakt. Kiedy trener Piechniczek wystawił go przeciw Peru, powiedziałem mu: „Janusz, zapierniczamy, ile się da", a on bardzo dobrze odegrał swoją rolę. W Polsce lubimy mity, puszczamy bąki, a małą wagę przywiązujemy do faktów.

Według Bońka Kupcewicz bardziej na pieńku miał z trenerem Piechniczkiem niż z nim: – Janusz był bardzo dobrym piłkarzem, ale trener wiedział, że Kupcewicz nie wykorzystuje swojego potencjału.

Pamiętam, że na jednym z treningów po pierwszym meczu z Włochami wkurzył się na niego i wygarnął: „Janusz, ty wszystko robisz na 75 procent". Janusz czuł się odstawiony i tak się zachowywał, jakby wtedy łaskę robił. Ale potem trafił do jedenastki i dobrze się stało.

Janusz Kupcewicz: – Moja przygoda z reprezentacją nie była łatwa. W debiucie u Kazimierza Górskiego na rozgrzewce wszystko było dobrze, ale potem spaliłem się psychicznie. Za Jacka Gmocha chciałem nawet zrezygnować, bo nie czułem się dobrze traktowany. Owszem, jeździłem na zgrupowania, było fajnie, ale powiedziałem sobie, że nie chcę być traktowany jak słup, nie chcę wozić za innymi toreb. Mój tata przekonał mnie jednak, żebym się nie poddawał, żebym wytrzymał. „Synu, twój czas jeszcze nadejdzie" – mówił i cieszę się, że go posłuchałem.

Lato: – Zbyszek i Janusz kłócili się podczas ostatniego meczu z Francuzami o trzecie miejsce. Kupcewicz chyba stracił piłkę, Boniek do niego skoczył. Zbyszek zawsze był impulsywny. Musiałem zareagować. „Uspokójcie się! Ty trzymaj mordę na kłódkę, ruda małpo, a ty, talencie pieprzony [to do Kupcewicza – przyp. aut.], jak ci się nie podoba, to wypierdalaj z boiska. Po pyskach dajcie sobie, ale w szatni. Nie na boisku!".

No Polacco, Argentino

Po wygraniu grupy Polacy kolejne mecze rozgrywają w Barcelonie. Dochodzi do największej wpadki działaczy na tych mistrzostwach. Kadra ma zamieszkać w wygodnym hotelu Valles, położonym 35 km od Barcelony. Niestety, działacze nie wierzyli, że Polska wyjdzie z grupy, nie wpłacili odpowiednio wcześnie zaliczki. A chodzi o kilka tysięcy dolarów.

Właściciele nie czekają i wynajmują hotel reprezentacji Argentyny. Kiedy Polacy wychodzą z grupy, działacze zaczynają gorączkowo szukać innego hotelu. Oddalony o 50 km od centrum miasta hotel nazywa się Residencia Gispert i wydaje się w porządku. Tyle że nie ma klimatyzacji.

Boniek: – Wszedłem do pokoju, słońce wali, 40 stopni, nie ma nawet żaluzji. Mieszkałem z Władkiem Żmudą. Mówię mu: „Władziu, tu będzie ciężko zasnąć. Jak się wieczorem piwka nie napijemy, nic z tego nie będzie".

Władysław Żmuda: – Działacze w ogóle się nie sprawdzili. Pod względem organizacyjnym to było amatorstwo.

Hubert Kostka: – Kiedy nasza drużyna awansowała do drugiej rundy, wszyscy trenerzy obserwatorzy mieli się spotkać z kadrą w Barcelonie. Dzwonię do hotelu Valles, w którym miała być zakwaterowana polska reprezentacja, a tam mi mówią: „No Polacco, Argentino". Poszedłem do biura mistrzostw w Alicante, dopiero tam podali mi nowy adres.

Poważne przykrości spotykają trenera Władysława Żmudę. Prosto z Sewilli, gdzie obserwuje m.in. Brazylię, jedzie pod adres, który wcześniej przekazują mu działacze PZPN. Zapominają poinformować go o zmianie planów i w hotelu Valles zaskoczony Żmuda spotyka Argentyńczyków. Po kilku godzinach, w środku nocy, pojawia się pod właściwym hotelem, który ze względów bezpieczeństwa jest obstawiony przez wojsko. Ochrona nie chce wpuścić trenera do środka. Żąda przeliterowania imienia i nazwiska.

– Wła-dys-ław Żmu-da – mówi.

Ochrona sprawdza na liście gości. Jest! Ale to... piłkarz. Ten facet podaje się za piłkarza?! Brać go!

Szef ochrony przypuszcza, że jakiś przybłęda chce się dostać do hotelu i udaje piłkarza polskiej reprezentacji. Szybka decyzja – kajdanki i do aresztu.

Hubert Kostka: – Schodzimy na śniadanie, dowódca ochrony melduje, że w nocy jakiś facet chciał się włamać do hotelu i podawał się za Władysława Żmudę, więc go zatrzymali.

Mecz numer 4. Zibi królem

Niezwykły mecz z Belgią jeszcze przed mundialem przewiduje pianista Stefan Rembowski, były żołnierz Związku Walki Zbrojnej i Armii Krajowej. To uznany artysta, jego utwory wykonują m.in.: Maria Koterbska, Irena Kwiatkowska, Maryla Rodowicz, Irena Santor i Jerzy Połomski. Dla Bohdana Łazuki („pieszczocha socjalizmu" – jak mówi o Łazuce Rembowski) pisze piosenkę, która przechodzi do historii polskiego futbolu. Także dlatego że... przepowiada w niej przyszłość. W trakcie mundialu Łazuka wykonuje piosenkę setki razy:

Entliczek – pentliczek
Co zrobi Piechniczek
Tego nie wie nikt.
Kto się zmartwi, kto rozerwie
Czy przed przerwą, czy po przerwie
Tego jeszcze nie wie nikt.
Uśmiechów, radości,
Kłopotów czy żalu
Czego będzie więcej?
To tajemnica mundialu
Mundialu to tajemnica.
Ja jednak wierzę, że nie będzie źle
E viva Espania, ole!

Uliczkę znam w Barcelonie
W uliczkę wyskoczy Boniek
Będzie słychać na stadionie
„Brawo Polonia,
Brawo ten pan".
A my przy telewizorach
Na pewno w różnych humorach
Czy szampana, czy nerwosan
Pić będziemy – okaże się

W Barcelonie Polska wygrywa z Belgią 3:0, a Zbigniew Boniek strzela trzy bramki (przy trzeciej wyskakuje właśnie w... uliczkę na wolne pole).

Boniek: – W trakcie tego meczu Belgowie łapali się za głowy. Rzeczywiście wtedy nie byli mi w stanie przeszkodzić. Z piłką wszystko mi wychodziło, robiłem, co chciałem. Zdarzają się takie dni. Czuliśmy się wtedy mocni, wiedzieliśmy, że potrafimy grać w piłkę. To zwycięstwo należało nam się jak psu kość, z taką formą musieliśmy iść do przodu.

Kiedy strzeliłem trzecią bramkę, trener Piechniczek wyszedł z boksu i bijąc brawo, powiedział: „Kurwa, jemu dziś wszystko wychodzi".

Antoni Piechniczek grę Bońka w tym meczu uznaje za najlepszy indywidualny występ piłkarza za jego kadencji selekcjonera: – Był fantastyczny. Ciśnienie z drużyny trochę zeszło, bo miała już świadomość, że osiągnęła plan minimum i w kraju nikt nie będzie sobie na piłkarzach używał. Mecz ułożył się nam idealnie, trudno uważać, że mógłby lepiej. Pierwszy gol był wspaniały. Lato z prawej strony wycofał do Bońka, a ten przywalił pod poprzeczkę. Potem żartowaliśmy: „Zbysiu, masz szczęście, że piłka wpadła do bramki. Tak mocno uderzyłeś, że gdybyś przestrzelił, już by tej piłki nie znaleźli".

Lato: – Doskonale pamiętam ten gol. Asysta w meczu z Belgią. Po prawej stronie przy linii końcowej ograłem dwóch obrońców, zaparłem się na nogach. Akurat Zbyszek nadbiegał, wycofałem mu piłkę. Taka laga mu weszła, że bramkarz nawet nie jęknął.

Piechniczek: – Druga bramka była jeszcze piękniejsza. Daleki przerzut Kupcewicza, główka Buncola i kolejna główka Bońka, piłka lobuje wychodzącego bramkarza. Trzeci gol jeszcze inny. Wyjście na czystą pozycję, minięcie bramkarza i strzał do pustej bramki.

Przy trzecim golu Boniek mija Custersa i trafia do pustej bramki. – Klepaliśmy sobie piłkę ze Smolarkiem, nagle zagrałem między dwóch Belgów, klyk-klyk, a potem Zbyszek załatwia sprawę – wspomina Lato.

Boniek: – Moja żona meczów z nerwów nie oglądała. Jak graliśmy z Belgią, wyłączyła telewizor i czytała książkę. Słyszała z zewnątrz krzyki, więc włączyła telewizor i dowiedziała się, że strzeliłem wszystkie trzy bramki.

Tego meczu nie ogląda też najstarsza córka trenera, Joanna. Modli się w tym czasie w kościele.

Joanna Piechniczek-Buczek: – Już drugi raz podczas tego mundialu prosiłam o powodzenie drużyny. Po raz pierwszy poszłam do kościoła w czasie meczu z Peru. Wiedziałam, że to najważniejsze spotkanie. Od niego zależało, czy Polacy przejdą dalej. W kościele byłam sama. Kiedy wyszłam na wyludnione ulice, z otwartych okien usłyszałam okrzyki radości. Domyśliłam się, że wynik musi być korzystny dla naszych. Skoro udało się z Peru, postanowiłam modlić się także w czasie spotkania z Belgią.

Żona Piechniczka w domu ogląda tylko dwa mecze. – Dosyć miałam tych telefonów, pytań dziennikarzy, sesji fotograficznych. My to naprawdę przeżywaliśmy. Nerwy były podwójne: grała nasza reprezentacja, a prowadził ją mój mąż. Ciężko było czytać i słuchać ataków na męża, wiedziałam, że nie jest mu łatwo. Przenieśliśmy się do koleżanki, a w domu telefon pewnie nie przestawał dzwonić.

A gdzie krzesło dla pana Bońka?

Drużynie pomagają wskazówki Huberta Kostki, który ogląda Belgię we wcześniejszych meczach. – Byłem obserwatorem, m.in. grupy trzeciej, w której grali Belgowie. Jako obserwatorzy mieliśmy nie tylko zdać

Rodzina trenera pierwsze mecze Polaków na mundialu oglądała w domu. Później chodziła do znajomych, żeby nie przeszkadzali im dziennikarze. W fotelach: mama Magdalena, żona Zyta, między nimi najmłodsza córka Justyna. Na podłodze – córka Joanna i syn Tomasz.

sprawozdanie z turnieju, ale – co oczywiste – pracowaliśmy również dla reprezentacji – mówi Kostka. – Przyglądając się Belgom, zwróciłem uwagę na kilka spraw. Kochali pułapki ofsajdowe, stosowali je namiętnie. Uznałem, że warto spróbować to wykorzystać. Spotkałem się z Antkiem, mówiłem też o tym Zbyszkowi Bońkowi. Radziłem, by zwrócili uwagę na centry Vercauterena i uważali na duet napastników Alex Czerniatynski – Erwin van der Bergh. Ale Belgia, choć ówczesny wicemistrz Europy, była wtedy w naszym zasięgu – mówi Kostka. Jego praktyczne porady piłkarze wykorzystują doskonale. Wygrywają z Belgami 3:0.

Piechniczek: – Dali się złapać na spalone zaledwie dwa lub trzy razy. Moim zdaniem dobrze to świadczyło o dużych możliwościach drużyny. Różnorodność rozwiązań taktycznych, umiejętność improwizacji... Bardzo mnie to cieszyło. Drużyna zagrała świetnie. Szybko strzelona bramka ustawiła spotkanie. Belgijski szkoleniowiec Guy Thys po meczu podał mi rękę i powiedział, że wygraliśmy zasłużenie.

Marek Dziuba: – Świetnie wykorzystaliśmy fakt, że z tyłu zabrakło im kontuzjowanych bramkarza Pfaffa i obrońcy Geretsa.

Grzegorz Lato: – Zbyszek to był kozak. Po meczu dziennikarze przyszli zrobić z nim wywiad. Wszedł, popatrzył i spytał: „A gdzie krzesło dla pana Bońka?". Taka mała zemsta piłkarza, bo po dwóch pierwszych meczach niektórzy reporterzy w złośliwych artykułach radzili mu, żeby wyszedł na boisko z taboretem.

Paweł Janas: – Z Belgami, wbrew pozorom, musieliśmy się sprężyć. Czerniatynski był „w gazie", potrafił łokcia sprzedać, ale my z Władkiem też to potrafiliśmy, więc daliśmy sobie radę.

Grzegorz Lato: – Świętowaliśmy mój setny mecz w reprezentacji [po latach, po dokładnym wyliczeniu i odjęciu meczów nieoficjalnych, okazało się to spotkanie numer 96 – przyp. aut.], dostałem także sympatyczny prezent od Belgów. Pamiętali, dali mi kwiaty i ładny zegarek. A sam mecz? Zaświtało, że może być co najmniej powtórka z 1974 roku!

Kostka na plaży

Kibice coraz bardziej interesujący się grą piłkarzy nie mają pojęcia, z jakimi problemami boryka się sztab reprezentacji. Najgorzej mają trenerzy obserwatorzy.

– Według przepisów ustalonych w kraju mieliśmy się wyżywić za 5 dolarów, a nocleg zdobyć za 30 dolarów – wspomina Hubert Kostka.

W czasie mundialu nie ma szans, by znaleźć nocleg w tej cenie. Kiedy Kostka przyjeżdża do Alicante, sama taksówka z lotniska do hotelu kosztuje 50 dolarów. Cena za noc – 160 dolarów. Kostka musi sobie radzić, na PZPN nie może w tej sprawie liczyć. – Niedaleko była plaża, a na niej kosze. Złączyłem dwa, położyłem torbę pod głowę i tak przespałem kilka nocy. Budziły mnie służby porządkowe – wspomina Kostka.

Potem w biurze turystycznym udało mu się załatwić nocleg za 20 dolarów za noc w nadmorskim mieście Benidorm, 45 km od Alicante. – Nie miałem już pieniędzy na transport, ale zabrałem ze sobą zdjęcia, breloczki, proporczyki polskiej reprezentacji. To mi pomogło. Z hotelu codziennie rano wyjeżdżała argentyńska wycieczka. „Może się pan z nami zabrać", proponowali.

Ale Kostka nie narzeka. Do dziś uważa wyjazd do Hiszpanii w 1982 roku za jeden z najpiękniejszych w życiu.

Mecz numer 5. Ruscy

Mecz ze Związkiem Radzieckim decydował, która drużyna awansuje do czołowej czwórki. ZSRR też wygrał z Belgią, ale tylko 1:0, więc Polakom do awansu wystarcza remis.

Antoni Piechniczek: – Zdawaliśmy sobie sprawę, że to spotkanie ma wielkie znaczenie. Wszyscy chcieliśmy zmian w kraju, dobrze życzyliśmy „Solidarności". Wiedzieliśmy, że zwycięstwem w tym spotkaniu możemy ludziom w Polsce przynieść mnóstwo radości i satysfakcji. Ale koncentracja przed tym meczem i świadomość stawki sprawiały, że polityka zeszła na dalszy plan. ZSRR miał wtedy bardzo dobrą drużynę. Pamiętałem ich znakomity, choć przegrany mecz z Brazylią na początku mistrzostw w Hiszpanii. Zaprezentowali się fantastycznie, a trzeba zaznaczyć, że spróbowali wariantu bez aklimatyzacji. Po prostu: przylecieli, przespali się i następnego dnia zagrali świetny mecz z Brazylijczykami. Biegali bez opamiętania.

Grzegorz Lato: – Ruscy mieli rewelacyjny, bardzo silny zespół. Mecz był wyjątkowo ciężki, bardzo wyrównany.

Paweł Janas: – ZSRR? Wojna z obu stron była straszna, czasami, przyznaję, złośliwa. Łapało się przeciwników za koszulki, czasem przywaliło z łokcia. Grałem na Błochina. Ustaliliśmy, że trzeba odcinać go od piłek. Jeśli jednemu się nie udało, drugi miał być zaraz obok.

Zbigniew Boniek: – Sformułowanie „dobra drużyna" jest za słabe. Oni byli przemocni... Ale daliśmy radę! Owszem, lekko nas przydusili, ale to wynikało ze scenariusza. Broniliśmy bezbramkowego remisu, zostawiliśmy im trochę przestrzeni, ale mogliśmy wygrać. Nieoczekiwanie świetną okazję miał Matysik.

Waldemar Matysik: – Nigdy nie miałem nadzwyczajnego strzału [podczas 55 występów w reprezentacji Matysik nie strzelił ani jednej

Zwycięski remis ze Związkiem Radzieckim był opiewany i upamiętniany na różne sposoby.

bramki – przyp. aut.], ale doskonale pamiętam, że mogłem zdobyć gola na mistrzostwach świata. W meczu z ZSRR niespodziewanie – także trochę dla samego siebie – przeprowadziłem rajd przez pół boiska i wyszedłem sam na sam z Rinatem Dasajewem. Nie miałem już sił, uderzyłem trochę rozpaczliwie z kapy, więc bramkarz złapał. Zbyszek Boniek mówił potem, że gdybym to strzelił, zniósłby mnie na rękach z boiska.

Piechniczek: – Po latach miałem okazję rozmawiać z Walerym Łobanowskim, który wtedy był asystentem Konstantina Bieskowa, trenera Rosjan. Powiedział mi: „Wiesz, my naprawdę chcieliśmy wygrać tamten mecz. Ale mając do wyboru: zaryzykować przegraną, iść otwarcie do przodu albo zagrać asekuracyjnie i nie przegrać, wybraliśmy ostatecznie to drugie rozwiązanie. Przegrana z wami byłaby dla nas ujmą na honorze, a remis był do przyjęcia".

Łobanowski rozumie język polski, więc przed meczem krąży wokół polskiej ekipy, przychodzi na konferencje prasowe. Chce się jak najwięcej dowiedzieć o Polakach.

Marek Dziuba: – Grałem na Olega Błochina, a dobrze pamiętałem, że to właśnie przez niego wyleciałem z reprezentacji Jacka Gmocha w 1977 roku. W Wołgogradzie przegraliśmy wtedy z ZSRR 1:4 i to był mój ostatni mecz u tamtego selekcjonera. Nie zabrał mnie na mundial do Argentyny [lewoskrzydłowy Błochin między 73. a 77. minutą strzelił wówczas dwa gole, a zaraz potem Gmoch ściągnął Dziubę z boiska – przyp. aut.]. W Hiszpanii udało mi się zrewanżować. Pilnowałem go. Tym razem Błochin nic nie strzelił i to my awansowaliśmy dalej. Świetnie się wtedy czułem fizycznie.

Mecz do dziś wszyscy pamiętają dzięki wyczynom Włodzimierza Smolarka, który pod koniec, biegnąc z piłką, nie kieruje się na bramkę, tylko w stronę... narożnej chorągiewki. „Kiedy było coraz bliżej końca, pomyślałem sobie: czy teraz nie pograć trochę na czas, na utrzymanie wyniku, a przy okazji tak, aby trochę wkurzyć rywala? Umiałem się zastawić, mocno trzymałem się na nogach i rzeczywiście wybiłem przeciwnika z rytmu" – wspominał po latach nieżyjący już piłkarz.

Grzegorz Lato: – Włodek w tym meczu przeszedł sam siebie. Jechał do rogu i uprawiał tańce.

Antoni Piechniczek: – Wielu ludzi pamięta z tego meczu przede wszystkim ucieczki Włodzimierza Smolarka z piłką do narożnika. To była inteligentna gra na czas. Przepisy tego nie zabraniały. Pomyślałem: „Co ja mu będę bronił?". Ja tego nie wymyśliłem, musiał podpatrzyć to gdzie indziej, to był jego nawyk wyniesiony z klubu. Rosjanie byli tym oburzeni. Uznali, że taka gra była nie fair.

Po remisie z ZSRR Polacy stają się światową sensacją. „Zastanawiamy się, jak to się dzieje, że Polska już na trzech kolejnych mundialach jest w czołówce. Dobrze, żeby nasi piłkarze brali przykład z Polaków, którzy pokazali, co znaczy wiara we własne siły. Co pewien czas w polskim zespole pokazują się nowi ciekawi zawodnicy. Tym razem są to Janas, Buncol i Matysik" – donosi węgierska gazeta „Népszabadság".

„Solidarność" i ubecja

Meczowi ze Związkiem Radzieckim towarzyszy niezwykła otoczka. Na trybunach są polscy kibice, rozwijają transparenty „Solidarności". Transmisja do kraju odbywa się z kilkuminutowym opóźnieniem. Kiedy hiszpańska telewizja pokazuje trybuny z transparentami, w Polsce na wizji pokazywany jest neutralny fragment trybun.

Grzegorz Lato: – Siedział facet w reżyserce i kiedy pojawiał się transparent z „Solidarnością", naciskał guzik z przebitką i pokazywał kibiców. W polskiej telewizji niczego nie można było dostrzec. Słyszałem, że kiedy kibice na trybunach wywiesili transparent „Solidarności", interweniowali Rosjanie i policja hiszpańska podeszła do kibiców, żeby napis zdjąć. Ale kibice nie pozwolili: „Nie wolno go tykać".

Antoni Piechniczek: – O tym, że w Polsce transmisja odbywała się z kilkuminutowym opóźnieniem, żeby rodacy nie mogli zobaczyć transparentów „Solidarności" na trybunach, dowiedzieliśmy się dopiero później.

Grzegorz Lato: – W drodze na mecz polscy piłkarze naradzali się, czy wymienić się z Ruskimi koszulkami. Większość zadeklarowała, że się nie wymienią. A Boniek na to: „Ja się wymienię".

Boniek: – Traktowałem to jako skalp. Zawsze byłem apolityczny. Szczerze mówiąc, lubiłem rosyjskich piłkarzy. Spotykaliśmy się na różnych meczach i mieliśmy dobre stosunki. Czasem widujemy się z Siergiejem Bałtaczą, który mnie krył i kilka razy ciężko pokopał na boisku. Wyrzucam mu wtedy w żartach: „Zobacz, jeszcze mam na nogach siniaki, które mi nabiłeś".

Grzegorz Lato: – Pułkownik Henryk Celak, odpowiedzialny za bezpieczeństwo Warszawy podczas stanu wojennego, przed meczem zrobił nam polityczny wykład. Przestrzegał, żeby głupot nie robić. A Zbyszek mówi mu: „Co pan nam tu pieprzy głupoty. Jeśli będziemy przegrywać, w ostatniej minucie z pięści napieprzam i tyle". Bo to jaja były. Gramy superważny mecz, a tu facet z polityką nam wyjeżdża. Nas polityka nie interesowała.

Piłkarze mają to gdzieś, ale komunistyczna władza niczego nie chce zostawić przypadkowi. Jeszcze w maju ustala, że ekipa na mundial będzie liczyć aż 44 osoby (w tym 22 zawodników).

Paweł Janas: – Działaczy było zaskakująco dużo. Wielu nie znaliśmy. „Pewnie ich wysłano, żeby nas pilnowali. Szpicle" – mówiliśmy między sobą.

Nominację na komisarza wojskowego w Głównym Komitecie Kultury Fizycznej i Sportu otrzymuje płk Wacław Feryniec, zastępca szefa Głównego Zarządu Szkolenia Bojowego Wojska Polskiego. Odpowiada za dozór nad tym, co się dzieje w Hiszpanii. W czasie II wojny światowej Feryniec jest dowódcą czołgu T-34 o numerze 102 wchodzącego w skład I Brygady Pancernej im. Bohaterów Westerplatte (pierwowzoru „Rudego" z książki Janusza Przymanowskiego „Czterej pancerni i pies"). Płk Feryniec się wścieka, że na mundial wysłano aż 22 dziennikarzy. Jego zdaniem to przesada i „jawne nieliczenie się z możliwościami kraju i jego aktualną sytuacją gospodarczą".

Nieszczęsna druga żółta kartka

Antoni Piechniczek: – Byliśmy szczęśliwi, ale w trakcie meczu sędzia pokazał żółtą kartkę Bońkowi. Drugą w tych mistrzostwach, więc nie mógł zagrać w półfinale z Włochami.

Pierwszą żółtą kartkę daje Bońkowi francuski arbiter Michel Vautrot już w pierwszym meczu mundialu. Polacy długo ustawiają mur, zniecierpliwiony arbiter pokazuje kartonik pierwszemu z brzegu piłkarzowi

– akurat jest nim Zibi. Drugą kartkę pokazuje szkocki sędzia Robert Valentine w meczu z ZSRR.

Boniek: – Naprawdę pilnowałem się, żeby nie dostać drugiej żółtej kartki, ale sędzia Valentine bardzo chciał mi pokazać kartonik. Z jego strony to było działanie intencjonalne, jestem o tym na sto procent przekonany! Uważam, że sędzia miał w tym jakiś interes. Ukarał mnie tylko za to, że się zderzyłem z zawodnikiem ZSRR!

Boniek do dziś jest przekonany, że to włoski spisek. – Ta kartka oznaczała, że nie zagram w meczu półfinałowym. Takie były czasy. Wiceprzewodniczącym FIFA i szefem UEFA był Włoch Artemio Franchi. Decydował o wszystkim.

Boniek chce wyjaśnić sprawę z sędzią Valentine. Wkrótce ma okazję. – Po mistrzostwach świata Juventus występował w Pucharze Mistrzów [awansował wtedy do finału, po drodze w półfinale eliminując Widzew – przyp. aut.]. W drugiej rundzie graliśmy ze Standardem Liege, sędziował właśnie Valentine. Zrobiłem test. Z rozmysłem wpadłem na Simona Tahamatę, żeby sprawdzić, jak zachowa się Valentine. A on mi nawet kartki nie dał! Po meczu podszedłem więc z pretensjami: „To jest niemożliwe, panie sędzio! Nie dał mi pan dziś żółtej kartki, a kilka miesięcy wcześniej na mundialu dostałem ją za nic!". Valentine musiał się poskarżyć Juventusowi, bo otrzymałem pouczenie z klubu: „Zibi, reprezentujesz Juventus, prosimy cię, nie zachowuj się tak" – wspomina Boniek.

Decyzja Valentine'a psuje morale polskiej drużyny przed półfinałem. Boniek: – Z perspektywy czasu wiem, że kartka, którą dał mi Valentine, ustawiła półfinał. Spowodowała, że z chłopaków lekko zeszło powietrze. „Kurde, Zbyszek, z Włochami nie zagrasz?" – upewniali się po meczu z ZSRR. Uważam, że gdybym wtedy zagrał, nie przegralibyśmy tego półfinału. Niektórzy Włosi do dziś mnie pytają, co by to zmieniło. Odpowiadam: „Dobrze, to odstawmy w tym meczu Rossiego, a ja będę grał". I co by się stało?

Ile można wytrzymać z samymi facetami?

W styczniu piłkarze reprezentacji trenują ze sobą 14 dni, w lutym – 16, w marcu – 5, w kwietniu – 5, w maju – 28. Od 9 czerwca do 12 lipca są razem w Hiszpanii. Można zwariować, widząc ciągle te same twarze. – Trener Piechniczek postępował mądrze, przymykając czasem oko na różne wyskoki – uważa Boniek.

Piłkarze czasem wariują, każdy ma swoje dziwactwa. Włodzimierz Smolarek ma zwyczaj siadania w autokarze tuż przy kierowcy. Nieustannie zachęca go do szybkiej jazdy. Chwali hiszpańskiego kierowcę, który przed pierwszym meczem z Włochami dwustukilometrowy odcinek trasy

Pogawędka w autokarze. Od lewej: Zbigniew Boniek, Andrzej Szarmach (za nim drugi trener Bogusław Hajdas), Włodzimierz Smolarek i na fotelu kierowcy Antoni Piechniczek. Smolarek zawsze siadał zaraz za kierowcą, żeby dopingować go do jak najszybszej jazdy.

pokonuje w dwie godziny. Niedościgłym wzorem dla Smolarka jest klubowy kierowca Widzewa, który drogę z Łodzi do Warszawy pokonuje w godzinę.

Piechniczek stara się urozmaicić zawodnikom monotonny pobyt w Hiszpanii. Organizuje m.in. wycieczkę do klasztoru w Montserrat niedaleko Barcelony. Nazajutrz hiszpańskie gazety są pełne zdjęć Smolarka zapalającego świecę.

Zawodnicy z nudów robią sobie nawzajem i działaczom dowcipy.

Grzegorz Lato: – Jeszcze w hotelu w Vigo działacze podczas posiłków odgrodzili się od nas parawanem i winko pili. Na naszym stole były małe bułeczki, więc my tymi bułeczkami bum, bum, bum, bum... za parawan.

Działacze wybiegają wzburzeni. – Co jest? Co się dzieje?!

Piłkarze: – Nic się nie dzieje.

Odczekują chwilę i powtarzają bombardowanie do czasu, aż kelnerzy zwijają parawan.

Obiektem żartów był także Włodzimierz Reczek, prezes PZPN. Lato: – Był bardzo niski. Na hotelowym korytarzu stały duże lodówki z napojami. Każdy brał, co chciał. Zauważyliśmy, że Reczek były strasznie łasy na coca-colę. Wyciągnęliśmy więc wszystkie butelki i zostawiliśmy tylko jedną, na samym dole, żeby musiał się po nią schylić. Z jego wzrostem to było trudne. Dyskretnie patrzyliśmy, czy wpadnie do środka. Od razu byśmy go tam zamknęli. Niestety, nie wpadł...

Piłkarze gnębią prezesa w inny sposób. Grzegorz Lato: – Reczek mieszkał w pokoju 216. Po każdym meczu siadaliśmy w barze. „Załatw u Antoniego, żebyśmy po piwku mogli się napić" – mówi jeden do drugiego. „Panie trenerze, można po piwku? Można". Sączyliśmy więc te piwka. A kiedy podchodził kelner, to mu się mówiło: „Na rachunek pokoju 216". Wszystko szło na koszt Reczka. Afera była, jak do płacenia przyszło. Prezes rzucał się strasznie, ale inni działacze mu wytłumaczyli: „Daj spokój, nie rzucaj się. Chłopaki piwko na twój koszt pili, ale co to jest 5 tysięcy dolarów do zapłacenia, skoro mamy taki sukces?".

Do dziś krążą plotki, że przed półfinałem z Włochami niektórzy piłkarze za bardzo się „rozluźnili".

Trener Bogusław Hajdas: – Żałuję, że nie udało się osiągnąć na tym mundialu więcej, choć sukces i tak był wielki. Zabrakło nam cierpliwości. Może przeszkodziło zbyt ostre świętowanie po meczu ze Związkiem Radzieckim? Zawodnicy nie mieli alkoholu w pokojach, ale był w lodówkach na korytarzu... W tym samym czasie trener Włochów Enzo Bearzot pozwolił swoim piłkarzom tylko na sześć godzin spotkania z rodzinami i to było wszystko. Potem ostro zabrali się do roboty.

Władysław Żmuda: – Przed Włochami niektórzy piłkarze za bardzo się rozluźnili, jeśli wiecie, co chcę powiedzieć. Taka jest prawda. Gdybyśmy mieli lepsze warunki hotelowe, gdyby było mniej imprez, kto wie, co by się stało, dokąd byśmy zaszli.

Grzegorz Lato: – Zapewniam, że przed meczem z ZSRR nie było żadnego szaleństwa. Piwko, owszem, było, ale o balandze mowy nie ma.

Na golasa

Tego lata nad Morzem Śródziemnym panują rekordowe upały. Zawodnicy nie mogą wytrzymać, bo w hotelu Gaspart nie ma klimatyzacji. Najgorsze są noce.

Paweł Janas: – Woda w basenie była cieplejsza niż w łazience. Całą noc przewracaliśmy się w łóżkach.

Zbigniew Boniek: – Mieliśmy problemy ze snem.

Grzegorz Lato: – Najgorsza była ostatnia noc przed meczem z Włochami. Siedziałem na balkonie z ręcznikiem na głowie.

Marek Dziuba: – Załatwiła nas pogoda. Było tak gorąco, że musieliśmy spać na golasa. Moczyliśmy prześcieradła i przykrywaliśmy się nimi, co wystarczało zaledwie na kilka minut. Zamiast wypocząć, byliśmy rano jeszcze bardziej zmęczeni. Czuliśmy się rozbici jak po największym pijaństwie.

Władysław Żmuda: – Większość z nas przed meczem z Włochami nie spała. Albo próbowaliśmy zasnąć pod tymi mokrymi prześcieradłami, albo nalewaliśmy zimnej wody do wanny, wskakiwaliśmy i próbowali się schłodzić.

Mecz numer 6. Nie udało się

Półfinał z Włochami. Trzeci z rzędu mecz na słynnym Camp Nou. Tym razem nie o godz. 21 (jak z Belgią i ZSRR), tylko o 17.15. Skwar piekielny.

Władysław Żmuda: – Na boisku umieraliśmy.

Antoni Piechniczek: – Założyliśmy, że mecz z Włochami trzeba „wybiegać", podobnie jak Włosi „wybiegali" mecze z Brazylią i Argentyną. Do tego doszły wnioski taktyczne z pierwszego meczu z nimi. Oni w trakcie turnieju rośli w siłę. Widziałem ich mecze z Argentyną i Brazylią, które rozgrywali w Barcelonie na Estadio de Sarrià. Byłem pod ogromnym wrażeniem ich dyspozycji. Paolo Rossi się rozstrzelał. Wychodziłem z założenia, że kluczem będzie gra linii środkowej. Zamiast pauzującego za kartki Bońka zdecydowałem się wystawić w ataku Latę, który na tej pozycji zagrał pierwszy raz na mundialu. We wcześniejszych meczach Grzesiek bardzo się nabiegał, uznałem więc, że trochę odsapnie, bo będzie grał zrywami i nie będzie musiał tyle zapieprzać. Duet Smolarek – Lato na kontrataku wydawał się zestawieniem idealnym. Na linii środkowej Ciołek za Latę, bo sprawdził się w meczu z Peru – wszedł, strzelił bramkę, dobrze się spisywał. Poza tym był młodszy od Laty, więc w drugiej linii mógł pobiegać. Podobnie jak Buncol i Matysik. Kupcewicz był do biegania i reżyserki. Tak to sobie poukładałem.

Nie udaje się, Polska przegrywa 0:2. Obydwa gole strzela Paolo Rossi. Włosi wybijają Biało-Czerwonych z uderzenia już przed meczem. Przyjeżdżają na stadion przed Polakami i... zajmują szatnię, którą nasi mieli na Camp Nou w meczach z Belgią i Związkiem Radzieckim. Niby drobiazg, ale potrafi zirytować.

Nie jest istotne, że sędzia zbyt pochopnie odgwizduje faul Stefana Majewskiego, po którym Włosi strzelają pierwszego gola.

Waldemar Matysik: – W półfinale z Włochami miałem zwracać szczególną uwagę na Giancarlo Antognoniego. To był rozgrywający światowej klasy, moim zadaniem było ograniczyć mu ruchy. No i po jednym ze starć nie dał rady grać dalej. Nie chciałem zrobić mu krzywdy, było mi przykro, to nie było złośliwe zagranie. Antognoni dobrze o tym wiedział. Podał mi rękę, uznał, że to wszystko odbyło się w ferworze walki [w 28. minucie Antognoniego musiał zastąpić Giampiero Marini. As Fiorentiny już na tym mundialu nie zagrał – przyp. aut.].

Grzegorz Lato: – Nie mieliśmy szczęścia. Do dziś pamiętam, jak Janusz Kupcewicz po rzucie wolnym przywalił w słupek.

Stefan Majewski: – Gdybyśmy zdobyli bramkę po strzale Kupcewicza, kto wie, jak by się dalej potoczyło.

Zabrakło lidera

Antoni Piechniczek: – Pytałem po latach niektórych piłkarzy, czy w tym meczu powinienem inaczej ustawić drużynę, w związku z brakiem Andrzeja Szarmacha. Usłyszałem: „Wszystkie decyzje, które pan podejmował, były trafione. Uznaliśmy we własnym gronie, że trzeba zostawić Antka, niech po swojemu wszystko poukłada, bo tak będzie najlepiej". Miałem jedną przewagę nad selekcjonerami, którzy byli przede mną i po mnie. Rozmawiałem z piłkarzami z nieco innej pozycji. Byłem bardzo młodym selekcjonerem, niewiele wcześniej byłem piłkarzem, nie uważałem, że pozjadałem wszystkie rozumy i kamień filozoficzny na dokładkę. Mogłem pytać bez obawy o autorytet, z kim im się dobrze gra, z kim najlepiej się rozumieją. Młynarczyka pytałem przed mistrzostwami: „Józiu, z kim ci się najlepiej gra?". A on na to: „Trenerze, wiadomo, że z Władkiem Żmudą i Pawłem Janasem". Pytałem Żmudy: „Władziu, z kim ci się najlepiej gra?". – Z Pawłem". Brałem to wszystko pod uwagę.

Paweł Janas: – W półfinale z Włochami pierwszą bramkę zawaliliśmy, głównie ja. Poszliśmy z Józkiem na krótki słupek, a Rossi został sam. Ja za niego odpowiadałem. Uważam jednak, że ta przegrana to nie wstyd. Włosi mieli superzespół. Potrafili grać w piłkę, ale nie tylko. Na przykład taki Claudio Gentile potrafił opluć rywala. Albo klepał po plecach i jednocześnie ciągnął za ucho... Niby krzywdy nie robił, ale prowokował. Ktoś niedoświadczony mógłby się wkurzyć.

Grzegorz Lato: – Tele Santana, trener Brazylijczyków, mówił po meczu z Włochami, że gdyby miał taką obronę jak Polacy ze Żmudą i Janasem oraz Młynarczykiem, to on by sobie tylko siedział i kawę pił, a o mistrzostwo byłby spokojny. Ale okazało się, że my też przegraliśmy.

Andrzej Buncol: – Tego półfinału najbardziej żałuję. Włosi grali dobrze, ale nam brakowało naszego lidera. Nie mówię, że z Bońkiem wygralibyśmy, ale szansa byłaby większa.

Hubert Kostka: – Ewidentnie zabrakło Bońka.

Antoni Piechniczek: – Przed tym meczem zespół był w dziwnej sytuacji od strony psychicznej. Z jednej strony mieliśmy świadomość, że to życiowa szansa na sukces, ale z drugiej – trochę sprowokowana przez dziennikarzy – że daliśmy radę i nie będą na nas narzekać. Dziś dziennikarze są chyba trochę mądrzejsi. Wyznają zasadę: „Dopóki piłka w grze, wszystko jest możliwe". Wiedzą, że zawsze zdążą skrytykować, nie spieszą się z nagonką.

Eric Cantona był zachwycony

Po półfinałowym meczu Paweł Janas zamienia się koszulką z Paolo Rossim. Jej dalsza historia jest niezwykła. Janas wyjeżdża po mistrzostwach do Auxerre. W 1983 roku do kadry tego klubu trafia młodziutki, niezwykle utalentowany napastnik. Nazywa się Eric Cantona. Ma 17 lat. – Chłopak się wyróżniał, więc dałem mu w prezencie koszulkę, którą dostałem od Rossiego. Cantona był tak zachwycony, że nawet w niej spał – śmieje się Janas.

Grzegorz Lato: – Swoją drogą ze sprzętem ciągle były jaja. Rozliczali nas z każdej koszulki, więc taka wymiana po meczu wcale nie była oczywistością. Ale mieliśmy to gdzieś. Pytałem działaczy: „Ile za koszulkę? Stówka? Proszę bardzo".

Inni członkowie ekipy też są zdegustowani. Trener bramkarzy Piotr Czaja wścieka się, kiedy po mistrzostwach świata w Hiszpanii dostaje z PZPN informację, że musi zapłacić za oficjalne ubranie, które otrzymał przed mundialem. – Mogę je od razu odesłać, nie jest mi potrzebne! – denerwuje się. Dopiero wtedy w PZPN zdają sobie sprawę, że Czaja nie dostał pieniędzy za pracę na mundialu, premii też nie.

– Nie pytał pan dlaczego?

– Nigdy, mowy nie ma. Nie chodziłem i nie dopominałem się. To nie leży w mojej naturze. Jeśli chcieliby dać, toby dali – odpowiada Czaja.

Mecz numer 7. W ślady Kazimierza Górskiego

Ostatni mecz mundialu odbywa się w Alicante. Rywalem jest Francja, moralny zwycięzca drugiego półfinału z RFN. Po brutalnym ataku Haralda Schumachera Patrick Battiston traci przytomność i trzy zęby, a sędzia nie odgwizduje nawet faulu. W dogrywce Francuzi wygrywają już 3:1, a mimo to odpadają w karnych. Na mecz z Polską trudno im się zmobilizować. Kilku podstawowych piłkarzy, m.in. Michel Platini, rezygnuje z gry.

Antoni Piechniczek: – To był dla mnie najprzyjemniejszy ze wszystkich meczów na mundialu. Przed spotkaniem mobilizowałem piłkarzy. Mieliśmy wielką szansę powtórzyć wyczyn ekipy Kazimierza Górskiego. Przed tym meczem przyleciał z Polski Marian Renke, minister sportu. Wziął mnie na spacerek i mówi: „Panie Antosiu, niech pan ostatni raz zmobilizuje zespół i siebie. Po paru latach nikt nie będzie pamiętał, kto w tym czasie był ministrem sportu, ale wszyscy będą pamiętać, kto był selekcjonerem".

Polska wygrywa 3:2 i powtarza sukces drużyny Kazimierza Górskiego z 1974 roku. W autokarze szczęśliwi zawodnicy sączą szampana podarowanego przez kibica ze Szwajcarii.

W trakcie mundialu każdy trener traci mnóstwo nerwów.

Piechniczek: – Trzy wspaniałe bramki, każda inna. Pięknego gola po rzucie rożnym zdobył głową Stefan Majewski, a z rzutu wolnego Janusz Kupcewicz. Dużo czasu poświęcaliśmy na stałe fragmenty gry. Można je szlifować na dwa sposoby: na przykład raz na tydzień poświęcić trening tylko temu zagadnieniu albo ćwiczyć je po każdym treningu. Zawsze wolałem ten drugi sposób.

Stefan Majewski: – To był dla nas łatwy mecz. Wiedzieliśmy, że Francuzi nas doceniają, ale zdawaliśmy sobie sprawę, że jak się nam nie uda, to się nic nie stanie. Mój gol? Cóż, wyskoczyłem do piłki w idealnym momencie.

Janusz Kupcewicz: – Przypadku w tej bramce nie było. W Polsce miałem dobrą reputację jako wykonawca rzutów wolnych, ale wtedy koledzy nie dawali mi strzelać. Do tego akurat podszedłem, bo nie był naprzeciw bramki, ale z boku, i wszyscy spodziewali się dośrodkowania. A ja sobie zaplanowałem, że uderzę w krótki róg, i wyszło perfekcyjnie. Fakt, że piłka wpadła do bramki precyzyjnie tuż przy ziemi, to już trochę przypadek, ale właśnie w ten róg chciałem trafić. Bramkę zadedykowałem ojcu, który już wtedy ciężko chorował, właściwie był na łożu śmierci. Tacie zawdzięczam wszystko, to on mnie wychował [Aleksander Kupcewicz w młodości był piłkarzem Lechii Gdańsk, potem trenerem w II-ligowej Warmii Olsztyn, dużo czasu poświęcał synom na treningi indywidualne. Starszy brat Janusza, Zbigniew, był młodzieżowym reprezentantem Polski – przyp. aut.].

Paweł Janas: – Podczas meczu z Francuzami wiedziałem, że gram przeciw przyszłym pracodawcom, po mundialu wyjeżdżałem do Auxerre. Widać było, że są rozbici po meczu z Niemcami.

Trzeba było nie ruszać

Dopiero w ostatnim meczu pierwszy raz na mundialu od pierwszej minuty gra Andrzej Szarmach. Na pożegnanie turnieju wbija Francuzom fantastycznego gola. Po mocnym strzale z ostrego kąta piłka odbija się od słupka i wpada do bramki. – Dmuchnął strasznie – cmoka z uznaniem Grzegorz Lato. To już ostatni, 61. mecz Szarmacha w reprezentacji Polski i ostatnia, 32. bramka.

Ale po zdobyciu gola na jego twarzy nie widać radości. W tym turnieju jest tylko rezerwowym – z Francją gra, bo za kartki musi pauzować Włodzimierz Smolarek.

Grzegorz Lato: – Fakt, że Andrzej grał na tym turnieju tak mało, że nie zagrał z Włochami, uważam za błąd.

Antoni Piechniczek: – Szarmacha miałem posadzić na ławce rezerwowych i być może wpuścić na boisko, ale nie sadzać na trybunach. To jedyny kardynalny błąd, jaki popełniłem. Włosi pamiętali go z 1974 roku. Andrzej po meczu z Kamerunem wyraźnie przygasł. Poczuł się odsunięty. Gdybym wtedy miał dzisiejsze doświadczenie, na pewno bym na niego postawił. Wariant zastąpienia Bońka Szarmachem wydawał się najprostszy. Wtedy miałem jednak 40 lat i myślałem: „Antek, grasz o wszystko albo o nic. Musisz być odważny, nie możesz pękać, ryzykuj! To jedyna szansa w życiu, żeby zagrać w finale mistrzostw świata. Włochów trzeba czymś zaskoczyć. Jeśli nie zaryzykujesz i przegrasz, będziesz miał do siebie żal aż do grobowej deski".

Zbigniew Boniek: – Czy Piechniczek dobrze zestawił skład na mecz z Włochami? Według mnie najlepiej zrobiłby, gdyby wystawił wtedy Szarmacha. Podobno mówiono, że ja go nie chciałem. To śmieszne, bo oddałbym wszystkie pieniądze, żeby móc zagrać w finale mistrzostw świata. Trener zrobił zmiany, wprowadził do składu Włodzimierza Ciołka, który strzelił bramkę z Peru, a Latę przesunął do przodu. Po przerwie Ciołka zastąpił Andrzej Pałasz. To my prowadziliśmy grę, ale Włosi działali po swojemu – po golu do tyłu i kontra, do tyłu i kontra. W końcu strzelili drugą bramkę. Szkoda tego meczu, bo była niezwykła szansa ugrać więcej.

Grzegorz Lato: – Uważam, że Antoni nie przemyślał do końca sprawy z Szarmachem w meczu przeciw Włochom. Rozmawiałem z nim na ten temat i przyznał, że to był błąd. Dobrze funkcjonująca pomoc została rozbita, bo zostałem przesunięty do przodu, a na moje miejsce wszedł Pałasz, cichy faworyt trenera. Nic nie ujmując Andrzejkowi, zawalił nam wtedy drugą bramkę. Zamiast uderzyć, zaczął się kiwać, stracił piłkę, lewą stroną poszła kontra, centra Contiego i wpakowali nam gola. To, co było perfekcyjnie zgrane, czyli linia pomocy, zostało naruszone, a trzeba było nie ruszać.

A przecież jak Włosi widzieli Andrzeja Szarmacha, to dostawali drgawek. Miał na nich patent [strzelił im dwa gole – w finałach MŚ w 1974 i w towarzyskim meczu w 1980 – przyp. aut.].

Andrzej Szarmach: – Teraz można mówić wszystko, ale jest już za późno.

Matysik wyciąga białą flagę

Upał w Alicante jeszcze większy niż w Barcelonie. Paweł Janas: – Do basenu w ogóle nie dało się wejść, a w morze trzeba było popłynąć ze sto metrów i zanurkować, żeby poczuć chłód.

Andrzej Buncol: – Alicante to fajne miejsce na urlop, ale nie do gry w piłkę. Na boisku było 36 stopni. Mecz był straszną mordęgą.

Zbigniew Boniek: – Cały dzień siedzieliśmy w morzu, żeby wytrzymać skwar.

Nie wytrzymuje organizm Waldemara Matysika. Gra we wszystkich meczach mundialu, od początku do końca (ze względów taktycznych

Waldemar Matysik na treningu przed meczem z Belgią. Za nim Antoni Piechniczek oraz w peruwiańskiej koszulce… Grzegorz Lato. Matysik był jednym z najważniejszych piłkarzy podczas tego mundialu. Dawał z siebie wszystko aż do ostatniego meczu, kiedy jego organizm nie wytrzymał trudów turnieju.

nie wychodzi tylko przeciwko Kamerunowi), ale w przerwie meczu z Francuzami musi zostać zmieniony.

Antoni Piechniczek: – Waldek wkładał w mecz najwięcej sił ze wszystkich piłkarzy. Jeśli chodzi o ilość przebiegniętych kilometrów, ubytku wagi ciała – jego dotykało to najbardziej. Był najbardziej odwodniony. Wówczas nie mieliśmy odpowiedniej wiedzy, jak i kiedy reagować. Nie było z nami fizjologa. Okazało się, że choć uzupełniał płyny, to nie było w nich odpowiednich ilości soli mineralnych, pierwiastków śladowych i jeszcze bardziej odwadniał organizm. Kiedy w przerwie meczu schodziliśmy do szatni, Waldek podszedł do mnie na ugiętych nogach i powiedział: „Trenerze, niech mnie pan zmieni, bo ja już na oczy nie widza. Zaro się przewróca o własne nogi". W szatni ogłosiłem: „Panowie, wynik jest dobry, ale musimy zrobić jedną zmianę: za Waldka Matysika wejdzie Romek Wójcicki".

Grzegorz Lato: – Skoczyłem do Waldka: „Co ty gadasz, Matys. Okłady z zimnej i ciepłej wody i na boisko! Jak ty sobie to wyobrażasz?! A on mi na to: „Jo naprowda nie moga…".

Waldemar Matysik: – Ciężko odchorowałem ten mundial. Po każdym meczu w Hiszpanii traciłem 6-7 kilo. Z normalnej wagi 72 kg schodziłem na 66. W ostatnim meczu organizm się zbuntował. Głowa chciała grać, ale ciało odmówiło posłuszeństwa. Zawsze dawałem z siebie wszystko, cieszyły mnie pochwały kolegów. Janusz Kupcewicz powtarzał, że to było niesamowite, ile biegałem. Grzegorz Lato powtarzał, że moja gra na mundialu była wspaniała. To też mnie mobilizowało. Ale w przerwie meczu z Francją naprawdę musiałem zejść z boiska. Sam poprosiłem o zmianę. To był dla mnie strasznie frustrujący moment.

Zbigniew Boniek: – W przerwie meczu Matysik zrobił się biały, wymiotował. Mówimy mu „Waldek, musisz", a on miał łzy w oczach. Romek Wójcicki zaczął się rozbierać. Nie chcieliśmy tej zmiany.

Antoni Piechniczek: – Wypoczęty Wójcicki wszedł i nie zawiódł, ale Boniek początkowo protestował: „Trenerze, po co zmieniać? Prowadzimy". A ja na to: „Zbyszek, ty decydujesz czy ja? Nawet jeśli nie chciałbym tej zmiany, to i tak muszę jej dokonać, bo Waldek już nie da rady". Boniek nie miał pojęcia, w jakim stanie jest Matysik.

Grzegorz Lato: – Zbyszek rzucił wtedy do Piechniczka: „Niech pan powie Wójcickiemu, żeby czasem bramek nie strzelał". A Romek Wójcicki w drugiej połowie zagrał rewelacyjnie, ale naszej połówki boiska raczej nie przekraczał.

Na środek boiska

Waldemar Matysik: – Po powrocie do Polski prezes Jan Szlachta z Górnika Zabrze zarządził, żeby zawieźć mnie do Piekar Śląskich, gdzie działa słynna urazówka. Ale ja nie miałem żadnego urazu, byłem po prostu wycieńczony. Przewieźli mnie do Warszawy i tam pani profesor powiedziała, że niezbędne jest leczenie neurologiczne.

Pomaga PZPN i Matysik przez kilka miesięcy leczy się w Instytucie Psychiatrii i Neurologii w Warszawie. Ciężko choruje, ma chwilowe problemy psychiczne. Jesienią 1982 roku, kiedy kadra trenuje przed meczami eliminacji mistrzostw Europy, Matysik odwiedza kolegów z drużyny. Wjeżdża samochodem na środek boiska, wita się, gada z piłkarzami, żegna i odjeżdża. Hubert Kostka: – Wielokrotnie rozmawiałem z panią docent, która się opiekowała Waldkiem w szpitalu. Marzyliśmy, by wrócił do gry w piłkę na wysokim poziomie. Lekarka odpowiedziała, że musiałby się zdarzyć cud. Ale Waldek pokonał chorobę.

Antoni Piechniczek: – Do kadry wrócił dopiero w marcu 1984 roku. Kiedy przyjeżdżałem na mecze Górnika, siedział na trybunach w spodenkach i koszulce reprezentacji Polski. Słyszałem, że skoczył z pierwszego piętra, rękę złamał. Bardzo przeżywałem jego chorobę i cieszyłem się, że z niej wyszedł. Szybko wrócił do formy.

Waldemar Matysik: – Po mundialu wszyscy byli wobec mnie w porządku. Górnik mnie nie zostawił, trener Piechniczek też się mną interesował. Dwa lata po tym, jak wyzdrowiałem, powołał mnie na towarzyski mecz ze Szwajcarią i odtąd grałem u niego w kadrze.

Zbigniew Boniek: – Waldek był wyjątkowo skromny i pokorny. Najmłodszy, ale w drużynie cieszył się szacunkiem, docenialiśmy go. Pamiętam mecz ligowy Górnika z Widzewem, podczas którego biegał za mną bez przerwy. Zasapany prosiłem go: „Waldek, daj spokój". Na piwko rzadko z nami chodził, ale broń Boże, jakby ktoś chciał mu coś zrobić. Stanęlibyśmy za nim murem.

Matysik wraca na boisko wiosną 1983 roku, trzy razy zostaje z Górnikiem Zabrze mistrzem Polski. W 1987 roku wyjeżdża za granicę. Przez trzy sezony jest niezastąpiony w Auxerre, kolejne trzy w Hamburger SV. U Antoniego Piechniczka zagra w kadrze jeszcze 29 razy. Reprezentacyjną karierę kończy w 1989 roku.

Chłopaki, weźcie sobie te medale

Plotka głosi, że prezydent FIFA Joao Havelange nie chce wręczać medali drużynie z kraju, w którym rządzi komunistyczny reżim. Dlatego wręcza tacę kapitanowi Władysławowi Żmudzie, który podchodzi do kolegów, a oni zabierają sobie z niej medale. To nieprawda. Havelange nie bojkotował Polski. Jeszcze w marcu 1982 roku przyjeżdża do Warszawy i upewnia się, czy Biało-Czerwoni wystartują na mundialu. Powód jest bardziej prozaiczny. Wraz z Havelangem medale ma wręczać Polakom Włodzimierz Reczek, prezes PZPN. Ale Reczek intensywnie zwiedza Alicante i... ma odparzone stopy! Bolą go tak bardzo, że na mecz jedzie w klapkach. Nie może tak wyjść na ceremonię wręczenia medali, byłaby kompromitacja. Dlatego Havelange podaje tacę Żmudzie.

– Czułem się dziwnie – wspomina piłkarz. – Za wręczanie medali na mistrzostwach świata nigdy dotąd nie był odpowiedzialny kapitan. Potem słyszałem, że niektórzy w Polsce byli oburzeni, że przejąłem tacę z medalami. Ale co miałem zrobić? Położyć ją na trawie?

Paweł Janas: – Poczuliśmy się podle, bo po tym samym meczu Francuzów udekorowali w normalny sposób. Władek wyszedł do działaczy, miał im przedstawiać zawodników, a oni podali mu tacę z medalami. To było przykre. Potraktowano nas jak kraj Trzeciego Świata. Władek szedł i każdy z nas zabierał sobie medal.

Mundial się kończy, a działacze wciąż zaliczają kompromitujące wpadki. Reprezentacja jedzie autobusem do Madrytu na mecz finału, ale okazuje się, że dla zdobywców trzeciego miejsca nie ma biletów.

Paweł Janas: – Nikt z działaczy o tym nie pomyślał! Byliśmy w szoku. Ostatecznie mecz obejrzeliśmy w telewizji. Poszliśmy do jakiejś salki, byliśmy wściekli. Działacze stwierdzili, że organizatorzy nie przewidzieli naszego przyjazdu. Ale niektórzy z nich poszli na finał...

Wśród piłkarzy krążą niepotwierdzone plotki, że jedna z osób towarzyszących ekipie sprzedała bilety polskiej drużyny na czarnym rynku. Rozżalenie jest ogromne. Piechniczek może iść na mecz, ale nie chce zostawić chłopaków. Ogląda mecz z piłkarzami w telewizji.

Samolot grozy

Samolot, którym kadra ma wracać do kraju, ma poważną awarię. Po dziesięciu minutach musi zawrócić na lotnisko w Madrycie.

Stefan Majewski: – Obok mnie usiadła stewardesa. Przestraszona chwyciła mnie i kolegę z drugiej strony za ręce. Naprawdę się bała.

Paweł Janas: – Podwozie nie chciało się zamknąć. Wylądowaliśmy awaryjnie w pianie, wokoło pełno karetek i straży. Na szczęście nikomu nic się nie stało.

Piłkarze wpadają na niezwykły pomysł. Chcą się złożyć na lot hiszpańskimi liniami Iberia. Wychodziło po 200 dolarów. Minister Marian Renke, prezes Polskiego Komitetu Olimpijskiego, prosił zawodników, żeby tego nie robili. Obiecywał, że zaraz przyleci następny samolot z Polski. To byłaby klęska wizerunkowa. Zawodnicy ostatecznie ustępują.

Paweł Janas: – Ale kiedy czekaliśmy na drugi samolot, puściły hamulce. Włodzimierz Reczek, prezes PZPN, i minister Renke powiedzieli, że znoszą zakaz picia. Nawet Janek Ciszewski powiedział, że się z nami napije.

Grzegorz Lato: – A co Reczek miał do pozwalania? Byliśmy trzecią drużyną świata! Ruszyliśmy do baru. Siedzimy, niektórzy ciągle przestraszeni. Widzę, że Andrzej Szarmach zestresowany. Mówię mu: „Andrzej, co się przejmujesz? Samolot się zepsuł, ale nie ty go będziesz naprawiał. Twój? Nie twój. To co się martwisz? Napijmy się". Nawaliliśmy się tam równo. Kiedy przyleciał po nas drugi samolot, było już wielkie święto!

Tato w oknie niczym papież

Reprezentacja Polski przylatuje z ośmiogodzinnym opóźnieniem. Środek nocy, a na Okęciu tysiące kibiców. Prosto z lotniska karetka zabiera do szpitala Jana Ciszewskiego. To ostatni mundial słynnego sprawozdawcy. Umiera pięć miesięcy później.

Wśród oczekujących jest żona trenera z córką Joanną i synem Tomaszem. – Dyrekcja kopalni Mysłowice, w której Edward Kucowicz zatrudniony był w dozorze, zgodziła się wypożyczyć zieloną nyskę, żebyśmy

Antoni Piechniczek pozdrawia wiwatujących kibiców, którzy zgromadzili się pod jego domem po powrocie z Hiszpanii.

mogły dotrzeć z dziećmi do Warszawy i przywitać mężów. Wyjechaliśmy wcześnie rano, więc kiedy okazało się, że samolot ma opóźnienie, nie mieliśmy co z sobą zrobić – wspomina Zyta Piechniczek.

Z pomocą przychodzi Józef Ciszewski, szef Okręgowego Związku Piłkarskiego z Bielska-Białej. Sam dociera do Warszawy maluchem wypełnionym kwiatami. Wiązanka dla każdego zawodnika. – Skierował nas do hotelu Victoria, gdzie PZPN miał sztab. Dostaliśmy pokój, żeby dzieci mogły odpocząć i coś zjeść. Pan Ciszewski zaprosił nas także na zwiedzanie stolicy, ale i tak cały czas myśleliśmy, co z tym samolotem. Czy mąż i ekipa są bezpieczni? Najgorszy był brak informacji – mówi żona trenera.

W nocy żony piłkarzy docierają na Okęcie. – Ścisk był taki, że nasz syn Tomek, przepychając się przez tłum, stracił wszystkie guziki w koszuli. Zaczęłam się bać o dzieci, żeby nie stała im się krzywda. Ludzie się cieszyli, ale ich reakcje były trudne do opanowania – wspomina Zyta Piechniczek.

Tomasz Piechniczek: – To było niesamowite. Tłumy na ulicach i na lotnisku. Wśród wielu transparentów jeden zapamiętałem szczególnie: ten z napisem „Ave Piechniczek".

Obok hali przylotów przygotowano salkę dla dziennikarzy. – Jak zobaczyłem, że nasze rodziny ledwo stoją na nogach w tym ścisku, kazałem wpuścić je do tego pomieszczenia. Były protesty, że to nie wypada, że tu są studia, kable. Postawiłem sprawę ostro: albo rodziny wchodzą, albo nici z nagrań. I ustąpili – wspomina Piechniczek.

Nad ranem docierają do hotelu. Chwila odpoczynku i kolejne spotkania, nagrania dla telewizji. Kibice, którzy marzą, by piłkarze zademonstrowali w jakiś sposób przeciwko władzom i stanowi wojennemu, przeliczają się. Cała drużyna idzie na spotkanie z wicepremierem Mieczysławem Rakowskim i odbiera ordery. Potem spotykają się z rządzącym krajem generałem Wojciechem Jaruzelskim. Zawodnicy wiedzą, że jakakolwiek manifestacja polityczna uniemożliwi im wyjazdy za granicę.

Teraz można wracać do domów. Wcześniej Piechniczkowie zanoszą kwiaty na plac Zwycięstwa. Zostawiają je w miejscu, gdzie Jan Paweł II wołał: „Niech stąpi Duch Twój i odnowi oblicze ziemi. Tej ziemi!", a mieszkańcy stolicy po ogłoszeniu stanu wojennego układają krzyże z kwiatów.

– Nikt się nie zainteresował, czym mam wrócić do domu – mówi Piechniczek. – Wsiadłem do nyski, którą żona przyjechała mnie witać do Warszawy. W drodze do Chorzowa zatrzymaliśmy się na chwilę w hotelu Patria w Częstochowie. Chcieliśmy zobaczyć w telewizji relację z naszego powrotu do kraju. Oblegli nas goście, wszyscy chcieli autografy.

Tomasz Piechniczek: – Kiedy późnym wieczorem dojeżdżaliśmy do ul. Wrocławskiej w Chorzowie, byłem przekonany, że coś się stało. Wypadek lub pożar. Wszędzie pełno ludzi. A to mieszkańcy od kilku godzin czekali na przyjazd taty. Przed domem sąsiedzi ustawili bramę powitalną, było „Sto lat". Tato wyszedł do okna niczym papież w Krakowie i zaczął ludziom dziękować za takie przyjęcie.

– Miałam osiem lat i nie bardzo zdawałam sobie sprawę z tego zamieszania – mówi Justyna Piechniczek-Janecka, najmłodsza córka. – Pamiętam, że babcia ubrała mnie w piękną sukienkę i dała nowe, białe podkolanówki. Nie wiedzieliśmy, o której rodzice wrócą, więc już od rana paradowałam odświętnie ubrana. Pech chciał, że tego dnia przywieźli na podwórko całą wywrotkę piasku. Nie mogłam się oprzeć. Kiedy rodzice wrócili, o moich podkolanówkach można było powiedzieć wszystko, ale na pewno nie to, że są białe.

Impreza z sąsiadami przy stołach ustawionych na podwórku trwa do rana.

Zyta Piechniczek: – Od powrotu co najmniej przez dwa tygodnie przestaliśmy zamykać drzwi do mieszkania. Żeby zjeść w spokoju obiad, przyklejałam kartkę: „Prosimy o godzinę przerwy, żebyśmy mogli zjeść posiłek". Ludzie wciąż przychodzili z kwiatami, gratulowali. Małe dzieci przychodziły z goździkami po kilka razy. Chodziło im o zdjęcia męża z autografem. Słyszałam, jak się chwalili: „Jo mom już trzy".

Wszystkie kwiaty Piechniczkowie odnoszą do kościoła. – Wszystkie ołtarze przez parę tygodni były przystrojone bukietami, które tata dostawał od uradowanych kibiców – mówi Tomasz.

Tajemnica Antoniego

W wieku 40 lat Antoni Piechniczek zdobywa szczyty nieosiągalne dla wielu znakomitych szkoleniowców. Co o tym decyduje? Ludzie, którzy go znają, powtarzają, że potrafi się dogadać z działaczami, zawodnikami, dziennikarzami. Wszystkich słucha, ale decyduje sam, jak dyktator.

– Mam słabość do trenera Piechniczka – mówi Zbigniew Boniek. – Potrafił nas pogonić. Ja lubię takich twardych facetów z krwi i kości. Piechniczek właśnie taki jest. Na wiele spraw patrzymy inaczej, ale zawsze będę go szanował. To był szkoleniowiec z jakością. Miał charakter. Potrafił być trudny i stawiał na swoim. Lubił tych, którzy solidnie pracują. Jest podobny do obecnego selekcjonera Adama Nawałki. Dziennikarze dopominają się o Marcina Wasilewskiego, który gra w angielskiej Premier League. A Nawałka na to: „Jest w porządku, ale do mojej koncepcji nie pasuje". Z Piechniczkiem było podobnie. Jeśli ktoś mu nie

Zawodnicy, których Piechniczek wziął do Hiszpanii, są mu za to wdzięczni do dziś. Przykładem Stefan Majewski.

pasował, nie dał go sobie wepchnąć. Reprezentacja to niekoniecznie zbiór najlepszych piłkarzy. To zbiór zawodników, którzy razem mogą coś osiągnąć. Stworzenie zespołu to zadanie selekcjonera. Piechniczek to potrafił.

Władysław Żmuda: – Czuł piłkę. Jako szkoleniowiec był bardzo konsekwentny, wiedział, czego chce. Zawsze narzekaliśmy, że kazał nam biegać po górach, ale dzięki temu byliśmy przygotowani fizycznie. W upałach, jakie panowały w Hiszpanii podczas mundialu, nie dalibyśmy rady, gdyby nie przygotowanie fizyczne, o które zadbał trener.

Andrzej Buncol: – Trener postawił na młodych, a my mu się odwdzięczyliśmy najlepiej, jak potrafiliśmy.

– Piechniczek był żądny sukcesu i miał charyzmę – dodaje Marek Dziuba. – Potrafił rzetelnie ocenić drużynę. Dużą wagę przywiązywał do sprawności i szybkości. Nie mogę o nim powiedzieć złego słowa. Jestem wdzięczny, że byłem w tej reprezentacji.

Trener Bogusław Hajdas: – Antek chciał mieć lojalnego współpracownika i wydaje mi się, że takim byłem. Podczas mundialu dużo rozmawialiśmy, zastanawialiśmy się, jak ustawić drużynę. Oczywiście to Antek miał ostatnie zdanie i trzeba przyznać, że nie bał się podejmować trudnych decyzji. Potrafił odsunąć od drużyny zawodników, którzy mu nie pasowali: Antoniego Szymanowskiego, Jana Tomaszewskiego czy Wojciecha Rudego. Jego decyzje nie zawsze były dobrze przyjmowane, ale on się tym nie przejmował. Nie był despotą, potrafił słuchać piłkarzy i sprawiać, że się przed nim otwierali. Przede wszystkim miał wizję gry i koncepcję drużyny. I najważniejsze: jego ambicja udzielała się zawodnikom. Szukał piłkarzy wszechstronnych, którzy potrafili odnajdywać się w różnych sytuacjach i którzy myśleli na boisku. Stąd obecność Majewskiego, Buncola czy Kupcewicza. W jego koncepcję świetnie wpasował się Lato na boku pomocy, bo wiedział, kiedy przyspieszyć grę, a kiedy przytrzymać piłkę.

Grzegorz Lato: – W tamtym czasie każdy zawodnik wyglądał jak atleta. Kiedy pojechałem do Belgii i się rozebrałem, wszyscy w szatni patrzyli na mnie jak na dziwadło. Byłem świetnie wyrzeźbiony, każdy mięsień grał. U Antka dużo biegaliśmy i strasznie ciężko trenowaliśmy. Myślę, że dzisiaj trenuje się mniej, a o przygotowaniu siłowym w zimie nie wspomnę. Podejrzewam, że wielu dzisiejszych piłkarzy nie wytrzymałoby tego reżimu.

Paweł Janas dodaje: – Trener Piechniczek w czasie mundialu bardzo dużą wagę przywiązywał do naszej wiedzy na temat rywali. Organizował seanse magnetowidowe. Ale żeby te zajęcia nie trwały za długo, trener organizował osobne sesje dla obrońców, pomocników i napastników. Mądrze to wymyślił. Jak się siedzi i patrzy, patrzy, i patrzy, człowiek dość szybko zaczyna tracić koncentrację. Trzydzieści minut takiego oglądania to góra, i Piechniczek o tym wiedział. Kiedyś w Legii trener Rudolf Kapera puszczał nam na wideo cały mecz i omawiał minutę po minucie. Bardzo szybko chciało się spać... Bardziej męczyliśmy się psychicznie, niż na tym korzystaliśmy. A Antek dobrze do tego podszedł. I rozmawiał z każdym osobno, omawiał taktykę, rozrysowywał różne warianty. Wtedy więcej się rysowało niż dziś.

Miejsce na szczycie kolumny

– Wielu kibiców uważa, że medal z 1974 roku jest ważniejszy od tego z 1982 roku. To bzdura. Dla mnie obydwa medale są równie wartościowe, obaj trenerzy też są na równi. Owszem, w drużynie z 1974 roku może było więcej gwiazd. Ale Antoni Piechniczek połączył generację, która odchodziła, z młodszym pokoleniem utalentowanych zawodników. Może momentami szlag go trafiał, bo różne jaja robiliśmy, ale nieraz zaciskał zęby. Dobrze, że to przetrzymał, bo banda była z nas rzadka – i do tańca, i do różańca – mówi Grzegorz Lato. – Zgadzam się z opinią, że w 1982 roku byliśmy bliżej finału. Z tymi Włochami naprawdę można było wygrać. Zabrakło szczęścia, Bońka, ale i... Szarmacha.

Władysław Żmuda: – Porównanie Antoniego Piechniczka do Kazimierza Górskiego? Dwa zupełnie różne charaktery, dwie różne osobowości. Piechniczek zdobył ten sam medal co Górski. Jednego i drugiego trzeba docenić. Piechniczka także za to, że w tak trudnych warunkach politycznych osiągnął taki sukces.

Czy w Hiszpanii można było osiągnąć jeszcze więcej?

Stefan Majewski: – Uważam, że drużyna Piechniczka była najbliżej zdobycia mistrzostwa świata. To był mocny zespół, tworzyliśmy jedność.

– Przed mistrzostwami trzecie miejsce wzięlibyśmy z pocałowaniem ręki – mówi Hubert Kostka. – Nikt nie marzył, że cokolwiek zdobędziemy, że wejdziemy do strefy medalowej. Czy można osiągnąć więcej? Przecież i tak osiągnęliśmy więcej niż najlepsza drużyna tamtych mistrzostw! Brazylia była fenomenalna, najlepsza, jaką widziałem w życiu. Gdyby wygrała, być może piłka nożna rozwinęłaby się w innym kierunku. Mundiale nadają przecież światowy trend futbolowi.

Władysław Żmuda: – Mam dobre porównanie startu w 1974 roku i w 1982 roku. Uważam, że w Hiszpanii byliśmy bliżej finału mistrzostw świata niż w Niemczech. W Hiszpanii miałem większe doświadczenie. Co nie wypaliło? Mentalność Polaków. Kiedy już byliśmy w wielkiej czwórce, przyszło samozadowolenie. Nie potrafiliśmy się spiąć do samego końca.

– Osiem lat wcześniej, żeby awansować do finałów, musieliśmy wygrać z Niemcami, bo mieli lepszy bilans bramkowy – mówi Grzegorz

Antoni Piechniczek podczas treningu ze swoim ulubionym bramkarzem Józefem Młynarczykiem. Pracowali razem w BKS Bielsko-Biała, Odrze Opole i reprezentacji Polski.

Lato. – Osiem lat później z Włochami mogliśmy grać na remis i liczyć na karne. Mieliśmy w bramce Józka Młynarczyka, a to był mistrz! W tym elemencie gry był nie do zastąpienia [w 1980 roku w Pucharze UEFA po meczu Widzewa z Juventusem w konkursie rzutów karnych Młynarczyk obronił m.in. strzały reprezentantów Włoch: Franco Causio i Antonio Cabriniego – przyp. aut.].

Zbigniew Boniek: – Antek – bo teraz, po latach, już jesteśmy na ty – cały czas żyje w cieniu Kazimierza Górskiego. Ja byłem piłkarzem u jednego i u drugiego. Być może Antek nie miał takiego piłkarskiego nosa jak Kazimierz Górski, ale warsztat? Mógłbym powiedzieć, na kogo stawiam, ale nie chcę załamywać ustalonej hierarchii... Pan Górski był pierwszy, otworzył nam drzwi do nieba, pozwolił uwierzyć w siebie, ale dla mnie to Piechniczek był trenerem wielkiej klasy. Żyliśmy w cieniu drużyny z 1974 roku, ale nie byliśmy gorsi. Uważam nawet, że byliśmy lepsi!

Andrzej Gowarzewski, najważniejszy polski dziennikarz zajmujący się futbolem, który od 1982 roku był na wszystkich mistrzostwach świata, stara się zawsze podkreślać dokonania trenerskie Antoniego Piechniczka. – Ma słuszny żal do mediów, choć dotąd nie mówił tego głośno. Wiadomo, że pozycja Kazimierza Górskiego, którego kochamy i będziemy kochać, jest wyjątkowa. Ale nie jest tak, że Górski stoi na kolumnie, którą podtrzymuje Antek. Piechniczkowi też należy się miejsce, właśnie na szczycie tej kolumny. Obok jednego wielkiego selekcjonera jest miejsce dla tego drugiego. Jego zasługi powinny być doceniane, ale fakt, że większość mediów ma siedziby w stolicy, powoduje taki, a nie inny ogląd.

ROZDZIAŁ 2.

Za bajtla

(1942-1959)

Wielkie Hajduki, dzielnica Chorzowa. We wrześniu 1939 roku Niemcy wkraczają na Górny Śląsk i osada zmienia nazwę na Bismarckhütte. Miejscowa huta rządzi życiem całej dzielnicy, daje ludziom pracę. Od powstania w 1872 roku nosi imię Bismarcka, nawet jeszcze w niepodległej Polsce, do 1933 roku.

W 1939 roku miasto i dzielnica się zmieniają. Wszędzie gęsto rozwieszone czerwone flagi ze swastyką. Na ulicach i w restauracjach aż się roi od mundurów: wojskowych, policyjnych, partyjnych i organizacyjnych – zielonych, czarnych, żółtych i brązowych. Na drzwiach sklepów i niektórych prywatnych mieszkań pojawiają się napisy: „Hier gilt der deutsche Grüss" („Tu obowiązuje niemieckie pozdrowienie") albo „Gehst du als Deutscher hier herein, Heil Hitler soll dein Grüss stets sein" („Jeśli wchodzisz tu jako Niemiec, obowiązuje cię pozdrowienie Heil Hitler"). Niektórzy mieszkańcy niszczą pamiątki świadczące o ich związkach z Polską. Palą dyplomy, książeczki do nabożeństwa, stare gazety i fotografie. Zmieniają się nazwy ulic. Wolności, główna ulica Chorzowa, nosi teraz imię Adolfa Hitlera.

Po kilku miesiącach mieszkańcy dostają ankiety do wypełnienia, na podstawie których wpisywani są na volkslistę podzieloną na cztery grupy – w zależności od świadomości narodowej. Nowa władza uznaje ich za obywateli państwa niemieckiego.

Kategorię pierwszą dostają ludzie zaangażowani czynnie w walkę z polskością na Śląsku, tzw. dwójkę – ci, co do których hitlerowska administracja nie ma wątpliwości, że zawsze naprawdę czuli się Niemcami. Najliczniejsza jest kategoria trzecia. Dostają ją wszyscy Polacy ze Śląska, którzy w przeszłości nie mieli większych konfliktów z Niemcami. „Czwórka" to najaktywniejsi powstańcy i ich rodziny. W ten sposób „folksdojczami" – obok tych, którzy od razu deklarowali niemieckość

– zostają mówiący wyłącznie gwarą Ślązacy, a nawet ludzie, którzy w ogóle nie znają niemieckiego. Podpisują volkslistę, bo zmusza ich do tego sytuacja życiowa. Często nie mają oporów – tym bardziej że katowicki biskup ordynariusz Stanisław Adamski, z którym konsultuje się gen. Władysław Sikorski (od 30 września premier rządu RP na uchodźstwie), nawołuje śląską ludność do „maskowania".

Bez ojca

3 maja 1942 roku Magdalena Piechniczek z domu Marczok rodzi syna. To jej drugie dziecko. Pierwszy syn Andrzej umiera kilka godzin po urodzeniu w 1940 roku. Nie ma przy niej męża. Synkowi, któremu nadaje imię Antoni (na cześć świętego z Padwy), pokazuje zdjęcia. – To twój tata – mówi.

Przed wojną Emil Piechniczek pracuje w zajezdni tramwajowej. Mówią o nim „złota rączka". W domu wszystko naprawi, zrobi półkę i taboret. Na zdjęciach wysoki, przystojny mężczyzna w niemieckim mundurze, ale zawsze bez czapki. Nie chce pokazywać „niemieckiej wrony".

Emil Piechniczek został wcielony do Wehrmachtu. Zmarł na tyfus w sowieckim łagrze.

Emil widzi syna dwa razy, kiedy przyjeżdża do domu na przepustki. Pierwszy raz, gdy Antoni ma kilka miesięcy, drugi – w połowie 1944 roku, tuż przed wyjazdem na Ostfront.

– Nie martw się, Madziu, wojna się kończy. Wrócę i przywiozę ci mózg Hitlera na talerzu – obiecuje żonie na pożegnanie.

Piszą do siebie regularnie.

Emil pociesza żonę: *Bardzo Ci współczuję nad problemami i zmartwieniami, z jakimi się spotkać i pokonać musisz, ale miejmy nadzieję. (...) Twój małżonek Emil. Również dużo uścisków dla Kochanego Antośka. Tatuś*

Narzeka rzadko: *Po długim marszu jest wreszcie chwilka wolnego czasu, który chcę Tobie poświęcić. Już się jakoś do wszystkiego przyzwyczaiłem. Jeżeli pogoda jest możliwa, to się jeszcze jakoś idzie, gorzej gdy pada. Wtedy to krok trudno zrobić, bo ziemia jest bardzo śliska. (...) Nie wiem, kiedy ten list dojdzie do Ciebie, więc chcę Ci już dziś z okazji Twych urodzin złożyć życzenia łaski Bożej, Błogosławieństwa Bożego, zdrowia i wszelkiej pomyślności oraz spełnienia wszelkich życzeń i żeby na przyszłe urodziny już być razem. Całuski dla Antośka. Emil*

Prosi o modlitwę: *Dziecinko, pytasz, co tam w naszej formacji, ludzi ubywa, ale się trzymamy. (...) Nie traćmy naszego czasu, spędźmy go na modlitwach, a Pan Bóg usłyszy nasze prośby i zadość uczyni. Miejmy to zawsze przed oczami, że bez Boga ani do proga, a my przecież chcemy w Bożej dobroci nie być grzeszni. Ucałowania Twój małżonek Emil*

Ostatni z zachowanych listów z 1 maja 1944 roku: *Droga i Kochana Magdziu! Za listy 12 i 13, które dziś otrzymałem, serdecznie dziękuję. (...) Jaka mnie tęsknota ogarnęła czytając te listy, ale dziękujmy Panu Bogu, że Antoś jest zdrowy i wesoły. Prośmy Pana Boga, żeby nadal takim był. (...) Dziecinko, jeśli masz trochę papieru do pisania, proszę przyślij i koperty. Ucałowania Emil*

Koniec wojny, a Emil nie wraca. Magdalena zrozpaczona. Wypytuje kolegów, którzy już dawno są w domach, pisze listy do Czerwonego Krzyża. Bez skutku.

Piechniczkowa pracuje w hucie, kilka minut drogi od domu. Prowadzi najważniejszą i ściśle tajną kartotekę w zakładzie: produkcja i rozchód blachy grubej, tej na czołgi i na inny sprzęt dla wojska.

Huta wraca do nazwy sprzed 1939 roku: Batory. Król Stefan Batory zostaje patronem całej dzielnicy. Chodziło o interesy. Wyroby huty były znane na całym świecie i sygnowano je literą „B" w koronie. Trzeba było znaleźć nowego patrona, który tak jak Bismarck zaczynał się na literę „B" i... miał związki z koroną.

Zabił go tyfus

Rok 1947, niedziela. Po mszy w kościele pod wezwaniem Wniebowzięcia Najświętszej Marii Panny w Hajdukach do Magdaleny podchodzi jakiś mężczyzna. Wymieniają kilka zdań. Kobieta blednie, każe synowi wracać do domu. Zapłakana wraca godzinę później. Mówi, że mężczyzna siedział z Emilem w sowieckim obozie jenieckim. Właśnie wrócił do domu. Cud, że go wypuścili. Przed wyjazdem prosił komendanta obozu, żeby pozwolił jechać Emilowi Piechniczkowi, bo „z krajanem wracać raźniej". Nic z tego.

– Emil nie żyje – płacze Magdalena. – Zabił go tyfus.

Mężczyzna składa zeznania pod przysięgą przed sądem kościelnym. Magdalena dostaje akt zgonu męża. Ma dokument, w którym jest napisane, że Emil Karol Piechniczek zmarł 8 maja 1945 roku w Witebsku.

Wdowa mieszka z Antonim i babcią Jadwigą w kamienicy przy ul. Wrocławskiej 2 w Hajdukach. Trzy pokoje na wysokim parterze. Za oknem duże podwórko otoczone sąsiednimi budynkami.

Na Wrocławskiej asfalt kładą dopiero w latach 60. Wizytę w hucie zapowiedział Władysław Gomułka, a do budynku dyrekcji dojechać można tylko tędy. Nie można pierwszego sekretarza wozić duktem.

Domem zajmuje się babcia Jadwiga z rodziny Bartoszków. Opowiada Antkowi, że jak miała dwanaście lat, poszła na służbę do jednego z szefów Bismarckhütte. Młodo wyszła za mąż, urodziła pięcioro dzieci, ale dwoje szybko umarło. W 1915 roku, w wieku 26 lat, została wdową. Jadwiga nie zna dokładnej daty zgonu męża – zginął na wojnie, nie wie, gdzie został pochowany. Nie ma grobu, nad którym mogłaby stanąć. Sama musi wychować dwie córki: Cecylię i Magdalenę oraz syna Augustyna.

Z Jadwigi doskonała kucharka. Gotuje na chrzcinach, komuniach, weselach. Ludzie ją polecają, zawsze coś smacznego przyniesie do domu. Śląski kołocz, pieczone kurczę, kawałek gniazda, czyli mięsa faszerowanego jajkami.

Czas dzieli między pracę i kościół. W jej życiu nie ma innego mężczyzny. Zapisuje się do świeckiego zakonu franciszkanów. – To nie je trudne, ino trza przestrzegać Dekalogu – powtarza.

Każdy dzień ma podobny rytm: pobudka o godz. 4.30, modlitwa, rozpalanie w piecu. O 6 poranna msza święta w kościele, po drodze do domu zakupy: mleko, chleb. Kiedy Antoś się budzi, śniadanie czeka na stole.

Babcia zabiera go na pierwszy mecz. Jest 1948 rok, Antek ma sześć lat. Ruch Chorzów gra z Polonią Warszawa. Na drugą połowę wpuszczają bez biletów, taki zwyczaj. Antek nie wie jeszcze, którzy to zawodnicy Ruchu, a którzy Polonii. Ale patrzy na boisko jak zaczarowany. Też chce kopać piłkę.

Zaczyna grać „na placu" i na ulicy. Kolegów nie brakuje, dwóch na dwóch, trzech na trzech. Zawsze są chętni. Dwie cegły wyznaczają linię bramki. Grają na jedną.

Antek jest wyższy niż rówieśnicy, zwinny. Strzela dużo goli, każdy chce być z nim w drużynie. Są też straty – czasami piłka wpada przez okno do sąsiadów. Za wybite szyby trzeba płacić. I wysłuchać reprymendy.

Babcia stosuje kary, zwykle tydzień zakazu wychodzenia na podwórko. Ale po takim szlabanie Antek ze zdwojoną energią dopada piłki i znów trzeba wołać szklarza. Babcia w końcu przestaje narzekać. W jej rodzinie piłka nożna ma szczególne miejsce. Jej bracia to założyciele Ruchu Chorzów, który powstaje w odpowiedzi na apel Polskiego Komitetu Plebiscytowego, by na Górnym Śląsku tworzyć nowe kluby sportowe.

Najstarszy brat babci, Franciszek Bartoszek, gra w Ruchu w latach 20. na pozycji napastnika. Umiera w 1935 roku w wyniku komplikacji po operacji wyrostka. Młodszy Jan jest napastnikiem w klubie. Babcia Jadwiga razem z siostrami robi na drutach wełniane „sztuce" [getry] dla piłkarzy. Siostry Bartoszkówny są zaszczycone, że mogą coś zrobić dla Ruchu.

Mistrz nie zwraca uwagi

Antek nie może się doczekać niedzieli. Na mecze Ruchu chodzi już sam. Do stadionu ma z domu 20 minut na piechotę. Ale dorosła osoba może

Pierwsza drużyna piłkarska w piątej klasie szkoły podstawowej. Antek – pierwszy z prawej w dolnym rzędzie.

wprowadzić bajtla na stadion za darmo. Antek stoi przy bramie i prosi wchodzących mężczyzn: „Weźcie mnie". Najczęściej się udaje. A jak nikt nie chce Antka wprowadzić, to w płocie naprzeciwko głównej trybuny jest dziura. Obok hurtownia ryb. Strasznie śmierdzi i nikt nie pilnuje.

Antek zachwyca się Gerardem Suszczykiem (rocznik 1922, po wojnie komuniści kazali mu zmienić imię na Czesław). W pomocy Ruchu gra jak kombajn. Dużo potrafi, nie boi się ostro wejść, świetnie strzela z dystansu. Zawodnik idealny. W latach 1949-1958 zagrał 25 razy w reprezentacji Polski.

Po lekcjach Antek – uczy się w Szkole Podstawowej nr 32 (dziś im. bł. ks. Józefa Czempiela) – często zagląda do biblioteki. Książki pochłania. Karol May, „Trylogia" Sienkiewicza... Coraz częściej sięga po gazety. „Sport", „Przegląd Sportowy". Czyta o Argentyńczyku Alfredo Di Stéfano, Urugwajczyku José Andrade i Gerardzie Cieśliku z Ruchu. To lepsze niż powieści. Bohaterowie z krwi i kości. Chce być taki jak oni.

Egon Klois: – Chodziliśmy razem do szkoły podstawowej. W klasach pierwszej i drugiej było nas 44 uczniów, z tego prawie trzy czwarte to półsieroty. „Dzieci wojny" – tak nas nazywano. Życie nas nie rozpieszczało, ale z rodzinnych domów wynosiliśmy szacunek i poszanowanie dla rodziców i osób starszych. Antek zawsze te cechy pielęgnował. Nigdy się nie wywyższał, zawsze chętnie służył pomocą. Z nauką nie miał problemów, był dobrym uczniem i jeszcze lepszym piłkarzem.

Nauczycielem wychowania fizycznego w SP nr 32 jest Józef Mazur. Zapalony kibic Ruchu zachęca chłopców do kopania „skóry". Antek zwraca na siebie uwagę szybkością i skutecznością. Grają: cztery wbite gole – przerwa, osiem goli – koniec meczu. Na boisko mówią „hasiok"

Mały Antek z mamą Magdaleną. Bardzo lubili wspólne wypady za miasto.

(po śląsku śmietnik). Wysypane żużlem, za bramki służą dwie rosnące grusze i dwie cegłówki.

Pierwsze osiągnięcie Antka piłkarza to mistrzostwo szkół podstawowych Chorzowa Batorego. Jest kapitanem szkolnej drużyny.

Tradycją są sylwestrowe mecze na boisku przy ul. Farnej. Wszyscy chętni do gry zbierają się przed południem w sylwestra. Dwaj bramkarze wybierają zawodników do swojej drużyny. Antka zawsze jako pierwszego. Bramkarz wie, że ma pewniaka.

W 1952 roku pierwsza komunia. Antek dostaje w prezencie od wuja Augustyna piłkę. Cudna! Ze skóry, szyta. To nic, że do gry w siatkówkę, i tak lepsza niż szmacianka. Kopią ją z chłopakami z placu do upadłego. Erich Chlebik, Rysiek Słowik, Teodor Zawalonek i jego brat Zygmunt...

Gerard Cieślik często przechodzi obok ich podwórkowego boiska, skraca sobie drogę na trening. Chłopaki przed swoim idolem prężą się jak pawie. Każdy chce się popisać. „Do mnie podej! Tu, dawaj!". Być przy piłce, strzelić gola. Może mistrz zauważy?! Ale Cieślik nigdy się nie zatrzymuje, nie patrzy.

Usta ciemne od soku

Jak piłka wpada przez okno do piwnicy, chłopcy posyłają po nią Zygmunta Zawalonka. Jest najmniejszy, łatwo mu się przecisnąć przez małe okienko. Piwnice są oczywiście wyjątkowo ciekawe. Kuszą różnymi skarbami. W jednej z nich Zyga odkrywa wąż doprowadzający piwo z beczek do restauracji na parterze. Chłopcy piją, aż im się kręci w głowach.

Innym razem Zyga woła kolegów do okna piwnicy, w której odkrywa pyszne kompoty i soki. Częstują się nieproszeni. Kilka butelek soku z jagód zabierają na później. Antek wraca do domu. Babcia zauważa ciemne ślady wokół ust. – Atramentu się opiłeś? – dopytuje.

W kamienicy poruszenie. Sąsiadka informuje wszystkich o złodziejach. Ktoś jej ukradł kompoty z piwnicy. Radzi uważać, pilnować zapasów. Babcia Jadwiga przypomina sobie ciemne usta wnuka. Płacze przez trzy dni. Na nic przeprosiny. – Złodzieja wychowałam – załamuje ręce.

Ale Antek ma nieposzlakowaną opinię. Rodzice kolegów nie protestują, gdy słyszą, że ich dzieci idą do „Antka od Marczoczki". – A, do tego od świętej Marczoczki? To możesz iść – przyzwalają.

Babcia dba, żeby Antek wyrósł na dobrego katolika. Życie układa zgodnie z rokiem kościelnym. W maju majowe, w październiku różaniec, w grudniu roraty. Choćby odbywał się najważniejszy mecz sezonu, gdy babcia krzyczy z okna: „Antoś, zaroz idymy na majowe", nie ma od tego odwołania.

– Nigdy się nie zbuntowałem. Nawet mi to do głowy nie przyszło. Bardzo szanowałem babcię i matkę, to były wyjątkowe kobiety – wspomina po wielu latach Piechniczek.

Jest wrażliwy na krzywdę innych. W szóstej klasie dołącza do nich nowy chłopak. Jest z nowego osiedla, rodzice przyjechali na Śląsk za chlebem. Od razu podpada klasowym baciarom. Zaczepiają go, szturchają. Chłopak nie wytrzymuje, chce się bić. On sam, tamtych trzech. Antek staje po stronie nowego. – Jak chcecie się bić, to jeden na jednego – rzuca. Tamci odpuszczają.

Koniec podstawówki. Na świadectwie same dobre i bardzo dobre. Mama decyduje za syna: „Pójdziesz do technikum. Gdybyś chciał się dalej uczyć, będziesz miał maturę, a jak nie, to masz zawód w ręku. Może nawet przyjmą cię do huty".

Antek wybiera Technikum Mechaniczne (dzisiaj Zespół Szkół Technicznych i Ogólnokształcących nr 3 w Chorzowie im. Nikoli Tesli), specjalność – obróbka cieplna.

Przedmioty ogólnokształcące nie sprawiają mu większych kłopotów. Jest oczytany, z matematyką też nie ma problemów. Gorzej z przedmiotami zawodowymi. Symbole, składy chemiczne blach, reakcje. Dużo tego i do głowy nie wchodzi. Po pierwszej klasie chce się przenieść do zawodówki.

– Nie nadaję się do technikum – próbuje przekonać mamę. Ale matka nie odpuszcza. Zabiera syna na spacer.

– Jak słyszałem: „Antek, idziemy na spacer", wiedziałem, że będzie ostro. Mama nigdy na mnie nie krzyczała. Jej gadanie na spacerach było znacznie gorsze. Nie można się było nie zgodzić z jej argumentami. Szedłem i słuchałem. Mama mówiła: Dasz radę. Nie możesz zmarnować takiej szansy. Ja nie mam matury, ale ty ją napiszesz. Nie możesz się poddać – wspomina Piechniczek.

Do akcji wkracza też babcia. Znajduje sposób na lepsze oceny. – Synek, wstajesz rano i idziesz ze mną do kościoła na msza. Jak przidymy, bydziesz mioł czas na śniodani i jeszcze se przed szkołą wszystko powtórzysz. Oboczysz, że ci to pomoże – namawia.

Chłopak robi, jak babcia każe. Wstaje przed 6, idzie na poranną mszę, potem szybkie śniadanie i ma jeszcze czas na powtórzenie materiału. I tak aż do matury. Kościół, powtórka, szkoła. – Nie wiem, jak babcia na to wpadła, ale zadziałało. Było łatwiej, a oceny do zaakceptowania – mówi Piechniczek.

Cwał boczny do krakowiaka

Joachim Klyszcz i Henryk Śleziona poznają się z Piechniczkiem we wrześniu 1956 roku, w pierwszej klasie technikum.

Śleziona: – To były czasy odwilży. Mogliśmy już słuchać jazzu. Powiew innego świata.

Klyszcz: – Lubiliśmy się. Antek zawsze siadał z tyłu, w przedostatniej ławce pod oknem. Nauczyciele denerwowali się, że na lekcji czytaliśmy pod ławką gazety. Antek zawsze „Sport".

Śleziona: – W pierwszej klasie technikum były aż 52 osoby! Nikt się z nami nie patyczkował, wiele osób odpadło. Teraz jestem wdzięczny nauczycielom. Do matury dotrwało piętnaście osób. Wszystkie zdały, większość skończyła studia. Antek był wśród nas pierwszy z wyższym wykształceniem, bo poszedł na AWF, a wtedy nauka na tej akademii trwała cztery lata.

Piechniczek jest ulubieńcem Albina Krzysika, nauczyciela wuefu. Krzysik to legenda. W czasie wojny odpowiadał za przygotowanie fizyczne polskich pilotów w Anglii, do Polski wrócił w 1948 roku. W piłkę nożną grają jednak rzadko, przeważnie są to ćwiczenia gimnastyczne. Skok przez kozła, przysiady. W klasie (może z wyjątkiem Jana Kupichy, wuja Piotra, lidera grupy Feel) nikt nie pali papierosów.

Śleziona: – Gra w piłkę nożną to była forma nagrody za pilne wykonywanie ćwiczeń.

Klyszcz: – Nauczyciele ćwiczyli z nami różne rzeczy. Najbardziej pamiętam „cwał boczny do krakowiaka". Jedną rękę się wysuwało, jak w tańcu – do góry, drugą podpierało w pasie i cwałowało. Po tylu latach nie potrafię wybić sobie tego cwału z głowy.

Polonistka Stanisława Starachowicz, zwana przez uczniów „Starką", próbuje zaszczepić w uczniach miłość do języka polskiego. Trudna sprawa, bo zdecydowana większość, wśród nich Antek, na co dzień „godo".

Śleziona: – Jak ktoś mówił w klasie „bylimy w tyatrze", „Starka" załamywała ręce i poprawiała: „w te-a-trze". Na co uczeń odpowiadał: „dyć godom, że w tyatrze". Przy niej nauczyliśmy się czystej polszczyzny. Miała autorytet.

Dyrektorem technikum jest Alfons Gargula z Nowego Sącza. Wysoki, podobny do Gregory'ego Pecka. Nigdy nie podnosi głosu. Budzi respekt i szacunek. Za większe przewinienia nauczyciele wysyłają uczniów „do Adolfa". Chłopcy wolą unikać tych karnych rozmów. „Milcz, jak ze mną rozmawiasz. A teraz do klasy won!" – kończy zawsze Gargula.

Wobec uczniów wymagający, ale w ocenach sprawiedliwy. Jego zastępca, inżynier Zdzisław Kaczmarczyk, przewodniczy komisji przedmiotów zawodowych, uczy obróbki cieplnej. Nie znosi leserów i donosicieli. Antek ceni go i szanuje najbardziej. Do legendy szkoły przechodzi konflikt Kaczmarczyka z uczniem, synem asystenta dyrektora Huty Batory. Chłopak skarży się ojcu, że nauczyciel za dużo wymaga, odpytuje go na każdej lekcji, stawia dwóję za dwóją. Kaczmarczyka wzywają

Antek (trzeci z lewej w górnym rzędzie) i jego koledzy z klasy w technikum.

do huty. Głęboka komuna. Zakład wspiera szkołę, uczniowie mają tam praktyki, absolwenci dostają pracę. Dyrekcja chce mieć wpływ na nauczycieli.

Nikt nie wie, jak Kaczmarczyk rozmawia w hucie, ale wraca do szkoły i wymaga tak samo jak wcześniej. Na najbliższej lekcji wywołuje do tablicy syna asystenta dyrektora.

– Podaj mi skład stali SW9 – prosi nauczyciel.

Uczeń milczy.

– Podaj mi skład stali SW18.

Zaskoczony uczeń milczy.

– Dostajesz ocenę niedostateczną. A nawet dwie. Pierwszą za to, że nie znasz podstaw, a drugą za to, że chciałeś mnie i moją rodzinę pozbawić chleba – mówi Kaczmarczyk i przechodzi do prowadzenia lekcji. Uczniowie są pod wrażeniem. Podziwiają nauczyciela za odwagę.

Profesor jak ojciec

Antoni nie zapomina o piłce. Dobrze gra, zostaje kapitanem reprezentacji swojej szkoły. W tym czasie mama robi mu najpiękniejszy prezent w życiu. Kupuje bilet na mecz Polska – ZSRR.

Bilety można kupić w hucie. Jeden kosztuje 40 zł. Przy zapisie płaci się 20 zł zaliczki, resztę odciągają z pensji. 20 października 1957 roku Antek siada na trybunach Stadionu Śląskiego. Zaraz za bramką, do której Gerard Cieślik strzeli pierwszego gola na 1:0.

W drugiej klasie (1958 rok) Piechniczek z kolegami reprezentują technikum podczas dorocznego międzyszkolnego turnieju dla szkół z Chorzowa. Organizatorem zawodów jest Józef Murgot. Pochodzi ze Świętochłowic, w młodości kopie piłkę w Czarnych Chropaczów. Po wojnie zostaje nauczycielem wychowania fizycznego w Technikum Górniczym w Chorzowie Batorym. W 1953 roku organizuje pierwszą w Polsce szkółkę piłkarską dla młodzieży. Uczniowska drużyna Międzyszkolnego Klubu Sportowego „Zryw" staje się kuźnią talentów śląskiego futbolu. Trenują na boisku na Klimzowcu (kiedyś Start Chorzów).

Bez profesora Murgota (tak do niego zwracają się młodzi piłkarze) nie ma Zrywu. Jest trenerem, ale też gospodarzem boiska, kierownikiem drużyny, a nawet kucharzem, bo gotuje dla swoich piłkarzy. I korepetytorem, bo pomaga im w nauce.

Chłopcy go uwielbiają. Jest wymagający, ale docenia tych, którzy dobrze grają. Doradza, pociesza. Jest dla nich jak ojciec.

Zasady turniejów dla dzikich drużyn organizowane przez Murgota są proste. System pucharowy, najlepsza zdobywa tytuł. Dla Murgota to okazja, żeby wyłowić perełki do swojego MKS. W przerwie między rozgrywkami podchodzi do Piechniczka. – Chcesz grać w Zrywie?

– Chcę.

– To przyjdź na trening.

Antek jest zachwycony. Po szkole pędem do domu, szybki obiad i rowerem na trening. Powrót około godz. 18 i nauka. Po jednym z treningów Murgot pyta go o numer buta. Za chwilę przynosi piękne nowe trampki rozmiar 8,5. Jezu! Będzie można w szkole przed kolegami zabłysnąć. Ale nic z tego. Trener wypisuje farbą na trampkach boiskowy numer Piechniczka – 29, potem lądują na kołku w szatni. Można je zakładać tylko na treningi.

W lidze juniorów mecze rozgrywają co niedziela. Piechniczek gra na pozycji pomocnika lub prawego obrońcy. Za każdy mecz dostaje 10 zł kieszonkowego, ale na miejsce musi dojechać sam. To jego pierwsze pieniądze. Wystarczy na kino, bo bilet kosztuje 7,20 zł.

Po każdym meczu przygląda się kibicom, którzy przychodzą gratulować młodym piłkarzom. Wie, że ojciec nie żyje, ale ma nadzieję. Może to on? Może to ktoś, kto go znał? Może ma jakieś wiadomości?

Piechniczek: – Ciągle czekałem na mojego tatę. Pamiętałem go tylko ze zdjęć, przypatrywałem się ludziom. Długo liczyłem na to, że to nie on zginął w jenieckim obozie, że właśnie wrócił.

Koledzy z klasy zazdroszczą Antkowi gry w klubie. Bardzo im to imponuje. W wakacje, w sierpniu 1958 roku, jadą autostopem do Wisły zobaczyć, jak trenuje.

Klyszcz też marzy o karierze piłkarza. Idzie na testy do Zrywu: – Szybko mi tam wybili piłkę z głowy. Postawili mnie naprzeciw małego chłopaczka. Przeżyłem szok. Mijał mnie, jak chciał, i nawet na mnie nie spojrzał. Byłem na siebie wściekły. Potem okazało się, że nie miałem się czego wstydzić. Ten chłopaczek to był Zygfryd Szołtysik.

Późniejsza gwiazda Górnika Zabrze w 1972 roku zostanie mistrzem olimpijskim. Piechniczek gra z Szołtysikiem w jednej drużynie w 1960 roku.

Szołtysik: – Antek miał świetne warunki fizyczne, był wysoki i bardzo chciał się uczyć. Zostawał po treningach i sumiennie ćwiczył żonglerkę i przyjęcia. Widać było, że chciał do czegoś dojść. Jego przykład dowodzi, że opłaca się pracować. Grał potem regularnie w ekstraklasie i zaliczył kilka meczów w reprezentacji. Wtedy jeszcze nie spodziewałem się, że będzie tak dobrym trenerem. Bardzo miło wspominam nasze spotkanie po latach z okazji jubileuszu Zrywu Chorzów. Pojechaliśmy wtedy do niego do Wisły, mieszka tam sobie elegancko.

Wykaz uszczelek

W Zrywie Piechniczka zauważa Ewald Cebula (w 1948 roku musiał zmienić imię na Edward), słynny zawodnik Śląska Świętochłowice, Ruchu Chorzów, trener tej drużyny. W reprezentacji gra jeszcze przed wojną, m.in. w słynnym meczu z ówczesnymi wicemistrzami świata Węgrami w Warszawie, który na cztery dni przed wybuchem wojny Polska wygrała 4:2. Ostatni raz w koszulce z biało-czerwonym orłem Cebula zagra trzynaście lat później – w 1952 roku, też z Węgrami.

W 1942 roku Cebulę wcielają do Wehrmachtu. Służy we Francji, potem we Włoszech. Dezerteruje i zgłasza się do armii Andersa. Gra w drużynie polskiego korpusu, zauważają go działacze klubu Unione Sportive Anconanitana. Niewiele brakuje, a zostałby pierwszym Polakiem w Serie A – dostaje propozycję od samego Lazio!

Rzymski klub jest gotowy na wszystkie warunki, ale Cebula rezygnuje. – Bałem się, że już nigdy nie zobaczę rodziny. Na Śląsku zostawiłem przecież żonę i dziecko – opowiada nam jeszcze przed śmiercią w 2004 roku

Po powrocie na Śląsk jako andersowiec ma kłopoty z Urzędem Bezpieczeństwa. Pytają Wiktora Markiefkę, czy mogą zamknąć Cebulę. Przodownik pracy, poseł i kibic Ruchu grozi ubowcom rewolwerem. – Cebuli nie tkniecie! – krzyczy.

Cebula trenuje reprezentację kraju juniorów. Chce mieć w drużynie zdolnego Piechniczka. W marcu 1959 roku juniorzy wyjeżdżają na międzynarodowy turniej wielkanocny do Cannes. W kraju rządzi już Władysław Gomułka, polityczna odwilż, więc władza pozwala na takie podróże. Do Strasburga docierają pociągiem z Warszawy. Stamtąd koleją na Riwierę.

W szkole poruszenie. Koledzy zazdroszczą Antkowi wyjazdu na Zachód. Ale nie wiedzą, jakim wysiłkiem trzeba okupić taką podróż. Cebula nie znosi bylejakości. Na boisku się walczy. Chłopcy to wiedzą, są w stanie przeorać boisko. W finale turnieju spotykają się z Anglikami. Mecz jest bardzo zacięty. Ostatecznie Tottenham Hotspur wygrywa 1:0. Zwycięzcy z szacunku do rywali stają w szpalerze i biją brawo schodzącym z boiska Polakom.

Turniej jest w Wielkanoc. W niedzielę wypada podzielić się jajkiem. Ale na jajka szkoda dewiz. Do Francji drużyna przywozi kilka pięciokilowych szynek Krakusa. Prowiant na cały pobyt. Cebula otwiera jedną puszkę z szynką, trener kroi ją na plasterki. Podchodzi do każdego stolika i częstuje. Mówi o polskim zwyczaju dzielenia się przy świątecznym stole. Składa wszystkim życzenia. Nie szkodzi, że szynką.

Między meczami czas na zwiedzanie. Chłopcy podziwiają Cannes w dresach z napisem „Polska". Inny świat. Przy nabrzeżu cumuje amerykański lotniskowiec. Jeden z żołnierzy ma polskie korzenie. Amerykanie zapraszają młodych sportowców do lokalu. – Nie stać nas na nic – rozkładają ręce zawodnicy Cebuli.

– Na nasz koszt – zachęcają żołnierze.

Piechniczek pamięta tę zabawę do dziś. Dodatkiem do piwa i szampana jest striptiz. Chłopcy są w szoku. Do tej pory tylko słyszeli legendy o kolorowym życiu na Zachodzie. Ale rzeczywistość wydaje im się jeszcze lepsza.

Antek ma w Cannes ważną sprawę do załatwienia. Inżynier Kaczmarczyk prosi go przed wyjazdem o przysługę. Nauczyciel ma starego fiata, model z 1920 roku, już zabytek. – Jak będziesz we Francji, sprawdź listę. Może uda się coś zdobyć – mówi Kaczmarczyk. Daje kartkę z wykazem uszczelek i zimeringów.

Antek po francusku potrafi powiedzieć tylko „bonjour" i „merci". Wie, że musi szukać „garage", bo tak nazywają tam warsztaty samochodowe. Znajduje salon Renault. Pokazuje właścicielowi kartkę. Dogadują się na migi, właściciel każe Antkowi przyjść za dwa dni. Kiedy ponownie odwiedza warsztat, w dresie reprezentacji, czeka na niego paczka z częściami dla nauczyciela. Właściciel nie bierze ani franka.

Piechniczek nie zapomina też o prezencie dla mamy. Koledzy wiedzą, co się opłaca przywieźć do kraju. Modna jest włóczka akrylowa.

Antoni Piechniczek (pierwszy z prawej w dolnym rzędzie) jako piłkarz reprezentacji Śląska juniorów na Stadionie Olimpijskim we Wrocławiu.

Antek kupuje w sklepie kilka motków w pomarańczowym kolorze. W sam raz na sweter.

Koledzy nie mogą się doczekać jego powrotu. Antek jako pierwszy w klasie wyjechał na Zachód. Gdy wraca, zarzucają go pytaniami.

Henryk Śleziona: – Antek był raczej z tych słuchających, a nie gadających. „No co ja wam mogę powiedzieć. Fajnie było".

Mama nie zamierza sztrykować swetra z pomarańczowej włóczki. Zanosi ją do huty. Chętnych nie brakuje. Za pieniądze ze sprzedaży kupuje Sonatinę, nowe radio z klawiszami. Antek przy Sonatinie słucha „Kroniki sportowej" i relacji z Wyścigu Pokoju.

Zryw bezkonkurencyjny

Zryw Chorzów z Piechniczkiem w składzie w 1960 roku zostaje mistrzem Polski juniorów. W finałowym meczu spotykają się z Gwardią Warszawa. Remisują 1:1. Konieczny jest drugi finał. Grają na Stadionie Śląskim przed meczem reprezentacji Górnego Śląska z brazylijską Vitórią Salvador. Polacy dają koncert, rozbijając Brazylijczyków 7:0. Canarinhos zdumieni (w trakcie tournée po Europie to oni dawali pokaz futbolu) i zachwyceni Ernestem Pohlem, Eugeniuszem Faberem czy Romanem Lentnerem. Proponują Ślązakom przyjazd do Brazylii na rewanż. Ale chłopcy profesora Murgota też są bohaterami. W rewanżu pokonują Gwardię aż 5:0. Antek strzela dwie bramki: drugą i ostatnią.

„Zryw okazał się bezkonkurencyjny. Wygrał w sposób imponujący. To był bezsprzecznie najważniejszy sukces w karierze chłopców profesora Murgota. Napad chorzowian miał siłę niszczycielską. Zanim gwardziści zdołali rozgrzać mięśnie, było już 2:0. Piechniczek piątą bramką położył pieczęć na bezapelacyjnym zwycięstwie. Kilkanaście minut później oglądaliśmy wzruszający widok: wychowawca i trener nowego mistrza Polski, prof. Murgot, wędrował do szatni na barkach bezgranicznie uszczęśliwionych piłkarzy" – entuzjazmował się katowicki „Sport", wówczas największa sportowa gazeta w kraju.

W czwartej klasie Piechniczek przestaje być juniorem. Po cichu marzy o grze w Ruchu Chorzów. Wychowany na meczach tej drużyny, dla chłopaka z Hajduków to wybór naturalny. Klub legenda, przed wojną pięć tytułów mistrza Polski, w pierwszej połowie lat 50. – trzy kolejne. Nie ma innej opcji niż Ruch!

W hucie Piechniczkową też namawiają, żeby syn przyszedł do Ruchu. Antek idzie na rozmowę. Jest dla niego miejsce, ale na ławce rezerwowych. W pomocy grają przecież Antoni Nieroba, Zygmunt Pieda. Konkurencja za mocna, dla nowego nie ma miejsca w podstawowym składzie. Antek nie chce tracić czasu na ławce, pragnie grać. Wybiera drugoligowy Naprzód Lipiny.

W ostatniej klasie technikum należy mu się stypendium naukowe – całe 263 zł. Wychowawca wyczytuje nazwiska uczniów, którzy dostaną pieniądze. Antek wstaje. – Ja, panie profesorze, rezygnuję. Gram w piłkę i zarabiam. Przyda się komuś innemu – mówi. Jedni uczniowie patrzą na niego z uznaniem, inni pukają się w czoło. Nazywają frajerem. Antek nie przejmuje się gadaniem, wie, że jego życie już zawsze będzie się kręcić wokół piłki.

Jego wyjątkowość dostrzega też Zyta, z domu Czempas. Są równolatkami. Znają się od dzieciństwa. Mamy chodziły razem do szkoły. Matka Antka jest chrzestną młodszego brata Zyty. Spotykają się na rodzinnych uroczystościach. Do swoich mam mówią „ciocia". Zyta zna całą rodzinę Antka, kuzynostwo. Traktuje go jak przyszywanego kuzyna. Do czasu swojej osiemnastki.

Zyta studiuje na pierwszym roku rusycystyki w Wyższej Szkole Pedagogicznej w Krakowie. Mieszka w akademiku. Na 18. urodziny, w grudniu 1960 roku, zaprasza do Chorzowa koleżanki ze studiów. I Antka też, jako kuzyna. Dżentelmen. Przy dziewczynach nawet nogi na nogę nie założy, bo nie wypada. Koleżanki są nim zachwycone. Jaki przystojny, wysportowany, ułożony, grzeczny.

– Dziewczyno, gdzie ty masz oczy? – pytają. Na sylwestra tego samego roku są już parą.

ROZDZIAŁ 3.

Z Lipin do Legii

(1959-1965)

Lipiny to dla Antoniego Piechniczka nieoczywisty wybór. Kusi go też... Rapid Wełnowiec, który za cztery lata, w 1964 roku, zmieni nazwę i stanie się GKS Katowice. Wacław Bogacki, prezes Rapidu, nie może się Antka nachwalić. Doskonale zna drużynę Murgota. Chce ściągnąć Piechniczka do siebie, kreśli ambitne plany. Bogacki załatwia mu wakacyjne praktyki w Zakładach Produkcji Narzędzi Górniczych MOJ, żeby go tylko związać z Rapidem.

Za namową Antoniego Krawczyka, działacza Naprzodu, i Murgota Piechniczek wybiera jednak Lipiny. Naprzód gra w drugiej lidze, a Rapid – tylko w trzeciej.

Bogacki zachowuje się honorowo. Pieniądze, które należą się Antkowi za praktyki, przywozi do Piechniczków osobiście i wręcza matce. „Dobrze pani syna wychowała" – mówi i się żegna. Magdalena Piechniczek czuje dumę. Zagląda do koperty. Kręci głową. Musiałaby wziąć wiele nadgodzin, żeby zarobić te kilkaset złotych. Już wie, że futbol także może dać synowi utrzymanie.

Ale czasy są spartańskie, w Naprzodzie nie ma kokosów. W szatni brak natrysków, więc działacze wożą zawodników po meczu do łaźni w pobliskiej hucie.

Piec, Piec i Piec

Do 1951 roku Lipiny to odrębna gmina, potem wchłaniają je Świętochłowice. Dziś to jedna z najbiedniejszych dzielnic na Górnym Śląsku. Nie ma się czym chwalić: kamienice podupadają, familoki, w których wspólne ubikacje dla kilku rodzin są na korytarzu, też coraz bardziej zaniedbane. W wielu miejscach dykty zastępują powybijane szyby w oknach, a czasem całe sklepowe wystawy. Lipiny słyną z ubóstwa i uroczystych obchodów Bożego Ciała. Filmowcy kręcą tu filmy dokumentalne, a tytuły czerpie się z napisów na murach („Tu wódka jest Bogiem, a wiara nałogiem").

Zakłady cynkowe Silesia zatruwają okolicę. Już przed drugą wojną światową Lipiny mają jeden z najwyższych stopni zanieczyszczenia powietrza w Europie. Dziś to teren ekologicznie zdegradowany.

O mieszkańców nie dba się przesadnie, to tania siła robocza. W czasie zebrania Komitetu Wojewódzkiego PZPR pada pytanie do sekretarza: „Towarzyszu, czy zimową porą będą w Lipinach czasowe wyłączenia prądu?". A dyrektor cynkowni na to, niepytany: „Nie, będą tylko czasowe włączenia".

Węgiel wydobywa się tu od 1823 roku. Kopalnia Matylda (ostatecznie zamknięta w 1977 roku) sponsoruje Naprzód, zatrudnia piłkarzy na dole. Lipiny to jedna z kolebek śląskiego futbolu. Najsłynniejszy klub, Naprzód, powstaje w 1920 roku (Lipiny były wtedy jeszcze w Republice Weimarskiej). Talentów w nim wiele. Przed wojną aż trzech piłkarzy z Naprzodu gra w reprezentacji Polski, a najlepszy z nich, Ryszard Piec, zalicza historyczny występ jako prawoskrzydłowy w słynnym meczu z Brazylią podczas mistrzostw świata w 1938 roku.

Rodzeństwo Pieców to piłkarski symbol Lipin. Ryszard, najstarszy z braci, jest niekwestionowanym królem osady. Na jego widok zatrzymuje się każdy tramwaj, choćby między przystankami, a motorniczy pytają, czy nie ma ochoty gdzieś podjechać. Dziś jego imię nosi stadion w Lipinach. Młodszy z braci, Jerzy, również występuje w reprezentacji Polski, jeszcze po zakończeniu drugiej wojny światowej. Najzdolniejszy jest jednak najmłodszy Alfons, tak jak bracia – napastnik. Piec III nie ma jednak szczęścia. Lakoniczna notka w „Oberschlesische Wanderer" z maja 1944 roku informuje, że „Bomber" (taką miał ksywkę) ginie na froncie wschodnim jako żołnierz Wehrmachtu.

Szychta od szóstej rano

Lipinianie występują w II lidze przez 12 lat. Najbliżej awansu do ekstraklasy są w 1961 roku, kiedy gra tam Antoni. Naprzód montuje przyzwoity skład. W drużynie są Józef Kasprzyk, król strzelców II ligi z 1960 roku, ze Zrywu przychodzą też ofensywny pomocnik Walter Gzel oraz prawoskrzydłowy, szczupły i wysoki Józef Gruszka (bohater do dziś wspominanego w Lipinach tytułu prasowego „Cebula do Ruchu, Gruszka do Naprzodu").

Naprzód gra widowiskowo, zdobywa dużo goli. Na ważny mecz z Arkonią Szczecin przychodzi aż 11 tysięcy ludzi. U fryzjera na ul. Barlickiego w witrynie po każdym meczu wystawiają wycinki z gazet i zdjęcia piłkarzy. Kibice zbierają się już w piątek na targowisku, żeby podyskutować o meczach. Potem idą na coś mocniejszego do Karolinki albo Karlika.

Gruszka: – Kiedyś kibice po wygranych meczach na rękach zanosili nas do Karolinki. A dziś w dzielnicy nie ma się już gdzie kulturalnie napić. Ludzie nie mają pieniędzy, więc knajpy pozamykano.

Kiedy odwiedzamy Gruszkę, pod familokiem, w którym mieszka, jakby na potwierdzenie jego słów dwóch mężczyzn pije alkohol z papierowych kubków.

Gruszka i inny piłkarz Naprzodu Józef Morcińczyk pracują w kopalni Matylda. Pobudka o godz. 5, skrócona szychta (od 6 do 9), a trening od godz. 10.30. Piłkarze pracują najczęściej na podszybiu, gdzie jest lżej, ale sztygar wysyła ich też na przodek. Koledzy górnicy, jednocześnie kibice Naprzodu, dziwią się w takich momentach zawodnikom.

Morcińczyk: – Pamiętam, jak jeden z kolegów, Rufin miał na imię, pado do mie na dole: „Tyś jest gupi. W drugiej lidze grosz, a na kopalni łopatom ciepiesz".

Piłkarz daje się podpuścić. Wściekły wrzuca karbidkę do szybu i mówi kategorycznie: „Chcę na górę". Zdumiony sztygar dzwoni do przełożonych.

– Niech wyjeżdża. Dawać go do mnie – nakazuje Jerzy Warwas, kierownik robót górniczych w Matyldzie.

– Czego ty chcesz, Morcińczyk?! Co miałbyś w kopalni robić? Trawę kosić? Mam przesunąć cię do oddziału sportowców numer 23? – pyta ironicznie Warwas, bo takiej jednostki oczywiście nie ma.

– Chcę iść do oddziału przewozowego, panie kierowniku, a nie robić na przodku – odpowiada odważnie Morcińczyk. Jest zaskoczony, kiedy Warwas się zgadza.

Piachą dziabnąć sędziego

Lipiny kilkakrotnie są blisko awansu do ekstraklasy, ale nigdy się nie udaje. Być może konkurencja na Górnym Śląsku jest zbyt duża? Brakuje szczęścia, ale nie tylko. Lipiny są lekceważone. Kiedy w latach 60. działacze Naprzodu skarżą się w Warszawie, że krzywdzą ich sędziowie, słyszą: „A po co w Lipinach ekstraklasa? Wy przecież nawet dworca kolejowego nie macie".

Antoni Piechniczek potwierdza, że lipiński klub u arbitrów nie miał łatwo: – Mieliśmy świetną drużynę, ale centrala chyba uznała, że w interesie ligi było lepiej, by awansowała Gwardia Warszawa, wiadomo, klub milicyjny, oraz klub z dużego miasta, jak Szczecin – Pogoń lub Arkonia – który nie miał jeszcze swojego przedstawiciela w ekstraklasie.

Kibice reagują nerwowo na pracę sędziów. W trakcie jednego z meczów nie wytrzymuje żona jednego z piłkarzy. Wbiega na murawę i dobitnie mówi sędziemu, co myśli o takim prowadzeniu meczu.

O niepowodzeniu Lipin decyduje remis na własnym boisku z Garbarnią Kraków. Jest odpust. Kibice pojawiają się na meczu prosto od stołu. Wielu jest pijanych. Po meczu wściekła publiczność chce pobić sędziego. Kiedy arbiter z Łodzi odgwizduje koniec meczu, kibice przeskakują przez płot. Piechniczek, słusznej postury, zasłania go. Niektórzy z piłkarzy Naprzodu, rozżaleni sposobem prowadzenia zawodów, wołają: „Zostaw, Antek, niech mu wpierdolą". Ale Piechniczek obejmuje arbitra, przyciąga do klatki piersiowej. Milicji nie ma w pobliżu, obaj idą przez szpaler rozwścieczonych kibiców, z których każdy chce pięścią dosięgnąć sędziego. Niektórym się udaje.

Piłkarze i arbiter chronią się w budynku klubowym. Gniew publiczności narasta. Już nikt nie patrzy, kto swój, a kto przyjezdny.

Morcińczyk: – Kibice zaczęli obrzucać kamieniami budynek klubu. Schowaliśmy się pod stołem i czekaliśmy, co będzie. Hadryś, komendant MO, krzyczał do słuchawki telefonu: „Natychmiast przyślijcie posiłki!".

Milicja ostatecznie opanowuje sytuację. Epilogiem awantury są rozprawy w Mysłowicach i w Chorzowie. Na ławie oskarżonych zasiada dziewięciu kibiców. Piechniczkowi każą wskazać napastników. Nie rozpoznaje nikogo.

Sąd nie jest pobłażliwy. Oskarżeni odpowiadają „za wzięcie udziału w zbiegowisku mającym na celu dokonanie czynów przestępczych". W wyniku procesu Henryk G., który pierwszy uderzył sędziego, dostaje dwa lata więzienia. Pozostali oskarżeni „za wznoszenie podjudzających okrzyków i prowokowanie do bicia sędziów" otrzymują wyroki: Helmut G. – rok, Henryk W. (odpowiadał również za ucieczkę podczas śledztwa) – 18 miesięcy, Eryk Sz. (oskarżony także o obrazę funkcjonariusza MO) – rok, Paweł K. – 14 miesięcy, Eugeniusz G. – rok, Ryszard L. – 10 miesięcy, Erwin R. – 8 miesięcy, Wilhelm P. – 6 miesięcy. Stadion Naprzodu za karę zostaje zamknięty.

Z bezpośrednim rywalem do awansu, Arkonią, lipinianie z Piechniczkiem w składzie remisują w Szczecinie 5:5, mimo że po półgodzinie prowadzą 4:0! Awans ostatecznie zdobywają Gwardia i Arkonia.

Dziś Antoni Piechniczek jest prezesem honorowym Naprzodu. Klub już dawno zapomniał o mocarstwowych aspiracjach. Obecnie występuje w lidze okręgowej (szósty poziom rozgrywek).

Antoni Piechniczek jako piłkarz reprezentacji Polski juniorów na obozie w Szklarskiej Porębie.

Pan mi niszczy dorobek!

W Lipinach ogromne rozgoryczenie. Tym bardziej że trener Alojzy Sitko jest specjalistą od awansów. Wprowadza do ekstraklasy kolejno Górnik Radlin (1958), Stal Sosnowiec (1960), a po pracy w Lipinach także Zagłębie Wałbrzych (1968). W Lipinach mu się nie udaje. Do dziś pamiętają, jak załamany Sitko krzyczy po jednym z meczów do arbitra: „Panie, takim sędziowaniem cały dorobek mi pan niszczy!".

Prowadzi ciekawe zajęcia. Na trening przychodzi nawet tysiąc ludzi, żeby to zobaczyć. Zespół trzyma mocną ręką. Jak któryś z piłkarzy wypija coś w Karolince, zaraz się o tym dowiaduje. Zabiera delikwenta na indywidualne rozmowy i zmywa mu głowę.

Sitko odważnie stawia na Piechniczka. Młody piłkarz w Naprzodzie występuje w pomocy albo w ataku. Jest zawodnikiem ofensywnym. Jego atuty to szybkość i skoczność. Wyróżnia się wzrostem, dobrze gra głową, jest ambitny.

Piechniczek gra w Naprzodzie i przygotowuje się do matury. Na treningi i mecze dojeżdża tramwajem linii nr 7. Wsiada w Chorzowie Batorym, wysiada w Piaśnikach, dalej piechotą na stadion. Podróż tramwajem trwa dwadzieścia minut. Antek nie marnuje czasu. Zagląda do zeszytów, przegląda je już na przystanku.

Działacze Naprzodu dbają jednak, żeby Antek się w szkole nie przemęczał. Zdarza się, że po meczu poza Śląskiem do domu wraca nad ranem. Nazajutrz Antoni Krawczyk przyjeżdża do szkoły zakładową karetką i zwalnia go na „pilny rentgen". Chodzi o to, żeby młody piłkarz mógł odpocząć.

Maturę Piechniczek zdaje z dobrymi ocenami. Latem 1961 roku jedzie do stolicy na egzaminy do Akademii Wychowania Fizycznego. Dobrze mu idzie, dostaje się bez problemów.

Wymarzona uczelnia

Po zdaniu egzaminów studentów czeka jeszcze obowiązkowy obóz w Giżycku. Kadra profesorska przygląda się nowo przyjętym. Każdy, mimo że zdał egzaminy, musiał zostać zaakceptowany. Teoretycznie można było zdać egzamin i wylecieć po tym obozie.

Kiedy Piechniczek przyjeżdża do Giżycka, wskazują mu namioty studentów AWF-u. Trzeba wypchać sobie siennik słomą. Antek nie przywozi własnego. „Co ty, frajerze, nie wiedziałeś, że trzeba przywieźć własny siennik?" – śmieją się nowi koledzy. Ostatecznie przygarnia go jeden z nich. „Biorę cię do namiotu, będziemy spali razem". To Ignacy Pazur, przyszły bramkarz piłki ręcznej. Tak napycha słomy, że regularnie z siennika spadają. Rano siennik stoi pusty na środku namiotu, a Piechniczek i Pazur śpią po bokach na ziemi.

Zbiórka na obozie codziennie o 6 rano. Poranny apel i zaraz potem kilkaset metrów do zaliczenia w jeziorze. Antek zapamiętuje hasło jednego z wychowawców: „Wszyscy baczność! Wy do wody, a ty, Mruczek, piesku, wracaj do namiotu, bo jest zimno".

Są też zajęcia z kajakarstwa. Trzeba przepłynąć trzy kilometry na czas. Trasa: opłynąć wysepkę na jeziorze i wrócić. Niektórzy cwaniaczą. Dopływają do wyspy, odczekują parę minut w szuwarach i płyną z powrotem. Nie wiedzą, że wychowawcy wszystko widzą przez lornetki. Na mecie słyszą: „Niezaliczone. Musicie popłynąć drugi raz!".

Łatwo nie jest. Pierwszoroczniacy szczególnie nie przepadają za torem przeszkód z równoważnią nad brzegiem jeziora. Trzeba przez nią przebiec z workiem piasku na plecach. – Iluż tam ludzi z tym workiem do wody pospadało. Ostro dali nam wtedy w tyłek – wspomina Piechniczek.

Jeśli ktoś przerywa zajęcia, musi cały obóz zaliczyć jeszcze raz. Obowiązuje dyscyplina. Nikt się ze studentami nie patyczkuje. Jeden z kolegów Piechniczka płynie do wujka, który mieszka niedaleko. Przywozi cały kajak ryb. Niedługo potem okoliczni rybacy skarżą się, że ktoś im ryby podbiera z sieci. Kadra nie ma wątpliwości. Chłopaka natychmiast skreślają z listy studentów. Nawet poświadczenie wujka, że to jego ryby, nie pomaga.

Wysiłek widać po oficjalnych strojach uczelnianych. Chłopcy mają niebieskie koszule i białe spodnie, a dziewczęta białe koszule i niebieskie spódniczki. Krawcy biorą miarę zaraz po obozie, kiedy wszyscy są skrajnie wymęczeni i wychudzeni. Po kilku miesiącach trudno jest im się w nich dopiąć.

Wokół wielkie nazwiska

Przed wyjazdem do Warszawy mama po znajomości kupuje piękną walizkę. – Jedziesz do stolicy, musisz wyglądać – mówi synowi i pomaga się pakować. Zaraz po przyjeździe do akademika przy ul. Marymonckiej walizka ląduje pod łóżkiem.

Piechniczek: – Wiem, że mama chciała dobrze, ale wszyscy przyjechali spakowani do sportowych toreb. Wstyd było paradować z walizką.

Trzyosobowy pokój zajmują z Pazurem i Januszem Sadlakiem z Chełma Lubelskiego, oszczepnikiem. Pazur robi potem niecodzienną karierę w szczypiorniaku. Gra w Szczecinie, w 1966 roku rozgrywa jeden mecz w reprezentacji Polski. Zostaje asystentem trenera reprezentacji Polski, z którą zdobywa 9. miejsce na mistrzostwach świata.

W 1979 roku Pazur podpisuje kontrakt w Algierii, z którą jako trener zdobywa dwukrotne mistrzostwo Afryki i startuje na igrzyskach w Moskwie. Od 1985 roku mieszka we Francji, gdzie prowadzi drużyny z niższych klas. Sadlak pochodzi z kolejarskiej rodziny i ma duże zniżki na bilety PKP. Studentom się nie przelewa, próbują więc oszczędzać w różny sposób. Czasami Antek korzysta z legitymacji kolegi, jeżdżąc pociągiem z Warszawy na Śląsk. Podczas jednej z kontroli konduktor uważniej przygląda się zdjęciu w dokumencie uprawniającym do zniżki.
– To nie jest pana legitymacja – stwierdza.

– Moja, może zdjęcie trochę niewyraźne – próbuje ratować skórę Piechniczek.

– Nie jest twoja, bo Sadlak to mój bratanek. Nie róbcie tego więcej – mówi i oddaje bilet.

Przez cztery lata Piechniczek mija się na uczelni z ludźmi znanymi z pierwszych stron gazet, nie tylko sportowych. Lekkoatleci: oszczepnicy Janusz Sidło i Władysław Nikiciuk (byli razem na roku), młociarz Tadeusz Rut, dyskobol Edmund Piątkowski. Sztangiści Waldemar Baszanowski i Zygmunt Smalcerz, siatkarze Edward Skorek i Zdzisław Ambroziak, koszykarz Bolesław Kwiatkowski. Na tym samym roku z Piechniczkiem jest m.in. Ryszard Wiejski (potem długoletni trener reprezentacji Polski w rugby).

– Gdzie człowiek się odwróci, ociera się o wielkie nazwiska – wspomina Piechniczek. Zajęcia z lekkoatletyki ma z Zygmuntem Szelestem, najwybitniejszym w historii trenerem oszczepników, ojcem tzw. polskiej szkoły oszczepu.

Mięśnie jak flaczki

Ale są też minusy. Studia trochę przeszkadzają w wymarzonej karierze piłkarskiej.

Po przyjściu do Warszawy Piechniczkiem interesują się wszyscy: uczelnia chce go do własnej trzecioligowej drużyny, myślą o nim Polonia oraz Legia, której lekarz klubowy dr Henryk Soroczko (jeden z pionierów polskiej medycyny sportowej) pracuje jednocześnie na AWF. Ale Piechniczek w barwach Naprzodu musi grać do końca 1961 roku i nadal jeździ na mecze Lipin. Jeśli Naprzód gra nad morzem, Piechniczek wsiada w Warszawie w pociąg do Gdyni albo Szczecina i jedzie na Wybrzeże. Rozgrywa tam mecz, dostaje parę groszy za występ oraz pieniądze na bilet i wraca do stolicy.

Do Legii przenosi się dopiero w styczniu 1962 roku. Jacek Gmoch (w latach 1961-1965 grają razem z Piechniczkiem w warszawskim klubie):
– Antek, a także Joachim Krajczy i Stanisław Stachura byli pierwszymi

piłkarzami Legii, którzy studiowali na AWF. Wcześniej warszawska uczelnia chciała, żeby jej student, jeśli uprawia futbol, grał koniecznie w jej własnym klubie, który nigdy nie wyszedł poza trzecią ligę. Nic dziwnego, że zdolnych piłkarzy w jej murach brakowało, bo nie chcieli iść na taki układ.

Trudno jest pogodzić studia dzienne z grą w drużynie ekstraklasy. Przykład? Początek ligowego meczu w sobotę o godz. 17, a student Piechniczek jeszcze między godz. 13 a 14 ma zajęcia na basenie. Po takim wysiłku mięśnie to flaki, o bieganiu po boisku można zapomnieć. Piechniczek jest jednak cwany. Melduje się i wskakuje do wody. W basenie się rozgląda... Nikt nie patrzy? To szybciutko do szatni! Zdaje sobie sprawę, że gdyby to wyszło, kłopoty pewne. Nikogo nie obchodzi, że student Piechniczek to piłkarz, w dodatku w klubie pozauczelnianym. Co innego, gdyby trenował siatkówkę albo koszykówkę, najlepiej w miejscowym AZS AWF. Ale piłka nożna to nie jest sport akademicki.

Piechniczek słucha rad kolegów z uczelni. Mówią mu: „Antek, mieszkamy w Lasku Bielańskim. Chcesz dobrze grać w piłkę? Wstań pół godziny wcześniej i pobiegaj". Albo: „Masz nogi jak tur, ale ta twoja góra jest słabiutka. Weź, trochę poćwicz te pompki albo na przyrządach gimnastycznych daj sobie wycisk". Piechniczek słucha rad i są efekty. Dzięki studiom na AWF olbrzymią wagę przywiązuje do przygotowania sprawnościowego.

Styczeń 1965 roku. Na studiach w Warszawie. Na zdjęciu z kolegami: Januszem Sadlakiem (drugi z lewej) i Ignacym Pazurem (obok Piechniczka).

1 kwietnia 1962 roku. Tak pada pierwszy gol Piechniczka dla Legii. Strzela go od razu podczas debiutu w ekstraklasie. Kazimierz Górski w meczu z Cracovią wystawia młodziutkiego piłkarza na środku ataku. Bezskutecznie próbuje mu przeszkodzić Henryk Stroniarz.

– Studia dały mi pewność siebie. Każdego w drużynach, które prowadziłem, chciałem czegoś nauczyć. Każdemu coś podpowiadałem od strony czysto sprawnościowej. I nie chodziło o uwagi typu: „Musisz być szybszy", bo to truizm. Ważne, żeby powiedzieć dokładnie, co robić, żeby być szybszym. Nie można do pewnych rzeczy dojść samodzielnie, jeśli nie ma się odpowiedniego przygotowania – uważa Piechniczek.

– Gra w Legii nie przeszkadzała Antkowi być dobrym studentem, który w terminie zdaje wszystkie egzaminy – wspomina dr Jerzy Talaga, trener i pracownik naukowy AWF, który pierwsze książki o szkoleniu piłkarzy pisał jeszcze w latach sześćdziesiątych.

– Z praktyki wiadomo, że nie każdy dobry zawodnik zostaje dobrym trenerem. Antek został jednak znakomitym szkoleniowcem, a według mnie był także trenerem, który oprócz talentu do tego zawodu był ze wszystkich wybitnych kolegów najlepiej przygotowany do pełnienia funkcji selekcjonera w historii polskiej piłki – uważa Talaga.

„Stary", choć najmłodszy

Legia w pierwszej połowie lat 60., kiedy przychodzi do niej młodziutki Piechniczek, to jedna z najlepszych drużyn w Polsce. Sezon zawsze kończy w czołówce, choć ostatnie mistrzostwo Polski zdobywa w 1956 roku.

Antek staje się częścią zespołu, który w poprzednim sezonie zajmuje trzecie miejsce w lidze.

Treningi z pierwszą drużyną rozpoczyna na hali. Nie ma jeszcze typowych zajęć z piłką. Grają w koszykówkę albo na małe bramki. Jest zadowolony. Nie odstaje od sławnych kolegów, nie czuje się gorszy. Nie zna jeszcze imion wszystkich legionistów. Musi sobie jakoś radzić. Do wszystkich woła per „stary". Powtarza w kółko: „Słuchaj, stary, podaj, stary". Legioniści to podłapują. Dostaje ksywkę „Stary", choć jest najmłodszy w drużynie.

Przed startem ligi w 1962 roku odbywają się jeszcze dwa obozy – w Szklarskiej Porębie i Bułgarii. Piechniczek czuje się coraz pewniej.

Jacek Gmoch: – Antek był dla nas śląską awangardą. Górny Śląsk zawsze był dla niego ważny, nie dał złego słowa na jego temat powiedzieć.

W debiucie w ekstraklasie ówczesny trener Legii Kazimierz Górski wystawia go na środku ataku. 41-letni wówczas Górski jest jeszcze mało znany. Światowe sukcesy jako szkoleniowiec osiągnie dopiero za dziesięć lat. Na razie jest trenerem na dorobku, jako piłkarzowi raz udaje mu się wystąpić w reprezentacji Polski.

Chłopak z Chorzowa odwdzięcza się młodemu trenerowi. Już w pierwszym meczu z Cracovią zdobywa gola. Legia wygrywa 3:2. Ten mecz jest jednocześnie pożegnaniem legendy Legii Edmunda Zientary. Zawodnik, który grał w warszawskim klubie 12 lat (od 1950), postanawia wyjechać do Australii, żeby trochę dorobić w polonijnym klubie.

„Legia żegna Zientarę, wita Gruszkę i Piechniczka" – pisze tygodnik „Sportowiec" w kwietniu 1962 roku. Gruszkę ściąga do Warszawy Kazimierz Górski, który zna go z gry w młodzieżowej reprezentacji Polski. Gruszka nie robi w Legii wielkiej kariery, strzela tylko jednego gola, ale pobyt w stolicy zmienia całe jego życie. Poznaje Halinę, rodowitą warszawiankę ze Śródmieścia, i żeni się z nią, a potem zabiera żonę do Lipin.

Halina Gruszka: – Mogłabym pana Górskiego wycałować za to, że Józka do Legii ściągnął. Dzięki niemu poznałam męża. Mieszkam w Lipinach już tyle lat, że w końcu nauczyłach sie godoć.

Gruszka odchodzi z Legii po awanturze w jednej z warszawskich knajp. Idą na tańce w kilku piłkarzy Legii. Jeden z bywalców lokalu nagle uderza pięścią w twarz pomocnika Mariana Koprowskiego. Zawzięty Gruszka nie popuszcza. Idzie za napastnikiem do ubikacji i spuszcza mu łomot. Za ten wybryk działacze nie widzą dla niego przyszłości w Legii.

Matka piłkarza tyle nie zarabia

Między Piechniczkiem a kolegami z Legii jest jedna różnica. Oni są wojskowymi, on studentem (w drużynie jest jeszcze jeden student, Jacek

Gmoch, który w trybie dziennym zostaje magistrem inżynierem komunikacji ze specjalizacją budowy dróg i mostów na Politechnice Warszawskiej).

Gmoch: – Na początku relacje między nami nie były przyjazne. Antek chciał czasem zagrać technicznie, na przykład odegrać piłkę piętką, co powodowało, że nam ogień w tyłach rozpalał, bo graliśmy w linii obrony. Niektórzy z piłkarzy mieli do niego o to pretensje. Ale bardzo szybko porozumieliśmy się. Dostrzegłem u niego zainteresowanie sprawami taktyki, metodologii treningu. Intelektualnie się wyróżniał. Dużo czasu spędzaliśmy na dyskusjach dotyczących spraw treningowych.

Po trzech miesiącach studiów niewiele brakuje, żeby Piechniczek wyleciał z uczelni. Na AWF chcą, żeby grał w uczelnianej drużynie, i zaczynają coraz bardziej naciskać. Zrozpaczony student pisze do matki, nie wie, co robić. Legia wysyła na uczelnię swoją delegację. Rektor nie chce ulec. – Jest studentem, ma grać w naszej drużynie – mówi krótko.

Antoni Piechniczek (w wyskoku z prawej) podczas treningu reprezentacji Polski na obiektach warszawskiej AWF. Piłkę rzuca mu Jacek Gmoch, obok Stanisław Oślizło. Wszyscy trzej zagrali w meczu z Belgią, który był debiutem Piechniczka w reprezentacji (październik 1967 roku).

Ostatecznie rektora przekonuje telefon z Ministerstwa Obrony Narodowej. Piechniczek może zostać na AWF i grać w Legii. Na jego korzyść przemawiają też zaliczenia na czas i dobre oceny.

Na początku lat 60. nikt jeszcze nie przypuszcza, że Górski jako szkoleniowiec zrobi wkrótce oszałamiającą karierę. Już w 1959 roku Legia w oczekiwaniu na zagranicznego trenera „wypożycza" Górskiego tymczasowo z PZPN, gdzie szkoli juniorów. Uwielbia tę pracę. Legia wyjeżdża na zgrupowanie do Jugosławii i Górski zwierza się płk. Franjo Tuđmanowi, ówczesnemu prezydentowi Partizana Belgrad [w latach 90. prezydentowi Chorwacji – przy. aut.], że klub szuka trenera. Tuđman poleca rodaka Stjepana Bobka, w przeszłości wielką gwiazdę jugosłowiańskiej piłki.

Kiedy okazuje się, że Bobek radzi sobie w Legii przeciętnie, na początku 1960 roku działacze klubu jeszcze raz zapraszają Górskiego, tym razem już na etat. To jego pierwsza samodzielna praca w ekstraklasie w charakterze szkoleniowca. Ma 39 lat. Już wówczas świetnie rozumie się z dziennikarzami, jest bardzo przystępny, a jego legendarne „wydaje mi się" szybko trafia do codziennego obiegu. Nie szuka rewolucyjnych rozwiązań, nie zmienia taktyki, pozwala piłkarzom grać, jak lubią. Niewiele brakuje, a z Legią zdobyłby mistrzostwo Polski, na przeszkodzie staje jednak... Ruch Chorzów. Porażka na Cichej sprawia, że legioniści muszą zadowolić się wicemistrzostwem. Kolejne lata pracy Górskiego w Legii przynoszą coraz niższe lokaty (w 1961 – 3., w 1962 – 5.). Pracuje na Łazienkowskiej do końca 1962 roku, potem przenosi się do klubu, gdzie stresy są znacznie mniejsze – do Lublinianki.

Piechniczek wspomina Kazimierza Górskiego z sentymentem: – To właśnie dzięki niemu zadebiutowałem w ekstraklasie. Podjął wtedy odważną decyzję. Po sześciu tygodniach pobytu w Legii dostałem szansę debiutu. Być może czułbym się wtedy lepiej w pomocy niż w ataku, ale tam były tuzy i trudno byłoby się przebić.

Górski przed meczem mówi co i jak. Ustala sposób gry, podaje założenia taktyczne. Po meczu ocena i komentarz. Tyle.

Piechniczek: – Nie wykluczam, że ze starszymi zawodnikami rozmawiał i pytał, co sądzą o młodych: Piechniczku, Gmochu, Apostelu, Blaucie, o tych, którzy dopiero wchodzą do drużyny. Ale z zawodnikami wchodzącymi do drużyny za dużo nie rozmawiał.

Piechniczek trafia na listę klubowych stypendystów. Dostaje najwyższą stawkę – 1500 zł. Dla studenta to duże pieniądze, średnia krajowa. Matka piłkarza tyle zarabia w hucie. Do tego dochodzą jeszcze premie za wygrane mecze. Wystarcza na życie w Warszawie. Pieniędzy nie trwoni, bo nie ma czasu na życie towarzyskie w stolicy. Raptem kilka razy udaje się z kolegami wyskoczyć na piwo.

Antoni Piechniczek podczas Spartakiady Armii Zaprzyjaźnionych, która odbyła się w Wietnamie w 1963 roku, z dziewczynką z domu dziecka. To był jedyny raz, kiedy Piechniczek jako zawodnik Legii założył mundur wojskowy. – Szkoda, że adopcja dziecka z zagranicy była w tamtych czasach niemożliwa – ubolewa Piechniczek.

Pokój wypełniony butelkami

Legia jako sztandarowa drużyna PRL-u często wyjeżdża na atrakcyjne mecze zagraniczne. W grudniu 1963 roku na Spartakiadę Armii Zaprzyjaźnionych do Wietnamu. Wtedy jedyny raz Piechniczek musi założyć wojskowy mundur. Legia wysyła własnych dwunastu piłkarzy, a do tego wzmacnia się jeszcze zawodnikami innych wojskowych klubów: trzema piłkarzami Śląska Wrocław i jednym z Lublinianki.

Piłkarzy na bankiet do swojej rezydencji zaprasza Ho Chi Minh, założyciel Komunistycznej Partii Indochin oraz prezydent Demokratycznej Republiki Wietnamu (1954-1969). Legionistów oszałamia luksus. Kelnerzy nie roznoszą drinków europejskim zwyczajem. Jeden pokój od sufitu do podłogi wypełniony jest najróżniejszymi butelkami. Każdy bierze, co chce.

Piechniczek pamięta ogromną makietę bitwy pod Dien Bien Phu z 1954 roku. Imponuje informacja, że Wietnamczycy bez oglądania się na straty masą zalewają gniazda francuskich karabinów maszynowych. Ale żołnierze na ulicach nie robią wrażenia. Kilka razy legioniści mijają oddziały maszerujące na bosaka za dowódcą jadącym na motorowerze.

Wietnamczycy bardzo interesują się futbolem. Na mecze przychodzą tłumy.

W parze stoperów

W Legii Piechniczek występuje najczęściej na środku ataku. Obserwuje go tam następca Górskiego, trener Longin Janeczek, były piłkarz Legii.

Jacek Gmoch: – Trener Janeczek wprowadził tzw. trening ujemny. Chodziło o szybki przyrost mięśni. Dlatego w jednostce wojskowej w Czerwińsku biegaliśmy po zapiaszczonej skarpie. Kiedy czytałem później prace dotyczące fizjologii sportu, dowiedziałem się, że takie metody były też popularne u sportowców z NRD. Drugi element, który wprowadził Janeczek, to ciągła gra z piłką. Dostawaliśmy futbolówkę i godzinami pojedynczo lub w parach ćwiczyliśmy prowadzenie lub rozegranie. Chodziło o opanowanie kontaktu z piłką na wysokim poziomie.

Dla Piechniczka wszystko zmienia się na początku 1964 roku, kiedy w klubie nastają rządy Virgila Popescu, Jugosłowianina rumuńskiego pochodzenia. To szkoleniowiec pewny swoich racji. Twardy. W czasie wojny walczył z Niemcami jako oficer w armii jugosłowiańskiej, później w partyzantce marszałka Tito.

Piechniczek w Legii rozwija się jako piłkarz. Jednocześnie zmienia pozycje na boisku, gra coraz bliżej bramki. Jest próbowany w środku pola, wreszcie Popescu decyduje, że będzie teraz grał w linii defensywnej.

Jak w jedno popołudnie napastnik ma się stać obrońcą?

Piechniczek: – Pierwszy raz kontakt z Popescu miałem w połowie lutego. Dopiero wtedy, bo kiedy koledzy ćwiczyli już z nowym trenerem, byłem na obozie narciarskim w Zieleńcu organizowanym przez AWF. Kiedy wieczorami kwitło klubowe życie towarzyskie, ja akurat biegałem w butach piłkarskich po górach.

Prosto z obozu Piechniczek przyjeżdża na trening Legii. Trzy dni później jest mecz z Szombierkami Bytom w Pucharze Polski. – Powiedzieli Popescu, kim jestem, na jakiej pozycji gram. Popatrzył na mnie uważnie i zarządził sprawdzian: „Teraz staniesz na linii szesnastki, a każdy będzie biegł na ciebie z piłką i próbował cię ograć. Sprawdzimy, co potrafisz". Staję więc na linii szesnastki. Pierwszy „jedzie" na mnie z piłką Lucjan Brychczy. Robię wślizg, udaje mi się wybić mu piłkę. Potem kolejni. Po pięciu takich akcjach serducho wali, przed oczami widzę ciemność, ale na dziesięć pojedynków osiem wygrałem. Popescu nie miał już wątpliwości. Wystawił mnie w meczu Szombierkami na obronie. Graliśmy na braci Wilimów [świetni napastnicy Jerzy i Jan, obaj grali w reprezentacji – przyp. aut.], więc nie było łatwo – wspomina Piechniczek. Legia wygrywa 2:0.

Z Gmocha i Piechniczka trener tworzy parę stoperów. Przez pewien czas uważani są za najbardziej perspektywiczną klubową parę środkowych obrońców młodego pokolenia w Polsce. Piechniczek jest szybki i skoczny, nie boi się ostrej walki.

Piechniczek: – Jacek to był „faularz" jeszcze większy ode mnie. Ja robiłem to dyskretnie, a on jak się wpieprzył, to już na całego.

Gmoch: – Rzeczywiście potrafiłem grać ostro, ale zgodnie z przepisami, niektórzy uważali, że po angielsku. W ten sposób zaczynało się wtedy u nas w Polsce grać. W Legii kończyło się jedno pokolenie, a przychodziło następne. Razem z Benkiem Blautem czy Heńkiem Apostelem staraliśmy się zacząć nowe rządy w zespole.

Legendarne śląskie trio

Popescu, jak wszyscy trenerzy z Bałkanów, olbrzymią wagę przywiązuje do wyszkolenia technicznego. Uwielbia triki na boisku. Jego ulubieńcem jest Lucjan Brychczy, jedna z największych sław warszawskiego klubu, zawodnik Legii w latach 1954-1972.

Jeszcze w latach 50. Brychczy tworzy legendarne śląskie trio w Legii, razem z innymi fantastycznymi napastnikami: Ernestem Pohlem i Edmundem Kowalem (ten drugi do 1949 roku nazywał się Erwin Ernest Schmidt). Wszyscy jadą do stolicy odsłużyć wojsko. Dzięki nim w latach 1955-1956 Legia jest najlepsza w Polsce. Ślązaków w tamtej drużynie jest znacznie więcej, Legia wtedy więcej „godo", niż mówi. W Warszawie długo zastanawiają

Antoni Piechniczek grał w Legii cztery lata. Na zdjęciu podczas meczu warszawskiej drużyny z Pogonią Szczecin (1:0, 29 marca 1964 roku) asekuruje bramkarza Stanisława Fołtyna.

się, którego z nich po zakończeniu służby zatrzymać. Początkowo Brychczy chce wracać na rodzinny Śląsk. Ostatecznie pozostaje w Warszawie, a z Legią wiąże się na zawsze. Mistrzostwo Polski zdobywa cztery razy. Karierę kończy w wieku 38 lat. Brychczego podziwiają wszyscy, również koledzy z drużyny. Po latach zostaje honorowym obywatelem Warszawy.

Piechniczek: – Zawsze byłem pod ogromnym wrażeniem talentu Brychczego. Czasem człowiek uśmiechał się pod nosem, kiedy widział sposób, w jaki ogrywał rywali. Kiedy był w formie, potrafił wygrać mecz w pojedynkę. Hierarchia w drużynie była ustalona według umiejętności piłkarskich. Dla wszystkich było jasne, że numerem jeden jest Brychczy. Kiedy graliśmy z Duklą Praga podczas Spartakiady Armii Zaprzyjaźnionych w 1963 roku w Wietnamie, Brychczy ośmieszał na boisku słynnego Josefa Masopusta. „Kici" robił z nim, co chciał, a przecież Masopust rok wcześniej zdobył wicemistrzostwo świata i „France Football" uznał go za najlepszego piłkarza Europy!

Brychczy: – Antek Piechniczek, jeśli sobie coś zamarzył, potrafił osiągnąć cel. Wiedział, jak to zrealizować. Szybko wyszło, że do nas pasuje, ma umiejętności, żeby grać w pierwszym zespole. Zawsze bardzo poważnie podchodził do obowiązków. Potem te same cechy pokazywał jako trener. Z Jackiem Gmochem tworzyli naprawdę dobrą parę obrońców.

W Legii Piechniczek jest blisko z równolatkami: napastnikiem Henrykiem Apostelem (urodzonym w 1941 roku), pomocnikiem Bernardem Blautem (rocznik 1940), obrońcami Antonim Trzaskowskim (1941) i Wiesławem Korzeniowskim (1944).

W Legii gra jednocześnie czterech piłkarzy, którzy w przyszłości zostaną selekcjonerami reprezentacji Polski: Gmoch (1976-1978), Piechniczek, Apostel (1993-1995) i Władysław Stachurski (1995-1996). Blaut był długoletnim asystentem i choć Antoni Piechniczek zaliczył najwięcej oficjalnych meczów jako selekcjoner (73), to zmarły w 2007 roku Blaut najczęściej był z kadrą (96).

Piechniczek: – Kiedy analizuję moją karierę zawodową, to wiem, że nigdzie nie dostałem takiego przyspieszenia jak w Warszawie. W cztery lata zostałem magistrem wychowania fizycznego, trenerem II klasy, grałem w Legii i reprezentacji młodzieżowej.

W 1964 roku Brychczy i Piechniczek zdobywają z Legią Puchar Polski. Finał odbywa się 1 maja na warszawskim Stadionie Dziesięciolecia, legioniści pokonują Polonię Bytom 2:1. Obydwa gole dla warszawskiej drużyny zdobywa urodzony w Bytomiu Henryk Apostel. Drugą strzela dwie minuty przed końcem dogrywki, już przy zachodzącym słońcu. Na stadionie nie ma bowiem jupiterów i decydującą bramkę dostrzegają nieliczni. „Z wysokości i odległości trybun na Stadionie Dziesięciolecia wydarzenie to było prawie zupełnie niewidoczne. Piłka i zawodnicy ginęli zupełnie w mroku. Dlatego też dziwimy się organizatorom spotkania, którzy wyznaczając termin rozpoczęcia tego ważnego meczu, nie wzięli pod uwagę ani rangi imprezy, ani też możliwości dogrywki" – donosi katowicki „Sport".

Stewardesa upada pod płaszczem

W Warszawie cieszą się z tego zwycięstwa, bo umożliwia start w europejskich pucharach. Pierwszy raz Legia zagra w stworzonym zaledwie cztery lata wcześniej Pucharze Zdobywców Pucharów. Warszawska drużyna dociera do ćwierćfinału, wcześniej eliminując austriacką Admirę Wiedeń i Galatasaray Stambuł.

Po meczu w Austrii cała ekipa inwestuje w płaszcze ortalionowe. Są modne. Piłkarze kupują je po 5 dolarów, a w Warszawie mogą sprzedać po 1200 zł za sztukę. Większość ekipy bierze po trzy sztuki, jeden kupuje trzydzieści. Aby uniknąć pytań celników, zaszywają je w swoich płaszczach i wnoszą na pokład. Kiedy stewardesa pomaga zawiesić prochowiec, upada pod jego ciężarem. Wtedy piłkarz przepakowuje fanty do torby.

Nad Warszawą taka mgła, że samolot kierują na lotnisko w Moskwie. Legioniści o trzeciej nad ranem docierają do stolicy. Nikt ich nie kontroluje, lotowskim autokarem wracają do klubu. Torba z płaszczami zostaje w luku bagażowym. Kierowca dwa płaszcze bierze dla siebie i odstawia je do punktu celnego. Rozpętuje się piekło: że kontrabanda, a legioniści to przemytnicy! Jeden z oficerów, a jednocześnie działaczy Legii radzi: „Panowie, gdy prokurator będzie was przesłuchiwał, to mówcie, że każdy z was miał po trzy i że wszystko włożyliście do jednej torby". W prokuraturze pada jedno pytanie: „Kto wam podpowiedział, żeby się tak tłumaczyć?".

Drużyna Legii, która w 1964 roku zdobyła Puchar Polski. Z tej okazji fotoreporter rozstawił piłkarzy na boisku na pozycjach, na których grają. Od góry – bramkarze (od lewej): Ignacy Penconek i Stanisław Fołtyn; obrońcy – Horst Mahseli, Henryk Grzybowski, Antoni Piechniczek, Jerzy Woźniak; pomocnicy – Wiesław Korzeniowski, Bernard Blaut; napastnicy – Waldemar Obrębski, Lucjan Brychczy, Henryk Apostel, Jan Boguszewski.

Garniturem po trawie

Piechniczek doskonale pamięta rywalizację z Turkami. Potrzebne były aż trzy spotkania.

W pierwszym Legia wygrywa 2:1. Na meczu tylko 6 tysięcy widzów. Winna pogoda. Przez Warszawę przechodzi potężna wichura, sypie śnieg. Turcy chcą wywieźć remis i się bronią. Gola, który decyduje o ich porażce, tracą dwie minuty przed końcem.

Rewanż w Stambule. Fanatyczna publiczność daje się we znaki. „Kibice Galatasaray liczyli na łatwe zwycięstwo ich ulubieńców, a kiedy rozwój wydarzeń zaczął się układać nie po ich myśli – całą złość wyładowywali na polskich piłkarzach" – pisze „Trybuna Ludu". Jedyny gol meczu pada po strzale Metina Oktaya, najlepszego napastnika gospodarzy.

W 85. minucie zaskoczenie. Piechniczek: – Piłka wylatuje poza boisko. Nasz bramkarz Ignacy Penconek stawia sobie piłkę na piątym metrze, żeby ją wybić. Wszyscy idziemy do przodu, ale jeden z Turków chowa się za słupek. Nagle wybiega, wyprzedza zaskoczonego bramkarza, zagrywa do swojego zawodnika i ten strzela do pustej bramki. Stadion szaleje. Sędzia główny po konsultacji z bocznym gola nie uznaje. Oburzenie na trybunach jest niecodzienne.

Jeden z tureckich działaczy (według innej wersji to sam Gündüz Kılıç, ówczesny trener Galatasaray) nie wytrzymuje i wbiega na boisko, wygrażając sędziemu. Wyraźnie ma zamiar pobić arbitra.

Piechniczek: – Widzę, że biegnie w moją stronę. Oburzyłem się, bo co on tu w ogóle robił? Dyskretnie i leciutko podstawiłem mu nogę. Wyrżnął i zaskoczony pojechał na mokrej trawie kilka metrów. Był w eleganckim jasnym garniturze. Kiedy wstał, garnitur był zielony jak boisko. Wyglądał żałośnie.

Harmider na trybunach nie do wytrzymania. Koledzy z Legii od razu podbiegają do Piechniczka. – Stary, jak sędzia gwizdnie koniec, to lepiej spierdalaj do szatni!

Po meczu turecka policja rozkazuje piłkarzom Legii zostać na środku boiska. Najpierw wściekła publika musi opuścić stadion. Ostatecznie piłkarze schodzą do szatni bez urazów. Gdy godzinę później opuszczają stadion, na autokar sypie się grad kamieni. Żaden z piłkarzy nie zostaje ranny.

Nieudana sztuczka z wodą

10 grudnia, trzeci mecz w Bukareszcie. Założenia Turków są proste. „Zaryglować dostęp do bramki i długimi przerzutami zatrudnić Metina. Wierzyli w jego umiejętności strzeleckie i drybling. Długo nie mogli się połapać, że przy takim opiekunie jak Piechniczek ich as atutowy niewiele wskóra" – piszą ówczesne gazety.

Piechniczek ma jedno zadanie: pilnować Metina Oktaya, świetnego środkowego napastnika. Taka jest decyzja trenera.

Piechniczek: – Facet był niższy ode mnie, ale bardzo dobrze grał w powietrzu. Kiedy wyskakiwał do piłki, zawsze mnie z łokcia walił po zębach. Sędziowie z Rumunii nie reagowali. Jak mu oddać? Walczyłem w jego stylu, naprzykrzałem się. Najgorzej być chłopcem do bicia.

„Nie mogłem sobie poradzić z waszym piłkarzem nr 5 (z tym właśnie numerem grał Piechniczek). Cały czas był obok mnie, nie pozwalając kopnąć piłki" – skarży się polskim dziennikarzom Metin Oktay.

Gola na wagę awansu strzela Henryk Apostel, wykorzystując rajd Lucjana Brychczego, który efektownie mija trzech Turków. Radość po awansie jest olbrzymia.

W ćwierćfinale czekają już Niemcy z TSV 1860 Monachium, czołowa drużyna powstałej dwa lata wcześniej Bundesligi. W Warszawie uważają, że to zespół w zasięgu Legii. Kibice marzą o kolejnym awansie. W pierwszym meczu Piechniczek nie gra. Podczas zajęć na AWF-ie skręca staw skokowy. Noga spuchnięta, lekarz zakłada gips.

Trener Popescu chce przechytrzyć przeciwnika i każe polać wodą boisko. To fatalna decyzja, bo mróz ścina wodę. Robi się szklanka. Niemcy mają na takie okazje obuwie z odpowiednimi korkami, a legioniści ślizgają się jak na łyżwach. Piechniczek przeżywa mecz na trybunach. Goście wygrywają 4:0.

Na rewanż w Monachium Piechniczek jest już gotowy. Popescu wystawia go jako stopera. Legioniści grają znacznie lepiej niż w Warszawie, ale nie są w stanie odrobić strat. W warszawskiej bramce fantastycznie spisuje się mało dotąd znany 20-letni Władysław Grotyński wyciągnięty z zespołu rezerw. Mało kto przypuszczał, że Legia właśnie zyskała bramkarza na następne siedem lat.

Piechniczek: – Grotyński to był niezwykły facet. Zabijaka. Rzucał oszczepem, więc wyrzucał piłkę na kilkadziesiąt metrów. Nigdy nie pękał, nigdy się nie bał. Człowiek bardzo dobrze czuł się na boisku, gdy miał za plecami kogoś takiego jak on.

Karierę Grotyńskiego łamie tzw. afera dolarowa. Wiosną 1971 zdąży jeszcze zagrać w reprezentacji za rządów Kazimierza Górskiego. W trakcie jednej z zagranicznych podróży zostaje złapany na próbie przemytu dolarów i skazany na dwa lata. Po wyjściu z więzienia klub rozwiązuje z nim kontrakt.

Kwestionariusz w przerwie obiadowej

Działacze Legii są rozczarowani, bo wierzyli, że Virgil Popescu poprowadzi klub do mistrzostwa, ale nic z tego nie wychodzi. Odjeżdżającego

Derby stolicy. Piechniczek w kleszczach zawodników Gwardii – Bolesława Lewandowskiego (w środku) i Romana Jurczyka.

do Belgradu szkoleniowca klubowa delegacja żegna na dworcu kwiatami, ale Legia szybko o nim zapomina. Po odejściu Popescu drużynę znowu przejmuje trener Janeczek.

Z Legii odchodzi także Antoni Piechniczek, który ostatni mecz w barwach tego klubu rozgrywa 30 czerwca 1965 roku. Drużyna zwycięża 3:1 z Pogonią w Szczecinie. Ten wynik decyduje o spadku gospodarzy z ekstraklasy. Legia ratuje skórę Stali Rzeszów, której trenerem jest Kazimierz Trampisz, gwiazda Polonii Bytom z lat 50. Przed meczem Trampisz gorąco namawia Henryka Apostela, napastnika Legii, z którym wcześniej razem grali w Polonii, żeby przekonał kolegów do potraktowania Pogoni poważnie.

Dzięki temu Stal Rzeszów wyprzedza Pogoń lepszym bilansem bramkowym i w ostatniej chwili ratuje się przed degradacją.

Nazajutrz Piechniczek broni pracy magisterskiej. Tytuł: „Analiza społeczna piłkarzy kadry narodowej". Pracę pisze na podstawie kwestionariuszy wypełnionych przez członków reprezentacji. Piechniczek wykorzystuje fakt, że kadra przebywa na zgrupowaniu w Rembertowie. Selekcjoner Ryszard Koncewicz zezwala studentowi na rozmowy z piłkarzami podczas przerwy obiadowej. Piechniczek pyta o wszystko: rodzinę, pochodzenie, drogę kariery, finanse, poziom satysfakcji, osiągnięcia, plany itd. Pytania pomaga przygotować dr Kazimierz Doktór z Polskiej Akademii Nauk, promotor pracy.

Doktór jest autorem niezwykłego rekordu. W latach 1957-1962 to rezerwowy bramkarz Legii Warszawa, ale w ekstraklasie gra przez... minutę. Na bramkę legionistów zostaje wpuszczony 27 czerwca 1962 roku w 90. minucie meczu z Wisłą. Bardziej spełnia się jako naukowiec. Jego specjalizacja to socjologia. W 1976 roku uzyskuje habilitację, w 1980 roku zostaje profesorem zwyczajnym. Obecnie pracuje w Wyższej Szkole Finansów i Zarządzania w Warszawie.

Piłkarze odpowiadają szczerze na pytania, nie lekceważą studenta. Znają go z gry w Legii. Zapraszają na obiad, ale Piechniczek odmawia. Nie chce się narzucać, zna swoje miejsce w szeregu. Czeka, aż zjedzą.

Zwraca uwagę na kindersztubę zawodników. Jeden z pokojów dzielą Henryk „Burza" Szczepański, sławny stoper ŁKS-u Łódź, i młodszy od niego o 11 lat napastnik Janusz Kowalik z Cracovii. Kiedy Piechniczek wchodzi do ich pokoju, obaj leżą na łóżkach. Kiedy rozmawia ze Szczepańskim, ten – w przeciwieństwie do młodszego kolegi – siada. Nie rozmawia na leżąco.

Do refleksji zmusza go Ernest Pohl. Jedno z pytań studenta dotyczy stosunków panujących w zespole. Magistrant chce wiedzieć, czy istnieje problem piłkarze starzy – piłkarze młodzi.

– Ernest powiedział wtedy, że w każdym zespole muszą być starzy i młodzi, że musi być hierarchia – przypomina sobie Piechniczek.

Ernest Pohl jest znany z tego, że młodych zawodników Górnika wysyła po piwo albo wymusza zrzutkę na alkohol („Synek, daj tu do kapelusza"). Ale jeśli zauważa talent, opiekuje się nastolatkiem, podpowiada, jest troskliwy. Najlepszy przykład to Włodzimierz Lubański, który szlifuje talent w Górniku właśnie pod okiem starszego kolegi.

Pułkownik prosi mamę i babcię

Po udanej obronie trener Janeczek rozmawia z Piechniczkiem. – Antek, jedź do domu, wypocznij. Mam nadzieję, że po wakacjach wrócisz do nas, że zostaniesz w Legii.

Koledzy z drużyny też chcą, żeby został. Szkoda rozbijać tak dobry duet w obronie, jaki tworzą Piechniczek z Gmochem. Ale Piechniczek się waha. Skończył studia, akademik nie będzie mu już przysługiwał. – Gdzie będę mieszkał? – zastanawia się.

Antoni Trzaskowski, kolega z drużyny, oferuje pomoc. Dostaje mieszkanie przy placu Zawiszy na Ochocie. – Antek, będziesz mógł tam mieszkać tak długo, aż dostaniesz w Warszawie własny kąt – proponuje.

Ale Zyta, narzeczona piłkarza, musi odpracować w szkole studenckie stypendium, które dostaje przez trzy lata od miasta Chorzowa. Nie może się przenieść do stolicy. Legia obiecuje, że sprawę załatwi. Ale Piechniczka kusi też Ruch. Klub, któremu kibicuje od dziecka.

W Ruchu wiedzą, że Piechniczek o nich pamięta. W marcu 1962 roku Niebiescy wygrywają 4:2 z Legią w Warszawie. Po meczu Piechniczek (wówczas piłkarz Legii) i budowlaniec Jerzy Stürtz, który zakłada na Cichej klub kibica, jednym autobusem wracają do Chorzowa. – Siedzieliśmy wtedy w autobusie koło siebie – wspomina Stürtz. – Antek zwierzył mi się, że myśli o grze w Ruchu.

Kiedy Piechniczek kończy uczelnię, w Ruchu wiedzą, że piłkarz chce opuścić stolicę. Antoni Krawczyk, który zna Antka jeszcze z Lipin, pracuje teraz przy Cichej. Zabiera Piechniczka do Ryszarda Trzcionki, wszechwładnego prezesa Ruchu, wiceministra hutnictwa.

– Słuchaj, co ty będziesz wracał do Warszawy. Ty jesteś absolwent AWF, będziesz naszą młodzież uczył. Drugiego takiego w Chorzowie nie ma! – Trzcionka gra Piechniczkowi na ambicji i obiecuje 20 tys. złotych na zagospodarowanie. Średnia miesięczna pensja w PRL-u wynosi wtedy około 1800 zł, ale większość robotników w dużych fabrykach państwowych, urzędników albo nauczycieli zarabia mniej.

Piechniczek daje się przekonać. Pisze list do Legii, prosi, żeby klub przesłał jego dokumenty do Ruchu.

Legia nie odpuszcza. Każe piłkarzowi przyjechać na rozmowy do Warszawy. Do mamy i babci piłkarza przyjeżdża wojskowa delegacja. Jakiś pułkownik stara się przekonać kobiety, żeby pozwoliły Piechniczkowi zostać w stolicy. „Na Śląsku Antek będzie stracony, szkoda, żeby się marnował. Ma wiedzę, otwartą głowę, zrobi karierę w Legii. Jaka przyszłość może go czekać w Ruchu?".

Ale w tej sprawie mama i babcia to zły adres.

ROZDZIAŁ 4.

Niebieski

(1965-1973)

Piechniczek ma wątpliwości, czy dobrze robi, wracając na Śląsk. W Legii może osiągnąć więcej, zagrać w reprezentacji. Ale Ruch to przecież... Ruch. Klub, który Piechniczek kocha od dziecka. I jest Zyta, jego narzeczona. W czasie studiów korzysta ze stypendium miasta, ale w zamian dostaje trzyletni nakaz pracy w Chorzowie. Nie może jechać za Antkiem do Warszawy.

Piechniczek przyjmuje ofertę Ruchu. Dostaje etat w hucie i 20 tys. zł na zagospodarowanie. 28 sierpnia 1965 roku bierze z Zytą ślub. Za pieniądze z klubu kupują koronkę na suknię ślubną, organizują przyjęcie. Zostaje im na lodówkę. Młodzi zajmują jeden z pokoi przy ul. Wrocławskiej.

Mama i babcia są szczęśliwe. Znów mają Antka w domu. Dbają o niego. Po każdym treningu i meczu w lodówce zawsze czeka na niego miseczka budyniu lub kisielu, żeby szybko zregenerował siły. Babcia czyści jego korki z trawy, a białe sznurówki pierze i wygotowuje. Nikt nie ma tak zadbanych butów do gry. Zawodnicy traktują je jak talizman.

– Antek, sznurówki mosz biołe? To na pewno wygromy – żartują przed meczem koledzy z drużyny.

Eugeniusz Faber, skrzydłowy Ruchu w latach 1959-1971, wspomina: – Kiedy Antek wrócił z Legii, okna naszych mieszkań na Batorym dzieliło jakieś 50 metrów. Wtedy Ruch to była „jedno wielko familio". Piłkarze z Chorzowa, Świętochłowic, Siemianowic. Żadnych zagranicznych graczy.

W klubie Piechniczek zostaje dobrze przyjęty. Na imprezie świątecznej musi się z każdym napić. – Mąż nie był przyzwyczajony do takiego imprezowania. Ciężko odchorował tę imprezę. Babcia w nocy wzywała doktora z trzeciego piętra. Bała się, że Antoś się wykrwawi, bo wymioty były czerwone – wspomina Zyta.

28 sierpnia 1965 roku. Ślub Antoniego Piechniczka i Zyty Czempas.

– Nie bójcie się. Będzie żył, to tylko buraczki – uspokoił babcię lekarz.

Piechniczek w Chorzowie angażuje się nie tylko w futbol. Klub organizuje piłkarzom pierwszego składu dokształcanie. Chętni zawodnicy mogą w przyspieszonym trybie zdać maturę. Piechniczkowi komplikuje to życie. Zdarza się, że przychodzi na trening, a kolegów jeszcze nie ma, bo siedzą w szkole. Jeśli zdążą, zajęcia zaczynają się o godz. 11, jeśli nie, dopiero po godz. 12. Testują Piechniczka z tego, czego się właśnie nauczyli. – Ty mosz magistra, a wiesz, kim boł Świętopełk? – pytają.

Niektórzy proszą o pomoc. Piechniczek czasem pisze im wypracowania. – Tak się w to zaangażowałem i ambitnie traktowałem, że kiedyś miałem taki sen: właśnie zdaję maturę i... nic nie umiem! Strasznie to przeżywałem, bałem się, że się zbłaźnię. Dopiero jak się obudziłem, to sobie przypomniałem, że już jestem magistrem – wspomina.

Eugeniusz Lerch, znakomity napastnik Ruchu (najlepszy ligowy strzelec Niebieskich w latach 1958-1959, 1961-1962): – Antek jako jedyny w Ruchu zabierał książki na mecze wyjazdowe. Dla niektórych z piłkarzy było to dziwne. Zyskał sobie szacunek także dzięki pomeczowym dyskusjom. Kiedy rozmawialiśmy o grze, popełnionych błędach, zawsze wyróżniał się chłodną analizą. Nic dziwnego, że został kapitanem zespołu.

Co to są kreple?

Piechniczek uwielbia Ruch, ale drażni go podejście niektórych kolegów do obowiązków. Na przedmeczowe zgrupowania piłkarze Ruchu jeżdżą do siedziby PTTK w Wojewódzkim Parku Kultury i Wypoczynku. Większość zawodników bez przerwy gra tam w skata i remika. Piechniczek nie lubi w ten sposób spędzać wolnego czasu. W pokoju mieszka z pomocnikiem Eugeniuszem Kulikiem, dużo rozmawiają.

Szlag go trafia, kiedy do meczu jest półtorej godziny, trzeba dojechać na stadion, zrobić rozgrzewkę, a kółko karciane przeciąga jak może. „My muszymy dokończyć!", mówią piłkarze. Nie grają na pieniądze. Wszystko rozpisują na punkty, skrupulatnie sumują, a przegrany stawia piwo. Piechniczek: – W Legii nie byłoby to możliwe.

Mimo wszystko ekipa tworzy zgraną paczkę, która poza Śląskiem wzbudza zainteresowanie. Powód jest prozaiczny – śląsko godka. Przy okazji jednego z meczów Ruchu z Legią w Warszawie piłkarze wychodzą na miasto. W jednym ze sklepów podobają im się zielone kapelusze z piórkiem, stylizowane na tyrolskie. Dyskutują, warszawska sprzedawczyni uważnie im się przysłuchuje. Większość z nich kupuje i pięknie dziękuje. – Nie ma za co – rezolutnie odpowiada kobieta. – Jak na ludzi z Jugosławii, to bardzo dobrze mówicie po polsku.

Innym razem zdumienie w cukierni w głębi Polski budzi Eugeniusz Faber. Zamawia kreple i nikt w lokalu nie wie, o co mu chodzi. Na Śląsku jest oczywiste, że kreple to pączki.

Śląski jest prawie niezrozumiały dla ludzi z innych części kraju. Nawet tych, którzy mieszkają w... Chorzowie. Ewa Żmijewska, żona świetnego napastnika Janusza Żmijewskiego, który po dwunastu latach spędzonych w Legii na krótko przenosi się do Ruchu, cieszy się za każdym razem, kiedy spotyka Zytę Piechniczkową. Wreszcie może pogadać z kimś... po polsku.

Jej mąż wytrzymuje w Chorzowie tylko sezon 1972/1973. Świetny skrzydłowy powoli kończy karierę i trudno mu na Cichej o taką pozycję, jaką miał przy Łazienkowskiej.

Antoni Piechniczek pamięta ich wspólną grę w Ruchu. Grali na tej samej stronie. Żmijewski jako klasyczny skrzydłowy niechętnie bierze udział w grze obronnej Ruchu. Zdarza się, że kiedy Ruch traci piłkę, podbiega za rywalem tylko do linii środkowej i woła do Piechniczka: „Antek, przekazuję ci go!".

Piłkarze Ruchu lubią spotykać się poza boiskiem. W latach 60. w Chorzowie modne są dwie kawiarnie: Delta i Malinowa. W dobrym tonie jest pójść do jednej z nich. Zwłaszcza do Delty. Gromadzi się tam ówczesna elita intelektualna nie tylko Chorzowa.

Zarezerwowanie stolika nie jest proste. Przyjeżdżają tu nawet ludzie z Krakowa. Szefową jest pani Neumannowa. Dba, żeby w jej lokalu nie pojawił się nikt nieodpowiedni. Osobiście wyprasza wszystkich niewłaściwie zachowujących się gości. Źle ubrani też nie mają szans. Selekcji dokonują szatniarze. Neumannowa rządzi kawiarnią do 1968 roku. W okresie kampanii antysemickiej w PRL-u emigruje do Wiednia.

W „grupie" Piechniczka są: Eugeniusz Faber, Eugeniusz Lerch, Józef Gomoluch, Alojzy Łysko, Antoni Nieroba, Edward Herman. W Delcie najbardziej smakuje im kawa parzona, koniecznie ze śmietanką. Piwo też się zdarza, ale rzadko. W Chorzowie trzeba się pilnować. Piłkarze są osobami publicznymi, zawsze na widelcu.

Antek i tak rzadko chodzi do Delty. – Co, babcia już zupę nalewa? – żartują koledzy, kiedy rezygnuje ze wspólnego biesiadowania.

Piechniczek: – Powód był inny. Miałem zajęcia z dziećmi, które przychodziły do szkółki Ruchu. Koledzy po treningu mieli wolne, a na mnie czekały kolejne zajęcia.

Delta przechodzi z rąk do rąk. W końcu przejmuje ją znany śląski dziennikarz sportowy. Ma kłopoty z kredytem, popełnia samobójstwo.

Piłkarzy nie rozpieszczać

Ruch jest mocny także dzięki prezesowi klubu Ryszardowi Trzcionce, który uwielbia swoją drużynę.

Inżynier metalurg obejmuje klubowe stery jako wiceminister hutnictwa i... okazuje się wizjonerem. Doskonale umocowany w partii – jest sekretarzem ekonomicznym Komitetu Wojewódzkiego PZPR. Marzy o wielkim Ruchu Chorzów i realizuje cel. Za jego prezesury klub zdobywa trzy tytuły mistrza Polski i dołącza do grona ośmiu najlepszych drużyn w Europie.

W historii Ruchu nikt inny nie był tak długo prezesem (1965-1976) i nie doprowadził go do ćwierćfinału Pucharu Mistrzów Krajowych.

Trzcionka robi wrażenie na starych działaczach Ruchu. To dominująca, nieznosząca sprzeciwu osobowość. Wpuszcza do klubu świeże powietrze, działa w nowatorski sposób. Emanuel Bugdoł, członek zarządu i skarbnik klubu w latach 1956-1966, ojciec Rudolfa, obecnego prezesa Śląskiego Związku Piłki Nożnej, nie może się Trzcionki nachwalić. Wcześniej w Ruchu brakuje pieniędzy, teraz nie ma z nimi kłopotu.

Ale Trzcionka uważa, że piłkarzy trzeba trzymać krótko. Nie powinni zarabiać za dużo. Kiedyś w ferworze dyskusji zdradza swą bardzo niepolityczną teorię. – Piłkarza należy traktować jak Araba – stwierdza.

– Bo Arab, jak zarabia dolara, to pracuje, a jak zarabia dwa dolary, to wynajmuje innego, żeby pracował za niego. Podobnie jest z piłkarzami. Nie ma ich co rozpieszczać.

Wszyscy jednak wiedzą, że z każdym kłopotem można przyjść do prezesa i on pomoże. Trzcionka ma i drugie oblicze: z nikim się nie patyczkuje. Jest porywczy. W czasie narady w klubie, zdenerwowany, z całej siły rzuca kryształową popielnicą o podłogę, która odbija się i niszczy drzwi. Pracownicy klubu wymieniają je bez słowa.

Prezes budzi wśród podwładnych respekt. Kiedy dojeżdża na stadion, pod trybuną zawsze czeka na niego „komitet powitalny". Działacze wiedzą, jak przymilić się szefowi, odgadują jego zamiary. Paczka gum do żucia czyni cuda. Trzcionka ma do nich słabość, zwłaszcza do donaldów, które w tym czasie kupuje się tylko w Peweksie.

Kozioł ofiarny

Prezes Ruchu mieszka w eleganckiej willi przy ul. Kościuszki w Katowicach. Czasem odwiedzają go klubowe delegacje. Na kolejne urodziny klub wysyła do prezesa piłkarzy Zygmunta Maszczyka i Joachima Marksa oraz Rudolfa Bugdoła, obecnego prezesa Śląskiego Związku Piłki Nożnej, który pracuje w Ruchu od 1972 roku. Pełni tam funkcję kierownika do spraw odnowy i rehabilitacji. Delegacja niesie naręcze kwiatów, wchodzi na teren willi. Jakieś dzieci bawią się w ogrodzie w Indian. Atakują delegatów dzidami. Piłkarze nie reagują, choć „Indianie" niszczą papier, w który owinięte są kwiaty. Mogą sobie później pogratulować przezorności, bo – słusznie przypuszczają – niegrzeczne dzieci to wnuki prezesa.

Piechniczek: – Trzcionka był dyktatorem. Miał olbrzymie znajomości i jeszcze większe możliwości. Kiedy ktoś potrzebował pomocy, mógł na niego liczyć, ale jak miał z nim na pieńku, musiał uważać. To on zawiesił i później pozbył się z Ruchu Alojzego Łyski (lewego obrońcy chorzowskiej drużyny w latach 1959-1967).

W czerwcu 1967 roku Ruch gra na wyjeździe z Cracovią, która walczy o utrzymanie. Trenerem Ruchu jest Teodor Wieczorek, gospodarzy prowadzi Roman Durniok. Mężczyźni się znają, grali razem jeszcze w AKS-ie.

Cracovia okazuje się lepsza, wygrywa 1:0. Działacze Ruchu niezadowoleni z wyniku szukają kozła ofiarnego. Pada na Łyskę, bo jedyny gol w tym meczu pada z karnego po faulu tego piłkarza na Krzysztofie Hauserze.

Prezes Trzcionka przyjeżdża rozwścieczony do klubu. Grzmi. Oskarża Alojzego, że sprzedał mecz, zawiesza go. Któryś z odważniejszych

Ruch Chorzów podczas tournée na Bliskim Wschodzie. Antoni Piechniczek pierwszy z prawej. Oprócz niego - w górnym rzędzie: Henryk Pietrek i Edward Herman. W środkowym rzędzie: Zygmunt Maszczyk, Stefan Herisz, Bronisław Bula, Eugeniusz Nagiel, Eugeniusz Faber. W dolnym rzędzie: Józef Gomoluch, Joachim Marx, Piotr Drzewiecki.

zawodników próbuje negocjować: „Panie prezesie, ale przecież graliśmy w jedenastu, nie sam Alojz". Trzcionka nie chce słyszeć. Wrzeszczy: „Jeśli wam się coś nie podoba, to stańcie obok Łyski! Wszyscy będziecie zawieszeni!". Piłkarze spuszczają głowy, milczą. Nikt nie staje obok Łyski.

Alojzy Łysko: – Oskarżenie było bezpodstawne. Wiadomo było, że Cracovia i tak spadnie z ekstraklasy. Po prostu szukano winnego, a ja się idealnie do tego nadawałem.

Kończy się sezon. Cracovia spada do drugiej ligi, więc oskarżenie o sprzedaż meczu jest absurdalne. Ale chorzowscy działacze i tak zawieszają Łyskę na trzy lata „za faul i zły przykład jako kapitana drużyny". Piłkarz musi złożyć samokrytykę, a prezes łaskawie zezwala mu na grę w innym klubie. Łysko wybiera GKS Katowice. Nie przypuszcza, że będzie grał jeszcze przez sześć sezonów, a potem zostanie trenerem, doprowadzając zespół do wielkich sukcesów (dwa razy Puchar Polski i wicemistrzostwo kraju). W 2014 roku wdzięczni kibice GKS-u wybiorą go na trenera 50-lecia w tym klubie.

Po odejściu Łyski drużyna ustala, że najlepszym kapitanem będzie Piechniczek. Jest wyszczekany, nie boi się mówić głośno, co myśli. Działacze będą się z nim liczyć bardziej niż ze starymi ruchowcami.

Kapitanem jest przez pięć lat. Zdarza się, że koledzy z drużyny grają mu na ambicji. „Słuchaj, Antek, dziś już jest piętnasty, mieli płacić, a nie płacą. Leć no tam na góra i zrób tam porządek".

– Za każdym razem biegłem do sekretariatu interweniować. Skutecznie – wspomina ze śmiechem Piechniczek.

Antek nie ma mieszkania?

W maju 1966 roku Piechniczek zostaje ojcem Joanny. Rok później, we wrześniu, na świat przychodzi syn Tomasz. Piechniczkowie z dziećmi wciąż zajmują przechodni pokój w mieszkaniu przy ul. Wrocławskiej w Chorzowie. W pierwszym mieszka Jan Bartoszek, brat babki Jadwigi, jeden z założycieli Ruchu i były piłkarz. Wuj często zagląda do kieliszka. Wychodzi rano, spotyka się z kolegami, a oni wieczorem odstawiają go pijanego pod drzwi.

Zyta Piechniczek: – Kiedy urodziły się dzieci, było to nie do zniesienia. Naciskałam na Antka, żeby zrobił z tym porządek. Prosiłam, przypominałam, ale bez skutku. W końcu sama poszłam prosić o pomoc w klubie.

Tam zdziwieni. „To Antek nie ma własnego mieszkania? Młodzi przychodzą i od razu dostają, a wy nic nie mówicie?". Mieszkanie się znajduje, ale dla... Jana. Wuj dostaje kawalerkę w bloku. Młodzi mają wreszcie dwa pokoje dla siebie.

Piechniczek: – Jako kapitan dałbym się za drużynę pokroić, ale z prezesem Trzcionką zawsze trzymałem dystans. Mogłem się wychylić tylko w sprawach dotyczących drużyny. Nigdy nie prosiłem o nic dla siebie. Znałem swoje miejsce w szeregu – mówi Piechniczek.

Babcia Jadwiga obserwuje małżeństwo Antka i Zyty. Wnukowi suszy głowę. – Ty zrób coś, zadbej o żona. To młodo dziołcha, ona chce do ludzi. Ty cołki dziyń na boisku, a ona z dzieckami w doma od rana do wieczora. Jej sie tyż coś od życia należy. Weź ją na miasto, idźcie na spacer albo do kawiarni. Ona musi czuć, że tyż jest ważno – klaruje Antkowi.

Zyta Piechniczek: – To była mądra kobieta. Wyczuwała, że jest między nami jakieś napięcie albo że sprzeczka wisi w powietrzu. Bardzo mi pomagała, zajmowała się dziećmi. Mogliśmy je w każdej chwili zostawić i wyjść wieczorem. Ale miała też swoje zasady. Pamiętam, jak Antoś przywiózł mi z zagranicy piękną czerwoną sukienkę. Niestety, według babci miała jeden feler. Odsłaniała kolana.

– Chyba nie bydziesz chodziła w takiej kiecce – usłyszałam, jak ją założyłam. Poprosiłam krawcową, żeby odpruła założony materiał i wydłużyła sukienkę o dwa centymetry. Lepiej, ale dla babci i tak za krótko.

Świeczki

Najbardziej nowatorskim pomysłem Ryszarda Trzcionki są... jupitery. Ogląda je w Austrii na stadionie w Linzu i kupuje projekt. Maszty wznosi Hutnicze Przedsiębiorstwo Remontowe z Chorzowa.

W latach 60. sztuczne oświetlenie na stadionach piłkarskich to absolutna nowość. Tylko Stadion Śląski ma światło już od 1959 roku. Wśród stadionów klubowych tylko Legia może grać wieczorami już od 1960 roku. Niespełna dziesięć lat później, w 1968 roku, na stadionie na ul. Cichej też rozbłyskają jupitery, pieszczotliwie nazywane przez kibiców „świeczkami". Trzcionka stawia sobie pomnik za życia. Bardziej trwały niż się spodziewano. „Świeczki" używane są do dziś.

Oświetlenie na Cichej ma początkowo moc zaledwie 400 luksów. Niewiele. Dzisiaj przeciętne oświetlenie na stadionie musi mieć moc przynajmniej 1800 luksów. Takie są wymogi telewizyjnych transmisji. Ale „świeczki", choć słabe, robią na wszystkich piorunujące wrażenie. Europa na Cichej!

Wszyscy są zachwyceni. Dopiero po latach, kiedy inne stadiony w Polsce też zyskują oświetlenie, widać minusy chorzowskich jupiterów. Kiedy na murawie jest mgła, trudno dojrzeć przeciwległą bramkę, a charakterystyczne cztery maszty oświetleniowe o wysokości 48,2 metra chwieją się przy podmuchach wiatru. Kibicom wydaje się, że maszty odchylają się nawet o trzy metry, choć według ekspertyzy geodety Stanisława Kaniowskiego z 2006 roku maksymalny wychył wynosi zaledwie 331 milimetrów od osi. Obrońcy „świeczek" podkreślają, że tak zostały zaprojektowane – mają pracować z wiatrem. Na mgłę również jest recepta – zwiększenie ilości luksów.

Rudolf Bugdoł: – Gdy na stadionie rozbłysły światła, poczuliśmy, że dołączyliśmy do piłkarskiej Europy. W takich warunkach grały największe kluby. Zmienił się cały rytuał związany z meczem.

Piechniczek: – Coraz częściej grało się nie w porze obiadowej, tylko po zmierzchu, co daje zupełnie inną atmosferę.

Scenariusz na film

Piechniczkowi dobrze układa się współpraca z trenerami. Do zespołu wprowadza go Artur Woźniak, trener Ruchu w latach 1964-1966, przedwojenny piłkarz Wisły Kraków. Woźniak próbuje zaszczepić w Ruchu szkołę krakowską, czyli grę techniczną i jak najdłuższe posiadanie piłki, choć zdaje sobie sprawę, że największym atutem Ruchu jest w tym czasie szybkość rozgrywania akcji.

Z kolejnym trenerem Teodorem Wieczorkiem, który pojawia się na Cichej w lipcu 1966 roku, Piechniczek odnosi największy sukces jako piłkarz. W sezonie 1967/1968 Ruch sięga po mistrzostwo Polski. Piechniczek rozgrywa w tym sezonie 26 ligowych meczów na 26 możliwych.

Wieczorek przez kilkadziesiąt lat uczestniczy w najważniejszych wydarzeniach śląskiej piłki. Prezes PZPN Wit Hanke w połowie lat 60. proponuje mu opiekę nad reprezentacją Polski. Wieczorek odmawia. – W centrali panowało przekonanie, że my, ze Śląska, jesteśmy od roboty, a oni od myślenia – mówił nam przed śmiercią w 2009 roku.

O Wieczorku jest głośno jeszcze w czasie okupacji. Ślązacy uczestniczą w piłkarskich rozgrywkach, więc młodziutki Teo trafia do Germanii Königshütte, czyli przedwojennego AKS-u Chorzów. W latach wojny Germania staje się śląską drużyną marzeń – trzykrotnie zdobywa mistrzostwo regionu i uczestniczy w mistrzostwach Niemiec. Nazwy Germania używa się wtedy w Chorzowie tylko oficjalnie.

– Kibice zawsze mówili, że idą na mecz AKS-u. Prezesom tak naprawdę zależało, żeby grali u nich dobrzy piłkarze, narodowość nie była ważna. Na boisku odzywaliśmy się do siebie tylko po polsku i nie było z tego powodu żadnych nieprzyjemności – opowiadał nam Wieczorek.

W 1945 roku Wieczorek w dramatycznych okolicznościach zaprzyjaźnia się z Gerardem Cieślikiem. Spotykają się w radzieckim obozie jenieckim w Brandenburgu nad Hawelą. Obaj trafiają tam jako żołnierze Wehrmachtu. Wieczorek, starszy o cztery lata, opiekuje się nastoletnim Cieślikiem. Pracują w młynie, noszą worki z mąką. Rosjanie traktują ich dobrze, bo Wieczorek zna ich język. Nauczył się go, bo gdy gra w Germanii, pracuje jednocześnie w kopalni Michalkowitz z rosyjskimi więźniami. W obozie wstawia się za Cieślikiem, który jest już na liście wywózki do łagru.

Wieczorek jest dobrym piłkarzem, ale jeszcze większą karierę robi jako szkoleniowiec. Bardzo przeżywa mecze, nie znosi przegrywać. Zdarza się, że po porażkach płacze.

Weź na plecy bramkarza

Wieczorek olbrzymią wagę przywiązuje do przygotowania fizycznego. Obozów kondycyjnych, które prowadzi, dzisiaj pewnie nikt by nie wytrzymał. Wymyśla katorżnicze ćwiczenia. Podczas obozu w górach trzeba wziąć na plecy stukilogramowego bramkarza Jana Barowa i iść z nim pod górę. Nogi się uginają, ale ambitni piłkarze starają się dobiec, gdzie im Wieczorek każe. Często jest to zadanie ponad ich siły.

Ale Teo budzi respekt, a jego polecenie wykonuje się bez szemrania. Nie krzyczy, bo nie musi. Nikt nie lubi, kiedy po meczu trener tej klasy

Piechniczek z Gerardem Cieślikiem. Legendarny piłkarz Ruchu Chorzów wychował się w tej samej dzielnicy co Piechniczek. Kiedy Antek był mały, z kolegami z podwórka czekali, kiedy Cieślik będzie szedł na trening, żeby móc pochwalić się swoimi umiejętnościami gry w piłkę.

skrytykuje go przy kolegach. Wieczorek zawsze drobiazgowo analizuje spotkania: „Zrobiłeś źle to, to, to…".

Wieczorkowi zdarza się jednak popełniać błędy. Niepotrzebnie odsuwa od składu, a w końcu pozwala odejść z klubu wychowankowi Ruchu Eugeniuszowi Lerchowi. Ten piłkarz życiową formę osiąga dopiero w ROW Rybnik i staje się bożyszczem kibiców. W ekstraklasie strzela 106 goli.

Lerch: – Jestem wdzięczny Antoniemu Piechniczkowi zwłaszcza za jeden gest. W 1967 roku po nieporozumieniach z trenerem i zarządem zdecydowałem się odejść z Ruchu. Antek jako jedyny prosił mnie, żebym został. Nie chciałem odchodzić, bo klub był całym moim życiem, grałem w nim od dziecka, a mój ojciec przyjaźnił się z Wodarzem i Peterkiem, słynnymi przedwojennymi graczami Ruchu. Zostałem odstawiony od składu, chociaż byłem w świetnej formie, więc zdecydowałem się odejść do Rybnika. Grało mi się tam świetnie, byłem doceniany. Kiedy Ruch chciał, żebym wrócił, nie zdecydowałem się.

Ratowanie kibica

W październiku 1966 roku Ruch gra wyjazdowy mecz z Zagłębiem w Sosnowcu. Wygrywa 2:1 po bramkach Fabera i Lercha. Kibice Ruchu rozciągają na stadionie jedną z pierwszych flag w Polsce. Fani gospodarzy są wściekli, bo Zagłębie przegrywa u siebie pierwszy raz od dziewięciu miesięcy, akurat z Ruchem. Kradną klubową flagę, triumfalnie palą trofeum, chcą pobić Jerzego Stürtza, szefa klubu kibica.

– Uciekłem przed tłumem na boisko, za bramkę. Zaczęli mnie gonić zomowcy – wspomina Stürtz. Szefa klubu kibica ratują piłkarze Ruchu. Ujmuje się za nim zwłaszcza bramkarz Jan Barow, który rzuca w stronę milicjantów parę ostrych słów. Szczęśliwy Stürtz wraca razem z piłkarzami Ruchu klubowym autokarem.

Czerwiec 1968 roku. Ostatnia kolejka ligowa, na Stadionie Śląskim 80 tysięcy ludzi. Ruch gra z Górnikiem Zabrze, który od pięciu lat bez przerwy jest mistrzem. Niebiescy mają szansę przełamać hegemonię lokalnego rywala i po ośmiu latach przerwy po raz dziesiąty zostać mistrzem Polski. – Byliśmy niezwykle zmobilizowani – wspomina Piechniczek. – Zdawaliśmy sobie sprawę, że ten mecz zdecyduje o tytule.

Rywalizacja Ruchu Chorzów z Górnikiem Zabrze zaczyna się na przełomie lat 50. i 60. i rozpala Górny Śląsk.

– Ze względu na tradycję cały region był dotąd za Ruchem, nagle pojawia się drużyna z sąsiedztwa, która mu zagraża – wspomina Hubert Kostka, bramkarz Górnika w latach 1960-1973, z którym osiem razy zdobywa mistrzostwo Polski.

– Znałem Antka z Ruchu. Na co dzień oczywiście się nie spotykaliśmy, byliśmy przecież rywalami. Trzeba pamiętać, że za najlepszych czasów Górnika część Zabrza wciąż była za... Ruchem! Górnikowi kibicowała niemiecka część miasta, dawny Hindenburg, ale dzielnice, które przed wojną należały do Polski, czyli Pawłów, Kończyce i Makoszowy, murem stały za Ruchem – wspomina Kostka.

Chorzowianie przed tym meczem spotykają się na kilkudniowym zgrupowaniu w willi przy ul. Pawła Stalmacha w Katowicach. To nie był byle jaki budynek, własność partii. Nocowali tu ważni goście, m.in. Nikita Chruszczow, Fidel Castro i prezydent Francji Charles de Gaulle, kiedy odwiedził Górny Śląsk w 1967 roku.

Piechniczek: – Pokój de Gaulle'a zajął kierownik drużyny. Chodziliśmy do niego gromadnie oglądać łóżko, bo było wyjątkowo długie, specjalnie zrobione dla francuskiego prezydenta, który miał 190 cm wzrostu.

Ruch wygrywa 3:1. Trzy dni później obydwa zespoły spotkają się w finale Pucharu Polski. Tym razem 3:0 gładko wygrywa Górnik, po hat-tricku Włodzimierza Lubańskiego.

– Ludzie szukali podtekstów, mówili, że Górnicy dali nam mistrza, a my zrewanżowaliśmy się im pucharem. Ale na murawie człowiek w ten sposób nie kalkuluje. Kiedy Manchester United zdobywał seryjnie mistrzostwo Anglii, też przegrywał mecze z drużynami walczącymi o utrzymanie, występując w optymalnym składzie – denerwuje się Piechniczek. Podaje inny przykład. Mecz Ruchu z Legią w 1969 roku. – Gdy wygrywa Legia, zdobywa tytuł mistrza. Jeśli my wygrywamy, mistrzem jest Górnik. Działacze Górnika obiecywali nam premie, cuda wianki za naszą wygraną. A my nie. Naprawdę chcieliśmy wygrać i... przegraliśmy 2:6. Naprzeciw nas stanęła najlepsza linia środkowa w polskiej piłce wszech czasów: Brychczy – Deyna – Blaut, która zrobiła swoje. Po pierwszej połowie było już 1:4 dla Legii – mówi Piechniczek.

Robota antywychowawcza

W 1968 roku Ruch zdobywa mistrzostwo Polski, ale z powodu napiętej sytuacji politycznej nie może wystartować w europejskich pucharach. Po sierpniowej agresji, czyli „interwencji sprzymierzonych wojsk Układu Warszawskiego, które pospieszyły z pomocą bratniemu społeczeństwu Czechosłowacji atakowanemu przez siły kontrrewolucji", władze UEFA robią powtórne losowanie drużyn. Pierwotnie Ruch miał zagrać z AS St. Etienne, ale teraz drużyny z krajów demokracji ludowej mają rywalizować w parach między sobą. Niebiescy mają zagrać z Dynamem Kijów, ale na życzenie władz politycznych Polski i ZSRR na znak protestu przeciwko decyzji UEFA kluby zza żelaznej kurtyny wycofują się z rozgrywek. Ruch traci szansę.

Polityka mocno ingeruje w piłkę. W chorzowskim klubie musi powstać sekcja Związku Młodzieży Socjalistycznej. Piechniczek dowiaduje się, że został wiceprzewodniczącym. Koło ZMS musi wykazywać się aktywnością. Do Chorzowa przyjeżdża z pogadanką dla młodzieży słynny szermierz Jerzy Pawłowski, który w 1968 roku na igrzyskach w Meksyku zdobywa mistrzostwo olimpijskie w szabli. Trener Wieczorek prosi piłkarzy, żeby przyszli na to spotkanie i stworzyli dobrą atmosferę, „no bo o czym mistrz olimpijski będzie z młodymi piłkarzami gadał?".

Ale Pawłowski się nie spisuje, wykonuje robotę „antywychowawczą". Opowiada piłkarzom o wspaniałym życiu w USA i jak walczył w knajpie.

Opowieść o ludziach siedzących z martini, jedzących wykwintną kolację i przyglądających się walczącym szermierzom robi wrażenie. Pawłowski opowiada jeszcze, jak zaraz po zawodach jedzie do polskiej ambasady, zabiera skrzynkę wyborowej, dołącza do party w knajpie i rozkręca imprezę.

Słuchacze są zachwyceni.

Kilka lat później Pawłowski zostaje skazany na 25 lat więzienia za szpiegostwo na rzecz USA. Zwalniają go po dziesięciu latach.

Chciałbym tu wybudować dom

W 1967 roku Michał „Myszka" Matyas powołuje Piechniczka do gry w reprezentacji Polski. Dominująca osobowość „Myszki" sprawia, że ludzie w jego towarzystwie zachowują się nienaturalnie. Ale Piechniczek pamięta Matyasa z ludzkiej strony: – Dał mi szansę zaistnieć w reprezentacji. Darzył mnie sympatią.

Matyas zostaje selekcjonerem reprezentacji Polski w 1966 roku. Ciągle szuka kandydatów na prawą obronę. Przed Piechniczkiem próbuje Romana Strzałkowskiego z Zagłębia Sosnowiec, Krystiana Michallika z Gwardii Warszawa i Pawła Kowalskiego z ŁKS-u Łódź. Nie jest zadowolony.

Piechniczek pierwszy raz na ławce rezerwowych w meczu polskiej reprezentacji siada 17 września 1967 roku na Stadionie Dziesięciolecia w Warszawie. Eliminacje mistrzostw Europy, Polska przegrywa z Francją 1:4.

8 października 1967 roku na słynnym stadionie Heysel kolejny mecz eliminacji mistrzostw Europy. Tym razem z Belgią. Matyas wystawia Piechniczka na prawej stronie. Ciężki mecz. Belgowie prowadzeni przez słynnego Paula van Himsta z Anderlechtu Bruksela w pierwszej połowie dwukrotnie obejmują prowadzenie po strzałach Johannesa Devrindta.

Skrzydłowym Anderlechtu ma się opiekować kolega Piechniczka z Legii Jacek Gmoch. Idzie mu średnio. Z trybun słychać złośliwe obelgi belgijskiej Polonii. Gmoch mówi jednak coś, co Piechniczek zapamiętuje: „Spokojnie, mecz trwa 90 minut".

W drugiej połowie następuje koncert gry Polaków i popis prawoskrzydłowego Janusza Żmijewskiego. Strzela w tym meczu trzy gole.

W kadrze akurat trwa spór między piłkarzami Legii i Górnika Zabrze o to, kto ma grać w reprezentacji w podstawowym składzie: Żmijewski z Legii czy Lubański z Górnika. 20-latek z Zabrza ma akurat trochę słabszy okres. Legioniści namawiają Matyasa na „Żmiję". Selekcjoner decyduje, że w składzie zmieszczą się obaj.

Obrońcy Ruchu niewiele brakuje do pełni szczęścia, mógł w debiucie strzelić gola. Marnuje jedną dobrą sytuację sam na sam, strzela obok słupka. Nie przejmuje się. Wydaje się, że świat stoi przed nim otworem.

Polacy po świetnym meczu wygrywają 4:2. Piechniczek jest wniebowzięty. Po meczu podchodzi do niego Grzegorz Aleksandrowicz, znany sędzia i dziennikarz sportowy. – Antek, zrób wszystko, żebyś na dziesięć lat zamknął miejsce na prawej obronie reprezentacji Polski – mówi.

Trzy tygodnie później Polska remisuje bezbramkowo z Rumunią w Krakowie. Gmoch: – Przed tym meczem mieliśmy zgrupowanie w Wiśle. Poszliśmy z Antkiem za ośrodek COS-u na spacer. Przecinką doszliśmy na polanę. „Chciałbym kiedyś w tej okolicy wybudować dom", mówił Antek rozmarzony.

W tym meczu pierwszy raz na boisko w koszulce z białym orłem wychodzi kolega Piechniczka z Ruchu Józef Gomolach. O jego występie, a właściwie o tym, co się zdarzyło po meczu, krążą legendy. – Józek strasznie przeżył ten mecz, był niezwykle wzruszony. Na pamiątkę dostaliśmy wtedy koszulki reprezentacji. Kiedy po meczu dojechaliśmy do Katowic, pożegnałem się, wsiadłem w tramwaj i pojechałem do domu. Józek razem z Zygą Szmidtem z GKS-u Katowice poszli do lokalu i jeszcze coś łyknęli. Potem piechotą wracali do domu. Gomoluch był w koszulce reprezentacji. Szli wzdłuż chorzowskiego parku, ktoś mu zdjęcie zrobił, a media zrobiły z niego pijaka. Bardzo to przeżył. To był sympatyczny, prosty chłopak, który został wtedy paskudnie skrzywdzony – wspomina Piechniczek.

Gomoluch w reprezentacji Polski już nigdy nie zagrał.

Nie sprawdziłeś się, żegnaj

Mecz z Rumunią jest ostatnim dla Michała Matyasa w roli selekcjonera. Jego następca Ryszard Koncewicz uznaje, że nadal trzeba szukać piłkarza na pozycję prawego obrońcy. W kolejnych meczach reprezentacji prawie za każdym razem wystawia na tej pozycji innych piłkarzy: Waldemara Folbrychta z Pogoni Szczecin (jedyny mecz w kadrze), Krystiana Michallika (ostatni mecz w kadrze), Romana Bazana z Zagłębia Sosnowiec, Waltera Winklera z Polonii Bytom, Jana Leszczyńskiego z Zagłębia (jedyny mecz), Jana Rudnowa z Ruchu Chorzów (jedyny mecz), Zygmunta Anczoka z Polonii Bytom, Henryka Latochę z Górnika Zabrze. 15 czerwca 1969 roku Koncewicz daje szansę Piechniczkowi. Rywal bardzo trudny, a mecz ważny – spotkanie w ramach eliminacji mistrzostw świata w Sofii przeciwko Bułgarii.

Polacy przegrywają 1:4. Koncewicz pamięta Piechniczkowi słaby występ i już więcej do kadry go nie powołuje. „Nie sprawdziłeś się, żegnaj" – to jego dewiza. Szuka następnego. W 1970 roku na prawej obronie debiutuje Antoni Szymanowski z Wisły Kraków. Osiąga to, czego Aleksandrowicz życzył Piechniczkowi – zajmuje tę pozycję na dekadę, ostatni występ w reprezentacji zalicza w 1980 roku.

Trumna w prezencie dla Ajaksu

Wieczorek odchodzi z Ruchu w kwietniu 1969 roku. Z sześciu pierwszych meczów rundy wiosennej Ruch wygrywa tylko jeden, w czterech nie strzela nawet gola. Przez dwa miesiące Wieczorka tymczasowo zastępuje duet byłych piłkarzy Ruchu: Eugeniusz Pohl i Hubert Pala. W czerwcu nowym trenerem zostaje Jerzy Nikiel. Pierwszy raz w historii wprowadza katowicką Gieksę do ekstraklasy, w 1965 roku. W Chorzowie na nikim nie robi to wrażenia.

Piechniczek: – Nie miał łatwego zadania. Działacze narzekali, że Jorguś Nikiel nigdy nie grał wielkiej piłki i nie pracował w wielkich klubach, a w Ruchu trzeba trenera na skalę europejską. Za grzeczny był, ale na mnie zawsze mógł liczyć. Miał ludzkie podejście. Podobało mi się, że miał bogaty repertuar ćwiczeń taktyczno-technicznych w małych grupach. Różne kombinacje: trójki, czwórki. Powtarzał to do znudzenia.

Z nazwiskiem Nikiela wiąże się największe lanie, jakie dostał Ruch w europejskich pucharach. W drugiej rundzie Pucharu Miast Targowych (poprzednika Pucharu UEFA) w sezonie 1969/1970 Niebiescy trafiają na Ajax Amsterdam. W pierwszej rundzie eliminują Austriaków z Wiener S.C. (2:4, 4:1), ale wyznacznikiem ich możliwości mają być mecze z Holendrami. Ajax to nowa, europejska, fantastycznie rozwijająca się potęga. Rok wcześniej Holendrzy dochodzą do finału Pucharu Mistrzów. Przegrywają z Milanem, ale najlepsze dla nich dni mają dopiero nadejść w pierwszej połowie lat 70.

Chorzowianie chcą się pokazać. Na pierwszy mecz do Amsterdamu działacze zabierają trumnę, a dokładniej – jak wspominają zawodnicy – „drewnianą skrzynię przypominającą trumnę".

Piechniczek: – Zastanawialiśmy się z kolegami, co to do cholery jest?

Okazuje się, że chorzowscy działacze uzgadniają z kierownictwem Ajaksu wymianę prezentów. Chcą zrobić wrażenie i idą na całość. Zamawiają w hucie szkła w Stroniu Śląskim gigantyczny kryształ, wazon wielkości człowieka. Huta realizuje zamówienie, prezent jest elegancko zabezpieczony, skrzynia wymoszczona sianem. Czterej najmłodsi piłkarze Ruchu dostają zadanie opieki nad skrzynią, ale nikt im nie mówi, co jest w środku. Błąd! Piłkarze krzywią się, ale niosą. W końcu jednak nie wytrzymują i rzucają skrzynią o ziemię. Kryształ na szczęście nie pęka. Dolatuje do Amsterdamu w całości.

Do wymiany prezentów dochodzi w polskiej ambasadzie. Piechniczek: – Holendrzy byli pod ogromnym wrażeniem. My zresztą też, bo nigdy dotąd czegoś takiego nie widzieliśmy. Żartowaliśmy, że gdyby nalać wody do wazonu, można by się na stojąco wykąpać.

Holendrzy nie chcą być gorsi. Ruch dostaje piękny stojący zegar z odważnikami. W chorzowskim klubie nikt dzisiaj nie wie, co się z nim stało.

Najlepszy proszek do prania

Po wymianie uprzejmości gospodarze wiozą chorzowian do nowoczesnego ośrodka w Zeist. To główny ośrodek treningowy KNVB (Koninklijke Nederlandse Voetbalbond, czyli Królewskiego Holenderskiego Związku Piłki Nożnej). Miejsce robi wrażenie, w Polsce podobnego nie ma.

Piechniczek: – Szczyt formy złapaliśmy w przededniu meczu. Kiedy trener zrobił rozruch, biegaliśmy jak nakręceni. Znacznie gorzej było w trakcie meczu. Ruch grał otwartą piłkę, atakował, przy stanie 0:0 miał trzy stuprocentowe okazje, ale napastnicy byli nieskuteczni.

W 43. minucie rzut rożny dla gospodarzy. Piłka po centrze leci wprost na głowę pomocnika Bernarda Bema. Velibor Vasović popycha go, przykłada głowę i jest 1:0 dla Ajaksu. – Powinien być faul i kartka – jeszcze dziś denerwuje się Piechniczek. Sędzia pokazuje środek. Następna akcja Holendrów i znowu róg. Ruch wybija piłkę pod nogi Sjaaka Swarta, który uderza z pierwszej piłki. Jest 2:0.

Piechniczek: – W przerwie trener Nikiel popełnia błąd. Mógł uspokoić piłkarzy: „Graliście dobrze przez 43 minuty. Zapomnijcie o tym, co się stało, walczcie w drugiej połowie. Nawet jeśli przegramy mecz dwoma bramkami, to jeszcze nie tragedia. Czeka nas przecież rewanż w Chorzowie. Mecz jest jeszcze do uratowania". A on rozpamiętywał ostatnie minuty i w kółko powtarzał: „43. minuta – 0:0, 45. minuta – 0:2, 43. minuta – 0:0, 45. minuta – 0:2". Na pewno nam to nie pomogło. Zdołował nas.

W drugiej połowie wszystko się posypało. Stoperzy Ruchu próbują się kiwać z Johannem Cruyffem przed własnym polem karnym. Piłka szybko wpada do chorzowskiej bramki. Potem jest jeszcze gorzej. Mecz kończy się wynikiem 0:7.

Piłkarze Ruchu przeżywają klęskę. Wiedzą, że po powrocie do kraju drwinom nie będzie końca. Nie mylą się. W Polsce popularne staje się hasło: „Najlepszy proszek do prania niebieskich to Ajax". Na Górnym Śląsku kibice innych drużyn dworują, że „najlepsza bana (tramwaj) do Chorzowa to siódemka". Tramwajem linii numer 7 nadal można dojechać do Chorzowa Batorego, prawie pod sam stadion Ruchu, zarówno od strony Katowic, jak i Bytomia.

Na pomeczowym bankiecie Holendrzy pocieszają piłkarzy Ruchu: „Nie przejmujcie się tak. Wcześniej, kiedy w europejskich pucharach trafialiśmy na zespół z kraju demokracji ludowej, to zaliczka z pierwszego meczu u siebie zazwyczaj nie wystarczała, a potem na wyjeździe przegrywaliśmy jeszcze wyżej. Postanowiliśmy to zmienić, żeby pojechać do was na rewanż z oddechem...".

Działacze Ajaksu mówią prawdę. W 1958 roku odpadają w ten sposób z Vasasem Budapeszt w Pucharze Europy (2:2 u siebie, 0:4 na wyjeździe), w 1962 roku z Ujpestem Budapeszt w Pucharze Zdobywców Pucharów (2:1 u siebie i 1:3 na wyjeździe), a w 1967 roku z Duklą Praga w Pucharze Europy (1:1 u siebie, 1:2 na wyjeździe).

Holendrzy wyluzowani

Przed rewanżem piłkarze Ajaksu mieszkają w Świerklańcu (miejscowość w powiecie tarnogórskim, ponad dwadzieścia kilometrów od Chorzowa). Holendrzy są zachwyceni, zakwaterowani w Domu Kawalera, pałacu wybudowanym w latach 1903-1906 w stylu francuskiego neobaroku specjalnie dla niemieckiego cesarza Wilhelma II, który przyjeżdżał tu na polowania.

W przeddzień rewanżu boisko Ruchu pokrywa dwucentymetrowa warstwa śniegu. Piłkarze Ajaksu są wyluzowani. Przyjeżdżają na Cichą potrenować, ale nawet nie wychodzą z autobusu. Murawę lustrują jedynie kapitan Johann Cruyff i trener Rinus Michels. Spacerują, kiwają głowami, wymieniają kilka zdań. Wracają do autokaru i odjeżdżają. Uważają, że boisko jest za śliskie i trening im niepotrzebny.

Piechniczek jest ciekawy, co się dzieje w Domu Kawalera. Dowiaduje się, że Holendrzy nie przejmują się meczem, humory im dopisują.

Ciągła impreza: niezdrowe jedzenie, papieros za papierosem, wszyscy grają w karty.

Ruch marzy, żeby choć częściowo zmazać plamę z pierwszego meczu. Kibice chcą honorowego wyniku. Niebiescy się starają. Po kwadransie mogło być 3:0, ale nieskutecznie grają napastnicy. Znowu porażka, ale tym razem tylko 1:2. Jedyną bramkę zdobywa Antoni Piechniczek. Do dzisiaj jest jedynym piłkarzem polskiego klubu, który w europejskich pucharach strzelił gola Ajaksowi. Potem tej sztuki dokonują jeszcze Krzysztof Warzycha (ale jako gracz Panathinaikosu) i Tomasz Wałdoch (jako gracz Schalke).

Piechniczek: – Sam gol? Nic nadzwyczajnego. Przy dośrodkowaniu Holendrzy chyba chcieli mnie złapać na spalonym, bo nagle znalazłem się zupełnie sam trzy metry przed bramkarzem. Nie dosięgnął piłki, minęła go, a ja tylko spokojnie nadstawiłem głowę. Do piłki nawet nie wyskakiwałem, lekko tylko ugiąłem nogi i... już. Spalonego na pewno nie było.

To także pamiętny mecz dla Johanna Cruyffa. Sławny Holender musi wcześniej zejść z boiska. Za atak na rywala dostaje czerwoną kartkę. – Cruyff kopnął Jurka Wyrobka, który był wtedy chudziutki i bardzo zwrotny. Cruyff nie umiał sobie z nim poradzić. Nie wytrzymał i nakładką wszedł mu w brzuch. Słuszna czerwień – ocenia Piechniczek.

Do dziś uważa, że dwumecz z Ajaksem był dla piłkarzy Ruchu świetną lekcją – zarówno gry, jak i organizacji. Szkoda, że tak bolesną.

Piwo z beczkowozu

Wiosną 1970 roku Jerzego Nikiela zastępuje Tadeusz Foryś, jeden z najlepszych polskich trenerów. Sam nigdy nie był zawodnikiem, ale fantastycznie zgłębił tajniki szkolenia i taktyki. Pochodzi z Krakowa, już podczas mistrzostw świata w 1938 roku we Francji asystował innemu krakusowi Józefowi Kałuży.

Piechniczek: – Trener Foryś miał znakomity kontakt z piłkarzami. Był żartownisiem i wspaniałym gawędziarzem. Każdą odprawę urozmaicał dowcipami. Piłkarze Ruchu go szanowali, a ich żony go wręcz uwielbiały za czar i dowcip. Był po sześćdziesiątce, więc nie miał młodzieńczej energii, ale nadrabiał to intelektem. Perfekcyjnie potrafił przygotować zespół do meczu pod względem taktycznym i dobrze przydzielić piłkarzowi rolę na boisku.

Ruch jeździ w tym czasie dużo po świecie. Irak, Syria, USA. W Cleveland piłkarze spotykają się ze Stellą Walsh (w Polsce znana jako Stanisława Walasiewiczówna; zdobyła dla Polski złoty medal olimpijski na igrzyskach w Los Angeles w 1932 roku). Na Soldier Field w Chicago pierwszy raz w życiu widzą sztuczną trawę. Dochód z wyprawy do Syrii

Ruch podczas spotkania z Polonią w trakcie tournée po Stanach Zjednoczonych. Antoni Piechniczek czwarty z lewej. Pamiątkowy puchar odbiera Antoni Krawczyk, kierownik drużyny.

urzędnicy w Polsce przeznaczają na odbudowę Zamku Królewskiego w Warszawie, o czym piłkarze nie mają pojęcia. Wszystkie sprawy finansowe są poza nimi. Przed wyjazdem każdy może zabrać kryształowy wazon na handel. A właściwie dwa. Przed jedną z wypraw piłkarze widzą na Cichej trzydzieści kryształów z blaszanymi tabliczkami „na pamiątkę spotkania z Ruchem Chorzów".

Piechniczek: – Potem działacze odczepili te pierońskie blaszki i już mieli. Każdemu piłkarzowi wciskali: „Możesz zabrać swój, a drugi jest klubowy i u celnika na lotnisku przejdzie".

Wazonik w Polsce kosztuje 200 zł, czyli dwa dolary. Za granicą można dostać za taki kryształowy wyrób 10 dolarów. Nic dziwnego, że po klubowych wazonikach ślad szybko się urywa.

Piłkarze cieszą się z tych wyjazdów. Poznają wielki świat. W Syrii pierwszy kontakt z arabską cywilizacją. Piechniczek zapamiętuje Liban. Słońce, plaża, a piętnaście minut jazdy w głąb lądu stacja narciarska. W Związku Radzieckim przelatują w powietrzu 10 tys. km. W starym samolocie Ił ogarnia ich strach. Silnik nie pracuje równo, blacha skorodowana. W Tadżykistanie przeżywają szok cywilizacyjny. Próbują piwa z beczkowozu. Właściciel beczkowozu tylko płucze i przeciera ten sam kufel.

W Duszanbe piłkarze dostają na pamiątkę wielkie gliniane talerze. Nie wiedzą, co zrobić z niechcianymi prezentami, i oddają je Piechniczkowi, bo przypominają sobie, że jego żona Zyta jest rusycystką.

– Każdy talerz ważył kilka kilogramów – wspomina Faber. – Antek nie był w stanie tego unieść, więc wszystkie zostawił.

Wybite zęby, wstrząs mózgu

Bramkarzem Ruchu od 1970 roku jest Piotr Czaja, który przyszedł z GKS Katowice, jeden z najlepszych polskich bramkarzy przełomu lat 60. i 70. Dwa lata młodszy od Piechniczka, urodzony w 1944 roku w niemieckim Linderbrück. Jego matkę Niemcy wywieźli na roboty przymusowe i tam urodziła dziecko.

Do Czai do dzisiaj należy niezwykły rekord: w polskiej lidze nie przepuścił gola przez 1005 minut z rzędu (czyli w jedenastu kolejnych meczach ekstraklasy).

Czaja: – Z Antkiem poznaliśmy się bliżej, kiedy przeszedłem do Ruchu. Zostaliśmy kolegami.

Ale Piechniczek jest przyczyną wypadku, przez który Czaja nie pojechał na igrzyska olimpijskie do Monachium.

– Podczas meczu Ruchu z Górnikiem w Zabrzu doznałem kontuzji. Akcja toczyła się na naszej połowie, piłka leciała pomiędzy mnie i Antka. A on, wiadomo, prawy obrońca, zawsze słabiej słyszy na lewe ucho. Krzyknąłem: „moja!", nie zareagował. Tak bardzo chciał zatrzymać Włodka Lubańskiego, że ostatecznie przebiegli po mnie razem. Lubański wpadł na Antka, pchnął go, a Antek wpadł na mnie. Miałem wybitych kilka zębów, szyte podniebienie i wstrząs mózgu. Podobno wstałem, wyszedłem z bramki i… wdałem się w rozmowę z kibicami siedzącymi na trybunach! Tylko że ja nic z tego nie pamiętam. Żałuję, że potem nie zajęli się mną psychologowie. Także z tego powodu okres dojścia do pełnej formy trwał bardzo długo. Ale żeby było jasne, za to, co się wtedy stało, nie winię Antka. To był przypadek, nikt za to nie ponosi odpowiedzialności. Takie sytuacje po prostu na boisku czasem się zdarzają.

Polscy piłkarze na igrzyskach w Monachium zdobywają złoto. W bramce stoi Hubert Kostka.

Automatyzacja Michala Vičana

W Ruchu nastaje nowa era. Działacze zatrudniają nowego trenera. To już europejska klasa. W Chorzowie pamiętają, że zaledwie dwa lata wcześniej, prowadząc Slovana Bratysława, Michal Vičan zdobywa Puchar Zdobywców Pucharów po zwycięstwie w finale z Barceloną 3:2.

Piłkarze Ruchu pierwszy raz spotykają Słowaka (podobno Vičan dostawał szału, gdy ktoś nazywał go Czechem) na obozie w Trzyńcu. Nowy trener podjeżdża włoskim fiatem 124, zadaje szyku wypasioną wersją. Wszyscy są pod wrażeniem.

Słowak przedstawia się i zapowiada, że następnego dnia o godz. 7.30 rano wszyscy mają już czekać w trampkach przy recepcji. Piechniczek nie lubi się spóźniać. Pojawia się w umówionym miejscu o 7.15. Spóźnia się dwóch albo trzech piłkarzy. Vičan patrzy i nic nie mówi. Wszyscy razem idą na trening. Słowak wręcza kartkę z wypisanym planem zajęć asystentowi Hubertowi Pali.

Piechniczek: – Mieliśmy tylko biegać. Sto metrów, dwieście metrów, trzysta metrów. Ciężko było, a Vičan tylko popędzał: „szybciej, szybciej". Potem wróciliśmy do ośrodka, wykąpaliśmy się i zjedliśmy śniadanie. Zaraz potem trener zrobił odprawę i wyjaśnił, jaka jest jego idea pracy.

Codziennie rano przez dwa tygodnie piłkarze biegają przed śniadaniem. Później odpoczynek, obiad, a po południu drugi trening z piłkami na boisku.

Gwoździem programu są poranne biegowe treningi interwałowe. Dla zawodników to bardzo duże obciążenie. Rano robi im się niedobrze z wysiłku, ale po południu czekają na nich bardzo intensywne ćwiczenia z piłkami.

Vičan ma podręczny niezbędnik, kilkaset kartek brystolu formatu A4 związanych sznurkiem. Wszystkie kombinacje malowane tuszem. U swoich podopiecznych zamierza wypracować automatyzację zachowań i zagrań. „Jeśli piłka jest tutaj, to gramy tak, a jeśli tutaj, to tak", pokazuje sytuację na kartce. Vičan uważa, że aby improwizować na boisku, trzeba mieć mocną podbudowę. Mówi tak: „Jeśli ktoś chce improwizować w stylu The Beatles, musi znać ze sto utworów na pamięć. Jeśli nie zna żadnego, to na boisku też niczego nie pokaże".

Nie każdy jest w stanie sprostać wymaganiom Vičana. Problemy mają zwłaszcza starsi zawodnicy. – Dojrzałe jabłka spadają – komentuje po obozie Bernard Bem (do 1947 roku Böhm), który gra w Ruchu od 1958 roku i też odchodzi.

Vičan jest bardzo wymagający, ale jego debiut w lidze nie jest udany. Ruch przegrywa 3:4 w Sosnowcu z Zagłębiem. Po spotkaniu trener obraża się na piłkarzy. Uznaje, że nie chcieli wygrać, żeby mu zaszkodzić. Jest bardzo drażliwy na tym punkcie. Piłkarze nie chcą mu wchodzić w paradę, starają się.

Wielkie Derby Śląska, czyli mecz Ruchu Chorzów z Górnikiem Zabrze, zawsze rozpalały emocje. Od lewej: Rainer Kuchta, Ernest Pohl, Antoni Piechniczek, Jan Gomola i Zygmunt Maszczyk.

zbieraj

Trener potrafi się odwdzięczyć. Wykorzystuje prywatne kontakty, by piłkarze mogli grać w najlepszych strojach. Załatwia spodnie, buty, koszulki i torby z firmy Puma. Dobrze zna się z Antonem Malatinskim, trenerem Spartaka Trnawa. A żona Malatinskiego jest przedstawicielem Pumy na Europę Środkową. – Jak na ówczesne standardy, prezentowaliśmy się rewelacyjnie – przyznaje Piechniczek.

Nikt tych cudów nie zabiera do domu. W klubie sprzętem zajmuje się specjalnie oddelegowana pracownica. Przed każdym meczem dostaje od Vičana karteczkę z konkretnymi szesnastoma numerami – to szesnastu piłkarzy wytypowanych przez trenera na mecz. Każdy z zawodników ma stały, własny numer torby. Kobieta pakuje wszystko, co trzeba, i torby czekają już na piłkarzy w magazynie. W Ruchu takie standardy to zupełna nowość.

Vičan ma pełne zaufanie prezesa Trzcionki. O ważnych sprawach w klubie nie rozmawia z nikim innym.

Obaj odchodzą dopiero w 1976 roku. Trzcionka popada w konflikt z wszechwładnym pierwszym sekretarzem PZPR w Katowicach Zdzisławem Grudniem. „Cysorz", jak nazywają „pierwszego" w stolicy Górnego Śląska, powoli wykańcza Trzcionkę. Pozbawia go znaczenia, nie daje partyjnej rekomendacji na kolejną kadencję Sejmu. W komitecie wojewódzkim oburzają się nawet, gdy bez zgody „Cysorza" Trzcionka udziela wywiadu lokalnym dziennikarzom sportowym. Kiedy w 1976 roku zwołuje posiedzenie zarządu Ruchu, jego członkowie dostają z Komitetu Wojewódzkiego PZPR zakaz uczestnictwa w zebraniu. Pojawia się tylko sekretarz klubu. Trzcionka nie wytrzymuje napięcia i odchodzi.

Kierunek: Francja

Piechniczek od razu zauważa, że Vičan to fachowiec wysokiej klasy. Dziwi go jedynie, że Słowak zajęcia na hali traktuje tak samo jak trening na trawiastym boisku. Hala to przecież miejsce do sportów uzupełniających, do poprawy akrobatyki, siły i skoczności.

Trening w hali Pszczelnik w Siemianowicach wywołuje konsternację piłkarzy. Vičan każe im prowadzić piłkę dookoła sali, a potem wykonać na twardym podłożu przewrót w przód. Niejeden uderza plecami o klepki parkietu. Piechniczek nie protestuje, ale zaczyna myśleć o zakończeniu kariery piłkarskiej.

Po pierwsze, zaczynają go łapać kontuzje. Po drugie, zraża się do piłki. W meczu z Zagłębiem Sosnowiec na Cichej w trakcie jednego ze starć rywal chce kopnąć piłkę, ale trafia w nogę Piechniczka. Paskudna rana na nodze, szycie i dwa tygodnie przerwy. Trzy dni później Ruch gra prestiżowy mecz z Górnikiem Zabrze i wygrywa. Zawodnicy dostają za zwycięstwo bardzo wysoką premię. Piechniczek pauzuje, więc premia go omija. Czuje się pokrzywdzony i idzie ze skargą do trenera Vičana. Szkoleniowiec rzuca krótko: „Nie grałeś".

To przelewa czarę goryczy. Piechniczek wie, co chce robić. Chce być trenerem. W wieku 30 lat dostaje pierwszą propozycję – ofertę składa Stal Stalowa Wola grająca wówczas w lidze międzywojewódzkiej.

W Stalowej Woli okazuje się, że działacze wymarzyli sobie trenerski duet. Chcą, żeby Piechniczek przez rok pracował wspólnie z rok młodszym i mało znanym Jerzym Kopą, absolwentem poznańskiej AWF. Kopa nie robi kariery jako piłkarz, w wieku 27 lat zostaje trenerem w Arkonii Szczecin.

Piechniczek dziękuje za ofertę, taka forma pracy go nie interesuje. Chce rządzić sam. Wsiada w autobus i wraca do Chorzowa. Kopa zostaje w Stalowej Woli przez trzy lata, potem wybija się w ekstraklasie. Kiedy po latach Piechniczek zostanie selekcjonerem reprezentacji, Kopa będzie szkoleniowcem Legii Warszawa.

Po powrocie na Śląsk pojawia się nowa możliwość. Można dorobić za granicą. Kierunek: Francja. Piechniczkowi pomaga dawny kumpel z boiska Eugeniusz Faber, jedna z ofiar zmian wprowadzonych przez Michala Vičana. Trener postanawia znacznie odmłodzić skład, więc dla starych, zasłużonych zawodników jest w Ruchu coraz mniej miejsca.

W uznaniu zasług prezes Trzcionka pozwala Faberowi wyjechać do Francji.

– Byłem tam jednym z pierwszych piłkarzy ze Śląska – wspomina Faber, który trafia do Racingu Lens. Gra tam przez pięć lat i staje się ulubieńcem kibiców. Mówią na niego „Ojga". W 1973 roku Faber zdobywa z drużyną awans do francuskiej ekstraklasy, w tym samym sezonie zostaje królem strzelców jednej z grup francuskiej drugiej ligi (21 bramek), a dwa lata później dociera z Lens do finału Pucharu Francji. W ostatnim sezonie kariery jeszcze w wieku 36 lat potrafi we francuskiej ekstraklasie strzelić 10 goli. Do Lens Faber ściąga jeszcze Ryszarda Grzegorczyka, pomocnika Polonii Bytom.

Do Fabera dzwoni Gerard Wozniok, trener drugoligowego Châteauroux. Urodzony na Górnym Śląsku w Dąbrówce Małej (dziś dzielnica Katowic) w 1912 roku. Za chlebem wyjeżdża z rodziną do Francji w 1925 roku i idzie do pracy w kopalni. Obywatelstwo francuskie dostaje w 1935 roku. Interesuje się futbolem, stoi na bramce w amatorskich drużynach, a w 1933 roku podpisuje profesjonalny kontrakt z Lille. Jest tam zmiennikiem reprezentacyjnego bramkarza Roberta Defosse'a. W czasie wojny służy we francuskiej armii. Wzięty do niewoli, ucieka z obozu dla internowanych i dalej gra w różnych klubach. W 1945 roku trafia do klubu La Berrichonne de Châteauroux jako grający trener.

Przed meczem „polskich" drużyn we Francji, czyli spotkaniem Châteauroux – Lens, w sezonie 1972/73. Od lewej: Ryszard Grzegorczyk (Lens, wcześniej gwiazda Polonii Bytom i reprezentacji Polski), Antoni Piechniczek, Gerard Wozniok (urodzony w 1912 roku w Dąbrówce Małej, dziś dzielnicy Katowic, legendarny trener Châteauroux), Arnold Sowinski (trener Lens polskiego pochodzenia), Eugeniusz Faber (wcześniej gwiazda Ruchu i reprezentacji Polski), Antoni Nieroba (wcześniej gwiazda Ruchu i reprezentacji Polski).

Prowadzi drużynę do 1952 roku. Wraca na tę posadę w 1971 roku i postanawia ściągnąć zawodników z Polski. Pomaga mu Faber, który poleca kolegów z Chorzowa: Antoniego Nierobę i Antoniego Piechniczka. Obaj opuszczają Chorzów i przenoszą się do Francji.

Faber: – To byli dobrzy piłkarze, choć Vičan uważał ich za starych.

Małe Chicago

Châteauroux gra w drugiej lidze. Nieroba, jedna z legend Ruchu i niezwykły symbol przywiązania do niebieskich barw, wyjeżdża pierwszy. Gra dla Ruchu przez 17 sezonów, 401 razy w oficjalnych spotkaniach. Prezentuje równy, solidny poziom. Nie byłoby Nieroby w Ruchu, gdyby nie kumpel z dzieciństwa Eugeniusz Lerch, który wyciąga Antka na pierwszy trening. Powtarza: „Przekonaj się sam. Inni wciąż trenują, a nie są nawet w połowie tak dobrzy jak ty!". Lerch ma nosa. Nieroba w latach 1959-1967 gra w reprezentacji Polski.

Ale Vičan przypomina Nierobie, że ma już 33 lata, i nie zamierza na niego stawiać. Piłkarz nie czuje żalu. Pojawia się oferta z Francji, więc wyjeżdża. Już na miejscu dzwoni po Piechniczka. – Antek Nieroba zadzwonił w doskonałym momencie. Wyjechałem przed Wszystkimi Świętymi – mówi Piechniczek.

Żony Nieroby i Piechniczka zostają na Śląsku.

Całe Châteauroux żyje w tym czasie z... Amerykanów. Miasto za czasów de Gaulle'a jest bazą lotnictwa amerykanskiego, mieszka tam 30 tysięcy żołnierzy. Jak polska Legnica, która żyje z kontyngentu radzieckich żołnierzy. – W Polsce była „mała Moskwa", we Francji „małe Chicago" – uśmiecha się Piechniczek.

Klub wynajmuje polskim piłkarzom mieszkanie przy Rue de la Gare. Mieszkają na piętrze, na dole właściciele prowadzą aptekę i sklep z tekstyliami. Warunki spartańskie. Trzy pokoje bez telewizora i radia. Żeby obejrzeć mecz, trzeba się wpraszać do sąsiadów. Muszla w łazience bez deski klozetowej.

– Zresztą trudno było nazwać to pomieszczenie łazienką. Nie było tam wanny, tylko miska. Obiady były opłacone, chłopcy żywili się w stołówce miejscowej policji – opowiada Małgorzata Nieroba, której udało się odwiedzić męża we Francji.

Piąta kość śródstopia

Piechniczek odwiedza Chorzów raz, na Wielkanoc. Przywozi ze sobą pościel do wymiany. – Nie narzekałem na warunki – mówi. – Ważne, że mieliśmy pewne miejsce w drużynie. Grałem w pomocy albo na prawej obronie. Antek Nieroba był oczywiście stoperem. Grało tam kilku niezłych piłkarzy.

Działacze klubu traktowali każdy mecz jak okazję do zabawy. – Kiedy gasły światła na stadionie, w klubowym pokoju rozpoczynało się party. Przychodzili działacze, ważni kibice, a piłkarze i trenerzy obu drużyn dołączali po wyjściu z szatni. Mecz kończył się przed godz. 22.30, a potem prezes zapraszał jeszcze piłkarzy i ich żony na uroczystą kolację. Sery, pasztety, wino, whisky, co kto chciał – wspomina Piechniczek. – Z Antkiem Nierobą mieliśmy służbowego fiata 500. Ustalaliśmy, kto danego dnia pije, a kto prowadzi. Około drugiej w nocy prezes wstawał i mówił: „Zapraszam jeszcze do drugiej knajpy na szampana, a potem się rozchodzimy". Do domu wracaliśmy około trzeciej w nocy. Po jednej z takich imprez budzimy się około dwunastej w niedzielne południe, a Antek Nieroba mówi: „Mamy jeszcze pół godziny, zaraz zamkną nam mamuta [Mammouth to sieć hipermarketów – przyp. aut.], nie mamy nic na niedzielę".

Ludzie krążą po sklepie z wózkami, a oni biorą tylko whisky i wodę mineralną. Dla dwóch wystarcza na tydzień. – Bez rodziny to było puste życie – mówi Piechniczek.

Zyta przysyła mu z Polski gazety: „Politykę", „Kulturę", „Forum". – Podczas jednego z wyjazdów jakiś Francuz popisywał się przed innymi w autobusie – wspomina Piechniczek. – Mówił: „Czytasz »Kulturę«? Chyba machania łopatą". Nie wytrzymałem i skoczyłem do niego. Rozdzielili nas koledzy.

Jedynym zawodowym piłkarzem w klubie jest Bernard Baudet, wcześniej zawodnik m.in. Bordeaux. Jego zachowanie często doprowadza piłkarzy do szału. – Jedziemy na mecz autobusem – opowiada Piechniczek. – Czytam, ale co chwilę czuję jakieś ukłucie na szyi. Okazało się, że Baudet ma pełne usta ryżu i pluje nim w kolegów, używając szklanej fifki. Straszny prostak. Cały czas między nami iskrzyło.

Piechniczka irytują takie sytuacje. Ma z tego powodu kłopoty z policją. – Po meczu w Paryżu stoimy z kierowcą autobusu przed restauracją, w której jedliśmy kolację. Podchodzi do nas dwóch miejscowych i od słowa do słowa zaczyna się przepychanka. Nie pozwolę sobie, żeby mnie ktoś szturchał, i obaj dostali lekki łomot. Za chwilę pod lokal podjeżdża policja. Ci, co nas zaatakowali, wskazują na mnie. Mówią, że ich pobiłem. Nie wiem, jakby się to skończyło, gdyby nie interwencja szefa drużyny. Powiedział, że mój paszport został w klubowym sejfie. Skończyło się na upomnieniu – mówi Piechniczek.

Rezygnuje z gry w Châteauroux, kiedy dowiaduje się, że zarabia dwa razy mniej niż pozostali piłkarze. Dostaje tylko 100 dolarów na tydzień. Nie chce grać za takie stawki. Pechowo trzeci raz łamie tą samą piątą kość śródstopia. W czerwcu przyjeżdża do niego na dwa tygodnie żona. Postanawiają wrócić do Polski razem. Przedtem fundują sobie jeszcze wycieczkę do Paryża.

Wyjazd nie jest łatwy. Jacques Jamet, prezes Châteauroux, dostaje szału na wieść o zamiarach Piechniczka. – Bardzo nalegał, żebym został. Najpierw grzecznie, a potem zaczęły się pogróżki. „Ja cię zniszczę!", krzyczał. Wydzwaniał do Trzcionki, awanturował się, że podpisał z Ruchem umowę, według której miałem grać we Francji trzy lata. Ciekawe, że ja nic o takiej umowie nie wiedziałem. Uparłem się, że wyjeżdżam, i wyjechałem.

Na grze we Francji nie dorabia się fortuny. Przed wyjazdem z kraju musi za dwa tysiące dolarów wykupić swoją kartę piłkarską. Po roku wraca z 3,5 tys. dolarów w portfelu. – Nawet wtedy była to śmiesznie niska kwota. Kupiłem za to pierwszy samochód – pomarańczowego volkswagena garbusa. Kosztował 2240 dolarów i służył nam przez 13 lat – mówi Piechniczek.

Nie denerwuj się, synu

Wracając z Francji, Piechniczkowie zatrzymują się u znajomych w Niemczech. Oglądają Stadion Leśny we Frankfurcie nad Menem. Antoni nie przypuszcza, że w 1974 roku będzie tam oglądał słynny „mecz na wodzie" między RFN a Polską podczas mistrzostw świata. – Rok wcześniej murawa była świetna. Nic nie wskazywało na kłopoty z drenażem – śmieje się Piechniczek.

Jedzie na te mistrzostwa jako obserwator. Część kosztów finansuje PZPN, część Wojewódzka Federacja Sportu. Piechniczek ogląda spotkanie z Niemcami, mecz o trzecie miejsce i finał. W delegacji cała polska wierchuszka trenerska.

Piechniczek: – Obcowanie z tymi ludźmi wiele mi dało. Przykładem mecz naszej reprezentacji o trzecie miejsce z Brazylią. Przy stanie 0:0 Jan Tomaszewski łapie piłkę, odbija ją bez pośpiechu o murawę, piłkarze się pozwoli rozbiegają. Drżę z niecierpliwości! Kur zapiał, wyrzuć to! Przede mną siedzi Ryszard Koncewicz, były selekcjoner, poprzednik Kazimierza Górskiego na tym stanowisku. W środowisku nazywali go „Fają", bo nie rozstawał się z fajką. No więc „Faja" odwraca się do mnie, patrzy surowo i mówi: „Synu, a co ty się tak denerwujesz? Pomyśl: a może mu tak kazano? Ty byś zagrał inaczej i on zagrał inaczej. Pamiętaj, że piłkarze są zmęczeni turniejem, to już siódmy mecz. Może nie chcą grać ofensywnie?".

Długo o tym myślałem. Trener Koncewicz to był człowiek z wielką klasą. Można było się od niego wiele nauczyć. Kiedy byliśmy w Niemczech, nie było w nim cienia zazdrości, że udało się osiągnąć sukces jego następcy, Górskiemu, a jemu nie. Bardzo się cieszył trzecim miejscem na mundialu. Dziś tacy ludzie to rzadkość.

Ile chcesz zarabiać?

Po powrocie z Francji Antoni Piechniczek następnego dnia idzie na stadion Ruchu. Spotyka Vičana. „Wziąłbym cię na asystenta. Ile chcesz zarabiać?" – pyta trener. Piechniczek czuje się doceniony, wraca uśmiechnięty do domu. Wieczorem telefon. Dzwoni Józef Gomoluch, kolega Piechniczka z czasów ich wspólnej gry w Ruchu.

– Antek, jest taka sytuacja – mówi Gomoluch. – Gram teraz w BKS Bielsko-Biała razem z kilkoma chłopakami z Ruchu, Jasiem Rudnowem i Genkiem Kulikiem, Józkiem Klimczokiem i Cześkiem Maruszką. Awansowaliśmy właśnie do II ligi. Trener przestraszył się odpowiedzialności i się zwolnił. Jesteśmy bez szkoleniowca. Nie wziąłbyś tego? – sonduje.

Nazajutrz telefon z bielskiego klubu z oficjalną propozycją. – Mógłby pan do nas przyjechać na rozmowy? Piechniczek wsiada w samochód. Ma tylko jeden warunek. O wszystkim, co dotyczy drużyny, chce decydować sam. Działacze z Bielska-Białej się zgadzają.

Piechniczek wraca do Vičana. – Panie trenerze, jest taka sytuacja...

Vičan: – Na twoim miejscu zrobiłbym tak samo. Nie ma nic lepszego niż samodzielna robota.

W sierpniu 1973 roku Antoni Piechniczek przestaje być piłkarzem, staje się trenerem.

ROZDZIAŁ 5.

Trener

(1973-1980)

Józefowi Ciszewskiemu, nieżyjącemu już prezesowi Bialskiego Klubu Sportowego, podoba się młody trener. Przede wszystkim nie stawia wygórowanych warunków finansowych. – Dajcie mi tyle, ile płaci się w drugiej lidze – mówi. – Chcę się sprawdzić, ale pamiętajcie o moim warunku: tylko ja odpowiadam za zespół. Prezes Ciszewski zarządza, że nikt nie ma prawa wtrącać się nowemu trenerowi do pracy.

Klub płaci mu 5 tys. zł miesięcznie, a właściwie pensję dostaje z Fabryki Samochodów Małolitrażowych, która jest głównym sponsorem. Oficjalnie jest tam zatrudniony na etacie pracownika technicznego. W 1973 roku średnia pensja wynosi 2,8 tys. zł. Bochenek chleba kosztuje 4 zł, kilogram mąki 6,70 zł, cukru 10,50 zł. Mięso jest bardzo drogie – za kilo schabu wieprzowego trzeba zapłacić 56 zł, za kilogram kurczaka 54 zł, a za szynkę, którą można dostać niemal wyłącznie spod lady, aż 90 zł.

Nowa praca to duża zmiana dla rodziny. Przez trzy miesiące Antoni z Zytą codziennie dojeżdżają do Bielska-Białej pociągiem „Krakowiak". Zyta dostaje tu pracę w Zespole Szkół Ekonomicznych. Nadal mieszkają na Wrocławskiej w Chorzowie, z babcią i mamą. Córka chodzi do pierwszej klasy, syn do przedszkola. Rano pobudka, szybkie śniadanie i tramwajem na dworzec.

Dzieci są pod doskonałą opieką. Prababcia nie zmienia przyzwyczajeń. O piątej rano jest już na nogach, msza w kościele, zakupy w piekarni, rozpalenie ognia w piecu. Wnusiom musi być ciepło. Przygotowane przez Zytę bluzeczki i rajstopy wkłada do piekarnika, żeby były przyjemnie ciepłe przy wkładaniu. Czasem kończy się to małym pożarem.

Pod koniec sierpnia 1973 roku babcia czuje się źle, ale się nie skarży.

Zyta Piechniczek: – Była kilka dni w szpitalu, zrobili jej badania, ale niczego nie znaleźli. Babunia chciała wracać do domu.

Lekarze mówią Piechniczkom, że to starość. 84 lata, piękny wiek.

Na początku września Jadwiga umiera. – To było wieczorem – wspomina Zyta. – Antoś tyle co wrócił z treningów w Bielsku-Białej, jakby na niego czekała. Byliśmy wszyscy przy niej do końca. Odchodziła spokojnie. Pogrzeb był bardzo skromny. Pochowano ją w brązowym habicie, bo należała do świeckiego zakonu franciszkanów.

Antoni Piechniczek: – Długo do mnie nie docierało, że babci już nie ma. To jedna z najważniejszych kobiet w moim życiu.

Zyta spodziewa się kolejnego dziecka. Im bliżej rozwiązania, tym bardziej uciążliwe są podróże do Bielska-Białej.

Piechniczek łamie zasadę. – Pierwszy raz mąż poprosił o coś dla siebie – mówi Zyta Piechniczkowa. – Powiedział w klubie, że rodzina się nam powiększy i dalsze dojazdy nie mają sensu. Musieliśmy mieszkać w Bielsku-Białej. Dla prezesa klubu żaden problem. Dostaliśmy piękne trzy pokoje w bloku przy ul. Solnej. Miłe otoczenie, sąsiedzi to głównie Włosi pracujący w FSM.

W lutym 1974 roku na świat przychodzi Justyna, najmłodsza córka Piechniczków.

Ludzie siedzieli na drzewach

– Pracę w Bielsku-Białej wspominam z sentymentem – mówi Piechniczek. – Odważyłem się wejść na głębokie wody i się nie utopiłem. Szybko znalazłem wspólny język z piłkarzami. Byliśmy wobec siebie lojalni. Czasem opieprzyłem jednego z drugim, jak się obijali na treningu, ale to normalne.

W drużynie jest wielu kolegów Piechniczka. Wspólnie grali w Ruchu: pomocnik Józef Gomoluch (jeszcze w Chorzowie kibice mówili na niego „Ułan", bo miał krzywe nogi i był niezwykle szybki), obrońca Jan Rudnow, pomocnik Eugeniusz Kulik, bramkarz Józef Klimczok, napastnik Czesław Maruszka.

Skąd ich tam tylu? To zasługa doktora Bronisława Kaźmirowicza, który w latach 60. przenosi się z Bytomia do Bielska-Białej i zostaje szefem urazówki w Szpitalu nr 3. Kaźmirowicz leczył wcześniej piłkarzy Ruchu, ma kontakty w chorzowskim klubie. Podpowiada działaczom BKS-u kilka nazwisk i Ruch podpisuje z bielskim klubem umowę o współpracy.

Eugeniusz Kulik: – Dobrze się z Antkiem dogadywaliśmy. W tym samym czasie przyszliśmy do Ruchu, Antek z Legii, a ja ze Śląska Wrocław. A potem znów spotkaliśmy się w Bielsku-Białej.

– Oprócz byłych piłkarzy Ruchu było tam jeszcze trzech zawodników z Żywca: Andrzej Widuch, Jan Satława i Adam Romowicz.

Wspólnie z chorzowianami tworzyli trzon tamtej drużyny – wspomina Piechniczek.

W pierwszym sezonie pracy nowego trenera w Bielsku-Białej (1973/1974) klub ociera się o pierwszą ligę. Bielski beniaminek o awans do ekstraklasy rywalizuje głównie z GKS-em Tychy i Uranią Ruda Śląska. Podczas zimowej przerwy zespół przygotowuje się na zgrupowaniu w Rumunii.

Eugeniusz Kulik: – Antek od początku wiedział, czego chce, dbał o szczegóły. Oto przykład. Wcześniej na stadionie w Bielsku mieliśmy bieżnię, a boisko było wąskie. Trener uznał, że łatwiej będzie nam grać na większym boisku. Bieżnia została więc zlikwidowana.

– W tamtym czasie na treningach wsadzałem wszystkich zawodników do jednego wora – opowiada Piechniczek. – Jeździliśmy na przykład do Lasku Cygańskiego, gdzie robiłem półgodzinne treningi szybkościowe. Okazało się, że w drużynie byli tacy, którym takie metody nie odpowiadały.

Trener nie daje sobie jednak wejść na głowę. – Czasem trzeba było kogoś przywołać do porządku, opieprzyć, czasem koledzy sami pacyfikowali niesubordynowanych i było po sprawie – mówi Piechniczek.

Bielszczan czeka bardzo ważny mecz z GKS-em Tychy, najgroźniejszym konkurentem do awansu. Spotkanie ogląda około 20 tys. widzów. – Ludzie nawet na drzewach siedzieli – wspomina Piechniczek.

Adam Romowicz szczupakiem strzela fantastycznego gola. Po meczu koledzy żartują: „Adaś, ty głowę wsadziłeś tam, gdzie inni nogę by się bali wsadzić".

BKS wygrywa 2:1. Zespół traci jednak punkty w kilku innych ważnych meczach. Na spotkanie z Uranią do Kochłowic wybiera się prawie 5 tys. bielskich kibiców (Urania wygrywa 1:0 po golu zdobytym w 80. minucie). W innym wyjazdowym spotkaniu, z AKS-em Niwka, klubem z dzielnicy Sosnowca, bielszczanie prowadzą 2:1, ale ostatecznie przegrywają, tracąc gole w 85. i 90. minucie. O niepowodzeniu decydują spotkania z Piastem Gliwice, zwłaszcza rozczarowująca porażka 0:1 u siebie.

Przed tak ważnym meczem na bielskim stadionie na zlecenie PZPR odbywa się pokaz gimnastyczny z okazji 1 maja. Gdyby to był jeden występ, nic by się nie stało. Ale próby trwają aż dwa tygodnie. Organizatorzy wbijają w murawę oznaczniki, zostają po nich dziury, które zalewa woda. Bielska drużyna, grająca techniczny futbol, nie potrafi sobie poradzić z niecodziennymi warunkami i wypada fatalnie. BKS przegrywa 0:1 i traci szanse awansu do ekstraklasy.

Szanuj kości, bo krzywdę sobie zrobisz

Pierwszym bramkarzem BKS-u jest doświadczony Jan Linnert, ale na testy przychodzi nikomu nieznany 21-latek. Jest końcówka 1974 roku, już po rundzie jesiennej, trwa okres roztrenowania.

Młody nazywa się Józef Młynarczyk. Gra w malutkim klubie Dozamet Nowa Sól w województwie zielonogórskim. Nie zawsze na pozycji bramkarza. Gdy jest potrzeba, gra nawet w środku pola.

– Masz buty? – pytają działacze Młynarczyka.

– Nie mam.

Dają mu korki, rękawice i wstawiają do bramki. Drużyna jedzie na treningowe boisko do Leszczyn. Piechniczek: – Zrobiłem intensywną rozgrzewkę, a potem dałem chłopakom piłkę, bo co można zrobić w okresie roztrenowania? Śniegu nie było, ale boisko było bardzo zmarznięte. Grają mecz. Patrzę, młody się rzuca – raz, drugi i trzeci. Widzę, że ma pojęcie o piłce, bardzo chce się pokazać. Mówię mu: „Szanuj kości, bo sobie krzywdę zrobisz". Jeśli dogadasz się z działaczami, zostaniesz z nami. Widzę dla ciebie miejsce w drużynie.

Młynarczyk: – Szok! Trener Piechniczek to pamięta?! Przecież byłem wtedy jednym z wielu przewijających się przez ten klub zawodników... Było, jak mówi! Boisko w Leszczynach było w fatalnym stanie. Nie dość, że twarde, zmarznięte, to trawy na nim jak na lekarstwo. Dla bramkarza niebezpiecznie. Ale to dla mnie nie było wtedy ważne. Miałem okazję się pokazać i chciałem wykorzystać szansę. Nie kalkulowałem, decydowała się moja przyszłość.

Młynarczyk zostaje w Bielsku-Białej, bardzo się stara. Piechniczek: – Miał pokój na stadionie, na piętrze. Na parterze była salka, w której ćwiczyli ciężarowcy. Przyniosłem tam płotki i kazałem zainstalować drabinki. Salka służyła piłkarzom do ćwiczeń ogólnorozwojowych. Józiu często schodził na dół, żeby poćwiczyć w samotności. Kładł się na materacu, rzucał piłką o scianę i łapał jedną ręką. Na jednym boku, na drugim boku. Bardzo dużo ćwiczył indywidualnie.

Młynarczyk: – Mieszkałem sam i nie chciałem tracić czasu. Chodziłem do stróża, żeby otworzył mi salkę ćwiczeń. Trener Piechniczek zaglądał do mnie, żeby porozmawiać. Fakt, że znajdował czas, by ze mną pogadać albo nawet poklepać po plecach, był dla mnie bardzo ważny. To sprawiało radość, dawało satysfakcję, mobilizowało. Kiedy przyszedłem do Bielska-Białej, sprawdziłem, kim jest trener. Dowiedziałem się, że to były zawodnik Legii i Ruchu, reprezentant Polski. Był wtedy dla mnie autorytetem i tak już zostało do samego końca.

Nie ruszać mi tatara!

Młynarczyk ma szczęście, bo starsi koledzy z bramki też są mu życzliwi. Jan Linnert i Józek Klimczok uczą go, jak łapać piłkę, żeby nie odbijała od klatki piersiowej. – Wtedy jeszcze mu się odbijała jak blacha od kołocza – wspomina Piechniczek.

– Linnertowi i Klimczokowi dużo zawdzięczam – potwierdza Młynarczyk. – Podpatrywałem ich i wyciągałem wnioski. Uczyli mnie, jak się ustawiać, jak łapać piłkę. Jasiu Linnert często mi mówił: „Synek, to się nie robi tak, ino tak". Zawsze służył mi dobrą radą.

Trener prowadzi z Młynarczykiem indywidualne zajęcia. – Jak trening był o godz. 10, wychodziliśmy z bramkarzami o godz. 9. Ostro trenowali godzinę, potem szli się przebrać w suche ciuchy. Kazałem im parzyć w sekretariacie gorącą kawę, sam trenowałem z resztą drużyny. Bramkarze chwilę odpoczywali i dołączali do treningu – wspomina Piechniczek.

Linnert: – Piechniczek był jednym z najlepszych fachowców, z jakimi trenowałem. Imponowało mi, że zawsze wszystko miał przemyślane. Kiedy przychodził na trening, wiedział, jak on ma przebiegać i czego od kogo może wymagać. Dbał o szczegóły. Kiedy jechaliśmy na mecz do Tarnowa, kilku kolegów zamówiło w przydrożnej knajpie tatara. Piechniczek tylko spojrzał i zabronił. Piłkarze protestowali, że sami za niego zapłacą. A trener ostro: „Jak to ruszycie, możecie już teraz wracać do Bielska". Nie ruszyli.

Dla Piechniczka dieta piłkarza to istotna rzecz. Wprowadza zmiany w jadłospisie. Wcześniej piłkarze jedzą obiad na stadionie, a potem biegną do mamy i poprawiają kotletem schabowym. U tego trenera to niemożliwe. Dzięki temu BKS imponuje na boisku wybieganiem jak żaden inny zespół w drugiej lidze.

Młynarczyk: – Trener Piechniczek był niezwykle ambitny. Czasem objawiało się to w niecodzienny sposób. Kiedy trenował nas w Bielsku-Białej, był przecież młodym człowiekiem, oddanym piłce. Sam niedawno skończył piłkarską karierę. Po treningu urządzał gierki, w których często sam uczestniczył. I zawsze bardzo chciał wygrać. W tych meczach nie było pobłażania. Trener grał na serio i potrafił ostro sfaulować. A że jednocześnie był sędzią, to nigdy tych fauli nie gwizdał. Chłopcy nauczyli się, że nie ma sensu protestować.

Cytrynowy „maluch"

W kolejnym sezonie 1974/1975 BKS Bielsko-Biała zajmuje piąte miejsce w drugoligowej tabeli. O oczko wyżej jest Odra Opole. Jej działacze uważnie przyglądają się pracy Piechniczka. Awans do ekstraklasy zdobywa Stal Rzeszów. W Bielsku-Białej rozczarowanie.

Ciszewski uważa, że bielszczanom brakuje wsparcia politycznego. Sekretarzem Komitetu Wojewódzkiego PZPR w Bielsku-Białej jest Marian Drewniak, który według Ciszewskiego dusi w zarodku entuzjazm i inicjatywę dyrektorów miejscowych zakładów pracy.

Piechniczek: – Klub się jednak rozwijał. Kilku piłkarzy dostało mieszkania na osiedlu Złote Łany. Fabryka Samochodów Małolitrażowych też pomagała, ale nie była to pomoc na miarę aspiracji władz klubu. Działacze BKS-u dumnie powtarzali, że do pierwszej ligi wjadą „maluchami". Ale nawet „maluchy" nie pomogły w awansie.

Dyrektorem Fabryki Samochodów Małolitrażowych jest Ryszard Dziopak. Klubowi działacze proszą go o pomoc. Kilka „maluchów" mogłoby zapewnić przychylność sędziów i władz konkurencyjnych klubów. Ale Dziopak odpowiada: – Zwariowaliście!? Ja nawet nie jestem pewien, czy piłka jest okrągła!

– Nie musi się pan znać na piłce – przekonują działacze. Przedstawiają dyrektorowi plany i potrzeby. Dziopak słucha uważnie i odpowiada: – Zatrudnienie – tak, premie – tak, na mieszkania poczekajcie.

W Bielsku-Białej i okolicach mówi się, że gdyby BKS awansował do ekstraklasy, na piłkarzy czekałyby talony na „maluchy". Piechniczek: – W czasie mojej dwuletniej pracy w Bielsku tylko jeden piłkarz dostał talon na małego fiata. Otrzymał go Józiu Gomoluch. To było dla niego wielkie przeżycie, był naprawdę szczęśliwy. W Ruchu był niezauważany, w Bielsku-Białej wreszcie go docenili. Pieścił tego „malucha" w cytrynowym kolorze i polerował.

Dla Gomolucha pierwszy sezon w BKS jest świetny. Przeżywa w Bielsku-Białej drugą młodość, a ma już 35 lat. Skromny, uczynny i lubiany przez wszystkich. Przychodzi czasem do prezesa Ciszewskiego i mówiąc z tym swoim śmiesznym „r", prosi o wsparcie w imieniu drużyny: „Trudny mecz był prezesie, to może dałoby się te premie podnieść?".

Niestety, Gomoluch kończy źle. – Wszystko się zawaliło, kiedy Joasia, córka Józia, szła do pierwszej komunii świętej. Przyjechała do nich wtedy rodzina z Opolskiego. Po uroczystościach trzeba było odwieźć krewnych na dworzec kolejowy. Józiu był po paru kielichach, ale usiadł za kierownicą. Na drodze patrol milicji zatrzymał go do rutynowej kontroli. Zabrali mu prawo jazdy. Józek musiał sprzedać tego ukochanego „malucha", nowego samochodu nigdy już się nie dorobił – wspomina Piechniczek.

W latach 80. Gomolucha zostawia żona, zabiera dzieci i wyjeżdżają do Niemiec. Do męża nigdy więcej się nie odzywa. Piłkarz się rozpija. W najtrudniejszych momentach zajmują się nim dawny kolega z Ruchu Edward Herman i jego żona. Ciężko chory umiera w samotności w 2007 roku.

Piechniczek jako trener Odry podczas meczu z Ruchem Chorzów, listopad 1978 roku. Obok niego Andrzej Mazurek, kierownik drużyny.

Etat w cementowni

Ryszard Dziopak, dyrektor FSM, wciąga się w piłkę. Bardzo przeżywa, że BKS nie będzie grał w ekstraklasie. Ma pretensje do trenera: – Dlaczego nie wywalczyliście awansu?!

Ale Piechniczek potrafi się odgryźć. – A dlaczego w fabryce produkujecie „maluchy", a nie mercedesy? – pyta.

Bilans drużyny po 60 meczach ligowych z Piechniczkiem w roli trenera: 26 zwycięstw, 20 remisów i 14 porażek. Na zakończenie sezonu bielszczanie wygrywają z silną Stalą Rzeszów, która awansuje do ekstraklasy z pierwszego miejsca (w tym samym roku zdobywa jeszcze Puchar Polski).

„To zwycięstwo nad Stalą sprawiło mi najwięcej radości. Zadaliśmy kłam wszelkim szeptom, że mecz został sprzedany, pokazaliśmy, że w Bielsku nawet zdobywca Pucharu Polski może przegrać. To był dla mnie najpiękniejszy prezent na zakończenie pracy w Bielsku" – mówił w wywiadzie Piechniczek.

BKS-owi nigdy nie uda się awansować do piłkarskiej ekstraklasy. Drużyna powoli się rozsypuje, działacze zmieniają priorytety. Stawiają na kobiecą siatkówkę. Idzie im lepiej niż w futbolu. Siatkarki BKS-u są najlepsze w Polsce, aż osiem razy zdobywają mistrzostwo kraju. Kibice piłki nożnej patrzą na nie z zazdrością. Ich piłkarze grają dzisiaj w trzeciej lidze (czwarty poziom rozgrywek).

W przerwie zimowej do Piechniczka dzwonią działacze drugoligowej Odry Opole. Pracę proponuje mu Feliks Gruchała, prezes klubu w latach 1973-1981, a jednocześnie dyrektor Technicznej Obsługi Rolnictwa na Opolszczyźnie. W jego firmie zgrupowanych jest dziewięć Państwowych Ośrodków Maszynowych. Jeśli klub nagle potrzebuje pieniędzy, Gruchała dzwoni do dyrektorów i załatwia setki tysięcy złotych w kilka godzin. Zawodnicy Odry patrzą w niego jak w obrazek, traktują jak ojca. Potrafi wszystko załatwić: talony na fiata 125p, mieszkanie, zagraniczne wczasy. Przyjaciółmi Gruchały są szefowie miejscowych zakładów. Piłkarze mają etaty w zakładach całej Opolszczyzny: cementowni Górażdże, POM-ach, Hucie Ozimek, zakładach wapienniczych w Tarnowie Opolskim.

Opole chce mieć dobrą drużynę piłkarską. Na początku lat 60. Odrze udaje się zająć czwarte miejsce w ekstraklasie, ale działacze mają ochotę na więcej.

– Jakie są pana warunki? – pytają Piechniczka.

– Panowie, mam pięcioosobową rodzinę. Muszę mieć duże mieszkanie, żebyśmy się pomieścili. Cztery pokoje – odpowiada trener.

Niełatwo znaleźć takie mieszkanie, ale w końcu jest – 140 metrów kwadratowych w śródmieściu Opola, obok lodowiska i amfiteatru. Dom przed wojną był własnością Browaru Opolskiego. Mieszkał tu kiedyś

Arek Bożek, działacz niepodległościowy na Śląsku Opolskim. Oprócz mieszkania Piechniczek dostaje wynagrodzenie miesięczne w wysokości 10 tys. zł (trochę ponad trzy średnie krajowe). Przyjmuje propozycję i odchodzi do Odry. Dostaje etat w Opolskim Kombinacie Cementowo-Wapienniczym w Tarnowie Opolskim na stanowisku inspektora do spraw rekreacji.

Posadę trenera w BKS przejmuje po nim Eugeniusz Kulik, dawny kolega z Ruchu i podopieczny z bielskiego klubu.

Boss z Opola

W Odrze oprócz Gruchały o wszystkim decydują Waldemar Zmaczyński, dyrektor cementowni w Opolu, oraz Roman Pilardy, szef Radia Opole. – Nie było łatwo. Trzeba było się zmierzyć z przeszłością. W Opolu do dziś istnieje mit Jarka – mówi Piechniczek.

Engelbert Jarek to największa legenda Odry. Jako piłkarz spędza w niej 15 lat (1954-1969). Zdobywa dla niej ponad 450 goli (z czego 94 w ekstraklasie)! W reprezentacji Polski rozgrywa trzy mecze, tyle samo co Piechniczek. Na igrzyskach olimpijskich w Rzymie w 1960 roku jest rezerwowym.

To Jarek trenuje Odrę przed Piechniczkiem. Kładzie podwaliny pod silną drużynę, sprawdza kilku perspektywicznych zawodników, ale wyjeżdża do Niemiec.

O swojej drużynie nigdy nie zapomina. Przywozi do Opola stroje Adidasa, którymi Odra wyróżnia się w ekstraklasie. Do dziś w mieście dobrze je pamiętają: pomarańczowe koszulki oraz czarne spodenki i getry. Opole uwielbia Jarka. On sam powie potem, że Piechniczek odniósł sukcesy z drużyną, którą on zbudował.

Na pierwszy obóz przygotowawczy w lipcu 1975 roku nowy trener zabiera piłkarzy do Borowic w Karkonoszach. Piechniczek szybko zdobywa w drużynie posłuch. Między sobą mówią o nim „Boss". Piłkarze obiecują mu solidną pracę i dotrzymują słowa. Imponuje im, że trener wykonuje ćwiczenia razem z nimi, jest zawsze przygotowany do zajęć, punktualny, stosownie ubrany. Na treningach zawodnicy wiedzą, co mają robić, jak się ustawić, bo przed zajęciami szkoleniowiec wszystko rozrysowuje im na tablicy.

Ówczesny napastnik Wojciech Tyc: – Pewnego wieczora w Borowicach trener zauważył, że samotnie spaceruję po okolicy. Podszedł do mnie. „Wiesz, Wojtek, walczymy o konkretny cel, musimy się przyłożyć, zobacz, jaki to dobry zespół. Wiem, że jesteś zdolny, dasz radę", powiedział. Czego można chcieć więcej, jeśli ma się 24 lata i słyszy się, że trener na ciebie chce stawiać?

Tyc poznaje Piechniczka wcześniej. – Pierwszy raz spotkaliśmy się tuż przed Bożym Narodzeniem w 1974 roku w domu moich rodziców. Pochodzę z Milówki w Beskidzie Żywieckim – wspomina Tyc. – Pojechałem do domu na święta. Trener Jarek miał do mnie wieczne pretensje, prawie w ogóle nie grałem. Myślałem o zmianie klubu. Nieoczekiwanie dzień przed Wigilią do domu rodziców przyjechali prezes BKS-u z trenerem Piechniczkiem.

– Chcemy, żebyś przyszedł do nas, do BKS-u.

– Oczywiście, bardzo chętnie. Chcę grać, więc chcę zmienić klub.

Tyc zostaje w Odrze i dobrze na tym wychodzi.

Dom na wakacje

Pierwsze zgrupowanie z Odrą odmienia życie Piechniczków. – W Borowicach zobaczyłem piękne osiedle drewnianych domków typu Brda. Pomyślałem, że fajnie byłoby mieć taki w Wiśle – wspomina Piechniczek.

Wisła jest dla niego miejscem wyjątkowym. Od najmłodszych lat przyjeżdża tu na obozy sportowe. W technikum przyjeżdża z kolegami na wzgórze Kamienny, na prawym brzegu rzeki Wisły. – Piękny widok na dolinę i zachodnie stoki. Mogłem tam stać i patrzeć godzinami. Zachwyciłem się tym miejscem. Przysiągłem sobie, że kiedyś będzie tu stał mój dom – mówi Piechniczek.

Po przejściu do Odry może zacząć realizować to marzenie. Wydzierżawia niewielki kawałek ziemi tuż przy skalistym zboczu obrośniętym świerkami. – Mogliśmy tam postawić swój letni domek – mówi Piechniczek. – Właściciel terenu budował dom i nawet nie bardzo się targował. Chciał tylko, żebyśmy mu zapłacili za pięć lat z góry. Daliśmy mu 10 tys. złotych i mieliśmy swoje miejsce w Wiśle.

Drewniana Brda. Spadzisty dach, dwa poziomy. Na dole kuchnia, pokój i łazienka, na górze dwie niewielkie sypialnie. Dom w częściach dociera do Wisły z Bydgoszczy, gdzie produkuje je tamtejszy Stolbud. Czteroosobowa ekipa w tydzień łączy elementy, doprowadza prąd i wodę.

Pierwsze wakacje Piechniczkowie spędzają w Wiśle w czerwcu 1978 roku. Starsza córka Joanna i syn Tomasz są zachwyceni. Chodzą z tatą na górskie wycieczki, mają go wreszcie tylko dla siebie. – Pamiętam naszą wyprawę na Baranią Górę przez Trzy Kopce. Zajęło nam to kilka godzin. Dzieci po powrocie były śmiertelnie zmęczone. Zjadły kolację i natychmiast zasnęły – wspomina Piechniczek.

W tym czasie w Argentynie trwa mundial. Następnego dnia po wycieczce o godz. 3 nad ranem Polska gra z Argentyną. Dwunastoletnia Joasia prosi tatę, żeby koniecznie obudził ją na transmisję. W domku mają czarno-białego beryla z widelcem, który zastępuje antenę. – Nie miałem sumienia budzić jej po takiej wyprawie. Kiedy rano wstała i dowiedziała się, że nasi przegrali 0:2, zaczęła płakać. Przekonywała, że gdyby oglądała mecz, wynik na pewno byłby inny – wspomina trener.

Drużyna Odry Opole podczas zgrupowania we Francji. Rywalem dawny klub Antoniego Piechniczka (siódmy z lewej w górnym rzędzie) – Châteauroux. Obok Piechniczka trener Châteauroux – Gerard Wozniok. Przed meczem drużyny zrobiły sobie wspólne zdjęcie (Odra w ciemnych strojach).

Joanna Piechniczek-Buczek: – Bardzo kibicowałam naszej reprezentacji. Jako dziecko mocno wierzyłam, że można piłkarzom pomóc na odległość. Byłam zła na tatę.

K..., znowu te choinki

Piechniczek wprowadza w Odrze twarde zasady. Opolscy piłkarze dużo i ciężko trenują – dwa dni w tygodniu, dwa razy dziennie. Dla Piechniczka ważne jest przygotowanie motoryczne. Zawodnicy Odry często biegają w Lasach Turawskich.

We wtorki zawsze ciężkie treningi z nastawieniem na szlifowanie siły i kondycji. Niektórzy zawodnicy na wieść o Lasach Turawskich powtarzają smętnie: „Kurwa, znowu te choinki".

Piechniczek: – Potem, w trakcie sezonu, przyjemnie było patrzeć, jak biegali po boisku. Praca zawsze daje efekt. Człowiek jest najbardziej zmęczony po najdłuższym wypoczynku.

– Trener Piechniczek zdobył szacunek piłkarzy, bo wiedział, że każdy może mieć słabszy dzień – mówi Antoni Kot, wówczas pomocnik Odry. – Jeśli któryś z chłopaków popił, trener nie równał go z ziemią. Potrafił wziąć go na bok, umiał pogadać, dać drugą szansę. Był jednak cholernie ambitny, u niego nie było „byle jak". Chciał się wykazać, trzeba było zasuwać.

Bohdan Masztaler, wówczas pomocnik Odry: – Z Piechniczkiem spotkaliśmy się jeszcze na boisku. Jako nastolatek grałem w Gwardii na lewym skrzydle, on na prawej obronie w Ruchu. Dużo wtedy dryblowałem, jego atutem była siła i dynamika. Myślę, że z boiska wynieśliśmy do siebie uznanie i szacunek. Piechniczek był bardzo dobrym warsztatowcem. Wykształcenie pozwoliło mu odpowiednio dobierać obciążenia treningowe. Doskonale czuł, kiedy dołożyć, a kiedy odpuścić. Pracowaliśmy u niego bardzo ciężko, był konsekwentny. Myślę, że to studia go zdyscyplinowały i wyznaczyły drogę. Znał teorię. Wiele mu zawdzięczam.

Piechniczkowi dopisuje szczęście, bo w Opolu ma mocną drużynę. Pierwszy zespół był na wysokim poziomie, przyciągał utalentowaną młodzież. Odra zdobywa mistrzostwo Polski juniorów w 1972 roku i wicemistrzostwo w 1976 roku.

Wojciech Tyc: – Odra miała decydujący wpływ na początek kariery Antoniego Piechniczka. Jeśli trener na początku będzie trenował słabe drużyny, nie wybije się, zostanie w blokach startowych. A Odra to nie była drużyna drewniana, ale murowana. Piechniczek nie przyszedł wcale na gotowe, zabrał się do reformy całego klubu! Ustalił z działaczami: „Jaki jest nasz cel? Awans? W związku z tym trzeba kilka spraw wyprostować. Piłkarze muszą się skupić na grze, mieć wolną głowę. Sprawy socjalne muszą być zabezpieczone, trzeba wdrożyć odpowiedni system premiowania, lekarz i kierownik drużyny muszą być na wysokim poziomie". To on zasugerował, czym powinni się zajmować konkretni działacze, czym prezes. Ważne, że to nie były tylko oficjalne kontakty. Trener zaprzyjaźnił się z działaczami i to było bardzo dobre dla Odry. Łatwiej mu było forsować pomysły. Jeśli spotykali się z prezesami i z żonami na imieninach albo urodzinach, mógł więcej zrobić dla drużyny niż gdyby obowiązywała służbowa relacja. W efekcie przez drugą ligę przeszliśmy jak burza.

Trener ma sposób kontrolowania zawodników. W niedzielę mecze są zazwyczaj o godz. 11. Po niedzielnym obiedzie Piechniczek wyciąga żonę na spacer. Doskonale wie, gdzie mieszkają zawodnicy, przy okazji sprawdza, czy ich samochody stoją na parkingu pod blokiem. Jeśli nie – znaczy, że ruszyli w teren. Piechniczek zaprasza żonę do restauracji Europa na kawę, ale przede wszystkim sprawdza, czy jego piłkarze po wygranym meczu nie świętują tam przypadkiem sukcesu.

Tomasz Piechniczek: – Tato bardzo przeżywał każdy mecz. Choć był z nami w domu i siedział przy stole, wiedzieliśmy, że myślami jest na boisku, po raz kolejny analizuje taktykę, rozważa scenariusze. Odczuwaliśmy to jego zaangażowanie. Był tak pochłonięty sprawami drużyny, że nie pamiętał, gdzie zostawił klucze od samochodu czy torbę z dokumentami. Przed każdym jego wyjściem z domu odbywało się zbiorowe szukanie.

Marsz przez miasto po awansie

Asystentem Piechniczka jest Józef Zwierzyna (przez piłkarzy nazywany „Zwierzakiem"), były piłkarz Odry. W tym samym charakterze pracuje wcześniej z Engelbertem Jarkiem. Z Piechniczkiem szybko łapią kontakt. Zwierzyna opowiada nowemu trenerowi, jak wcześniej pracowało się u Jarka. – Jak coś ci się nie będzie podobało, jeśli stwierdzisz, że nawyki drużyny są inne, od razu dawaj znać – mówi mu Piechniczek. Współpraca jest udana, Zwierzyna jest lojalny. A kiedy Piechniczek obejmie kilka lat później reprezentację Polski i będzie musiał zrezygnować z pracy w Ruchu, zaproponuje na swoje miejsce właśnie „Zwierzaka".

– W trakcie treningów, kiedy nie było z nami Piechniczka, często prosiliśmy Zwierzynę: „Józek, odpuść!". Nie było mowy. Zawsze słyszeliśmy: „A jeśli ktoś doniesie trenerowi, to co będzie? Miałbym przerąbane". Nie odpuścił – wspomina ze śmiechem Antoni Kot, były piłkarz Odry.

Piechniczek w Opolu zaczyna nieźle, a potem jest tylko lepiej. W pierwszym meczu drugiej ligi Odra remisuje na wyjeździe z GKS-em Katowice. Opolanie uważają, że GKS będzie ich głównym rywalem do awansu. Katowicką drużynę prowadzi Joachim Krajczy, kolega Piechniczka z czasów wspólnej gry w Legii. Katowice jednak się wtedy nie liczą, a Odra z nowym trenerem idzie jak burza. Opolanie w świetnym stylu zdobywają mistrzostwo jesieni. Dawną drużynę Piechniczka, BKS Bielsko-Biała, biją po drodze aż 5:0. Pierwszy mecz Odra przegrywa dopiero pod koniec października, w dziesiątej kolejce z AKS-em Niwka. Wiosną podobnie. Odra miażdży kolejnych rywali i jest pewna awansu do ekstraklasy już na trzy kolejki przed końcem sezonu 1975/1976. Ostatecznie wygrywa drugą ligę z ogromną przewagą (drugi w tabeli Piast Gliwice ma 9 punktów straty, a trzeci – Star Starachowice – aż 17). Przez cały rok opolska drużyna traci zaledwie osiem bramek. Nie ma w Polsce zespołu z lepszą defensywą.

W Opolu szaleństwo. Po wywalczeniu awansu do ekstraklasy kibice w barwnym korowodzie, z trąbkami i transparentami dumnie maszerują przez miasto.

Opole liczy na więcej. Piechniczek ma do dyspozycji świetnie zorganizowany klub. W trakcie sezonu 1975/1976 na opolskim stadionie montowane jest sztuczne oświetlenie, wówczas jedno z najlepszych w Polsce. Reflektory mają moc 1200 luksów (oświetlenie Legii w tamtym czasie to zaledwie 600 luksów). Klub dysponuje też najlepszą murawą w drugiej lidze i przyzwoitym hotelem.

Pierwszy mecz w ekstraklasie i od razu przyjeżdża Legia z Kazimierzem Deyną. 22 sierpnia 1976 roku Odra rozegra jeden z najlepszych meczów w historii klubu i po pierwszej kolejce zostanie liderem ligi. Dzięki popisowej grze środkowego pomocnika Zbigniewa

Kwaśniewskiego opolanie rozbijają gości 4:1. Deynie udaje się zdobyć honorowego gola dziesięć minut przed końcem. – Jak tak będą dalej grali, to widzę Odrę w górnej połówce tabeli – kręci głową po meczu ówczesny trener Legii Andrzej Strejlau.

Lewą nogą wiąże krawaty

Piechniczek ma szczęście do zdolnych zawodników. Reżyserem gry jest Kwaśniewski. Pochodzi z Suwałk, późno się wybija, ale szybko zdobywa uznanie w całej Polsce. Jest świetny technicznie, znakomicie drybluje i rewelacyjnie podaje. Kibice mówią o nim, że „lewą nogą wiąże krawaty". – Kwaśniewski w Odrze jest niczym Deyna w Legii, Bula w Ruchu albo Pohl czy Szołtysik w Górniku – mówi Piechniczek, który próbuje przekonać kolegę z Legii, ówczesnego selekcjonera Jacka Gmocha, żeby zabrał piłkarza na mundial do Argentyny. Kwaśniewski ma już nawet uszyty garnitur i spakowane walizki, ale w ostatniej chwili w kadrze zastępuje go inny zawodnik Odry – stoper Roman Wójcicki. Piechniczek patykowatemu (193 cm) obrońcy z Nysy umożliwia debiut w ekstraklasie. Trenuje go indywidualnie, a piłkarz zaliczy aż trzy mistrzostwa świata (w Argentynie, Hiszpanii i Meksyku).

Piechniczek: – Pierwszy Wójcickiego dostrzegł Juliusz Mariański, wówczas najlepszy trener na Opolszczyźnie od pracy z młodzieżą. Był bocianowaty, człapał, paru ludzi mówiło mi, że nadaje się bardziej do koszykówki niż do piłki nożnej, ale ja wiedziałem swoje. Zaczynał w pomocy, bo miałem w Odrze niezłych stoperów. Świetnie grał głową, miał dobry strzał z dystansu. Poza tym był posłuszny. Gdybym mu kazał wstać o północy i zrobić sto przysiadów, zrobiłby to. Tacy byli wówczas piłkarze. Chęć zrobienia kariery, podniesienia standardu życia były ogromną motywacją. Romek rozwijał się bardzo szybko, byłem mile zaskoczony, że już w 1978 roku Gmoch zabrał go na mundial [Wójcicki w Argentynie był tylko rezerwowym – przyp. aut.].

– Wiem, że trener Piechniczek interesował się mną, gdy byłem juniorem. Pytał, obserwował mnie – wspomina Roman Wójcicki. – Pamiętam, że kiedy trafiłem do Odry, na treningach było mi bardzo ciężko. Mój organizm nie wytrzymywał wysiłku, miałem wtedy jeszcze słabo rozwinięte mięśnie i kłopoty z koordynacją ruchową. Trener dużo ze mną pracował, a ja bardzo chciałem się rozwijać.

Książki? Nie, balangi

Ważnym zawodnikiem w Odrze jest pomocnik Bohdan Masztaler, którego Gmoch też zabierze na mundial do Argentyny, już jako piłkarza ŁKS-u.

Ten absolwent Szkoły Głównej Planowania i Statystyki w Warszawie studiuje na Wydziale Ekonomii Produkcji, m.in. z późniejszym wicepremierem Grzegorzem Kołodką. Pracę magisterską obroni w 1973 roku. Jest klubowym intelektualistą, w domu ma imponujący księgozbiór.

– Masztaler to mól książkowy, wiecznie coś czytał. Miał nietypowy rytm dobowy. Czytał do trzeciej w nocy, więc wstawał dopiero o dziesiątej i ledwo co udawało mu się zdążyć na trening o jedenastej. Problem był w trakcie zgrupowań, bo w pokoju nie mieszkał sam – wspomina Piechniczek.

– Piłka zawsze była tylko częścią mojego życia, dużo czytałem, ale akurat w Opolu nie chodziło o książki. To był okres, kiedy chciałem dogonić stracone lata, noce zarywane w czasie studiów. Kiedy grałem w Odrze, po prostu używałem życia. Trochę za często – przyznaje teraz Masztaler.

Wojciech Tyc: – Wszystko jest dla ludzi. Wiadomo, że bawiliśmy się, ale bez przesady. Czasem zahaczyliśmy o jakiś dancing i wypiło się kilka piw. Tak było, jest i będzie.

Masztaler podkreśla, że wiele zawdzięcza Odrze. Wcześniej przez siedem lat gra w Gwardii Warszawa i postanawia zmienić otoczenie. Jego kolega klubowy, sławny stoper Władysław Żmuda, chce przejść do Śląska Wrocław, on dogaduje się z Odrą. Gwardia jednak nie chce ich puścić. Żmuda, podstawowy piłkarz reprezentacji Polski, członek słynnej drużyny Kazimierza Górskiego, stawia na swoim. Masztaler, który też gra w reprezentacji, ale nie jest tak ważny jak Żmuda, dostaje dwa lata dyskwalifikacji. W latach 70. piłkarz jest jak niewolnik. Jeśli klub nie chce go puścić do innej drużyny, jest karany dyskwalifikacją.

Gwardia chce złamać Masztalera, ale piłkarz się upiera przy swoim. Ostatecznie klub nie pozwala mu grać przez rok. Wreszcie latem 1975 roku działacze z Warszawy podpisują piłkarzowi „odcinek zwolnienia z klubu".

– Na pierwszym treningu Odry byłem wręcz zaszokowany wysokim poziomem drużyny. Nie spodziewałem się, że chłopaki tak dobrze grają w piłkę. Gwardia w tamtym czasie miała drużynę, która mogła walczyć nawet o mistrzostwo (w 1973 roku zajęła w ekstraklasie trzecie miejsce), ale Odra nie była gorsza! W Opolu postanowiliśmy razem ze Zbyszkiem Kwaśniewskim coś zmienić, bo jedyne, co można było zarzucić chłopakom, to to, że grali zbyt szablonowo. Postanowiliśmy tę śląską sztywność zmienić. Nie tylko na boisku, ale i poza nim.

Masztaler razem z Kwaśniewskim i napastnikiem Wojciechem Tycem tworzą tercet, na który od pierwszych liter nazwisk mówiono „MTK". – Jak ta słynna drużyna z Budapesztu – mówi Masztaler.

Tyc: – Dobrze się rozumieliśmy. Obaj byli świetnymi pomocnikami. Wyczuli, że mają z przodu chłopaka, który ma potencjał. Dzięki nim zacząłem się rozwijać. Opolskie MTK to był piękny okres...

Jeśli rozpieprzasz drużynę, zalety nie mają znaczenia

Masztaler odchodzi z Odry w 1977 roku. – W pewnym momencie zacząłem mieć destrukcyjny wpływ na drużynę. Można powiedzieć, że między trenerem Piechniczkiem a mną chodziło o walkę dusz. Ja od małego zawsze miałem kłopot z autorytetami i dawałem temu wyraz. W Odrze była grupa, która stała za mną murem. Na boisku trener nie miał do mnie zastrzeżeń, a krytycznych uwag i tak wtedy nie brałem sobie do serca – wspomina.

Masztaler ma jednak zbyt duży wpływ na Tyca. Mecz w Pucharze Polski z Unią Racibórz. Odra łatwo wygrywa, Tyc strzela cztery gole. Po meczu podchodzi do niego bramkarz Andrzej Krupa i mówi: „Danek Masztaler mówił mi, że takiego środkowego napastnika jak ty to jeszcze na oczy nie widział!".

Tyc jest zachwycony: – To mnie bardzo podbudowało, kiedy usłyszałem te słowa, prawie odfrunąłem. Masztaler to był ktoś, reprezentant Polski. Tak mnie to dowartościowało, że mógłbym trawę gryźć, byle tylko udowodnić, że warto na mnie stawiać. Nabrałem do niego zaufania, poczułem, że on chce, żebym dobrze grał. Taki mam charakter, że jak ktoś do mnie z nożem, to ja do niego z siekierą. Jak ktoś do mnie z mordą, to ja do niego z pazurami. Ale dobre słowo zawsze lepiej na mnie działało niż reprymenda. Takim byłem piłkarzem.

– Danek Masztaler był typem rewolucjonisty z własnymi wizjami – mówi Wojciech Tyc. – Chciał, żeby wszystko było mu podporządkowane, pragnął rządzić drużyną. Był świetnym piłkarzem, ale czasem przesadzał. Stawiał się „Piechnikowi" i nas do tego namawiał. Opuszczał mecze, bo się obrażał. Chciał, żebyśmy też tak robili. Mówiliśmy mu z Kwaśniewskim: „Danek, my się absolutnie z tobą w tym temacie nie zgadzamy. Na taki numer nie pójdziemy!". A Piechniczek widział, że Masztaler robi złą krew i mimo że był świetnym piłkarzem, sprawił, że odszedł. Nic dziwnego. Jeśli zawodnik rozpieprza drużynę, jego zalety nie mają znaczenia.

– Z cementowni Górażdże, gdzie miałem etat, nagle dostałem wypowiedzenie. Wiedziałem, że zostanę również zwolniony z Odry – mówi Masztaler. – Właściwie wcale się temu nie dziwiłem. Trener Piechniczek nie mógł sobie pozwolić na podważanie jego autorytetu. Z takim zawodnikiem, jakim wtedy byłem, też bym się pożegnał. Piechniczek słusznie postąpił. Nie mamy do siebie pretensji, szanujemy się.

Rok później, już jako piłkarza ŁKS-u Łódź, ówczesny selekcjoner Jacek Gmoch zabiera Masztalera na mundial w Argentynie. Piłkarz jest zawodnikiem podstawowego składu reprezentacji Polski.

Masztaler mieszka dzisiaj w St. Poelten w Austrii. Ma 66 lat, od zeszłego roku jest na emeryturze i trenuje piątoligowy S.C. Wilhelmsburg.

Ferrari między drzewami

Do reprezentacji Polski trafiają też inni zawodnicy Odry Piechniczka: obrońcy Józef Adamiec i Paweł Król. – Adamiec był niezwykle dynamiczny, szybki i zwrotny. Wyciągnęliśmy go z Małejpanwi Ozimek – przypomina sobie Piechniczek.

W ataku Odry bardzo ważną rolę odegrał Józef Klose. Jego syn Mirosław, urodzony w Opolu, zrobi kiedyś światową karierę – w 2014 roku zostanie mistrzem świata, będzie najskuteczniejszym piłkarzem wszech czasów w historii finałów mundiali (16 goli) i najskuteczniejszym zawodnikiem wszech czasów w historii reprezentacji Niemiec (71 goli).

Piechniczek: – Józek należał do starszyzny zespołu i pamiętał wcześniejsze sukcesy Odry. Wyczuwał, że za moją inspiracją znalazł się w Odrze Alfred Bolcek, który miał ksywę „Ferrari" i od razu stał się konkurencją dla Klosego na lewym skrzydle.

„Ferrari" zasłużył na swoje przezwisko. W trakcie treningów w Lasach Turawskich Bolcka między drzewami goni trzech kolegów z drużyny, nigdy nie potrafią go złapać.

Klose postanawia odejść. W 1978 roku jako pierwszy polski piłkarz trafia do Auxerre i robi tam karierę. Dla francuskiego klubu strzela ostatnią bramkę na boiskach Ligue 2 oraz po awansie pierwszą na boiskach Ligue 1. Po trzech latach zastępuje go w Auxerre Andrzej Szarmach.

Antoni Piechniczek może liczyć w Odrze na jeszcze jednego bardzo ważnego zawodnika. Poznali się wcześniej, w Bielsku-Białej, i ten piłkarz chce już potem trenować tylko z nim.

– Po roku mojej pracy w Opolu zadzwonił do mnie Józiu Młynarczyk i powiedział: „Trenerze, bardzo chciałbym przyjść do Odry. Tutaj wpadłem w złe towarzystwo. Musicie mi pomóc rozwiązać umowę z BKS-em. Jeśli zostanę w Bielsku, to się stoczę" – wspomina Piechniczek. – Powiedziałem opolskim działaczom, żebyśmy go wzięli.

Józef Młynarczyk: – Spotkaliśmy się u trenera Piechniczka w Opolu w obecności prezesa Gruchały. Pani Zyta poczęstowała nas obiadem. Ustaliliśmy, że dogram do końca rundy w Bielsku-Białej, a potem przejdę do Odry.

Odra posyła szpiega

Młynarczyk jest zawodnikiem BKS-u, ale po kryjomu jedzie z Odrą na obóz do NRD. Opolanie grają tam z całą enerdowską wierchuszką: Vorwärts Berlin, Dynamem Berlin, Dynamem Drezno i Carl Zeiss Jena. Świetne przetarcie przed sezonem.

Wspomina Piechniczek: – Gramy z Dynamem, broni Jasiu Szczech. Nie idzie mu. Na trzy strzały trzy przepuszczone bramki, 0:3 do przerwy. Józek siedzi na ławce, ale nie może występować, bo nie ma uprawnień do gry. W przerwie podchodzą do mnie Kwaśniewski z Masztalerem, piłkarze, którzy rządzili zespołem. „Trenerze, zróbmy coś, bo dostaniemy siódemkę. Niech pan wpuści tego Młynka". Każdy sparing traktowało się wtedy ambicjonalnie.

Piechniczek się waha, wreszcie mówi: „Józiu, rozbieraj się". Młynarczyk wchodzi do bramki, spisuje się świetnie. Ostatecznie Odra przegrywa tylko 2:3.

Młynarczyk ma jednak pecha. Działacze z Bielska-Białej czują, że coś się święci. Ktoś im szepnął, że Młynarczyk chce do Opola, więc posyłają nad Odrę szpiega!

Piechniczek: – Józek stoi w bramce, nagle ktoś do niego woła zza bramki: „Józiu, Józiu!". Młynarczyk się odwraca i pstryk, facet robi zdjęcie, które ma być dowodem jego zdrady. Dziś nie ma problemu z wysłaniem kogoś na testy, ale wtedy zrobiła się afera.

– Żeby nikt nie wiedział, że bronię w tym meczu, do protokołu wpisano nazwisko „Szczepanek" – wspomina Młynarczyk. – Po jednym z niecelnych strzałów pobiegłem za bramkę po piłkę, a za płotem stał działacz Odry z aparatem. „Cześć, Józek, będziesz miał problemy" – powiedział. Dograłem do końca, poszedłem do trenera i powiedziałem, jak sprawa wygląda.

Piechniczek uspokaja bramkarza. Mówi mu: „Nie martw się, zrobimy wszystko, żebyś u nas został. Czeka tu dla ciebie miejsce".

Młynarczyk: – Trenerowi wierzyłem bezgranicznie.

Po powrocie do Opola Młynarczyka odnajduje specjalny wysłannik bielskiego klubu. Na spotkanie przychodzi razem z... żoną piłkarza. Czesława Młynarczykowa jest zatrudniona w Fabryce Samochodów Małolitrażowych w dziale głównego energetyka, który jest jednocześnie wiceprezesem BKS-u. Klub próbuje wywierać presję na bramkarza.

– Józek, jeśli do nas wrócisz, nie tylko dostaniesz talon na „malucha", ale jeszcze za auto zapłacimy. Zastanów się, w Bielsku-Białej tworzy się fajna drużyna. Obiecuję, że jak ze mną wrócisz, nazajutrz dostaniesz ten talon.

Młynarczyk odmawia. – Owszem, było mi miło, ale nie miałem żadnych wątpliwości, gdzie chcę być. Dobrze zrobiłem. Potem straszono mnie, że już nie zagram w piłkę. Ale Odra jakoś tak załatwiła, że mogłem grać – wspomina.

Koledzy w nowym klubie od razu traktują go jak swojego, błyskawicznie zyskuje uznanie i akceptację. Zawodnicy Odry szybko się przekonują, jaki to niezwykły talent. Po jednym z treningów do Piechniczka przychodzi kilku starszych zawodników. Mówią: „Trenerze, jak nas pan sprzeda, a weźmie Młynarczyka, to będzie wzmocnienie drużyny". – Można to potraktować jako niezwykły dowód uznania dla młodego bramkarza. Wszyscy Józia polubili, on tam się umiał doskonale znaleźć – mówi Piechniczek.

Tyc: – Kiedy zobaczyliśmy, co to za model, nie mogliśmy uwierzyć. Rzucał się jak dziki na murawę, na żużlowych boiskach zdzierał łokcie i kolana, jakby każdy mecz na Wembley grał. Ambitny, zdolny, swój chłop, do bitki i do wypitki. Dał się lubić. Najważniejsze, że w Odrze „Młynek" wziął się w garść. Wyszedł z tego kanału, w którym był wcześniej. W Bielsku miał nawet zakaz wstępu na stadion za balangi!

– Kiedy ja odchodziłem z Odry, Młynarczyk akurat przychodził i przejął po mnie mieszkanie. Wiem, że moje brązowe futryny mu się nie podobały, bo przemalował je na biało – wspomina ze śmiechem Masztaler.

Tłumy na europejskich pucharach

Odra Piechniczka debiutuje w europejskich pucharach. W sezonie 1977/1978 występuje w Pucharze UEFA. To możliwe po zdobyciu Pucharu Ligi Polskiej. – Początkowo traktowaliśmy te rozgrywki folklorystycznie. Potem się okazało, że dzięki nim możemy zagrać w Europie – wspomina Piechniczek.

Gdy losowane są pary, piłkarze Odry mają zgrupowanie w Borowicach koło Karpacza. Odra trafia na 1.FC Magdeburg z Niemieckiej Republiki Demokratycznej. Nie jest to legenda europejskiej piłki, ale akurat w tym czasie Magdeburg jest bardzo silny. Cztery lata wcześniej wygrywa Puchar Zdobywców Pucharów, pokonując w finale AC Milan 2:0. W jego barwach grają legendy enerdowskiego futbolu: napastnik Joachim Streich (102 mecze i 55 bramek w drużynie narodowej) oraz pomocnik Jürgen Sparwasser, który na mistrzostwach świata w 1974 roku strzela zwycięską bramkę w historycznym meczu NRD z RFN, jedynym w historii oficjalnym meczu między tymi reprezentacjami.

– Nie byliśmy zachwyceni, wiedzieliśmy, że będzie ciężko. Poza tym to nie była dla nas żadna atrakcja. Z enerdowcami graliśmy bardzo często w przerwach między sezonami – mówi Piechniczek.

Zgodnie z ówczesnymi wymogami UEFA opolski stadion przed meczem pucharowym musi zostać przebudowany. Ekipy remontowe malują, podnoszą ogrodzenie oddzielające murawę od trybun do wysokości 2,5 metra (wcześniej miało zaledwie metr), rozbudowują wieżę dla dziennikarzy oraz wkopują w ziemię boksy, które służą piłkarzom jako ławki rezerwowych. Wszystkie koszty ponoszą zakłady wspomagające klub, głównie cementownie, które zapewniają materiały.

Pierwszy mecz z Magdeburgiem Odra gra u siebie. Mimo że mecz jest pokazywany w telewizji, prawie każdy w Opolu chce zobaczyć spotkanie na własne oczy. W dniu meczu nie ma już biletów, na stadionie 20 tysięcy ludzi.

Do przerwy jest świetnie, Odra prowadzi 1:0 po strzale Krystiana Koźniewskiego. W przerwie trener gości Klaus Urbanczyk zmienia taktykę. Na szpicę przesuwa słynnego Jürgena Sparwassera, który zdobywa dwa gole. Goście wygrywają 2:1.

Rewanż w Magdeburgu układa się dobrze dla Niemców, już na początku meczu gola strzela ich największy gwiazdor Streich. Odra, żeby awansować, musi strzelić trzy bramki. Szybko wyrównuje. – To był piękny strzał z dystansu Józka Klose w okienko, ale kolejnych goli nie udało się już zdobyć. Stało się tak dlatego, że byliśmy żółtodziobami. Nie wytrzymaliśmy ciśnienia, mieliśmy spętane nogi. Magdeburg ograł nas rutyną – mówi Józef Młynarczyk.

– Tam zagraliśmy lepiej niż u siebie. U nich było łatwiej. Szkoda, że się nie udało – żałuje Piechniczek.

Bardzo dobrze w tych meczach wypada młodziutki stoper Roman Wójcicki, który nie daje pograć Streichowi. – Z respektem podchodziłem do tego piłkarza, ale potem się okazało, że w 80 procentach pojedynków z nim wygrywałem – wspomina Wójcicki.

– Z Magdeburgiem zagrałem ostatni poważny mecz w Odrze. Pięć minut przed przerwą skręciłem kostkę, na drugą połowę nie wyszedłem – wspomina Antoni Kot. Po szesnastu latach gry w Opolu Bernard Blaut załatwia mu dwuletni kontrakt w duńskim Slagelse.

Nie wolno obrażać Gierka

Antoni Piechniczek zdobywa zaufanie zawodników. Piłkarze przychodzą do szkoleniowca z różnymi problemami.

Godzina 7 rano, dzieci szykują się do wyjścia do szkoły. Nagle dzwonek do drzwi, w korytarzu pomocnik Zbigniew Kwaśniewski z niewyraźną miną.

– Trenerze, wiem, że wczesna pora, ale może mi pan poświęcić chwilę? – prosi.

– Wejdź, siadaj – zaprasza trener.

– Doszło do przykrej sytuacji. Pojechałem do Dębskiej Kuźni. W lesie uderzyłem w drzewo. Nie ukrywam, że wypiłem wcześniej parę piw. Zostawiłem tam samochód i teraz nie wiem, co robić – mówi.

Piechniczek: – Zaczekaj chwilę, ogolę się i idziemy do prezesa.

Feliks Gruchała wie, co robić. Dzwoni do kółka rolniczego, prosi o interwencję. Traktorzysta po cichu odholowuje samochód Kwaśniewskiego. Skandal nie wybucha.

Znacznie gorzej kończy się afera związana z Krystianem Koźniewskim, obiecującym napastnikiem młodzieżowej reprezentacji Polski. Piłkarz zrywa więzadło krzyżowe. – W trakcie leczenia w Korfantowie Koźniewski widzi w telewizji przemawiającego Edwarda Gierka i podczas śniadania pozwala sobie na głośną uwagę: „Co on pierdoli, przecież i tak poprawy nie będzie!" – wspomina Piechniczek.

Według wersji przedstawionej w prasie Koźniewski miał powiedzieć raczej: „Oni tam będą licencje kupować, a my zmuszeni zostaniemy do częściowego ich spłacania eksportem mięsa". Nieistotne. Ważniejsze, że przy sąsiednim stoliku siedzi pierwszy sekretarz Podstawowej Organizacji Partyjnej w sanatorium w Korfantowie i ostro zwraca piłkarzowi uwagę.

Miesiąc później Koźniewski otrzymuje pismo z Odry:

Zarząd OKS Odra (...) podjął decyzję o dożywotniej dyskwalifikacji za wysoce niesportowe, nieobywatelskie oraz nie licujące z postawą obywatela i sportowca zachowanie się w trakcie wysłuchiwania przemówienia I sekretarza PZPR Edwarda Gierka na II Krajowej Konferencji PZPR, co miało miejsce w Wojewódzkim Sanatorium Rehabilitacji w Korfantowie.

Odra w myśl obowiązujących przepisów może zdyskwalifikować Koźniewskiego tylko na pół roku, ale jest nadgorliwa. *Zarząd nie kierował się obowiązującymi regulaminami, gdyż wychodził z założenia, że regulaminy, którymi kierujemy się w codziennej działalności sportowej, nie przewidują i nie wymierzają stopnia kary dla sportowców, którzy swym postępowaniem zdeptali wszelkie normy etyczno-moralne i międzyludzkie* – wyjaśnia klub.

Piechniczek próbuje walczyć o piłkarza, szuka dojścia do różnych ludzi. Bez efektu. Henryk Loska, kierownik reprezentacji Polski, na wieść o aferze mówi, że za podobne przewinienia powinni zawiesić całą ówczesną drużynę narodową.

Koźniewskiemu nie pomaga wstawiennictwo kolegów. Koło ZSMP przy zespole pierwszoligowym, z przewodniczącym Wiesławem Korkiem, przygotowuje pismo, pod którym podpisuje się również Piechniczek. Drużyna oświadcza jednomyślnie, że kara jest bezzasadna i pozbawiona cech obiektywizmu. Klub nie reaguje.

To nie koniec szykan. Kiedy Koźniewski przebywa w szpitalu w Warszawie, lekarze dowiadują się o jego przewinieniu i gorliwie wyrzucają z placówki. Ratuje go Bohdan Masztaler, kolega z Odry. Załatwia Koźniewskiemu miejsce w szpitalu w Olsztynie (brat piłkarza, Jerzy, jest trenerem w tamtejszym Stomilu). Dzięki temu zawodnik może dokończyć leczenie. Do profesjonalnego futbolu już jednak nie wraca.

Piechniczek pozwala Koźniewskiemu po kryjomu przychodzić na treningi, ale klub przestaje mu płacić. Koźniewski bierze pensję z zakładu pracy do końca 1978 roku, następne półtora roku żyje z oszczędności i dochodów żony. Próbuje zarabiać jako taksówkarz, ale w końcu zostaje bez środków do życia. Decyduje się wyjechać na stałe do Niemiec, mieszka tam do dziś.

Rewelacyjna jesień, tragiczna wiosna

W 1977 roku piłkarze Odry kończą sezon na dwunastym miejscu w ekstraklasie, w 1978 – na szóstym. Sezon 1978/1979 zapowiada się jeszcze lepiej. Przed startem ligi piłkarze przygotowują się we Francji, gdzie wygrywają kilka kontrolnych meczów (m.in. z Lens).

Odra osiąga rewelacyjną formę. Jesienią wygrywa w lidze dziesięć meczów, zostaje liderem. Jedno zwycięstwo osiąga w niezwykłych okolicznościach. 29 października 1978 roku bije Legię w Warszawie aż 5:3, mimo że do przerwy przegrywa 0:2. W przerwie Antoni Piechniczek wpada do szatni. – Panowie! Ja tu kiedyś grałem w piłkę i studiowałem! Nie róbcie mi wstydu w Warszawie – denerwuje się. Druga połowa przechodzi do legendy. W ciągu 25 minut pobudzeni opolanie wbijają

Piechniczek z piłkarzami Odry w marcu 1979 roku.
Z prawej jego odkrycie – Roman Wójcicki. Z kubkiem inny obrońca Tadeusz Podgórny.

legionistom aż pięć bramek. Trzy z nich strzela Alfred „Ferrari" Bolcek, który dokonuje tej sztuki w zaledwie dziewięć minut!

Dzień później od rana do siedziby Odry przychodzą kibice z podziękowaniami, zakłady pracy ślą do klubu dziękczynne telegramy. Nastroje są wspaniałe. Przed rundą rewanżową Odra jest na pierwszym miejscu w tabeli i ma dwa punkty przewagi nad Ruchem Chorzów i Widzewem Łódź. Całe Opole wierzy w mistrzostwo. Antoni Piechniczek wygrywa prestiżowy plebiscyt „Piłki Nożnej" na trenera roku 1978.

– Odra grała wtedy świetnie, ale pomogły nam trochę mistrzostwa świata w Argentynie. Kluby, które oddały kadrze wielu piłkarzy, jak Legia albo Wisła, wypadły potem słabiej, bo zawodnicy byli trochę przemęczeni. Przyznam, że się tego spodziewałem – mówi Piechniczek.

Zimą wszystko zaczyna się psuć. Najpierw Komitet Wojewódzki PZPR decyduje o odejściu kilku działaczy z Odry, m.in. Zmaczyńskiego i Pilardego. Pojawiają się zaskakujące sugestie, że sportową wizytówką województwa powinni stać się nie piłkarze, ale... sztangiści. Tradycje podnoszenia ciężarów rzeczywiście w Opolu są silne, w klubie Budowlani występują medaliści mistrzostw świata i igrzysk olimpijskich.

Wiosną dochodzi do załamania. W pierwszych pięciu wiosennych meczach Odra nie jest w stanie zdobyć nawet jednego gola. Niemoc trwa 487 minut. Drużyna wygrywa pierwszy raz dopiero w dziesiątej wiosennej kolejce! Piechniczek jest w szoku: – Co się dzieje? Jak to możliwe? Przecież uczciwie przepracowaliśmy zimę.

Józef Młynarczyk: – Woda sodowa do głowy nam uderzyła, za wcześnie uwierzyliśmy we własną wielkość. W szatni dochodziło między nami do ostrych sprzeczek, ale nic to nie dało.

Trener ciągle z nadzieją czeka na przełamanie. Ale po porażce na własnym boisku z ostatnią w tabeli Polonią Bytom wiadomo już, że szanse na mistrzostwo bezpowrotnie przepadają. Rozwścieczeni kibice pod budynkiem klubowym rozbijają szyby, palą szaliki i flagi, spuszczają powietrze z kół samochodów piłkarzy.

– Człowiek nie umiał zasnąć, gryzł się, ciągle myślał, co mógłby zrobić inaczej, żeby wypaliło – wspomina tamten okres Piechniczek. – Jakby się świat kończył. Zdałem sobie wtedy sprawę, że trener musi się uodpornić na takie sytuacje, bo może to przypłacić chorobą.

Starsi koledzy 12-letniego Tomasza dokuczają mu za gorsze wyniki drużyny. Piechniczek jedyny raz interweniuje w szkole. Nauczycieli prosi: – Jak ktoś z chłopaków ma jakieś uwagi, to niech rozmawia ze mną, a nie z moim synem. To ja jestem trenerem.

Tomasz Piechniczek: – Nie pamiętam tego, nie odczułem agresji. Dopiero po latach przypomniała mi o tym mama. Ale to chyba wyolbrzymiona sprawa.

W tym czasie Tomasz woli hokej. Lodowisko jest tuż obok domu, na zajęcia kilka kroków. – Tato nigdy nie namawiał mnie do gry w piłkę. Czasami dla zabawy pokopaliśmy razem, ale do niczego nie zmuszał. Wydaje mi się, że w domu chciał być ojcem, a nie trenerem. Szanował nasze wybory.

Jakub Buczek, wnuczek Piechniczka, też zdradzi kiedyś piłkę. Dla wioseł. Jako student Columbia University w lipcu 2015 roku reprezentuje Kanadę na Młodzieżowych Mistrzostwach Świata w bułgarskim Płowdiw.

Kary dla piłkarzy

Porażki drażnią wszystkich. W Opolu rodzą się podejrzenia o korupcję wśród piłkarzy. – Pojawiły się sugestie, że sprzedawali mecze, ale nikt nikogo wtedy za rękę nie złapał – mówi Piechniczek. – Podejrzewano, że kilka klubów odpowiednio „rozmiękczyło" naszych zawodników. Rzeczywiście, miałem kilka meczów, które wydawały mi się podejrzane. Bo jak można zagrać ręką przy linii bocznej pola karnego w niegroźnej sytuacji i daleko od bramki? Takich sytuacji na boisku było więcej. Jak zareagować? Bardzo to wszystko przeżywałem. Kilka kolejek przed końcem podałem się nawet do dymisji, która nie została przyjęta.

Piłkarze nie zawsze postępują jak profesjonaliści. Przed przegranym u siebie meczem z GKS-em Katowice bez zgody trenera idą na wesele obrońcy Józefa Adamca.

Na początku maja 1979 zarząd klubu na wniosek trenera jednomyślnie zawiesza na pół roku trzech zawodników: Wiesława Korka, Wojciecha Tyca i Jerzego Tkaczyka. Jako powód podaje „niesportowy tryb życia" oraz „zbyt małe zaangażowanie podczas gry". Kilku innym zawodnikom (m.in. Kwaśniewskiemu, Adamcowi i Młynarczykowi) działacze udzielają nagan na piśmie, kilku zmniejszają zarobki.

Tyc: – Kary nałożono na wniosek trenera, ale naciski poszły z komitetu wojewódzkiego. Partia rządziła nawet w klubie. Po meczu z Polonią, kiedy kibice darli karnety, było ogromne poruszenie w komitecie. „Towarzysze, rozróba, trzeba z warcholstwem zrobić porządek". Działacze partyjni zażądali dla piłkarzy konkretnych kar, nagany to było dla nich za mało. „Najważniejsze głowy muszą polecieć". Dopiero wtedy dowiedziałem się, że jestem dla Odry ważny, bo moja akurat poleciała. A przecież nic na mnie nie mieli. Ale dla ścisłości, nie zostaliśmy zawieszeni, tylko odsunięci od gry w pierwszym zespole. Zawodnik zawieszony nie może uczestniczyć w treningach i meczach. A my zostaliśmy przesunięci do rezerw i tam graliśmy. Żeby było śmieszniej, do listy odsuniętych dopisano Jurka Tkaczyka, który był kontuzjowany i leżał w szpitalu.

Komentator piłkarski Jan Ciszewski grzmi w telewizji: „Nareszcie koniec gwiazdorstwa".

Rozpad

– Przyznaję, że miałem wtedy ogromny żal do trenera Piechniczka o to, że wskazał, kto ma zostać ukarany – mówi Tyc. – Mógł odmówić. Dlaczego akurat ja i Wiesiek Korek zostaliśmy odsunięci? Bo byliśmy oponentami Piechniczka. Kazał mi wykonywać zadania na boisku, z którymi się nie zgadzałem. Ale kiedy na mnie nakrzyczał, robiłem, co kazał. Z reguły chodziło o zadania defensywne. Wszyscy mieliśmy bronić, ale atakować miałem sam. Do obrońców nie miał pretensji, że nie wspierają napastników, a napastników ganił, że nie wspierali obrońców.

Pamiętam jedną awanturę w szatni, omal żeśmy się wtedy nie pobili. Graliśmy wtedy z GKS-em w Katowicach. W jednym z poprzednich meczów ich obrońca Henryk Górnik zdobył gola potężną bombą z 30 metrów. Trener Piechniczek kazał mi go pilnować, bo Górnik strzela z daleka. Co Górnik był przy piłce, to trener wrzeszczał do mnie z ławki: „Wojtek, Wojtek, pilnuj Górnika". A Górnikowi raz z tą bombą wyszło. W efekcie chodziłem za Górnikiem krok w krok. Ja, środkowy napastnik, kryłem obrońcę, a nie odwrotnie! Nie mogłem się z tym pogodzić. Górnik nie strzelił gola, zrobiłem swoje, ale przegraliśmy 0:1. A w szatni trener ostro do mnie: „Gdzie ty byłeś na boisku, przez ciebie w ogóle nie było ataku!". Wściekłem się.

Tyc wspomina też zdarzenie w miejscowości Suhl w Turyngii, niedaleko słynnej skoczni w Oberhofie. Odra przygotowuje się tam do sezonu, a w 1978 roku bierze udział w halowym turnieju piłkarskim. Działacze się znają.

– Trener Piechniczek poprosił drużynę, żebyśmy pomogli przenosić Niemcom jakieś pakunki, meble, deski. Mówię chłopakom: „Chyba was pojebało. My, ligowa drużyna, mamy jakieś deski nosić?! Niech sobie miejscowi zadzwonią po Bayern. Niech Beckenbauer z Maierem i Müllerem pomogą, Overath też może przenosić pakunki". No i zostaliśmy z Korkiem w autobusie. A reszta chłopaków grzecznie poszła i nosiła.

Zdaniem Tyca Odra posypała się wiosną 1979 roku, bo za bardzo uwierzyła, że jest już dobrą drużyną. – Uważam, że przesadziliśmy z treningami, za mało wypoczywaliśmy i zespół stał się mułowaty. Zawiedli nie konkretni zawodnicy, ale cała drużyna – mówi Tyc.

Piechniczek: – Nie sposób nie zareagować na zarzuty Wojtka Tyca. W grze ofensywnej miał wsparcie w postaci skrzydłowych, m.in. Józefa

Klose lub Alfreda Bolcka, oraz pomocników, m.in. Zbigniewa Kwaśniewskiego, Antoniego Kota, Józefa Tkaczyka, Romka Wójcickiego, od których dostawał piłki „na patelnię", co zazwyczaj wykorzystywał. W defensywie miał być tym zawodnikiem, który pierwszy przeszkadza przeciwnikowi w rozegraniu piłki. Nigdy nie miał zadania krycia obrońców. Sprzątanie kilku desek to było przygotowanie do użytku nowego kempingu dla piłkarzy Odry na zgrupowania. Suhl, miasto zaprzyjaźnione z Opolem, stworzyło nam wówczas idealne warunki do przygotowań – od bazy treningowej po możliwość gry z zespołami z pierwszej ligi NRD.

Kary nałożone na piłkarzy niewiele dają, tylko psują atmosferę. Do końca sezonu jest jeszcze sześć meczów. Ostatecznie Odra zajmuje dopiero piąte miejsce, mistrzem za rok 1979 zostaje Ruch Chorzów.

– PZPN wymyślił, że zawodnikom, którzy rozegrali ponad dwieście albo trzysta spotkań w jednym klubie, należy wypłacić specjalną premię – wspomina Piechniczek. – Tyc zaczął liczyć, a klub był na tyle uczciwy, że mu nagrodę za trzysta spotkań wypłacił. Dostał 150 tys. zł. To była premia większa, niż gdyby dostał za mistrzostwo, za które należało się 100 tys. zł. Był nasycony.

Po sezonie zrezygnowany Piechniczek idzie na urlop. Kilka tygodni później, godzinę przed pierwszym treningiem w nowym sezonie, odbywa się zebranie z udziałem działaczy, trenerów i piłkarzy Odry. Decydują, że drużynę przejmuje dotychczasowy asystent Józef Zwierzyna. Piechniczek musi odejść.

Drużyna się rozpada, odchodzą największe gwiazdy. Wójcicki w 1979 roku przechodzi do Śląska Wrocław, Kwaśniewski w 1979 roku do Châteauroux, Młynarczyk w 1980 roku do Widzewa Łódź, a Adamiec w 1981 roku do Lecha Poznań. Obrońca Adamiec jest ostatnim piłkarzem Odry, który gra w reprezentacji Polski.

Odra w ekstraklasie występuje jeszcze przez dwa sezony. W 1981 roku zajmuje ostatnie miejsce w tabeli i spada. Po degradacji już nigdy nie udaje się jej wrócić. Dziś zespół gra w trzeciej lidze (czwarty poziom rozgrywek). Ostatniego gola w ekstraklasie (w meczu z Legią Warszawa) strzela dla Odry… Wojciech Tyc.

Do góry nogami

W sierpniu 1979 roku Antoni Piechniczek zostaje szefem wyszkolenia Okręgowego Związku Piłki Nożnej w Katowicach. Pracuje na tym stanowisku przez rok. Nadal mieszka w Opolu, bo wcześniej, za zgodą Odry, wykupuje mieszkanie na własność. Dojeżdża do rodziny na weekendy. Dzieci chodzą w Opolu do szkoły, żona pracuje w Liceum Ogólnokształcącym im. Marii Konopnickiej.

Dla Romana Stachonia, prezesa OZPN, praca Piechniczka ma się składać z trzech elementów: kontroli klubów ligowych (w tym czasie w 16-zespołowej ekstraklasie gra siedem drużyn z Górnego Śląska), szkolenia śląskich trenerów oraz nadzoru nad pracą z młodzieżą. W każdy weekend Piechniczek ogląda kilka ligowych meczów, rozmawia z trenerami, organizuje dla nich kursokonferencje, współpracuje z AWF-em.

Pod koniec 1980 roku dostaje propozycję z ukochanego Ruchu. Wreszcie zostaje pierwszym trenerem tej drużyny! Na początku listopada zastępuje na Cichej Leszka Jezierskiego, który rok wcześniej zdobywa mistrzostwo, ale kolejny sezon ma już znacznie słabszy.

Piechniczek przygotowuje się do objęcia zespołu. Rodzina wraca do Chorzowa, bo nie ma sensu żyć na dwa domy.

Nagle wszystko wywraca się do góry nogami.

ROZDZIAŁ 6.

Selekcjoner

(1981-1982)

Grudzień 1980 roku. Bernard Blaut, dawny kolega z Legii, który pracuje w PZPN, zdradza Piechniczkowi: – Jesteś jednym z czterech kandydatów na nowego trenera reprezentacji Polski. Co ty na to?

– Nie wiem, co ci odpowiedzieć... Daj mi czas do namysłu – odpowiada zaskoczony Piechniczek.

– Dobra, dam ci parę dni, zastanów się – odpowiada Blaut.

Nawet ministrowie tak nie mieszkają

Pod koniec 1980 roku Jerzy Góra, dziś szef redakcji sportowej Radia Katowice, jest początkującym reporterem. – Właśnie wtedy wymyśliliśmy sobie wywiad z Antonim Piechniczkiem – mówi. – Do siedziby Śląskiego Okręgowego Związku Piłki Nożnej w Katowicach szedłem z ciężkim magnetofonem chyba z pięć razy, ale ani razu go nie zastałem. Pomyślałem, że coś się musi dziać. Dwa razy usłyszałem tylko, że „pan Piechniczek jest na bardzo ważnych rozmowach". Wkrótce okazało się, o co chodzi.

Piechniczek nie podejmuje decyzji od razu. Gryzie się z myślami. Czy podoła? Prosi o radę ludzi, których ceni. Dzwoni do Feliksa Gruchały, prezesa Odry Opole.

– Feluś, mam szansę zostać trenerem reprezentacji. Co o tym sądzisz?

– Antek, nawet się nie zastanawiaj! Bierz od razu, bo takie propozycje zdarzają się tylko raz w życiu.

Zyta Piechniczek: – Ciężko było mi wracać z Opola, bo dobrze mi się tam żyło i pracowało. W Chorzowie spodziewałam się raczej stabilizacji, a tu taka nowina... Najmłodsza córka poszła do zerówki, najstarsza do liceum, ja wróciłam do starej szkoły – LO im. Stefana Batorego.

Antoni Piechniczek: – Przemawiało za mną dziesięć sezonów gry w piłkę, sześć sezonów pracy klubowej i wykształcenie zdobyte na AWF. Znałem wszystkich zawodników w lidze, nie było piłkarza, którego bym nie pamiętał.

W wieku 39 lat podejmuje najważniejszą decyzję w zawodowym życiu – zostaje trenerem reprezentacji Polski. O jego zatrudnieniu decyduje Marian Renke, wtedy prezes Polskiego Komitetu Olimpijskiego i jednocześnie przewodniczący Głównego Komitetu Kultury Fizycznej i Sportu.

Renke dziwi się, że nowy selekcjoner nie chce się przeprowadzić do Warszawy.

– Bardzo chętnie – odpowiada mu Piechniczek. – Ale pod warunkiem, że dostanę takie samo mieszkanie jak w Opolu.

– 140 metrów?! – dziwi się Renke. – U nas nawet ministrowie tak nie mieszkają!

Piechniczkowie zostają w Chorzowie. W całej powojennej historii polskiego futbolu to pierwszy raz, kiedy selekcjoner reprezentacji nie mieszka na stałe w stolicy.

Wybuch

O wyborze Piechniczka decyduje splot niezwykłych zdarzeń. Ich uwieńczeniem jest słynna awantura na Okęciu. Po odejściu Jacka Gmocha w 1978 roku wydaje się, że jego następca, Ryszard Kulesza, przejmie stanowisko trenera reprezentacji na długie lata. Co prawda nie udaje mu się awansować do mistrzostw Europy w 1980 roku, ale jego drużyna ma potencjał. W 1979 roku w ładnym stylu pokonuje na Stadionie Śląskim w meczu eliminacyjnym silną Holandię. Kulesza udanie rozpoczyna eliminacje do mistrzostw świata w Hiszpanii, w których Polska trafia w grupie na Niemiecką Republikę Demokratyczną i Maltę. Pod koniec 1980 roku w pierwszym meczu na Malcie Polska wygrywa 2:0. To formalność, bo w grupie liczy się tylko NRD. Jednak zdarzenia związane właśnie z tym niezbyt istotnym – wydawałoby się – meczem wstrząsają polskim futbolem.

Marian Ryba, ówczesny prezes PZPN: – Reprezentacja, wyjeżdżając na eliminacyjny mecz z Maltą, miała wcześniej w planach zgrupowanie we Włoszech. Zazwyczaj towarzyszyłem drużynie do momentu, aż przekroczyła granicę, ale tamtego dnia odpuściłem. Zmogła mnie grypa, zostałem w łóżku. Na miejscu był trener Ryszard Kulesza i to on przyłapał pijanego Józka Młynarczyka.

Działacze decydują, że bramkarz na Maltę nie poleci, ale za Młynarczykiem wstawiają się koledzy z drużyny. – Znaliśmy Józia Młynarczyka i jego słabości – mówi Władysław Żmuda. – Były przecież inne sposoby ukarania piłkarza. Ale żeby od razu nie brać go na mecz?! Naszym zdaniem to było zbyt drastyczne. Muszę podkreślić, że cała drużyna była przeciwko takiemu rozwiązaniu i wszyscy stanęli murem za Młynarczykiem.

Józef Młynarczyk: – Przyznaję, że moje zachowanie było wtedy naganne. Do dziś nie mogę się jednak zgodzić z medialnym spektaklem, jaki wtedy urządzono. Uważam, że to była sprawa polityczna. Czasy były ciężkie i trzeba było odciągnąć uwagę społeczeństwa od trudności w kraju. Tamte wydarzenia nadawały się do tego idealnie.

– Z perspektywy czasu uważam, że nic się wtedy wielkiego nie stało – mówi Zbigniew Boniek. – Jechaliśmy na zgrupowanie, było dziesięć dni do meczu reprezentacji i kilku piłkarzy wyszło sobie wieczorem na zakrapianą kolację. Rano wszyscy byli na Okęciu. Jeden Józek był na lekkim rauszu. Zanim dolecielibyśmy na miejsce, już by wytrzeźwiał, ukaralibyśmy go sami, w drużynie, i nie byłoby tematu. Wtedy żyliśmy jednak w innej rzeczywistości. Dzisiaj zachowałbym się tak samo jak wtedy, stanąłbym w obronie Józka Młynarczyka. Rozdmuchano i wykorzystano aferę na Okęciu do tuszowania społecznych problemów.

Generał ryzykuje karierę

Marian Ryba: – W nocy, po wylocie do Rzymu, zadzwonił trener Kulesza i poinformował mnie, że w zespole panują fatalne nastroje, które mogą doprowadzić do pozostania nawet całej drużyny za granicą.

Ryba zwleka się z łóżka i wylatuje do Włoch. – Chory nie chory, postanowiłem wziąć sprawy w swoje ręce – mówi. – A proszę pamiętać, że byłem nie tylko prezesem PZPN, ale przede wszystkim generałem Ludowego Wojska Polskiego. Mój zagraniczny wyjazd był ówczesnym władzom bardzo nie na rękę. Poszedłem z problemem do Floriana Siwickiego, wtedy szefa Sztabu Generalnego. „Muszę jechać! Istnieje niebezpieczeństwo, że cały zespół zostanie za granicą" – zaznaczyłem. Siwicki odparł: „Wiesz, że ryzykujesz karierę?". Rozumiał jednak powagę sytuacji i się zgodził. Wieczorem byłem już w Rzymie. Atmosfera w drużynie fatalna. Wchodzę do hotelu, a tam celuje we mnie aparatami i mikrofonami pięćdziesięciu dziennikarzy. Przed oczami latają mi włoskie gazety. Pół strony o politycznej rebelii piłkarzy, pół o tym, że do Polski wkroczą wojska Układu Warszawskiego. Wszyscy proszą mnie o komentarz. Ale ja nie byłem głupi! Przystanąłem na chwilę tylko po to, żeby złożyć narodowi włoskiemu kondolencje z powodu trzęsienia ziemi w Neapolu. Wszystkie pytania zbyłem milczeniem, czekały mnie nocne rozmowy z Kuleszą i piłkarzami.

Zbigniew Boniek: – Bardzo się zdziwiłem, że przyjechał generał Ryba po nas do Rzymu. „Pan nas chce nakłonić do powrotu?", spytałem. Prawda jest taka, że gdybyśmy wtedy nie chcieli wrócić do kraju, to nie wrócilibyśmy. Nikt by nas nie zmusił.

Oni nas tam zlinczują

Kiedy wybucha afera, działacze PZPN kontaktują się z Grzegorzem Latą, który wówczas jest już piłkarzem belgijskiego Lokeren. – Prosili, żebym przyleciał na Maltę. Nie było szans, bo trzy dni później mój klub grał ważny mecz w 1/8 finału Pucharu UEFA. Rewanż z Real Sociedad San Sebastian [Lokeren wyeliminowało wtedy Hiszpanów, a Lato zdobył zwycięską bramkę w pierwszym meczu – przyp. aut.] – wspomina Lato.

Ciekawe, że od kiedy wyjechał do Belgii, Ryszard Kulesza nie powołuje go do reprezentacji. Wyjątkiem jest pożegnalny mecz Włodzimierza Lubańskiego na Stadionie Śląskim. Lato uważa, że powodem jest jego koszulka z numerem 22.

– Miałem taki daleki numer, bo do klubu przyszedłem jako ostatni zawodnik przed sezonem. Z tym numerem grałem przez dwa lata pobytu w Lokeren. Kiedy pokazywali urywki z meczów w polskiej telewizji, widać było, że mam właśnie „22" na koszulce. W Polsce zawodnicy grający w podstawowym składzie kadry grali w numerach od 1 do 11. Kulesza pewnie sądził, że jestem rezerwowym i dlatego przestał mnie powoływać do kadry – mówi Lato.

PZPN decyduje o zawieszeniu czterech piłkarzy: sprawcy zamieszania Józefa Młynarczyka, Zbigniewa Bońka, Władysława Żmudy i Stanisława Terleckiego. Trzon reprezentacji. Prasa nazywa ich „bandą czworga". – Działacze wybrali nas dla przykładu, żeby pokazać, że nie zawahają się ukarać piłkarzy ważnych dla drużyny – mówi Władysław Żmuda.

Marian Ryba: – Na miejscu okazało się, że dla Włochów najważniejszy jest los Bońka. Liczyli, że po tym zamieszaniu już we Włoszech zostanie. Oni na niego wręcz zachorowali!

– Przyjechali do mnie przedstawiciele pięciu włoskich klubów. Każdy z nich prosił, żebym został w jego klubie – wspomina Boniek. – Ale chciałem wrócić do Polski, chociaż spodziewałem się dyskwalifikacji.

Marian Ryba: – Rozmowy z piłkarzami trwały kilka, może kilkanaście godzin. Nad ranem Boniek przyznał: „popełniliśmy błąd". Stwierdziłem, że teraz nie ma już wyjścia: „Wyłączam całą czwórkę ze składu. Wracacie do Polski, wasz występek oceni Wydział Dyscypliny PZPN". Włosi tylko czekają na takie informacje. Dla nich byłoby najlepiej, gdybym wyprowadził całą czwórkę zakutą w kajdanki. To ja odwrotnie. „Rano idziecie na miasto. Na cały dzień. Macie spacerować po Rzymie, żeby wszyscy widzieli, że jesteście wolni!", zakomunikowałem Bońkowi. Zgodził się, ale im było bliżej powrotu, tym stawał się coraz bardziej nerwowy. W końcu wypalił: „Panie generale, boimy się wracać. Oni nas tam zlinczują". Boniek to był taki inteligentny cwaniak, dobrze kombinował. Cała czwórka wróciła jednak do kraju i nie zagrała w meczu z Maltą. Po powrocie do Polski posypały się kary. Piłkarzom zaproponowałem sześciomiesięczną dyskwalifikację, a Kuleszę zwolniłem. Zaważył na tym wywiad, jakiego udzielił w telewizji, kiedy po raz kolejny mówił, że nie było żadnej rebelii.

Ryba odchodzi, by skrócić banicję

Mecz z Maltą trwa zaledwie 77 minut. Maltańscy kibice po stracie drugiego gola rzucają kamieniami na boisko, więc sędzia przerywa spotkanie. Ryba: – Linie usypane kamieniami, na boisku kamienie, wokół kamienie. Nic dziwnego, że jak strzeliliśmy drugiego gola, kamienie zaczęły nam latać nad głowami. Gdy jakiś głaz omal nie przewrócił naszej ławki rezerwowych, sędzia zadecydował o przerwaniu meczu.

W kraju afera, wszystkich bardziej interesuje „banda czworga" niż przerwany mecz. Władysław Żmuda: – Na zarządzie PZPN był nawet pomysł, żeby nasza czwórka dożywotnio nie była już powoływana do reprezentacji. Byłem zły, bo zrobili z nas przestępców. Zabrali paszporty i przewieźli na lotnisko, a potem zrobili pokazówkę, były jakieś kuriozalne przesłuchania. Takie czasy. Piłka nożna była elementem polityki. Miałem żal do reszty drużyny. Kiedy nas zdyskwalifikowali, nikt się za nami nie wstawił. Wiadomo, kogoś trzeba było poświęcić.

Ostatecznie Boniek i Terlecki dostają rok bezwzględnej dyskwalifikacji, Żmuda i Młynarczyk – po osiem miesięcy (dla Młynarczyka dwa lata zakazu występów w kadrze), a Włodzimierz Smolarek – dwa miesiące, ale w zawieszeniu na pół roku.

Młynarczyk: – Gdybym mógł zapaść się pod ziemię, tobym się zapadł. Ale nie byłem wtedy sam. Nie będę jednak mówił o nazwiskach [chodzi o Włodzimierza Smolarka, który wcześniej wrócił do hotelu – przyp. aut.], bo taki nie jestem. Nie grałem wtedy jedną rundę, a potem mnie odwieszono. Zrobiono taką aferę, że nie zdziwiłbym się, gdybym już nigdy nie dotknął piłki. Ale podkreślam, że nie prosiłem, nie błagałem na kolanach, żeby w mojej sprawie zmienili zdanie.

– To ja wtedy wymyśliłem, że Kuleszę zastąpi Antoni Piechniczek – mówi Ryba. – A zaraz potem zapowiedziałem na zarządzie, że rezygnuję z prezesury. Chciałem ratować reprezentację. Zdawałem sobie sprawę, że bez zdyskwalifikowanych piłkarzy jej siła będzie marna. Ktoś musiał im tę banicję skrócić, ale to przecież nie mogłem być ja. Skompromitowałbym się.

Antoni Piechniczek: – Generał Ryba znał mnie jeszcze z Legii, ale nigdy o mojej nominacji z nim nie rozmawiałem.

Do Japonii nie jedziemy

Na początku przygody z reprezentacją szykuje się atrakcyjny wyjazd. PZPN podpisuje kontrakt na cztery mecze z Nihon Sakkā Kyōkai, czyli Japońskim Związkiem Piłki Nożnej. Początkowo działacze chcą wysłać tam najsilniejszy skład, ale Piechniczek odmawia. Pokazuje, że nie ma zamiaru być figurantem, malowanym trenerem.

– Wyjazd do Japonii nie przyniósłby żadnych korzyści szkoleniowych przed eliminacyjnymi meczami z NRD – wyjaśnia Piechniczek. – Trudno było przecież porównywać siłę i sposób gry obu reprezentacji. Nie mielibyśmy z tego żadnych korzyści szkoleniowych. Zamiast do Japonii, wolałem ściągnąć piłkarzy na obóz do Karpacza. Już w styczniu miałem doskonałą okazję, żeby się przyjrzeć nowym podopiecznym, żebyśmy poznali się nawzajem. Miałem ich wtedy przez całą dobę. Obserwowałem, jak się zachowywali przy stole, w czasie wolnym. Na treningach interesowałem się ich poziomem motywacji, umiejętnością znoszenia wysiłku i stresu. To była dla mnie doskonała lekcja. Bez tego obozu nie byłoby drużyny, która wywalczyła awans do Hiszpanii. A miałem tylko cztery miesiące.

Kiedy piłkarze pierwszej kadry harują w Karpaczu, do Japonii jedzie zespół młodzieżowy kierowany przez trenera Waldemara Obrębskiego. Umowy podpisane, więc nie można się z nich już wycofać. Tym sposobem debiut w reprezentacji, która łatwo wygrywa w Japonii wszystkie cztery zakontraktowane mecze towarzyskie, zalicza aż dwunastu zawodników. Jednak tylko pięciu z nich zagra potem u Piechniczka (bramkarz Jacek Kazimierski, obrońca Marek Ostrowski, pomocnicy Kazimierz Buda i Mirosław Pękala oraz napastnik Krzysztof Baran). Ciekawostka. Do Japonii jedzie również obiecujący napastnik Górnika Wałbrzych Henryk Janikowski. To jego jedyne mecze w kadrze, a do historii sportu przechodzi jako... ojciec Sebastiana – ubóstwianego w USA gracza zawodowej ligi futbolu amerykańskiego NFL, wyróżniającego się najmocniejszym kopnięciem piłki.

Dolary na boisku

Piechniczek musi przygotować zespół do eliminacji mundialu. Czasu ma bardzo mało. Prezes Polskiego Komitetu Olimpijskiego Marian Renke wyznacza nowemu selekcjonerowi cel. – Musicie awansować do mistrzostw świata. To wasze zadanie. Na boisku leży parę milionów

Zgrupowanie reprezentacji w Karpaczu w styczniu 1981 roku – pierwsze Antoniego Piechniczka w roli selekcjonera. Na zdjęciu z drugim trenerem Bogusławem Hajdasem przeglądają dokumentację.

dolarów. Trzeba je podnieść, żeby cały polski sport mógł z nich skorzystać, żeby polscy sportowcy byli dobrze przygotowani na igrzyska olimpijskie w Sarajewie i Los Angeles – mówi.

– Efekt był taki, że kiedy kładłem się spać, widziałem te dolary. Kiedy się budziłem, też o nich myślałem. Stres i odpowiedzialność były ogromne. Ale napędzało mnie to – wspomina Piechniczek.

– Wie pan, dlaczego postawiliśmy na pana? Po pierwsze, jest pan młody i znajdzie wspólny język z piłkarzami. Po drugie, ma pan twardą rękę i utrzyma zespół w dyscyplinie. Po trzecie, bardzo dobrze zna pan drużynę NRD, bo przecież ciągle rywalizował pan z nimi jako trener Odry Opole, a oni stoją nam teraz na drodze do mistrzostw świata – wyjaśnia Renke nowemu selekcjonerowi.

Asystentami Piechniczka w reprezentacji zostają Bernard Blaut i Bogusław Hajdas. Z pierwszym znają się doskonale. Lubią się i cenią, poza tym Blaut zapewnia trenerowi wytchnienie. Dzięki koledze Piechniczek unika wielu spotkań, rozmów i wywiadów. – Fakt, że pracowałem w Warszawie, a mieszkałem na Śląsku, bardzo mi pomagał. Przykład? Przyjeżdżam do Warszawy, podejmuję decyzję odnośnie składu zespołu i zaraz wszyscy chcą na ten temat rozmawiać. A ja już jestem poza zasięgiem, w pociągu, w drodze powrotnej do domu. Komórek wtedy nie ma, gazeta rządzi się swoimi prawami. Nikt nie będzie po nocy do Chorzowa dzwonił. Dlatego bardzo ważne było mieć dobrego człowieka w Warszawie, a takim był właśnie Benek Blaut, który był do dyspozycji dziennikarzy. Znał moje założenia, był na miejscu, w stolicy, i doskonale mówił po niemiecku i francusku, więc mógł rozmawiać z zagranicznymi korespondentami – mówi Piechniczek.

Blaut, z małymi przerwami, współpracuje z Piechniczkiem do końca jego selekcjonerskiej kariery. Brakuje go jednak na mundialu w Hiszpanii, bo przebywa w tym czasie na kontrakcie w Tunezji.

Drugi asystent to Bogusław Hajdas, którego za pracę w Gwardii Warszawa „Piłka Nożna" uznaje za trenera roku 1977 (w kolejnym roku ten sam plebiscyt wygrywa Piechniczek jako trener Odry). – Znaliśmy się z Antkiem jeszcze z czasów AWF-u, obaj studiowaliśmy na tej uczelni – mówi Hajdas. – Zdarzało się, że wracaliśmy razem pociągiem na święta, Antek do Chorzowa, ja do Zawiercia, gdzie mieszkali moi rodzice. Jak zostałem asystentem Piechniczka? Prezesem Gwardii był pułkownik Henryk Celak, jednocześnie wiceprezes PZPN. Dyskutowali, kto obejmie reprezentację po Kuleszy. Celak znał mnie z Gwardii i wspólnie

Ławka rezerwowych polskiej drużyny. Od lewej: fizjolog dr Jerzy Wielkoszyński, lekarz ekipy dr Janusz Garlicki, kierownik reprezentacji Edward Kucewicz, Antoni Piechniczek, Bogusław Hajdas i Bernard Blaut.

z sekretarzem PZPN Zbigniewem Kalińskim zaproponowali mi stanowisko asystenta. Odpowiedziałem, że bardzo chętnie, ale najpierw Antka trzeba spytać. Oni na to, że już się zgodził i że nie widzi przeszkód. Antek chciał mieć lojalnego współpracownika i wydaje mi się, że takim byłem. Dużo rozmawialiśmy, zastanawialiśmy się, jak ustawić drużynę. Oczywiście to Antek miał ostatnie słowo i trzeba przyznać, że nie bał się podejmowania trudnych decyzji.

Falstart

Zbliżają się decydujące o wyniku eliminacji mecze z Niemiecką Republiką Demokratyczną. Pierwszy, nieoficjalny mecz, kadra Antoniego Piechniczka rozgrywa 23 lutego 1981 roku podczas krótkiego obozu we Francji. W grze szkolnej (mecz podzielono na tercje) kadra PZPN pokonuje rezerwy Auxerre 6:3. Dwa dni później, już w meczu toczonym według tradycyjnych reguł, zespół Piechniczka pokonuje tak dobrze znane mu Châteauroux 3:0. Ale pierwszym i jedynym oficjalnym sprawdzianem jest towarzyski mecz z Rumunią miesiąc później w Bukareszcie. Debiut wypada źle, Polska w bardzo słabym stylu przegrywa 0:2.

– Ten mecz nam w ogóle nie wyszedł – przyznaje Andrzej Buncol. Dla reprezentacji Polski odkrywa go jeszcze poprzedni selekcjoner Ryszard Kulesza i pozwala na debiut w towarzyskim meczu z Marokiem w 1980 roku. Ale i Piechniczek od razu widzi w składzie tego 22-letniego piłkarza Ruchu Chorzów. – Trenerowi Piechniczkowi zawdzięczam bardzo wiele. Nie wahał się, postawił na mnie od razu, kiedy został selekcjonerem, a przecież wcale nie musiał tego robić. Byłem wówczas tylko jednym z wielu piłkarzy, a on właśnie we mnie coś dostrzegł – mówi Buncol.

Po meczu z Rumunią Piechniczek jest wściekły z powodu wyniku i stylu gry. Decyduje się na cięcia. Z trzech piłkarzy – obrońcy Wojciecha Rudego, pomocnika Leszka Lipki i napastnika Krzysztofa Adamczyka – rezygnuje od razu i już nigdy więcej ich nie powołuje. – Na mój pierwszy mecz wziąłem zawodników, którzy grali u Kuleszy. Brakowało mi jeszcze pełnego rozeznania, to był mecz testowy. Chciałem sprawdzić, kto z tej drużyny będzie się nadawał do walki z NRD. Zupełnie nie przejmowałem się dotychczasowymi statystykami piłkarzy i ich osiągnięciami. Było mi to całkowicie obojętne. Liczyło się tylko tu i teraz – mówi.

– Antek bardzo szybko potrafił odsunąć od drużyny zawodników, którzy pod względem sportowym mu nie pasowali. Choć rezygnacje z niektórych piłkarzy już po pierwszych meczach nie były przez wszystkich dobrze przyjęte, on się nie oglądał. Przy tym nie był wcale despotą, potrafił słuchać i sprawić, że się przed nim otwierali. Od początku miał wizję gry i koncepcję drużyny – mówi Bogusław Hajdas.

Władysław Żmuda: – Okazało się, że bez nas, zdyskwalifikowanych, drużynie słabo szło, więc z tego, co wiem, zarząd PZPN na specjalnym posiedzeniu gorączkowo się naradzał: „co robimy?". Padło hasło: „Tych, których możemy, odwiesić!". Odwiesili mnie, ale pozostałych już nie. Młynarczyk cierpiał za pijaństwo, a Boniek i Terlecki, bo byli „recydywistami". Przed meczem z Holandią w 1979 roku byłem kontuzjowany i nie było mnie w samolocie, koledzy zamiast udzielać wywiadów, szczekali na dziennikarzy. Potem recydywa, czyli bunt we Włoszech.

Wypieprzać mi stąd, bo milicję wezwę!

Mecz z NRD to gra o wszystko. Sytuacja jest nadzwyczajna, więc po raz pierwszy w historii polskiego futbolu powołanie do reprezentacji dostaje aż trzech piłkarzy występujących w zagranicznych klubach. Po trzyletniej przerwie wraca do kadry z belgijskiego Beerschot bramkarz Jan Tomaszewski. Ma zastąpić zawieszonego Młynarczyka. Powołania dostają także napastnicy Grzegorz Lato oraz Andrzej Szarmach, który gra we francuskim Auxerre.

Grzegorz Lato: – Zadzwonił do mnie mój przyjaciel Heniu Loska [działacz PZPN, mąż słynnej prezenterki telewizyjnej Krystyny – przyp. aut.] i pyta, czy przyleciałbym na mecz z NRD. Oczywiście, zgodziłem się. Poprosiłem tylko o bilet lotniczy i pisemne powiadomienie klubu, że jestem powołany.

Działacze Lokeren wyrażają zgodę. W ten sam wieczór w domu Laty znów dzwoni telefon. Tym razem to Andrzej Szarmach:

– Cześć, Grzesiek. Lecisz?

– A skąd wiesz, że lecę?

– Bo dzwonili do mnie, że lecisz. Lecisz?

– Lecę.

– No dobra. Kazałem im chwilę poczekać. Jak ty lecisz, to ja też lecę.

Za chwilę Lato odbiera kolejny telefon. Dzwoni Jan Tomaszewski.

– Lecisz?

– Lecę.

– No dobra, to spotkajmy się o 7 rano, podjadę po ciebie.

W samolocie do Polski Lato i Tomaszewski (Szarmach leci osobno z Francji) spotykają Pawła Janika. To długoletni piłkarz Polonii Bytom, na koniec kariery gra w Szombierkach. Janik akurat przebywa na Zachodzie na testach [w 1981 roku trafia do francuskiego klubu Blois – przyp. aut.].

W Polsce kryzys, kłopoty z paliwem. Lato zastanawia się, jak dotrzeć na zgrupowanie do Wisły. Janik ma samochód przy lotnisku.

– Zabierzesz nas? – pyta Lato.

– Pewnie, że tak.

Około godz. 22 Janik wysadza kadrowiczów na postoju taksówek pod dworcem. W kolejce czeka około dziesięciu osób. Podjeżdża taksówkarz starym mercedesem. Robi oczy na widok piłkarzy.

– Panie Grzesiu! A dokąd?!

– Do Wisły, na zgrupowanie.

– Nie mogę was zabrać bez kolejki, bo będzie awantura.

Po chwili dodaje ciszej: - Idźcie za róg i chwilę poczekajcie, zaraz po was będę.

O północy mercedes podjeżdża pod ośrodek Startu w Wiśle. O tej porze drzwi są zamknięte. Lato i Tomaszewski się dobijają. Zaspany, rozzłoszczony portier nie poznaje piłkarzy. – Panowie, nie awanturować się! Tu reprezentacja Polski w piłce nożnej nocuje! Wypieprzać mi stąd, bo milicję wezwę!

– Masz tu stówkę, nie gadaj i otwieraj.

Portier: – Zapraszam.

Wślizg i został na dupie

W Wiśle Lato dzieli pokój z Andrzej Szarmachem. – Na zgrupowaniach zawsze byliśmy nierozłączną parą – wspomina Lato.

Wchodzi do pokoju, ściska się z kolegą.

– Jak jest? – pyta Lato.

– Niedobrze. Pogrzeb. Nie ma atmosfery – odpowiada Szarmach.

– Dobra, nie przejmuj się. Idziemy spać.

Rano Lato wita się z Antonim Piechniczkiem. – Tak naprawdę przedstawiłem mu się już w 1976 roku, kiedy był jeszcze trenerem Odry Opole – wspomina. – W ćwierćfinale Pucharu Polski Odra podejmowała wtedy Stal Mielec. Boguś Masztaler krył mnie przez cały mecz. Kończyła się dogrywka, była 119. minuta. Uciekłem Masztalerowi z połowy boiska i strzeliłem jedynego gola.

Kierownik reprezentacji Edward Kucowicz prosi Latę o krótką rozmowę.

– Ważna sprawa, Grzegorz. Antek widziałby cię na prawej pomocy, a nie na ataku. Co ty na to?

– Będę grał tam, gdzie mnie trener postawi. Pasuje mi. Mogę grać wszędzie, z wyjątkiem bramki.

Po pierwszym treningu Lato proponuje kilku kolegom wyjście do knajpy przy ośrodku. Idą sami, bez trenerów i działaczy: – Wypiliśmy po piwku, pogadaliśmy, pośmialiśmy się. Zdawaliśmy sobie sprawę, że może być ciężko, przecież pierwszy mecz z Rumunią nie wyszedł.

Polska kadra trenowała w każdych warunkach. Od lewej: Piechniczek, Jan Tomaszewski, Andrzej Szarmach (tyłem), Marek Dziuba, Grzegorz Lato.

Właśnie wtedy rodzi się plan „załatwienia" jednego z kadrowiczów. Lato: – Trener Piechniczek miał kilku faworytów. Jednym z nich był obrońca Józef Adamiec z Odry Opole. Był konkurentem m.in. Marka Dziuby. Trochę było mi głupio, nigdy nie robiłem takich rzeczy, to był ten jedyny raz. Powiedziałem Markowi, żeby się nie martwił, że ja sprawę z Adamcem załatwię.

Na kolejnym treningu Piechniczek dzieli kadrę na dwie grupy. Jeden piłkarz atakuje, drugi broni. – Od razu podszedłem do Adamca, żebyśmy ćwiczyli razem w parze – mówi Lato. – Byłem wtedy „w gazie". Ośmieszyłem go. Piłka do mnie, klepa, cyk cyk, już jechałem sam i bramka. A on wślizg i został na dupie. I tak kilka razy...

Piechniczek widzi, co się dzieje, ale nie ma pojęcia o spisku. W podstawowym składzie wystawia Dziubę, a Adamiec siada na ławie rezerwowych.

Cherubinek z ładną buzią

2 maja 1981 roku mecz z reprezentacją NRD w Chorzowie. 80 tysięcy ludzi na trybunach Stadionu Śląskiego czeka na zwycięstwo. Piechniczek wystawia w ataku aż trzech napastników: Andrzeja Iwana, Andrzeja Szarmacha i Włodzimierza Smolarka. Grzegorza Latę przesuwa do pomocy. Grą kieruje Janusz Kupcewicz. Na lewej obronie absolutny debiutant Jan Jałocha z Wisły Kraków. Na obronę wraca też Władysław Żmuda. – Po odwieszeniu jako jedyny z „bandy czworga" zagrałem z NRD w Chorzowie – wspomina. – Na zgrupowaniu przedmeczowym rozmawialiśmy z trenerem Piechniczkiem w obecności drugiego trenera Bogusława Hajdasa, którego dobrze znałem z Gwardii Warszawa. Rozmowa była krótka. Zadeklarowałem: „Trenerze, dla mnie przeszłość jest nieistotna, bo ja chcę jechać na mistrzostwa świata. To dla mnie najważniejsze". Obiecałem, że może na mnie liczyć.

Antoni Piechniczek: – To był mój najważniejszy mecz jako trenera reprezentacji Polski. Spotkanie o moje „być albo nie być" na tym stanowisku. Gdybyśmy wtedy w Chorzowie przegrali, zapewne musiałbym odejść. Nigdy nie zaistniałbym jako selekcjoner, nie wydarzyłby się potem ten wspaniały mundial. Wiedziałem, że w grze z NRD muszę postawić na zawodników walczących, o bardzo dobrych warunkach fizycznych, którzy nie boją się ostrych starć.

Mecz jest bardzo ciężki, po zaciętej walce Polska wygrywa 1:0. – Po latach wygląda to wszystko łatwo i przyjemnie, ale wcale tak nie było. Dobrze pamiętam, że przed meczem z NRD wielu ludzi w nas nie wierzyło – przypomina Andrzej Buncol, który głową strzela zwycięskiego gola.

Piechniczek: – Akurat „Buncolek" do gigantów nie należał [ma 174 cm wzrostu – przyp. aut.], ale miał mnóstwo innych zalet. W każdym ćwiczeniu, na każdym treningu chciał być najlepszy. Kiedy był trening strzelecki, chciał strzelić najwięcej bramek. Kiedy był trening szybkościowy, pragnął być najszybszy. Jego wygląd – to był cherubinek z ładną buzią – mógł być dla przeciwników bardzo mylący. A Andrzej był tytanem pracy, bardzo łatwym zawodnikiem w prowadzeniu, bo pracowitym i sumiennym.

Trener doskonale pamięta okoliczności, w jakich pada jedyna bramka w tym meczu. – Ciekawe, że w tamtej sytuacji Buncola ustawił na boisku Grzegorz Lato. Przy rzucie rożnym wykonywanym przez Smolarka powiedział mu: „Idź bliżej bramki". Chciał zrobić dla siebie miejsce do oddania strzału. Piłka po centrze Smolarka rzeczywiście poleciała wprost na jego głowę. Lato uderzył w stronę bramki, a tam właśnie Buncol, również głową, w ostatniej chwili zmienił jej lot – mówi Piechniczek.

Stadion Śląski, 2 maja 1981 roku: 80. minuta meczu Polska – NRD. Piechniczek wpuszcza na boisko Piotra Skrobowskiego na miejsce Andrzeja Iwana. Prowadzimy 1:0, zmiana piłkarza ofensywnego na defensywnego ma wzmocnić tyły. Niemcy nie są już w stanie strzelić gola.

– Z tym golem było dokładnie, jak mówi trener! – wspomina Buncol. – Grzesiek Lato był doświadczonym piłkarzem, od razu powiedział mi, że mam iść na słupek. Zagrał do mnie, ja tylko musnąłem piłkę, ale to wystarczyło. To był jeden z najpiękniejszych dni w moim życiu.

– Pamiętam, że po meczu z NRD wracaliśmy ze Stadionu Śląskiego z żoną do domu. Na piechotę – wspomina Piechniczek. – Zyta pomagała mi nieść torbę ze sprzętem. Chciałem odreagować, odprężyć się, a w takich chwilach zawsze najlepiej robił mi spacer. Tak było od czasów, gdy grałem w Ruchu. Kiedy jeszcze jako piłkarz wracałem zmęczony wieczorem do domu, zaraz potem brałem żonę i szliśmy pospacerować po Batorym. Półgodzinna rundka dobrze nam robiła.

Niemcy piją w Chorzowie

Kadra ma pięć miesięcy spokoju, bo mecz rewanżowy z NRD dopiero w październiku. Trener ma czas na szlifowanie nowych rozwiązań i gry kontrolne. Najważniejszą jest mecz towarzyski na Stadionie Śląskim z Republiką Federalną Niemiec na początku września. Polska przegrywa 0:2, gole wbijają nam gwiazdy: Klaus Fischer i Karl-Heinz Rummenigge.

Paweł Janas: – Ze spotkania z RFN przede wszystkim zapamiętałem ich lewego obrońcę Heinza-Petera Briegela. To był prawdziwy lekkoatleta. Gonił cały czas, miał wręcz niespożyte siły.

Antoni Piechniczek: – Ten mecz miał być przetarciem przed najważniejszym spotkaniem z NRD. Bardzo chcieliśmy rozegrać ten mecz, zabiegaliśmy o to w zachodnioniemieckiej federacji piłkarskiej. Zachodni Niemcy grali podobną piłkę, mogli dać nam wiedzę przed tym najważniejszym spotkaniem.

To czas, kiedy w sklepach brakuje dosłownie wszystkiego. – Nie chcieliśmy źle wypaść przed gośćmi – mówi Piechniczek. – Chcieliśmy się pokazać. Rozważaliśmy, żeby zrzucić się do kapelusza i dać im parę tysięcy złotych. Chodziło o to, żeby przy okazji pobytu w Polsce mogli kupić sobie jakieś pamiątki. Ostatecznie pomysł nie wypalił. Na całe szczęście, bo byśmy się tylko ośmieszyli. Niemcy mieszkali w katowickim hotelu Warszawa i dostaliśmy przeciek, że po meczu, racząc się dobrymi trunkami, zostawili w barze 40 tysięcy złotych.

Bez etatu nie ma kartek

Przed tym meczem w zespole trenerskim pojawia się Jerzy Engel. Działacze PZPN decydują, że zostanie szefem banku informacji. Piechniczek: – W Warszawie usłyszałem: „Słuchaj, nic ci nie zaszkodzi, jeśli Engel będzie robił obserwacje. Da ci je przed meczem, a na ile ty z nich skorzystasz, to twoja sprawa". To była doraźna, tymczasowa pomoc. Jurka traktowałem ciepło, był absolwentem tej samej uczelni co ja. Nie narzucał się.

– W połowie 1981 roku kończył mi się kontrakt trenerski w Polonii Bydgoszcz i chciałem wrócić do stolicy – wspomina Jerzy Engel. – W maju w Bydgoszczy odbył się towarzyski mecz reprezentacji Polski z Irlandią i tam spotkałem się z trenerem Piechniczkiem. Z jego sztabu odszedł zajmujący się „bankiem informacji" Bernard Blaut, który podpisał kontrakt w Tunezji, i trener potrzebował kogoś na jego miejsce. Znałem języki, więc dostałem ważne zadanie: obserwację piłkarzy Niemieckiej Republiki Demokratycznej. Przez kilka miesięcy ciągle jeździłem do NRD na mecze Oberligi i tamtejszych drużyn w europejskich pucharach. Z Centralnego Ośrodka Sportu PZPN wynająłem kamerzystę i podróżowaliśmy we dwójkę. Z tych materiałów przygotowywaliśmy dla trenera piętnastominutowe filmiki z najważniejszymi informacjami.

Jak przyjmowali to Niemcy?

– Pamiętam, że chcieliśmy zrobić materiał z meczu drużyny Carl Zeiss Jena, w której grało wielu reprezentantów NRD – mówi Engel. – Zapowiedzieliśmy się, autobus miał nas zabrać na stadion o godzinie 14. Kwadrans przed umówionym terminem przyszliśmy na umówione miejsce i okazało się, że wyjechał bez nas, godzinę wcześniej. Zdenerwowaliśmy się, ale nie popuściliśmy. Zatrzymaliśmy pierwszy z brzegu samochód, akurat jechał trabant. Kierowca był bardzo miły, zgodził się nas zawieźć na stadion. Na miejscu ostentacyjnie ustawiliśmy się obok trybuny VIP. Za karę, żeby gospodarze wiedzieli, że daliśmy sobie radę bez ich pomocy.

Jerzy Engel jest w kadrze Piechniczka jeszcze przy dwóch następnych meczach – z Portugalią w Lizbonie i tym najważniejszym – z NRD w Lipsku. Na mundial jednak nie jedzie. – Proza życia. Miałem żonę, rodzina miała się powiększyć, nic dziwnego, że chciałem stabilizacji. Tymczasem w PZPN były limity etatów i związek nie miał dla mnie stałej pracy. W tamtych czasach oznaczało to brak kartek żywnościowych! Dlatego odszedłem z reprezentacji do Hutnika Warszawa. Nie pojechałem do Hiszpanii, zamiast tego w następnym roku wywalczyłem z Hutnikiem awans do drugiej ligi. No i miałem kartki na jedzenie – mówi Engel. Dwadzieścia lat później, jako pierwszy selekcjoner po Antonim Piechniczku, Jerzy Engel wywalczy z reprezentacją Polski awans do mistrzostw świata.

Idealny człowiek od czarnej roboty

Na rewanżowy mecz z NRD do kadry wracają Józef Młynarczyk i Zbigniew Boniek. – Cieszyłem się z tego, wiedziałem, że będą ogromnym wzmocnieniem reprezentacji – mówi Piechniczek.

Selekcjoner wie, że na Bońka może liczyć. Kilka miesięcy wcześniej spotyka się z nim na stadionie przy ul. Cichej w Chorzowie przed meczem Ruchu z Widzewem. – Wtedy Zbyszek jeszcze nie mógł grać. Powiedziałem mu, że zrobię wszystko, żeby go odwiesić i że oczywiście widzę dla niego miejsce w reprezentacji, że będzie mi bardzo potrzebny. Ujął mnie wtedy skromnością – wspomina Piechniczek.

Rozmowa jest krótka.

Boniek: – Panie trenerze, może pan na mnie zawsze liczyć. Ja dobrze wiem, że przecież my już się zakwalifikowaliśmy na mundial i osiągnęliście to beze mnie.

Piechniczek: – Jak to? Przecież eliminacje się nie skończyły.

Boniek: – Nawet jeśli przegramy rewanż z NRD w Lipsku, to jako ostatni gramy z Maltą u nas, więc będziemy wiedzieć, ile bramek im nastrzelać, żeby awansować do mundialu.

Boniek ma rację, ale połowicznie. Okazuje się, że przed meczem NRD – Malta Niemcy fundują gościom tygodniowe zgrupowanie u siebie. – Kto wie, co się na tym obozie działo? Kto przygotowywał jedzenie? Ale wysokie zwycięstwo Niemców nad Maltańczykami miało dla nich sens tylko wtedy, gdyby wygrali z nami rewanż w Lipsku. Dlatego na ten rewanż chciałem koniecznie mieć w kadrze Zbyszka – wspomina Piechniczek.

Zbigniew Boniek: – Wiadomo, że marzyłem o kadrze, pomału kończyła mi się dyskwalifikacja. Chciałem, żeby trener doszedł do wniosku, że jestem potrzebny. Ale to była jego decyzja.

Przed rewanżem z NRD Polacy rozgrywają jeszcze jeden mecz towarzyski z Portugalią w Lizbonie. – Pierwszy raz zagrał u mnie wtedy Waldemar Matysik – mówi Piechniczek. – Musiał parę razy przejąć piłkę po podaniach Fernando Chalany. Uznałem, że to był idealny piłkarz do czarnej roboty! Miał rekordową ilość odbiorów w środku boiska. W tym rejonie zawsze najwięcej ich przechwytywał. Zdarzały się mecze, że zdobywał więcej piłek niż pozostała trójka pomocników razem! Nie budował superakcji, nie miał dobrego strzału z dystansu, ale od tego byli inni. On robił, co do niego należało: przechwytywał piłkę i podawał do najbliższego kolegi. Tacy zawodnicy w każdej drużynie są bardzo potrzebni. Od razu pomyślałem, że chciałbym go mieć w zespole.

– Trener Piechniczek wiedział, czego ode mnie chce – mówi Waldemar Matysik. – Często mi powtarzał: „Waldek, ty masz dar przewidywania, potrafisz wyczuć, dokąd poleci piłka”. W systemie 4-4-2 grałem za dziesiątką, czyściłem, asekurowałem obrońców, wspomagałem bocznych pomocników. Miałem taki styl, że często patrzyłem w oczy przeciwnikowi i myślę, że dzięki temu wiedziałem, jak chce zagrać.

Niemcom nie ufamy

Potężny stadion w Lipsku jest dla reprezentacji NRD tak samo szczęśliwy jak Stadion Śląski dla Polski. Enerdowcy rozgrywają tam wszystkie najważniejsze mecze. Ten mecz jest decydujący, najważniejszy w eliminacjach.

W przedmeczowych rozmowach piłkarze grający jeszcze u trenera Kuleszy wspominają starcie z 1979 roku. Mówili wtedy Piechniczkowi: – Trenerze, kiedy graliśmy z NRD na Stadionie Śląskim za Ryszarda Kuleszy [1:1 w eliminacjach ME – przyp. aut.], to rywale mieszkali w Novotelu w Sosnowcu. Z każdego posiłku lekarz niemiecki brał wtedy próbki i badał jedzenie.

Trenerowi daje to do myślenia. – Skoro obawiali się nieczystych praktyk, można było wysnuć wniosek, że sami takie chwyty stosowali. Stwierdziłem, że w meczu wyjazdowym musimy bardzo uważać. Poza tym pomyślałem, że własnym piłkarzom też coś dają. Zacząłem się bać, żeby nagle z niewyjaśnionych przyczyn nie zabrakło nam sił na przykład na kwadrans przed końcem. Żebyśmy nie chodzili na czworakach, podczas gdy rywale będą w tym czasie strzelać decydujące bramki – wspomina Piechniczek.

Układa plan wyjazdu. Założenia są następujące: kadra leci do Lipska w przeddzień meczu. Na przedmeczowy trening na stadionie jedzie prosto z lotniska. Tam rozruch i przejazd do hotelu, gdzie kolację przygotowuje kucharz reprezentacji Andrzej Białkowski. Przywozi ze sobą jedzenie, które przygotowano jeszcze w Kamieniu pod Rybnikiem (tam kadra ma zgrupowanie przed meczem).

– Mieliśmy porządnie się wyspać, zjeść późne śniadanie i rozegrać mecz o godzinie 14.30. A po meczu gospodarze mogą nam już podawać, co chcą – śmieje się Piechniczek.

Kiedy PZPN powiadamia rywali o tym planie, NRD od razu wysyła ostrą notę protestacyjną do polskiego Ministerstwa Spraw Zagranicznych, że „Polacy nie mają do nich zaufania". – Na szczęście ówczesny prezes PZPN Włodzimierz Reczek miał wejścia w ministerstwie i stanęło na tym, że mamy robić tak, jak zaplanowaliśmy – wspomina Piechniczek. – Enerdowcom nie ufaliśmy. Zabraliśmy do Lipska nawet własną wodę. W szatni czekały na nas termosy z wodą i herbatą, ale od razu to wylaliśmy. Od kucharza Andrzeja Białkowskiego Niemcy zażądali wszelkich możliwych papierów, książeczki zdrowia, certyfikatów. A on był przecież kucharzem międzynarodowym, z ogromnym doświadczeniem, wcześniej m.in. pływał na statku.

Białkowski się wścieka. W kuchni rozciąga kolorowe sznurki, ogradza się od niemieckiej obsługi. – To jest moje królestwo i nikomu nie wolno tych sznurków przekroczyć – ostrzega.

Tego meczu już nie oddamy! Antoni Piechniczek na meczu z NRD w Lipsku podczas eliminacji mistrzostw świata. Obok Dariusz Szpakowski, jeszcze jako reporter radiowy.

Grzegorz Lato: – Kiedy kelner odbierał od niego talerze, między kuchnią a jadalnią co kilka metrów stał ktoś z naszej ekipy: lekarz, masażysta. Każdy krok kelnerów był uważnie obserwowany. Nasi pilnowali, żeby nie dosypano nam czegoś do talerzy.

Polacy tak się w Lipsku pilnują, że piłkarze dostają zalecenie, aby nawet zębów nie myć przy użyciu wody z kranu, tylko korzystać z zapasów przywiezionych z kraju.

Zimna krew Włodka Smolarka

Mecz jest wydarzeniem politycznym, ogląda go 85 tys. osób. – W NRD mówili o Polakach, że strajkują, bo nie chce nam się pracować. Miało to wpływ na atmosferę wokół tego spotkania – wspomina Piechniczek.

– Na mecz przyjechało do Lipska mnóstwo polskich kibiców, ale – o czym wtedy nie wiedzieliśmy – bardzo wiele autobusów zostało zatrzymanych na granicy. Pod byle pretekstem musiały zjeżdżać na pobocze, wielu ludzi nie zdążyło. Na stadionie tylko jeden sektor był wypełniony polskimi kibicami, ale podczas meczu okazał się głośniejszy niż cały stadion.

Selekcjoner decyduje się na ostrożne ustawienie. Andrzeja Buncola, strzelca złotej bramki z pierwszego meczu, zastępuje Waldemar Matysik. – Wiem, że Andrzej bardzo to przeżył, ale taki był wymóg chwili. Szybko się okazało, że to był dobry ruch. Wprowadzenie Matysika i Stefana Majewskiego w tym meczu to jeden z moich najlepszych pomysłów – uważa Piechniczek.

Przed meczem sztab trenerski zakłada, że w pierwszych dwudziestu minutach Niemcy rzucą się na Polaków i będzie ostro. – Dlatego mieliśmy wprawdzie zagrać ostrożnie w obronie, ale mówiłem piłkarzom, że jak tylko nadarzy się okazja, mają iść w dwóch lub trzech na pełnej szybkości, nawet jeśli miałaby ich dopaść zadyszka. To może być dla Niemców zabójcze, mogą się tego nie spodziewać – mówi Piechniczek.

Już po pięciu minutach jest 2:0 dla Polski. Grzegorz Lato: – Na początku nas przycisnęli, ale w drugiej minucie piłka trafiła do mnie. Za plecami biegł Waldek Matysik, wspaniały chłopak. Krzyknąłem do niego: „Idziesz!" i puściłem mu piłkę wzdłuż linii. On zacentrował wprost na głowę Andrzeja Szarmacha. Oczywiście padł gol, bramkarz tylko bezradnie popatrzył na piłkę w siatce.

– Dobrze pamiętam, jakie miałem nerwy, zwłaszcza przy drugiej bramce. Włodek Smolarek minął już bramkarza i zdecydował się jeszcze kiwać obrońcę. Przewracał się, a ja z ławki – jak chyba cała Polska – na całe gardło krzyczałem: „Strzelaj, strzelaj, no STRZELAJ!". To była typowa dla Włodka akcja. Wiedział, że ma rywala na wykroku i ten nic nie może mu zrobić. To był piłkarz, który miał wyjątkowo zimną krew. Właśnie dlatego go tak lubiłem i ceniłem – mówi Piechniczek.

Wynik 2:0 utrzymuje się do przerwy. Po pierwszej połowie Piechniczka zaskakuje dziwne zdarzenie. – Lipski stadion był potężnym obiektem. Do szatni jechało się na drugie piętro wielkimi towarowymi windami, w których mieściła się cała drużyna. W przerwie meczu wracaliśmy do szatni przemieszani. Popatrzyłem na obrońcę Kurbjuweita, jego kolegów i zaskoczyło mnie wtedy ich zachowanie – wspomina Piechniczek. – Byłem przekonany, że będą mieli nosy spuszczone na kwintę, a oni w ogóle nie przejmowali się wynikiem. Żartowali, śmiali się, byli na luzie. Pomyślałem, że coś szykują, nakazałem czujność do końca.

Grzegorz Lato: – Myślę, że jechali wtedy na dopingu.

Tylko nie drzyj gęby

Władysław Żmuda: – NRD nigdy „nie leżała" Polakom, ale wtedy bardzo się zmobilizowaliśmy. Pamiętam, że napastnik Joachim Streich był bardzo nieprzyjemny. Twardy, zaciekły, typowy enerdowski typ.

– Streicha porównywaliśmy do Horsta Hrubescha, słynnego napastnika z tych drugich Niemiec – dodaje Paweł Janas. – Nie tak wysoki, ale też się strasznie rozbijał. Twardo grał łokciami. Z NRD, Czechosłowacją, ZSRR zawsze była wojna. Niby kraje zaprzyjaźnione, ale wiadomo, jak było naprawdę.

W drugiej połowie gospodarze atakują, właśnie Streich strzela gola, ale dobija ich Smolarek. Ostatecznie spotkanie kończy się wynikiem 3:2 dla Polski.

Dla Zbigniewa Bońka był to pierwszy mecz w drużynie Piechniczka o punkty. – Pamiętam, że przed tym spotkaniem byłem wyjątkowo skoncentrowany, porażka w tym jednym meczu mogła sprawić, że nie pojechalibyśmy na mundial. Stawka sprawiła, że na trzy dni przed meczem całkowicie się wyłączyłem, byłem skoncentrowany tylko na tym spotkaniu. Świat zewnętrzny dla mnie nie istniał. Doskonale zdawałem sobie sprawę, że wszedłem do drużyny, która już coś osiągnęła, coś pokazała i musiałem zrobić wszystko, żeby jej pomóc. Strasznie mi zależało na dobrym występie, a wtedy NRD to był dobry zespół, z którym niewygodnie się grało.

Grzegorz Lato: – Zawiązywała się drużyna z charakterem, jeden na drugiego mógł liczyć, nikt się nie opieprzał. Ale nie patyczkowaliśmy się ze sobą. Raz Zbyszek Boniek nie cofnął się jak należy i dostał ode mnie straszną zjebkę. Gdy to się powtórzyło, tylko na niego spojrzałem, a on od razu: „Dobra, już wiem, tylko nie drzyj gęby".

Majewski, postrach rowerków

Dla Stefana Majewskiego to pierwszy mecz w kadrze Piechniczka, choć w reprezentacji zadebiutował jeszcze w 1978 roku, za Gmocha. – Trener Piechniczek powołał mnie w ostatniej chwili na zgrupowanie przed meczem w Lipsku. Przygotowywaliśmy się w Kamieniu. Kiedy przyjechałem, odbył się sparing z ROW-em Rybnik i strzeliłem wtedy gola. Połowę meczu zagrałem na obronie, a połowę w pomocy – wspomina Majewski. – Trener Piechniczek mimo młodego wieku był bardzo spokojny, ale zarazem stanowczy. Powiedział wyraźnie, że nie przyjechałem na zgrupowanie tylko po to, żeby być rezerwowym. Podkreślił, że widzi mnie w drużynie, że będę grał. Chciał mi się przyjrzeć, bo miał wobec mnie konkretne plany. Ale zaznaczył, że wszystko zależy ode mnie.

W efekcie świetnie mnie zmotywował. A ja miałem dobrą cechę: stres mnie w ogóle nie dotyczył! Doceniałem klasę rywala, ale nigdy nie bałem się żadnego piłkarza, nigdy nie musiałem korzystać przed meczem z toalety.

Majewski jest jednocześnie najbardziej wszechstronnym piłkarzem w kadrze. Może grać na każdej pozycji, w pomocy i w obronie. U Piechniczka w pierwszym meczu występuje na lewej pomocy, w drugim – na prawej pomocy. Na mundialu w trzech pierwszych meczach – na prawej obronie, a w kolejnych czterech – na lewej. Potem przechodzi na środek obrony.

– Piłkarz wszechstronny jest potrzebny, ale wiadomo, że nigdy nie jest najlepszy. Kiedy wszyscy najlepsi są „w gazie" i nie narzekają na zdrowie, to ten wszechstronny ma problem – uśmiecha się Majewski.

Najlepiej czuje się na środku obrony, ale zaczyna jako... bramkarz. W rodzinnej Bydgoszczy trener Edmund Rychlewicz, który kiedyś sam stał w bramce, widzi w nim talent właśnie na tej pozycji. Majewskiego ciągnie jednak do przodu, kilkakrotnie jako bramkarz zdobywa nawet gole w drużynach juniorów. Przy okazji okazuje się, że jego atutem jest ogromna wydolność, więc właściwie szkoda go na bramkarza. Po latach w kadrze Piechniczka koledzy z drużyny śmieją się, że kiedy planowane są jakieś badania wydolnościowe na rowerku, pierwszy powinien na nim siadać Majewski. Bo ten rower zajedzie, a reszta będzie miała spokój.

– Gdyby trener Piechniczek w Lipsku przegrał, byłoby źle – mówi Majewski. – Uważam, że właśnie tam rozegrałem moje najlepsze spotkanie w reprezentacji Polski [do 1986 roku Majewski rozegrał ich 40 – przyp. aut.]. Pamiętam, że inicjowałem wtedy wiele akcji, byłem aktywny. Zdarzało mi się też ostro faulować. Piętnaście minut przed końcem meczu pytam kolegów z ławki, która minuta. Mówią, że 75. Zaraz potem słyszę gwizdek sędziego i wszyscy skaczą w górę. Co jest grane?! Byłem tak bardzo skoncentrowany, że nie kontrolowałem upływającego czasu. Potem mówiło się, że byłem najlepszym piłkarzem tego meczu.

Bramkarz wymiotuje z wysiłku

Przed mundialem Piechniczek musi załatwić jeszcze ważną sprawę. Brakuje mu w kadrze stałego fachowca od szkolenia bramkarzy. Próbuje różnych trenerów, a bramkarzy prosi, żeby mu powiedzieli, z którym najlepiej im się pracuje. Z Piotrem Czają zna się ze wspólnej gry w Ruchu Chorzów, zaprasza go na zgrupowania kadry do Kamienia.

Czaja nadaje się na to stanowisko, bo staje się cenionym w Polsce trenerem bramkarzy, gdy sam jeszcze gra w drużynie na tej pozycji. Zaczęło się to trochę przypadkowo. O pilnowanie młodszych kolegów prosi go po przyjściu do Ruchu Michal Vičan. Czaja trenuje więc kolegów i siebie samego. Działacze Ruchu proszą go także o prowadzenie raz w tygodniu szkółki bramkarskiej dla młodszych adeptów. W ciągu kilku lat przez jego ręce przejdą kolejni uznani bramkarze Ruchu, m.in. Henryk Bolesta, Józef Wandzik, Janusz Jojko i Ryszard Kołodziejczyk. – Chyba rzeczywiście miałem smykałkę do szkolenia – przyznaje Czaja.

Po konsultacjach Piechniczek ostatecznie składa propozycję właśnie jemu. Decyduje opinia Józefa Młynarczyka, który bardzo chce podczas hiszpańskiego mundialu współpracować z Czają.

– Czaja idealnie nadawał się do tej roboty. Był świetnym bramkarzem i trenerem – mówi Józef Młynarczyk. – Bez przerwy gonił do roboty, nie było obijania się. Właściwy człowiek na właściwym miejscu.

Zdaniem Czai Młynarczyk miał pewne braki techniczne. – Nie łapał piłki jak przeciętny bramkarz. Chwytał ją jedną ręką z góry, a drugą z dołu. Nie zamykał jej w tzw. koszyczku. To powodowało, że czasem odbijała mu się od klatki piersiowej. Moim zdaniem tamtego nawyku nie dało się już wykorzenić. Młynarczyk był za stary, żeby coś zmienić. Chodziło więc jedynie o to, żeby zminimalizować złe skutki. Szlifowaliśmy chwyt bardzo długo. W efekcie nie było nawet widać, że inaczej łapie piłkę, która z czasem przestała mu się odbijać od klatki. Było to możliwe, bo Józek zawsze solidnie i ciężko pracował. A ja dawałem mu naprawdę ostry wycisk, bardzo często po treningach wymiotował. Ale żeby nie było, że się wyżywam. Bardzo często trenowałem z nim, robiłem te same ćwiczenia co on – wspomina Czaja, który do dziś wyjątkowo dba o formę fizyczną i imponuje sportową sylwetką. Mieszka w Międzybrodziu Bialskim, trzy razy w tygodniu biega po Beskidach.

Jan Tomaszewski czuje się źle

Radość z awansu na mundial mąci Jan Tomaszewski, który jest rezerwowym bramkarzem w Lipsku. W Chorzowie w meczu z NRD spisał się świetnie, ale w Lipsku jest już Józef Młynarczyk. Tomaszewski przyjeżdża na mecz z hiszpańskiego Herculesa Alicante, do którego przenosi się z Belgii.

Piechniczek początkowo nie wie, na kogo postawić w meczu z NRD – tym bardziej że w trzech meczach ligowych poprzedzających mecz w Lipsku Tomaszewski przepuszcza kilkanaście bramek. Pyta Piotra Czaję.

– Decyzja należy do ciebie, ty ponosisz odpowiedzialność. Ale gdyby to zależało ode mnie, nie zastanawiałbym się nawet chwili i postawił na Młynarczyka – odpowiada Czaja.

– Potem Tomaszewski wiele lat narzekał, że wtedy nie zagrał, ale ja miałem czyste sumienie – podkreśla Piechniczek.

Ale wtedy chce załatwić sprawę delikatnie. Pyta Tomaszewskiego przed meczem, jak mu poszło w ostatnim spotkaniu z Realem Madryt, które Hercules Alicante przegrało 1:2.

Jan Tomaszewski: – Powiem, że źle, to się sam wystawię. Powiem, że dobrze, to nie będę wiarygodny. Domyślałem się, o co chodzi, i sam powiedziałem: „Trenerze, niech Józek broni".

Piechniczek dziękuje mu za takie podejście.

– Nie czułem się dobrze – mówi Tomaszewski. – Byłem rozżalony, bo przecież nie musiałem jechać przez całą Europę, żeby dowiedzieć się, że usiądę na ławce rezerwowych, tym bardziej że w kadrze oprócz mnie i Młynarczyka był jeszcze jeden bramkarz, Piotr Mowlik. Nie miałem już wtedy aspiracji, by grać w reprezentacji, i akceptowałem fakt, że u Piechniczka numerem jeden jest Młynarczyk. Ale skoro mnie poproszono, to przyjechałem. Byłem jednak zbyt zasłużony, żeby w takiej sytuacji robić mnie rezerwowym.

Piechniczek: – Na odprawę Tomaszewski przyszedł, wiedząc, że będzie rezerwowym. Podczas meczu widziałem, że bardzo przeżywa moją decyzję. Wyglądał jak zbity pies. Potem okazało się, że tego dnia przypadała dziesiąta rocznica jego gry w reprezentacji. Mogła to być dla niego wielka feta. Wydaje mi się, że jego frustracja wzięła się potem stąd, że wbrew pozorom mecz nie okazał się trudny dla bramkarza. Młynarczyk złapał, co miał złapać, a przy straconych bramkach nie miał większych szans. Przy karnym nic nie mógł zrobić, przy drugiej bramce mógł zachować się lepiej, ale nie sięgnął dośrodkowania. „Tomek" to przetrawił, przemyślał i zaczął czuć żal. Pewnie zadawał sobie pytanie: co dalej, czy ja będę jeszcze w tej kadrze?

Ale Tomaszewski reaguje impulsywnie. Nie będzie już „co dalej".

Dziękuję, rezygnuję

Po meczu na uroczystej kolacji trener Piechniczek prosi o chwilę ciszy i mówi: – Koledzy, dziękuję. Wszyscy, jak tu siedzicie, pojedziecie na mistrzostwa świata.

Po przemówieniu Piechniczka Tomaszewski od razu wstaje. – Panowie, beze mnie. Postanowiłem zakończyć karierę reprezentacyjną. Mam tylko jedną prośbę. Chciałbym wystąpić w towarzyskim meczu z Hiszpanią, który niedługo odbędzie się w Łodzi.

– Szkoda, bo liczyłem na Tomaszewskiego. Jako jedyny z Polaków grał w lidze hiszpańskiej, więc jego znajomość tamtych realiów była nie do przecenienia. Naprawdę chciałem zabrać go na mistrzostwa świata.

Mowlik poleciał na mundial tylko dlatego, że Tomaszewski się wycofał – mówi Piechniczek.

Grzegorz Lato: – Jak to po latach skomentować? Matka miała dwóch synów: jeden był normalny, a drugi to bramkarz. Muszę powiedzieć, że Piechniczek miał nosa. Wybór Młynarczyka na pierwszego bramkarza reprezentacji Polski był w tamtym momencie w stu procentach trafiony. Mimo różnych wpadek był rewelacyjny!

Lato doskonale pamięta powrót z Lipska. – Było co świętować. Zaczęło się w samolocie. W Katowicach część chłopaków wysiadła, a my lecieliśmy dalej do Warszawy. Było naprawdę ostre świętowanie. Jak mnie w Lokeren menedżer zobaczył, tylko pokiwał głową i powiedział z rezygnacją: „OK, Gregor".

Dziewięć palców Młynarczyka

Dwa tygodnie później rozentuzjazmowani Polacy dokonują czegoś niezwykłego. Lecą do Argentyny i pierwszy raz w historii polskiej piłki wygrywają z aktualnym mistrzem świata na jego terenie.

Antoni Piechniczek: – Ten mecz zbudował przeświadczenie, że rzeczywiście możemy coś z tą drużyną osiągnąć na mistrzostwach świata. W niczym nie ustępowaliśmy mistrzom świata.

Kłopot był z bramkarzami. Najpierw do Piechniczka przychodzi Piotr Mowlik i mówi: „Trenerze, nie mogę jechać, zmarł mi ojciec". Potem Józef Młynarczyk: „Trenerze, nie mogę jechać, złamałem palec".

W trakcie treningowej gierki z Tadeuszem Dolnym, Waldemarem Matysikiem i Włodzimierzem Smolarkiem. Piechniczek często trenował ze swoimi piłkarzami.

– W desperacji poprosiłem działaczy, żeby w trybie awaryjnym poszukali Jacka Kazimierskiego – wspomina Piechniczek. – Wtedy nie było komórek, nikt nie mógł go znaleźć. Zaszył się, a może się obraził, że nie jest w ekipie? Działacze powiadomili więc grającego w Alicante Jana Tomaszewskiego, żeby czekał na nas w Madrycie na lotnisku, bo tam mamy przesiadkę w drodze do Argentyny. Ale też się nie zjawił. Chyba ciągle był obrażony, że nie zagrał w Lipsku.

Paweł Janas: – Na taki wyjazd trzeba było dużo wcześniej załatwić wizy. Nie dało się tego zrobić z dnia na dzień. Wraca więc pomysł z Młynarczykiem. Ale nikt nie wie, gdzie jest. Według jednej z wersji na polecenie pułkownika Henryka Celaka, ówczesnego wiceprezesa PZPN, jednocześnie zastępcy komendanta MO w stolicy, bramkarza szuka milicja w całym kraju. Ostatecznie zostaje ponoć odnaleziony na Mazurach, gdzie łowi ryby.

Młynarczyk twierdzi jednak, że był w Warszawie. – Trener Piechniczek chciał, żebym pojechał na ten mecz. Miałem być tylko rezerwowym i jeszcze w Argentynie myślałem, że tak będzie. Sądziłem, że Tomaszewski doleci do Buenos Aires. Przecież ja miałem fatalny uraz. Dostałem piłką w palec wskazujący i górna część paliczka jakby obsunęła mi się w dół. Kiedy masażysta to zobaczył, aż jęknął, że od razu trzeba nastawić, bo potem nie wiadomo, co z tym będzie. Jak szarpnął, bolało strasznie. W dodatku skóra pękła i kość była na wierzchu. W takim stanie moja gra była bezsensowna – denerwuje się Młynarczyk.

Antoni Piechniczek: – Zabraliśmy do Argentyny Józka, a rezerwowego w ogóle nie było! Józek do końca nie wiedział, że będzie musiał zagrać. Myślał, że może się rozluźnić, więc kiedy się pojawił na zbiórce, rzeczywiście nie wyglądał zbyt świeżo. Niektórym zawodnikom to się nie podobało. Dwóch do mnie nawet wtedy podeszło i mówią: „Trenerze, jak go pan jeszcze raz powoła, to my kończymy karierę w reprezentacji". A ja to: „Panowie, spokojnie, zagrajmy ten mecz".

Najpierw podpisz oświadczenie

Józef Młynarczyk: – Miałem rękę na temblaku, przed hotelem czekałem nerwowo na drugiego bramkarza. Coraz bardziej się niepokoiłem. Czas płynął, a do mnie zaczęło docierać, że jednak to ja będę musiał zagrać.

– Byliśmy przestraszeni – wspomina Paweł Janas. – Mamy grać na terenie mistrza świata z bramkarzem, który nie może bronić obiema rękami. Dwa palce, w tym ten złamany, sklejono Józkowi plastrem, żeby trzymały się razem, i wsunięto do rękawicy.

– Dajcie mi rękawice, ja wejdę do bramki – oferuje się Zbigniew Boniek. Oczywiście to rozwiązanie nie wchodzi w grę.

– Jakby trzeba było wtedy wejść do bramki, tobym wszedł – mówi dzisiaj Boniek. – Czasami przed ważnymi meczami w kadrze i Widzewie po ostatnim treningu dla rozluźnienia brałem rękawice i stawałem w bramce. Lubiłem to, podobała mi się gra między słupkami. W Argentynie naprawdę pomyślałem, że kiedy Józek już nie wytrzyma z bólu, to go w tej bramce zastąpię, byłem na to gotowy – dodaje.

Józef Młynarczyk: – Trudno było mi opuścić rękę, bo od razu zaczynała boleć. Poprosiłem doktora Janusza Garlickiego, żeby wbił mi coś w ten palec, musiałem wytrzymać na boisku. Ale doktor spojrzał na moją rękę i zażądał, żebym najpierw podpisał oświadczenie. Miałem wziąć wszystko na siebie, grać na własną odpowiedzialność i oświadczyć, że nie będę rościł żadnych pretensji, jeśli z ręką stanie się coś poważnego.

Młynarczyk podpisuje, bierze środki znieczulające i ze złamanym palcem broni bardzo przyzwoicie. – Nie miałem wyboru, musiałem wyjść na boisko. Gdyby się okazało, że Polska wystąpiła bez bramkarza w meczu międzypaństwowym, byłby skandal na cały świat!

Paweł Janas: – Józek rzeczywiście bronił świetnie, miał kilka trudnych sytuacji i dał radę.

Przepuszcza tylko jeden strzał z dystansu słynnego Daniela Passarelli, a Polska wygrywa 2:1! Efektownego gola z rzutu wolnego zdobywa Zbigniew Boniek.

Młynarczyk: – Koledzy z drużyny stanęli na wysokości zadania. Grali tak, że nie miałem wiele roboty, nie dopuszczali do groźnych sytuacji. Po meczu chłopaki byli pełni uznania, klepali mnie po plecach. Byłem bardzo zadowolony.

Po meczu niektórzy piłkarze znów mają uwagi do Piechniczka dotyczące Młynarczyka: „Trenerze, ale Młynarz musi być nadal w tej kadrze".

Piechniczek: – Samo życie...

Mistrz dryblingu, trochę lekkoduch

Eliminacje kończy mecz z Maltą. Polacy bez problemów odnoszą najwyższe zwycięstwo za kadencji Piechniczka. 6:0! Jedną z bramek strzela 19-letni debiutant Dariusz Dziekanowski, obwołany jedną z największych nadziei polskiej piłki. Na mundial się jednak nie załapuje.

Piechniczek: – Miał jeszcze czas.

Żmuda: – Od meczu z Maltą zostałem kapitanem. Wróciliśmy do starego systemu: kto ma najwięcej meczów w reprezentacji, ten jest kapitanem.

– Na rewanżowe spotkanie z Maltą już nie pojechałem. Miałem ważny ligowy mecz – mówi Lato. – Walczyliśmy o wicemistrzostwo Belgii.

Anderlecht – co trzeba uczciwie przyznać – był wtedy poza naszym zasięgiem, choć u siebie wygraliśmy 2:0, a ja zdobyłem oba gole. Ale zajęliśmy w lidze drugie miejsce.

Piechniczek: – Pierwszy raz w meczu o punkty dałem szansę Mirkowi Okońskiemu. Potem dostawał ją jeszcze dwadzieścia razy, ale gola strzelił tylko w towarzyskim meczu z Bułgarią. Z „Okonkiem" był jeden problem – miał konkurenta, którego ceniłem jednak wyżej, czyli Włodka Smolarka. Obaj najlepiej czuli się na lewym skrzydle. Czasem wystawiałem „Smolara" na prawe, jak w tym meczu, ale do dziś nie wierzę, że z prawej strony mógłby dać kadrze tyle, ile dawał, grając na lewej. „Okonek" też nie nadawał się na prawą stronę. To był mistrz dryblingu, ale trochę lekkoduch. Było mi żal, że nie pojechał do Hiszpanii, ale wybrałem Włodka Smolarka. Było miejsce w kadrze dla jeszcze jednego zawodnika i rywalizacja rozstrzygnęła się między „Okonkiem" a Andrzejem Pałaszem. Postawiłem na Pałasza nie dlatego, że był ze Śląska, z Górnika Zabrze, ale dlatego, że był bardziej wszechstronny od Okońskiego. Mógł zagrać na prawym skrzydle, w środku ataku, a nawet w pomocy. To zdecydowało.

Na koniec roku Polska rozgrywa mecz towarzyski z Hiszpanią. To pożegnanie z kadrą Jana Tomaszewskiego. Na spotkanie do Łodzi przylatuje z... Hiszpanami. – Zaprosili mnie do samolotu, więc poleciałem z nimi – wspomina Tomaszewski.

Piechniczek: – Chciałem, żeby Janek rozegrał cały mecz, ale poprosił, żeby wpuścić go tylko na pierwszą połowę.

– W ogóle nie chodziło o wynik. Żegnałem się nie tylko u siebie, w Polsce, ale przede wszystkim u siebie, w Łodzi. To był piękny dzień, byłem wzruszony – mówi Tomaszewski.

Polska przegrywa z Hiszpanią 2:3. Nikt wówczas nie przypuszcza, że to będzie ostatni mecz reprezentacji Polski aż do finałów mistrzostw świata.

Można iść na dyskotekę

– Warto zwrócić uwagę, że trener piłkarskiej reprezentacji Polski dziś i trzydzieści lat temu to dwa całkowicie różne zawody – wyjaśnia Boniek. – Dziś selekcjoner ma drużynę do dyspozycji sześć razy w roku po trzy dni. Wtedy z reprezentacją jeździło się na obozy letnie, zimowe, tournée. Więcej czasu spędzałem na zgrupowaniach kadry i częściej trenowałem z Piechniczkiem niż z klubowym szkoleniowcem.

Selekcjoner musiał mieć doskonały warsztat: znać jednostkę treningową, mikrocykl, żeby dobrze przygotować drużynę. Piechniczek był w tym znakomity. Cenił solidną pracę. To ważne, bo „na świeżości" można iść do dyskoteki albo z dziewczyną na randkę, ale nie na boisko piłkarskie.

Poza tym w futbolu trzeba mieć siłę, kondycję, zdrowie, wytrzymałość. Piechniczek lubił poważnie trenować. I bardzo dobrze! Tylko taki, który lubi pracować, będzie dobrym szkoleniowcem. A czy to komuś przeszkadzało? Kilku piłkarzy zawsze się znalazło. Polacy mają charakter roszczeniowy, najmniej wymagają od siebie.

Ja byłem zawodnikiem, którego żaden szkoleniowiec nie musiał zmuszać do treningów, czerpałem z nich przyjemność. W meczach międzypaństwowych bardzo często byłem zawodnikiem krytym indywidualnie, więc im dłużej mecz trwał, tym lepiej dla mnie. Około 70. minuty w ważnym momencie potrafiłem uciec mojemu przeciwnikowi, bo byłem dobrze przygotowany fizycznie. Trener Piechniczek przygotował nas do turnieju w Hiszpanii znakomicie, choć nie jest powiedziane, że inni polscy trenerzy też nie dokonaliby tej sztuki. W Widzewie u Jacka Machcińskiego na przygotowanie fizyczne też nigdy nie mogłem narzekać.

Rugby na śniegu

13 grudnia 1981 roku, cztery tygodnie po meczu z Hiszpanią, gen. Wojciech Jaruzelski wprowadza w Polsce stan wojenny. Nikt nie chce grać z reprezentacją Polski. Aż do mundialu nie udaje się zakontraktować ani jednego oficjalnego meczu międzypaństwowego. Wycofują się nawet partnerzy wcześniej umówieni, na przykład Belgia, z którą Polska miała zagrać 28 kwietnia na Stadionie Śląskim.

Aż do mundialu reprezentacja gra tylko z drużynami klubowymi. Wyjeżdża do Hiszpanii, potem do Francji i Niemiec. Wyniki są coraz lepsze, Polacy pokonują silne miejscowe zespoły.

Przełom roku 1981 i 1982 jest bardzo ciężki. Piechniczek mimo stanu wojennego decyduje się na styczniowe zgrupowanie w Wiśle.

Paweł Janas: – Nigdy nie zapomnę tego zgrupowania. Nikogo nie było, żadnych turystów, szlaki nieprzetarte. Biegaliśmy po pustych górach, zdobywaliśmy okoliczne szczyty. Dla niektórych był to doskonały pretekst do rywalizacji. Waldek Matysik był nie do zajechania.

Czasami trener każe piłkarzom zakładać narty biegowe. – I na tych nartach do Wisły, przez lasy i polany po świeżym, nieprzetartym śniegu – wspomina Janas. – Na dole czekał autobus, żeby odwieźć nas do hotelu. Kto nie zdążył, musiał brać narty na plecy i wracać na piechotę. Ale wesoło było, wreszcie coś innego niż bieganie i siłownia. A na boisku śnieg po kolana. Graliśmy w rugby, oczywiście zwykłą piłką, nie mieliśmy jajowatej. Dużo śmiechu było.

Zbigniew Boniek: – Przede wszystkim na zgrupowaniach była atmosfera pracy. Po dniu ciężkich zajęć potrafiliśmy po kolacji grać w siatkonogę nawet przez kilka godzin! Widzew na Legię albo Wisła na Górnika. Graliśmy na pieniądze i często te mecze kończyły się o północy. Dzisiaj nikt by tak nie robił, bo przecież nie było tego w planie szkoleniowym, zawodnik może mieć zakwasy. A my graliśmy po dwie, trzy godziny i nic się nie działo. Budowała się atmosfera. Spędzaliśmy razem czas.

– Mistrzem w siatkonodze był Włodek Smolarek – przypomina sobie Piechniczek. – Potrafił siedem asów z rzędu strzelić. Jak zaserwował z tej swojej lewej nogi, to chłopaki po drugiej stronie siatki byli bezradni. Śmiałem się z nich wtedy: „Co tak stoicie jak te patyki?".

– To nie była święta drużyna – mówi Boniek. – Zdarzało się na zgrupowaniu, że dzwonił ktoś o trzeciej w nocy, żeby odebrać z jakiegoś miejsca zawodnika, który opuścił bez wiedzy trenera teren ośrodka. Jechała wtedy „grupa ekspedycyjna", doprowadzała delikwenta na miejsce, a na drugi dzień wszystko było w porządku.

Szymanowski się obraża

Grzegorz Lato: – Tuż przed mundialem przyjechałem na zgrupowanie do Niemiec. Trener powołał też Antka Szymanowskiego, wówczas zawodnika belgijskiego Brugge. Chciał go sprawdzić. U Kazimierza Górskiego graliśmy razem na prawej flance – on na obronie, ja w ataku. Rozumieliśmy się bez słów. Kiedy jednak trener Piechniczek zaproponował Szymanowskiemu, żeby drugą połówkę na jednym ze sparingów zagrał na lewej obronie, Szymanowski obrażony odparł, że on występuje tylko na prawej albo na środku.

– Nie ma sprawy – odpowiada szkoleniowiec. Ale po meczu oznajmia Szymanowskiemu, że nie widzi go w składzie na mistrzostwa.

– To wina zawodnika. Piłkarz zawsze powinien się dostosować. Antek Szymanowski zawalił, bo miałby miejsce w tej kadrze, ciągle był zwrotny, szybki. Jego sprawa – mówi Lato. – Powiedziałem mu: „Antek, bardzo źle zrobiłeś, szkoda". Też mogłem się obrazić, ale bardzo chciałem grać w tej reprezentacji.

Przed wyjazdem do Hiszpanii piłkarze na kilka dni przyjeżdżają do kraju. Latę czeka przykra niespodzianka. – Grałem w kadrze od dziesięciu lat, a dali mi za małe buty. Kiedy je zobaczyłem, zacząłem się śmiać. Magazynier próbował mi wepchnąć czterdziestkę, a ja przecież zawsze grałem w butach o rozmiarze 42.

Latę szlag trafia. – Przestań pieprzyć i dawaj właściwy rozmiar! – krzyczy do magazyniera. – Puknijcie się w czoło! Jak nie wiedzieliście, jaki mam rozmiar buta, trzeba było do Adidasa zadzwonić!

Magazynier rozkłada bezradnie ręce. Piłkarz nie może uwierzyć.
– Pieprznąłem tymi butami o ziemię. Na szczęście miałem własne. Na mistrzostwa Adidas dowiózł mi nowe buty, choć wcześniej wcale mnie o numer nie pytali. Profesjonaliści, wszystkich zawodników mieli dokładnie rozpisanych. Po prostu przyjechał facet do hotelu, wręczył mi dwie pary lanek i dwie pary z korkami, dziękuję, do widzenia. Pasowały idealnie – mówi Lato.

Buty to tylko drobny incydent. Najważniejsze, że forma chłopaków Piechniczka na mundialu jest idealna.

ROZDZIAŁ 7.

Atak na mistrzostwa Europy

(1982-1983)

Po hiszpańskim mundialu Antoni Piechniczek ma dosyć. Jest przemęczony, chce zrezygnować. Pisze podanie do PZPN i wstępną, nieformalną zgodę na odejście uzyskuje od wiceprezesa Henryka Celaka. – Niektórzy, jak Włodek Smolarek, namawiali mnie do tego. Uważali, że świetny wynik Polski jest ponad stan i nie uda się go już powtórzyć – wspomina Piechniczek. Na swoje miejsce proponuje Edmunda Zientarę, w latach 50. wybitnego pomocnika reprezentacji (40 meczów), legendę Legii. Uważa, że to lojalny, uczciwy człowiek i reprezentacja pod jego ręką na pewno nie straci.

Nie dostanie pan paszportu!

Informacja o odejściu trenera wycieka jednak do mediów. Telewizja podaje informację, że Piechniczek złożył rezygnację. Minister sportu Marian Renke jest wtedy na pikniku. Dzwoni do niego oburzona żona: „Marian, jak ty kierujesz tym swoim resortem, skoro twój najlepszy człowiek rezygnuje z funkcji trenera reprezentacji?!". Renke odbiera jeszcze kilka innych telefonów, nawet z Belwederu. Generał Jaruzelski chce wiedzieć, dlaczego Piechniczek odchodzi.

Minister dzwoni do Piechniczka: – Panie Antosiu, proponuję, żeby w najbliższy poniedziałek przyjechał pan do Warszawy, spotkajmy się w moim gabinecie. To bardzo ważne.

Piechniczek wsiada w pociąg, na dworcu w Warszawie czeka na niego ministerialny kierowca. Renke czeka na trenera w gabinecie. – Ja wiem – zaczyna – że poprowadzenie kadry do następnych mistrzostw świata to długi okres. Wiem, że nie ma żadnej gwarancji, że pan ponownie wygra eliminacje. Ale gdyby pan teraz odszedł, w obecnej sytuacji politycznej, wszyscy potraktowaliby to jako pańską wewnętrzną emigrację. Niech pan sobie wyobrazi odbiór społeczny na wieść, że człowiek, który odniósł tak wielki sukces, mówi: „Dziękuję wszystkim, do widzenia, nie tańczę". Pan nie może teraz odejść, nie może nam pan tego zrobić! Lojalnie pana ostrzegam, że jeśli będzie pan chciał wyjechać, mogą panu nie wydać paszportu. Dlatego mam propozycję: niech pan kontynuuje pracę jako selekcjoner. Czy to będzie rok, dwa, trzy – dopiero się okaże.

Trener jest zaskoczony. – Planowałem po krótkim odpoczynku wyjechać za granicę. Jeszcze na mistrzostwach w Hiszpanii odezwali się do mnie przedstawiciele Young Boys Berno. Oglądali moje treningi i zaproponowali pracę w Szwajcarii. Mówiło się też o innych klubach, nawet o jakimś hiszpańskim, ale bez konkretów, a ja lubię jednak rozmawiać konkretnie.

Piechniczek się waha, ale krótko. Po namyśle zgadza się zostać. – Panie ministrze, przekonał mnie pan, wycofuję rezygnację.

Renke reaguje jak rasowy polityk. – Świetnie, świetnie... Żeby jednak nie było, że po naszej rozmowie nie będzie śladu, to ja od razu dzwonię do telewizji! Nakręcimy, puści się w wiadomościach i sprawa będzie załatwiona.

Po latach Piechniczek wspomina Renkego z uznaniem. – Kiedy porównuję go do późniejszych ministrów sportu – Dębskiego, Lipca czy Drzewieckiego – to muszę przyznać, że miał klasę, był bardzo inteligentny. Następcy do pięt mu nie dorastali. Niektórzy powiedzieliby o nim, że „komuch". Cóż, ja też jestem przeciwnikiem tamtego systemu, ale muszę zaznaczyć, że Renke to był ktoś, a sport – choć ja wiem, że tamten model jest nie do powtórzenia – miał się lepiej niż dzisiaj.

Po mistrzostwach popularność Piechniczka bije rekordy. Dziennikarz Jerzy Góra: – W 1983 roku jechaliśmy razem po meczu Lecha Poznań w europejskich pucharach. Trener zabrał mnie w drogę powrotną na Śląsk swoim audi 80 CC. Wracaliśmy do Katowic nocą i gadaliśmy o futbolu. Nagle lizak. Milicja, kontrola drogowa.

Co tam się działo! „Rety, pan Piechniczek!?" – skakali milicjanci. Myślałem, że go tam zacałują na śmierć. Trener ze spokojem przyjął ich zachwyty i życzliwe: „Proszę jechać dalej, proszę jechać, szerokiej drogi".

Kilka dolarów diety

Po mundialu atmosfera wokół kadry nie jest dobra. Pierwszy nie wytrzymuje rezerwowy bramkarz Piotr Mowlik. W wywiadzie dla „Przeglądu Sportowego" mówi, co boli piłkarzy: że działaczy na mundialu było zdecydowanie za dużo, że nie było klimatyzacji w hotelu, że finał mistrzostw świata piłkarze musieli oglądać w telewizji.

PZPN reaguje. Na plenarnym zebraniu działacze krytykują Mowlika. Prezes Włodzimierz Reczek ma pretensje także do gazet, że się czepiają, zamiast chwalić. Mowlik wycofuje się z oskarżeń. Nie zaprzecza bulwersującym informacjom, ale podkreśla, że nie wyszły one od niego. W środowisku mówi się, że w PZPN obiecali dać mu pozwolenie na grę za granicą (ostatecznie w 1983 roku wyjeżdża grać do Pittsburgha w Stanach Zjednoczonych).

Rozżalenia nawet po latach nie ukrywa trener bramkarzy Piotr Czaja, który nigdy nie był etatowym pracownikiem kadry. – Dla mnie to była praca społeczna. Żadnej umowy z PZPN nigdy nie podpisałem, nie dostawałem pieniędzy, zarabiałem przecież w klubie [po odejściu z Ruchu między styczniem 1983 roku a październikiem 1984 roku Czaja był pierwszym trenerem Polonii Bytom – przyp. aut.]. W czasie mundialu dostawałem kilka dolarów dziennej diety i to wszystko. Na takich zasadach funkcjonowałem w kadrze w latach 1981-1986. Byłem niezależny i mogłem powiedzieć, co mi się nie podoba, nawet prezesowi związku – mówi Czaja.

Wścieka się, kiedy po mistrzostwach świata w Hiszpanii z PZPN dostaje list, że musi zapłacić za oficjalne ubranie, które dostał przed mundialem. – Mogę je od razu odesłać, po co mi ono – mówi.

Francuzi rozbici jak nigdy

Pierwszy mecz po mundialu reprezentacja Polski rozgrywa siedem tygodni później, w Paryżu. To rewanż za niedawny mecz o trzecie miejsce. Do Piechniczka dzwoni wiceprezes Henryk Celak. – Antek, terminy nas goniły, nie wiedzieliśmy, czy zostajesz, więc poprosiliśmy Edmunda Zientarę, żeby powołał kadrę na mecz z Francją. Byłoby dobrze, gdybyś się zgodził, żeby on z tobą pojechał na ten mecz jako asystent. Puścimy też w świat informację, że on tę kadrę powołał – mówi Celak.

Piechniczek: – Zgodziłem się, choć to ja prowadziłem zespół, ustalałem skład i taktykę.

Mecz układa się idealnie, trudno sobie wyobrazić, że mógłby lepiej. To jedno z najbardziej spektakularnych zwycięstw w historii, Polska wygrywa na Parc des Princes aż 4:0!

Piechniczek: – Wiedzieliśmy, że Francuzi będą nam chcieli udowodnić, że porażka w meczu o trzecie miejsce na mundialu była dla nich wypadkiem przy pracy. Po meczu byli strasznie przybici, wręcz zdruzgotani.

Aż dwa gole zdobywa Janusz Kupcewicz. – Po Hiszpanii byłem rozpędzony. Zdobyłem dwa gole w trzy minuty. Jedną wrzuciłem bramkarzowi Ettoriemu za kołnierz z odległości prawie 30 metrów, kiedy za daleko wyszedł z bramki, a drugiej... nie pamiętam – mówi rozbrajająco. Wielu na jego miejscu na pewno by nie zapomniało. To był płaski jak smagnięcie biczem strzał z pierwszej piłki z ośmiu metrów. Dla bramkarza paskudny do obrony.

Trening przed wyjazdowym meczem z Finlandią w 1982 roku w eliminacjach mistrzostw świata. Po tym meczu Finowie chcieli zatrudnić Piechniczka u siebie, ostatecznie pracę dostał tam jego asystent Bogusław Hajdas.

Doskonale ten mecz pamięta Paweł Janas. Po mundialu odszedł do francuskiego klubu Auxerre (zostało to ustalone jeszcze przed mistrzostwami). – Liga francuska już rozpoczęła rozgrywki, odbyły się dwa mecze. Nie spodziewali się, że aż tak ich chlaśniemy. Kiedy wróciłem do klubu, poczułem zewsząd szacunek – mówi. – Wcześniej, jak do Francji przyjechał jakiś zawodnik z Polski, to sobie z niego żartowali. A na osoby pijane w sztok mówili: pijany jak Polak.

Janas gra w Auxerre przez cztery lata. – Tylko raz miałem pauzę z powodu urazu łękotki i operacji. Chcieli, żebym został, ale syn właśnie szedł do drugiej klasy podstawówki, więc wróciliśmy. Wcześniej żona raz w tygodniu woziła chłopaka na lekcje do Paryża, do ambasady, żeby przynajmniej pierwszą klasę zaliczył – mówi.

Po powrocie do kraju Janas kończy karierę w Legii, potem zostaje trenerem. Powtarza wyczyn Antoniego Piechniczka. Jako selekcjoner zdobywa awans na mistrzostwa w 2006 roku w Niemczech.

Propozycja z Finlandii

Miesiąc po meczu z Francją rozpoczynają się eliminacje mistrzostw Europy. Polsce nigdy wcześniej nie udaje się awansować do tego turnieju, nawet za kadencji Kazimierza Górskiego. Teraz nadzieje znów są rozbudzone, choć grupa eliminacyjna jest trudna.

– Chcieliśmy przełamać złą passę i po raz pierwszy w historii polskiej piłki zakwalifikować się do mistrzostw Europy. Początek był niezły – przyznaje Piechniczek.

Reprezentacja Polski pierwszy mecz gra na wyjeździe z Finlandią. Niewiele brakuje, a Finowie porwaliby naszego selekcjonera! – Po mistrzostwach świata Antek pojechał do Finlandii na międzynarodową konferencję dla trenerów. W wywiadach mówił, że jest zauroczony tym krajem i przyrodą. Nazbierał tam grzybów, przywiózł je do Polski, potem jego żona zrobiła z nich pyszny sos. Fińscy działacze byli zachwyceni jego słowami. Cieszyło ich, że Antkowi się tam podoba – wspomina Bogusław Hajdas, asystent selekcjonera.

W wrześniu Piechniczek znów jedzie do Finlandii, tym razem na mecz. Finowie proponują mu pracę, ale działacze PZPN nie chcą o tym nawet słyszeć. Mowy nie ma! Finowie za wszelką cenę chcą coś uzyskać. – A pan by nie chciał u nas pracować? – nieoczekiwanie pytają Hajdasa. Zaskoczony, ale od razu się zgadza. – Dostałem ofertę z klubu Kuopion Palloseura – mówi Hajdas.

Pracuje tam dwa lata, a potem w klubie Vaasan Palloseura. Po siedmiu miesiącach intensywnej nauki fińskiego jest w stanie samodzielnie poprowadzić trening.

Mecz eliminacyjny w Kuopio jest ostatnim w karierze Hajdasa na stanowisku asystenta selekcjonera. Polacy wygrywają 3:2, ale mecz kosztuje Piechniczka dużo nerwów. – Uznałem, że eliminacje do mistrzostw Europy to doskonały pretekst, żeby szukać nowych zawodników, dublerów, talentów. Nie można grać wciąż tym samym składem, trzeba szukać nowych rozwiązań. W Finlandii jedynym grającym piłkarzem, którego nie zabrałem na mundial, był Darek Dziekanowski. Na bramce dałem szansę Jackowi Kazimierskiemu. Uważałem, że ma talent i możliwości, ale szybko okazało się, że go przeceniłem. Mecz pamiętam z powodu nerwówki w końcówce. Wydawało się, że zwycięstwo mamy pewne, prowadzimy 3:0, nagle gospodarze zdobywają dwa gole między 82. a 84. minutą i do końca musimy drżeć o wynik.

Pielęgniarki się żegnają

W meczu z Finlandią gra Zbigniew Boniek, to jego pierwszy mecz w kadrze po przejściu do Juventusu Turyn. Brakuje innych zawodników.

Kontuzjowany jest Młynarczyk, chory Matysik. Z Finlandią nie może grać Władysław Żmuda, który przechodzi do włoskiej Verony. Wydaje się, że łapie Pana Boga za nogi. Nie przypuszcza, że od szczęścia do rozpaczy jest tak blisko, a kolejny raz w reprezentacji zagra dopiero dwa lata później.

– Ten transfer mnie dowartościował – mówi Żmuda. – W Serie A mogło wtedy w jednym klubie grać jednocześnie tylko dwóch cudzoziemców. Większość klubów kupowała napastników i pomocników, a Verona postawiła na obrońcę. Pojechałem tam w bardzo dobrym dla siebie momencie, byłem po świetnych dla nas mistrzostwach świata. Czułem, że jestem w życiowej formie. Miałem 28 lat, jeszcze byłem młody, a dzięki grze na trzech mistrzostwach świata miałem już bardzo duże doświadczenie.

Żmuda podpisuje kontrakt dyskretnie, jeszcze przed mistrzostwami świata, gazety o tym nie piszą. Okoliczności są niecodzienne. – W rzeczywistości miałem iść do Fiorentiny, ale pod warunkiem że nie uda im się kupić sławnego Daniela Passarelli. A gdyby im się to udało, miałem przejść do Verony. I tak się stało.

Nieszczęście przytrafia się w okresie przygotowawczym w Alpach. Verona jest tam na zgrupowaniu, gra mecz sparingowy. – Przyjmowałem piłkę, podniosłem nogę do góry i… baaach! Strzeliło mi prawe kolano – mówi Żmuda.

Prezesi naciskają, żeby operację wykonać jak najszybciej, bo właśnie sprzedają abonamenty kibicowskie. Trzeba puścić informację, że Żmuda szybko wróci do zdrowia i wystąpi w pierwszych meczach. Kibice chcą go oglądać na boisku.

– Nie bałem się, bo kiedy w wieku 19 lat strzeliło mi lewe kolano, już po trzech miesiącach doszedłem do pełnej sprawności – mówi piłkarz. – Niestety, tym razem skończyło się znacznie gorzej. Pośpiech mnie zgubił. Coś mnie tknęło, kiedy wieźli mnie na salę operacyjną, bo pielęgniarki na mój widok się żegnały. Operował mnie lekarz klubowy, chirurg. To był rzeźnik, spaskudził mi to kolano. W tym czasie czterech piłkarzy Verony miało kłopoty z łękotkami po operacjach u tego właśnie lekarza.

Włosi nie chcą wykonać drugiej operacji. – Próbowali ustalić, czy mam jakiś psychiczny uraz. To była bzdura: po kopnięciu piłki puchło mi kolano i trzeba było ciągle ściągać mi krew, więc o jaki uraz psychiczny im chodziło? – opowiada Żmuda.

Traci półtora roku. W tym czasie rozgrywa w Veronie zaledwie siedem meczów. – Już nigdy nie doszedłem do takiej formy jak wcześniej – przyznaje.

Piłkarze, którzy myślą

W ostatnim meczu w 1982 roku, eliminacyjnym, wyjazdowym spotkaniu z Portugalią Żmudę zastępuje stoper Paweł Król. Zdobywa gola. Problem w tym, że to gol honorowy. Polska przegrywa i traci pierwsze punkty.

– Brakowało mi wtedy piłkarza, który trzymałby środek. Waldek Matysik był chory, postawiłem więc na zawodników, których znałem jeszcze z pracy w Odrze Opole. Dałem szansę Pawłowi Królowi i Józkowi Adamcowi. Obaj świetnie przygotowani fizycznie. Lewonożny Król miał bardzo dobry wślizg i świetnie grał głową, co zresztą w tym meczu udowodnił, strzelając bramkę. Ale – muszę to podkreślić – nie szukałem piłkarzy, którzy wyróżnialiby się tylko formą fizyczną. Mógłbym przecież wziąć jedenastu rugbystów. Chodziło także o to, żeby myśleli – wspomina Piechniczek.

Niestety, zastępujący Józefa Młynarczyka Jacek Kazimierski już na początku meczu w fatalnym stylu puszcza gola. – Potem się tłumaczył, że bark go bolał, choć przed meczem się nie skarżył. Zawiodłem się na nim. Każdy ceni bramkarza, który potrafi wygrać mecz. Jacek taki nie był. U następnego selekcjonera, Wojciecha Łazarka, w 1987 roku zawalił wyjazdowy mecz eliminacji mistrzostw Europy z Grecją – mówi Piechniczek.

Coraz częściej puszczają mu nerwy. – Na konferencji prasowej po towarzyskim meczu z Rumunią w Krakowie we wrześniu 1983 roku zapytałem go, czy ceni własne mecze w reprezentacji Polski jako zawodnik. Odparł, że tak – wspomina dziennikarz Andrzej Gowarzewski. – Spytałem więc, dlaczego daje szansę na debiuty w kadrze piłkarzom, którzy na miano reprezentantów nie zasługują. Antek uznał mnie za jednego z pięciu największych swoich wrogów.

Dziś boisko, jutro targowisko

Wiosną 1983 roku reprezentacja remisuje u siebie dwa bardzo ważne mecze, które przesądzają, że gra w mistrzostwach Europy to nadal tylko marzenie. Pierwsze spotkanie, rewanż z Finlandią, jest o tyle niezwykły, że to – jak się później okaże – ostatni mecz piłkarski na Stadionie Dziesięciolecia w Warszawie. Potem nieużywany obiekt zaczyna niszczeć, jego remont uznaje się za nieopłacalny. W 1989 roku stadion zostaje wydzierżawiony przez Warszawę do celów handlowych. Na koronie powstaje „Jarmark Europa", który na przełomie XX i XXI wieku staje się jednym z największych targowisk w Europie.

Antoni Piechniczek: – Boisko było fatalnie przygotowane, beznadziejna płyta, jakiś gruz, resztki cegły. Coś strasznego! Kiedy powiedziałem, że boisko nie nadaje się do gry, dziennikarze podeszli do Finów, którzy grają na co dzień w śniegu. Stwierdzili z kolei, że na tak dobrym boisku w tym roku jeszcze nie grali. Wyszło więc, że narzekam.

Początek meczu jest świetny, Smolarek już w drugiej minucie zdobywa bramkę z rzutu karnego. – Zaraz potem straciliśmy gola w wyjątkowo dziwaczny sposób. Wykop bramkarza, piłka poleciała daleko, z wiatrem. Paweł Janas uznał, że najlepiej będzie, jeśli poda głową do bramkarza. Akurat w tym momencie dmuchnęło, piłka po koźle przeskoczyła Młynarczyka i wpadła do bramki. Kuriozalny gol, chyba najgłupszy, jaki przydarzył się w okresie mojej pracy z reprezentacją – relacjonuje Piechniczek.

– Rzeczywiście, to ja zamknąłem Stadion Dziesięciolecia. Strzeliłem na nim ostatnią historyczną bramkę – uśmiecha się Janas. – Piłka odbiła mi się od głowy i leciała w stronę naszej bramki. Józiu Młynarczyk wyszedł na dziesiąty metr i chciał ją złapać. Cofał się i cofał, omal się o słupek nie zabił, a ona i tak wpadła.

– To była dopiero piąta minuta, mieliśmy dużo czasu na zdobycie gola, a jednak się nie udało. Psychicznie byłem po tym meczu rozbity, mocno zdołowany. Zdawałem sobie sprawę, że ledwo zaczęliśmy eliminacje, a właściwie już je chyba przegraliśmy. Co prawda mieliśmy jeszcze mecze ze Związkiem Radzieckim i rewanż z Portugalią, ale trudno było wierzyć, że uda się jeszcze wskoczyć na pierwsze miejsce w grupie. Wiedziałem, że zacznie się szczypanie w mediach – mówi Piechniczek.

Debiut „Szpaka"

Szczęścia nie przynosi też polskiej drużynie Stadion Śląski. Rywalem żądnym rewanżu za mundial jest Związek Radziecki.

75 tys. ludzi na stadionie bez przerwy gwiżdże i buczy, kiedy tylko goście są przy piłce. „Boniek, Boniek!", krzyczą trybuny. Sytuacja jest delikatna, dziennikarze podobno dostają z komitetu zakaz wspominania nie tylko o nieprzychylnej dla gości atmosferze, ale nawet o żółtych kartkach.

Selekcjoner decyduje się na zmiany. Od pierwszej minuty wpuszcza na boisko dwóch debiutantów: Jerzego Wijasa i Adama Kensego.

Mecz w pierwszej połowie wygląda dobrze. Zbyszek Boniek strzela gola głową. Po przerwie znów pech. Po dośrodkowaniu Rosjan Młynarczyk wychodzi na piąty metr, a Roman Wójcicki robi wślizg, próbuje wybić piłkę czubkiem buta i trafia do naszej bramki. Remis to za mało, by awansować do mistrzostw Europy.

– Wkrótce znany karykaturzysta Edmund Ałaszewski rysuje nieszczęsnych autorów goli samobójczych. – Przedstawił nas z armatą i podpisem: „Nam strzelać nie kazano!" – wspomina Janas.

Mecz z ZSRR na Śląskim jest debiutem Dariusza Szpakowskiego jako sprawozdawcy telewizyjnego.

Tacka z kieliszkami

W październiku rewanż na Łużnikach w Moskwie. Polsce zawsze gra się tam źle, więc zaskoczenia nie ma. Piąty w historii mecz w Kraju Rad i piąta porażka. Polska przegrywa 0:2.

– Od mundialu mija ledwie rok, a piłkarze podstawowego składu trzeciej drużyny świata byli już w mniejszości. Przed mistrzostwami świata w Hiszpanii mogłem scalić drużynę, spędzaliśmy na zgrupowaniach wiele czasu razem. Podczas tych eliminacji nie miałem już takiego komfortu. Próbowałem nowych zawodników i nie trafiałem. To było miotanie się – przyznaje Piechniczek.

Zbigniew Boniek: – Granie z Ruskimi zawsze było ekscytujące, bo czuło się całą Polskę na plecach. Na Łużnikach mnie rozbili. Podczas tego meczu Siergiej Bałtacza kopał mnie, przewracał, a nawet żółtej kartki nie obejrzał. Ale mam też satysfakcję, bo nie potrafił mi odebrać piłki. Trener wyliczył mi potem, że byłem w tym meczu faulowany 37 razy!

– Rzeczywiście, pilnujący Zbyszka Bałtacza nie potrafił sobie z nim poradzić – mówi Piechniczek. – Pytam po meczu Bońka: „Ty zawsze byłeś szybki, a teraz jesteś jeszcze szybszy. Jak ty to robisz?". Boniek wyjaśnił: „Trenerze, po pierwsze dieta. Skończyły się szyneczki w polskim stylu przed meczem. Po drugie farmakologia. Po każdym treningu Juventusu czeka już na mnie lekarz z masażystą. Mają przygotowaną tackę, a na niej kieliszki, dla każdego piłkarza jeden. W każdym kieliszku po pięć, sześć albo siedem tabletek. Każdy musi je połknąć na oczach lekarza".

Polacy przed meczem mieszkają w moskiewskim Sporthotelu. – Piłkarze strasznie narzekali wtedy na wyżywienie. Nie tylko na jakość, ale przede wszystkim na ilość. Porcje były marne, więc chodzili głodni – mówi Piechniczek.

Mecz z ZSRR z uwagą ogląda Fernando Cabrita, ówczesny trener reprezentacji Portugalii. Potem obdarowuje radzieckiego trenera Walerego Łobanowskiego i Piechniczka butelkami koniaku. – Poczęstowałem tym koniakiem wiceprezesa Henryka Celaka i Dariusza Szpakowskiego. Dyskutowaliśmy o meczu, nasze spotkanie się przedłużało. Po północy przeprosiłem gości i zrobiłem rutynowy obchód. W jednych drzwiach klucz był zostawiony na zewnątrz. Otwieram i zapalam światło, a jeden z reprezentantów baraszkuje w łóżku z blondyneczką. Mówiła po polsku, zauważyłem ją wcześniej, bo kręciła się wokół piłkarzy.

Piechniczek i Zbigniew Boniek na Stadionie Śląskim.

Poprosiłem, żeby się ubrała i wyprowadziłem na zewnątrz. Wróciłem do siebie, nic nie powiedziałem Szpakowskiemu i Celakowi.

Piechniczek do dziś nie zdradza, kto baraszkował. – Najważniejsze, że piłkarz przeprosił mnie po wielu latach: „Trenerze, z perspektywy czasu widzę, że źle się wtedy zachowałem, miał pan rację" – powiedział.

Portugalia! Portugalia!

Ostatni mecz z Portugalią jest o pietruszkę. W Polsce panuje przekonanie, że dobrze by było, gdyby nasi przegrali. Portugalia mogłaby wtedy wejść do finałów mistrzostw Europy kosztem Związku Radzieckiego.

Skąd takie nastroje? Sytuacja polityczna w Polsce jest niestabilna, a gospodarcza – fatalna. Odbija się to również na futbolu. Ze względów oszczędnościowych w 1983 roku reprezentacja rozgrywa zaledwie sześć meczów międzypaństwowych, najmniej od 1964 roku.

Od lipca – kiedy zniesiono stan wojenny – obowiązuje amnestia. Sejm zastanawia się nad przedłużeniem terminu ujawniania się dla działaczy podziemia. Niechęć społeczeństwa wobec Związku Radzieckiego osiąga szczyty.

Podczas meczu z Portugalią kibice cieszą się z błędów Polaków, a owacją nagradzają każde dobre zagranie Portugalczyków. Jedyny gol dla gości wywołuje owacje na trybunach. Kiedy Carlos Manuel strzela zwycięską bramkę dla gości, podbiega do płotu oddzielającego boisko od trybun. A trybuny skandują: „Por-tu-ga-lia! Por-tu-ga-lia! Por-tu-ga-lia!".

Po meczu ktoś przynosi piłkarzom czerwone goździki – symbol portugalskiej rewolucji, która dziewięć lat wcześniej przywróciła tam demokrację. Zawodnicy rzucają je w stronę rozentuzjazmowanych trybun. Polacy zaprzeczają, że podłożyli się rywalom.

– Bardzo mi się nie podobał ten doping dla Portugalczyków – mówi Piechniczek. – Jeśli nasza publiczność dopinguje rywali, to znaczy, że nie szanuje swoich zawodników. To był najgorszy mecz za mojej kadencji. Oczywiście szybko pojawiła się legenda, że przegraliśmy na złość Ruskim. Nie wejdę do głów piłkarzy i nie sprawdzę, mogę więc mówić tylko za siebie: nic takiego nie miało miejsca. Na Stadion Olimpijski we Wrocławiu przyszło 15 tysięcy ludzi. Nie moglibyśmy ich zlekceważyć. Ten mecz nam zwyczajnie nie wyszedł. Był zwieńczeniem całego, zdecydowanie nieudanego roku. Jeszcze w przerwie próbowałem zawodników zmobilizować. Tłumaczyłem, że to mecz reprezentacji, a nie zwykłe spotkanie, po którym rozjedziemy się do domów i wkrótce o wszystkim bezboleśnie zapomnimy.

Dwa tygodnie później Portugalia wygrywa w Lizbonie z ZSRR 1:0 i awansuje na mistrzostwa Europy we Francji. W 1984 roku

Nie zawsze wszystko wychodziło, jak zakładano na przedmeczowych odprawach. Piechniczek na ławce rezerwowych, obok Marek Dziuba.

Portugalczycy stają się rewelacją turnieju. Docierają do półfinału, gdzie po dogrywce przegrywają 2:3 z Francją, która wygrywa turniej.

A Polska? W 1983 roku reprezentacja wygrywa tylko jeden mecz międzypaństwowy. – Byłem załamany – mówi Piechniczek. – Drużyna nie rokowała. Miałem dołek psychiczny. Mecz odbył się w piątek, a w niedzielę miałem łączyć się ze studiem telewizyjnym i spowiadać z błędów.

ROZDZIAŁ 8.

Meksyk

(1984-1986)

Nie milkną jeszcze dyskusje o nieudanych eliminacjach do mistrzostw Europy, a w Zurychu odbywa się losowanie grup eliminacyjnych do mistrzostw świata w Meksyku. W grupie z Polską mają zagrać Belgia, Grecja i Albania. Losowanie przyjmowane jest w Polsce z zadowoleniem: mamy szanse na awans.

Igła przechodzi na wylot

W styczniu 1984 roku, zanim rozpoczynają się eliminacje do mundialu, PZPN dostaje zaproszenie do wystawienia reprezentacji w Pucharze Nehru. To międzynarodowy turniej piłkarski organizowany od 1982 roku w Indiach.

– Bardzo chcieliśmy tam pojechać. Przygotowywaliśmy się do tego startu bardzo solidnie – wspomina Piechniczek.

Zarządza zgrupowanie w Wiśle zaraz po świętach Bożego Narodzenia. Na sylwestra piłkarze nie rozjeżdżają się do domów, zostają w ośrodku. Nikt nie protestuje, każdy chce jechać do Indii.

– Była dobra kolacja, tańce, o północy tradycyjny toast i koniec zabawy. Wszyscy wiedzieli, że rano czeka ich normalny trening. Nikt się nie buntował, panie mogły się poznać, a piłkarze byli zadowoleni, że mogą być z rodzinami – wspomina Piechniczek.

Na dwunastą w południe w Nowy Rok trener zarządza wewnętrzny mecz. Zawodnicy przychodzą trzeźwi.

W sylwestrową noc nawet rozrywkowy Młynarczyk mówi do żony Czesi: „Ty się baw, ale ja muszę się wyspać".

Po Nowym Roku kadra wylatuje do Indii. W Kalkucie wszystkie drużyny występujące w turnieju (oprócz Polaków grają jeszcze reprezentacje: Indii, Chin, Argentyny, młodzieżówka Rumunii i Vasas Budapeszt) mieszkają w jednym hotelu. Ale każda ekipa dysponuje osobną salą na posiłki, piłkarze mijają się tylko w hallu i przy autobusach.

Zainteresowanie meczami reprezentacji Polski jest ogromne, frekwencja niezwykła. Na każdym z meczów nawet 80 tysięcy ludzi. Spotkania Polaków ogląda Indira Gandhi, premier Indii.

– Zremisowaliśmy m.in. z Argentyną, którą prowadził Carlos Bilardo – wspomina Piechniczek. – Kilku piłkarzy, przeciw którym tam graliśmy, dwa lata później zostanie mistrzami świata, m.in. bramkarz Nery Pumpido, pomocnicy Ricardo Giusti i Jorge Burruchaga. To był prestiżowy przeciwnik. Pamiętali, że przegrali z nami w Buenos Aires trzy lata wcześniej. Kiedy czytałem skład, odczuwałem satysfakcję, to był dowód dla mediów, że nie pojechaliśmy tam na wycieczkę i że spotykaliśmy się z poważnymi rywalami. Wygraliśmy trzy z czterech meczów międzypaństwowych. Para stoperów, którą znałem jeszcze z Odry: Roman Wójcicki i Józef Adamiec, zdobyła zwycięskie gole strzałami głową. Ale miałem mieszane uczucia wobec Andrzeja Iwana, który nie strzelał bramek.

Na tym tournée pełnowartościowym członkiem kadry staje się Krzysztof Pawlak, obrońca Lecha Poznań, najlepszej wówczas drużyny w Polsce, mistrza kraju w 1983 i 1984 roku. – Na wyjazd do Indii dostałem się kuchennymi drzwiami. Ktoś wypadł w ostatniej chwili, zostałem powołany przed wyjazdem i trochę dla mnie nieoczekiwanie zagrałem na prawej obronie we wszystkich meczach tego turnieju. Strzeliłem tam jedynego mojego gola w reprezentacji, głową, po podaniu Dziekanowskiego.

Stefan Majewski: – Na zgrupowaniu w Wiśle złapałem zapalenie ścięgna Achillesa. W efekcie w trakcie całego turnieju zagrałem zaledwie sześć minut. Sprowadzili do mnie chińskiego specjalistę od akupunktury. Nakłuł mi nogę tak, że wyglądała jak jeż. Facet potrafił wbić igłę w ten sposób, że wychodziła drugą stroną nogi.

– I co? Pomogło? – pytamy.

– Nie.

Pieniądze dla Wandy Rutkiewicz

Po zwycięstwie Polaków w meczu finałowym z Chinami nagrody w postaci czeków rozdaje Bobby Moore, słynny angielski piłkarz, mistrz świata z 1966 roku.

Kapitanowi Polaków, Józefowi Młynarczykowi, Moore wręcza czek na 54 tysiące dolarów. Dodatkowa nagroda to 45 tys. rupii.

W hotelu piłkarze mówią do Piechniczka: – Trenerze, dzielimy te pieniądze między siebie.

Zbigniew Kaliński, sekretarz PZPN, protestuje: – Panowie, nie żartujcie! Muszę to zawieźć do Polski.

Zaczynają się kłótnie. Kaliński nie odpuszcza i stawia na swoim. Czek ma zatrzymać polski ambasador w Indiach i przekazać pieniądze do kraju.

To błąd, bo w Warszawie minister Renke mówi z wyrzutem do Piechniczka: – Panie Antosiu, po co przywieźliście mi tę żabę? Trzeba było podzielić pieniądze na miejscu i nie byłoby tematu.

– Chcieliśmy tak zrobić, ale Kaliński...

– Teraz to ja wam mogę dać równowartość tych 40 tysięcy dolarów, ale po kursie bankowym.

Dolar w banku kosztuje wtedy 92 zł, na czarnym rynku niecałe 700 zł. Za małego fiata trzeba zapłacić około 800 tys. zł. Piłkarze nie chcą ochłapów. Pieniądze z czeku zostawionego w konsulacie w Indiach władze przekazują naszym himalaistom. Z dewiz korzysta wyprawa Wandy Rutkiewicz.

Nietypowe trofeum przywozi z Indii obrońca Roman Wójcicki. Z trzema bramkami na koncie zostaje królem strzelców. – W nagrodę dostałem dywan. Mam go do dziś. Ręcznie robiony, solidna robota, dwa metry na półtora. Kiedy na niego spojrzę, przypomina mi się, że raz w życiu byłem królem strzelców – uśmiecha się Wójcicki.

Piechniczek z tamtego turnieju bardziej pamięta jednak pierścionek ze sztucznym brylantem, który każdemu piłkarzowi wręczyli gospodarze. – Iwan w drodze powrotnej na lotnisku we Frankfurcie od razu pobiegł ten pierścionek wycenić. Przyniósł dwie wersje: właściwą, że to sztuczne, ale niektórych chłopaków z kadry wkręcił dla żartu, że są warte 1800 marek – śmieje się Piechniczek.

Przy okazji: turniej w Indiach to ostatnie aż do dziś poważne zawody międzynarodowe, które wygrywa piłkarska reprezentacja Polski seniorów.

Polityczny kawał ambasadora

– To, jak bardzo Indie różnią się od Europy, uzmysłowiłem sobie w niedzielę, kiedy z Jurkiem Wilkoszem, kierownikiem drużyny, poszliśmy rano na mszę do katolickiego kościoła – wspomina Piechniczek. – Jeszcze nie zaczęło się nabożeństwo, a przed kościołem słychać stukot. Okazało się, że to trędowaci, którzy stukaniem ostrzegali ludzi wokół, że przechodzą. Nie zapomnę tego widoku do końca życia.

Po mszy do Piechniczka podchodzi starsza kobieta w kapeluszu. Polka. Rozpoznaje trenera. – Jestem żoną właściciela plantacji herbaty – mówi. – Byłabym zobowiązana, gdyby kierownictwo ekipy zaszczyciło nas obecnością.

Piechniczek: – Poszliśmy na przyjęcie, była tam miejscowa Polonia. Sekretarz Kaliński zaczął opowiadać polityczne kawały. Zniesmaczone towarzystwo zaczęło się przerzedzać, zostali tylko przedstawiciele reprezentacji i gospodarze. Musieliśmy przepraszać, że zepsuliśmy przyjęcie.

Po turnieju kadra wyjeżdża z Kalkuty do Delhi, skąd ma powrotny samolot do Frankfurtu. – Czekał tam na nas facet, który przedstawił się jako kierowca ambasadora Indii w Polsce. Powiedział, że ambasador zaprasza na wieczór. Pojechaliśmy. Gospodarz gratulował nam zwycięstwa, wtedy Kaliński, chyba trochę przestraszony, wypalił: „Panie ambasadorze, a my u herbaciarza opowiadaliśmy dowcipy o polityce. Gdyby ktoś na nas doniósł, to proszę nam nie odbierać paszportów".

Ambasador sam opowiada historyjkę, żeby uspokoić Kalińskiego: – Leci polska delegacja do Chin, akurat nad rubieżami Sowieckiego Sajuza dopada ich fatalna pogoda, trzeba awaryjnie lądować. Przy samolocie zjawia się miejscowy pierwszy sekretarz. Siedzą, piją wódkę. Jeden z naszych nagle wstaje i prosi: „Panowie, dajcie mi dowód na kulistość ziemi".

Cisza. „Sramy na Zachód, a gówno przychodzi ze Wschodu". Ruscy w śmiech: „Wot Paliaki maładcy, znowu Kitajcom przypieprzyli".

Piechniczek: – Ambasador dał nam do zrozumienia, że za opowiadanie dowcipów politycznych nie mamy się czego obawiać.

Paweł Janas ma żal

Po przyjeździe do Europy kadra rozgrywa towarzyski mecz ze Szwajcarią. Remis. Dlaczego więc warto wspomnieć o tym spotkaniu?

Po pierwsze, do gry wraca Waldemar Matysik. – Na odprawie przedmeczowej przywitałem go serdecznie, wspomniałem o jego chorobie, podkreślałem, że wyszedł z niej dzięki cechom charakteru – wspomina Piechniczek.

Po drugie, to ostatni mecz Pawła Janasa. – Dzisiaj sądzę, że pozwoliłem mu odejść z kadry za wcześnie – mówi Piechniczek. – Uwierzyłem w opinie, że we francuskiej lidze wiedzie mu się słabo, a to nie była prawda. Wtedy nie można było tego tak łatwo sprawdzić jak dzisiaj, gdy prawie wszystko można zobaczyć w internecie. Dopiero w Meksyku, kiedy zobaczyłem, jak na środku obrony grają Wójcicki i Przybyś, pomyślałem, że jednak ten doświadczony Janas jeszcze by się przydał. To chłopak z dobrym sercem. Bardzo taktowny, nigdy nie narzekał publicznie na moją decyzję, nie miał do mnie pretensji, nigdy mnie nie zapytał, dlaczego więcej nie zagrał. Szczerze mówiąc, uwierało mnie to, leżało na wątrobie. Uznałem jego odsunięcie za błąd i po latach powiedziałem o tym Pawłowi.

Antoni Piechniczek podczas gry treningowej z Pawłem Janasem.

– Na początku miałem żal, że trener nie widzi mnie już w kadrze – mówi Paweł Janas. – Przez cztery lata grałem w dobrym klubie we Francji, uznano mnie tam za najlepszego obcokrajowca w sezonie 1985/1986. Miałem satysfakcję, bo w tym czasie grali tam m.in. Jorge Burruchaga czy Safet Susić. PZPN raz wysłał mi powołanie na mecz reprezentacji, ale akurat trzy tygodnie wcześniej miałem operację łękotki. Nie było więc mowy o występie, a oni o tym nawet nie wiedzieli. Było mi przykro, ale decyduje trener i trudno mieć do niego pretensje. Ma prawo do własnej wizji. Po latach wszystko sobie wyjaśniliśmy.

Po trzecie, w kadrze debiutuje Krzysztof Warzycha. Ma 19 lat i jest wyróżniającym się piłkarzem Ruchu. – Wielki talent – mówi Piechniczek. – Urodzony środkowy napastnik, choć na takiego nie wyglądał.

Niektórzy do dziś uważają, że piłkarz na tej pozycji musi być przede wszystkim silny, dobrze grać głową, umieć się rozepchać i zrobić miejsce innym. Krzysiek nigdy nie grał w ten sposób, ale był niezwykle inteligentny i skuteczny, wręcz stworzony na tę pozycję. Nie dość, że sam strzelał dużo bramek, to potrafił współpracować z kolegami, świetnie podać piłkę. Nic dziwnego, że Ruch od Panathinaikosu dostał za Krzyśka 400 tysięcy dolarów.

Pożegnanie legendy, przywitanie talentów

Zanim jeszcze rozpoczynają się eliminacje do kolejnego mundialu, w Warszawie pożegnanie jednego z najlepszych polskich piłkarzy wszech czasów. W kwietniu 1984 roku ostatni mecz w reprezentacji rozgrywa Grzegorz Lato. W towarzyskim meczu Polska przegrywa z Belgią 0:1, gola traci w przedostatniej minucie. Lato jako pierwszy polski piłkarz w historii gra w kadrze jako zawodnik klubu spoza Europy – meksykańskiego Atlante.

– Ciepło wspominam tamten dzień, choć wcześniej przeżyłem wielką mordęgę – mówi Lato. – Leciałem z przesiadkami z Meksyku przez Nowy Jork i Londyn, wszędzie długo czekałem na samolot. Na Okęciu wylądowałem dopiero trzy i pół godziny przed meczem. Ledwo zdążyłem się wykąpać i nogi do góry oparłem o ścianę, na godzinkę, żeby wypocząć. Grałem pierwszą połowę, Polska przegrała to spotkanie. Do dziś się śmieję: „Przepraszam, kiedy schodziłem do szatni, było 0:0. Utrzymałem remis, nie do mnie pretensje".

– Pożegnanie Laty było pomysłem PZPN – dodaje Antoni Piechniczek. – Grzesiu zasłużył na taki honor, pożegnano go z fasonem. Przypomniano wszystkie jego osiągnięcia i oddano mu wielkość. Jest w trójce piłkarzy, którym najwięcej zawdzięczam i których najbardziej cenię.

W kolejnych meczach towarzyskich Piechniczek daje szansę młodym, urodzonym po 1962 roku. To świetna, choć nie do końca wykorzystana generacja. Z Irlandią debiutuje Jan Furtok, najlepszy piłkarz GKS-u Katowice. – W tamtych czasach mieliśmy młodych utalentowanych napastników. Jasiu zawsze słynął z ruchliwości i dynamiki. Jego czysto piłkarskie zalety, choćby umiejętność znalezienia się pod bramką, były wysokie – przyznaje Piechniczek.

Zaraz potem w wyjazdowym meczu z Norwegią objawia się pomocnik Ryszard Tarasiewicz ze Śląska Wrocław. Od razu w debiucie zdobywa bramkę, Polska remisuje 1:1.

Piechniczek: – Okres między mundialami był idealny na eksperymenty. Dałem szansę kolejnym zawodnikom, którzy pokazali, że będę mógł na nich liczyć.

Gwiazda z Nowego Jorku

Po ponaddwuletniej przerwie w kadrze znów jest Władysław Żmuda. Przeciw Irlandczykom i Norwegom gra na stoperze, jak za starych dobrych czasów. – Władek wreszcie się wyleczył, bardzo na niego liczyłem – wspomina Piechniczek.

Żmuda przylatuje na mecze już jako zawodnik słynnego Cosmosu Nowy Jork. – Kiedy tam przechodziłem, wiedziałem, że nie pogram w Stanach długo. Musiałem się dogadać z Veroną, która kupowała Duńczyka Elkjaera-Larsena i Niemca Briegela. Włosi zachowali się elegancko i mimo że przez kontuzję mało u nich grałem, wypłacili mi wszystko zgodnie z kontraktem. Wykupiłem kartę zawodniczą i zastanawiałem się co dalej. Giorgio Chinaglia [znany z zamiłowania do kobiet, hazardu oraz alkoholu napastnik reprezentacji Włoch w latach 1972-1975, zwany „Krzywą Szyjką" ze względu na charakterystyczne przekrzywianie głowy – przyp. aut.] zaproponował mi wyjazd do USA. Chinaglię poznałem na dorocznych targach piłkarskich w Mediolanie, był znajomym mojego menedżera Antonio Caliendo. „Krzywa Szyjka" chciał, żebym pograł w Cosmosie trzy miesiące, a potem – jak powiedział – i tak będzie plajta. Potrzebował napastnika i obrońcy, powiedział, że przed upadkiem klubu zrobi sobie z nas jeszcze odpis od podatku. Choć wiedziałem, że USA są na chwilę, zdecydowałem się tam pojechać. Razem ze mną ściągnięto snajpera Giuseppe Damianiego z Milanu.

Cosmos, choć grają tam także słynny Holender Johan Neeskens oraz Stanisław Terlecki, wkrótce bankrutuje. Upada też North American Soccer League, w rozgrywkach której występuje. Żmuda wraca do Włoch, znajduje zajęcie w Cremonese.

Piechniczek: – Władek Żmuda miał wtedy 30 lat, ciągle na niego liczyłem. Niestety, kontuzja odniesiona we Włoszech sprawiła, że to już nie był ten sam zawodnik co podczas mundialu w Hiszpanii.

Jesienią 1984 roku zgodę na wyjazd do zagranicznego klubu dostaje inny ważny piłkarz z kadry Piechniczka, Stefan Majewski. Znajduje miejsce w solidnej niemieckiej drużynie 1.FC Kaiserlautern, gra tam przez trzy sezony. – Manfred Krafft, ówczesny trener Kaiserlautern, był uważany za kata Bundesligi – mówi Majewski. – Stosował bardzo ostre metody treningowe. Przed pierwszym zgrupowaniem ostrzegali mnie: „Weź na zajęcia woreczek, bo u Kraffta tak się zapieprza, że wszyscy rzygają". Po dwóch dniach zajęć byłem coraz bardziej zdziwiony. „Kiedy będzie wreszcie to zapieprzanie?" – pytałem. Zrozumiałem wtedy, jak dobrze o przygotowanie fizyczne dbało się w Polsce. Przebijaliśmy wszystkich. Znów się przekonałem, że pomysł Piechniczka na grę oparty na nienagannym przygotowaniu fizycznym jest bardzo dobry i się sprawdza.

Za krótkie łóżko dla sędziego

Rozpoczynają się eliminacje. Na początek mecz z Grecją. Reprezentacja pierwszy raz w historii gra w Zabrzu. Nerwówka, po pierwszej połowie nieoczekiwanie przegrywamy 0:1.

Piechniczek: – To prawda, nerwy były, bo do przerwy przecież wynik niekorzystny. Ale kwadrans przerwy to moment intensywnej pracy trenera i często świadczy o tym, jak wykonał robotę.

Tamten kwadrans rzeczywiście zmienia wszystko. Po przerwie Polacy rzucają się na rywali i wbijają im trzy gole.

Dużo gorzej jest z teoretycznie słabszym rywalem – Albanią. Mecz w Mielcu z trudnością udaje się zremisować 2:2. Niektórzy ludzie związani z kadrą, m.in. asystent trenera Bernard Blaut, o zły wynik obwiniają sędziego Bruno Gallera. Szwajcar nie dyktuje ewidentnego karnego za faul na Andrzeju Pałaszu. Plotki głoszą, że Galler miał się mścić za lekceważące potraktowanie go w Polsce. Prosto z Okęcia trójka arbitrów zostaje przewieziona do Mielca, ale okazuje się, że cały hotel zajęli już Albańczycy, więc po lichym posiłku w suterenie – na stole są sztućce i koszyk z chlebem, a obiad podają tak późno, że Szwajcarzy wcześniej zjadają ten chleb na sucho – zostają zakwaterowani w Rzeszowie. Dostają tam dwa apartamenty – jeden dla sędziego głównego, drugi dla liniowych. Do Rzeszowa przyjeżdża jednak ważny działacz PZPN i żąda apartamentu dla siebie. Liniowi muszą opuścić pokój, a wysoki Galler musi spać na za krótkim łóżku.

Piechniczek: – Zimę spędziliśmy w kiepskich humorach. Siedział w nas ten wynik z Albanią.

Ktoś go kopnął, oddał z łokcia

W meczu z Albańczykami debiutuje Ryszard Komornicki, jeden z najinteligentniejszych piłkarzy mistrzowskiej drużyny Górnika Zabrze. – Znałem go od lat – mówi Piechniczek. – Zauważyłem go, kiedy w 1980 roku GKS Tychy ściągnął go z klubu Kryształ Stronie Śląskie. Chłopak z charakterem, o dużych umiejętnościach. Kiedy przyjechał do Tychów, starsi piłkarze od razu wyczuli w nim konkurenta, więc zaczęli mu dokuczać. Czasem było mi go żal, ale zaimponował mi, bo zacisnął zęby i podjął walkę. Jeśli ktoś go kopnął, on za chwilę oddał z łokcia, ale nigdy się nie skarżył, nie poddawał się. Był dobrze wyszkolony technicznie, wysoki, szczupły. Na Tychy był za dobry, dwa lata później przeszedł do Górnika.

– Zawsze najbardziej interesował mnie futbol, choć nigdy nie miałem lekko – przyznaje Komornicki. – Nawet w Krysztale musiałem walczyć o swoje. Nie chcieli mnie też wypuścić z Tychów i musiałem odcierpieć karencję. Tęskniłem za bliskimi, w dodatku nie rozumiałem, co do mnie mówią koledzy z drużyny, bo oni „godali" po śląsku. Zastanawiałem się nawet nad rzuceniem piłki i szukałem w gazecie ogłoszeń z mojej profesji, z wykształcenia jestem zdobnikiem szkła.

Debiut Komornickiego w meczu z Albanią jest możliwy, bo Piechniczek wścieka się na wychowanka Stali Mielec Kazimierza Budę. – Grał przed własną publicznością, a nie chciało mu się walczyć. Żałuję, że w tym meczu od początku nie wystawiłem Komornickiego – mówi Piechniczek.

Jedni debiutują, inni się żegnają. Ostatni raz w reprezentacji występuje Marek Dziuba. – Wynik uznano za klęskę, ale trudno powiedzieć, żebym zawinił – mówi. – Wchodziłem na boisko na kwadrans przed końcem, przy stanie 1:2, a skończyło się remisem. Nie narzekam, trochę mi przykro, że za rozegranie pięćdziesięciu meczów w reprezentacji nie dostałem nawet proporczyka.

Po różańcu dla piłkarza

Rok 1984 kończy się towarzyskim meczem z Włochami. Ciekawa sytuacja, bo Boniek gra na co dzień w Juventusie, a Żmuda z Cosmosu Nowy Jork przechodzi akurat do Cremonese. W drużynie gospodarzy występuje siedmiu piłkarzy, którzy zdobyli mistrzostwo świata.

Przed meczem reprezentacja Polski spotyka się w Watykanie z papieżem Janem Pawłem II. – To było jedyne spotkanie reprezentacji z Ojcem Świętym – wspomina Piechniczek. – Wcześniej PZPN długo się zastanawiał, czy wystąpić z prośbą do Stolicy Apostolskiej o audiencję. Na szczęście udało się prezesów przekonać i dostąpiliśmy tego zaszczytu. Papież przyjął nas w bibliotece, wprowadziła nas gwardia szwajcarska, na początku ekipy stał szef – pułkownik Henryk Celak – ja obok niego, chyba mnie pilnował, żebym czegoś nie powiedział. Przedstawiłem papieżowi każdego piłkarza i wręczyłem pamiątkowy proporczyk.

Włodzimierz Smolarek ma przygotowane na tę okazję dwie piłki – jedną z autografami i jedną bez. Prosi: „A tę czystą proszę pobłogosławić, Ojcze Święty. Żeby zawsze wpadała do bramki przeciwnika, kiedy będziemy nią grać".

Jan Paweł II ripostuje w swoim stylu: „Synu, lepiej będzie, jeśli pobłogosławię was, bo piłka nożna rządzi się własnymi prawami".

Przy wyjściu z biblioteki stoi zakonnik z różańcami w specjalnych etui. Każdy piłkarz może zabrać tylko jeden. Jeśli któryś z piłkarzy sięga po więcej, zakonnik kiwa odmownie palcem.

– To ja wezmę dla Bońka [którego akurat nie ma na audiencji – przyp. aut.] – nie traci rezonu Smolarek.

Piechniczek wręcza proporzec PZPN Ojcu Świętemu Janowi Pawłowi II.

Ale zakonnik niewzruszony: – Boniek mieszka niedaleko. Jak będzie chciał, to sam przyjdzie.

Mecz w Pescarze Polska przegrywa 0:2, drugiego gola traci w ostatniej minucie. – Długo stawialiśmy Włochom opór, nie byliśmy gorsi. Niestety, prawie całą drugą połowę graliśmy w dziesięciu po czerwonej kartce [w 51. minucie Dariusz Wdowczyk dostaje ją za faul na Bruno Contim – przyp. aut.] – mówi Piechniczek. – Byłem zły na Wdowczyka. Ta kara była niepotrzebna. Mogliśmy osiągnąć lepszy wynik.

Mecz sędziuje „dobry znajomy" Zbigniewa Bońka z mundialu w Hiszpanii, Szkot Robert Valentine, który pokazał mu kartkę w meczu z ZSRR. Boniek uważa, że tym razem kara dla Wdowczyka też jest nałożona pochopnie.

Świetnie spisuje się Ryszard Komornicki, choć to dopiero jego drugi mecz w reprezentacji. – Grałem wtedy tak, jak lubię, czyli na środku pomocy. Chwalił mnie selekcjoner Włochów Enzo Bearzot, a Zbigniew

Boniek zaskoczony mówił po tym meczu, że pogada z Włochami, żeby mnie ściągnęli do Serie A. Marco Tardelli, na którego grałem, co chwilę leżał na ziemi. Śmiałem się, że drobnych tam szuka – wspomina Komornicki.

Meksykańska masakra piłą mechaniczną

W lutym 1985 roku reprezentacja, choć jeszcze niepewna awansu, jedzie na rekonesans do Meksyku. Polacy przegrywają z gospodarzami aż 0:5! Wcześniej reprezentacja Polski przegrywa tak wysoko z NRD w 1970 roku. Następnym razem 0:5 ze Szwecją w 1992 roku, potem jeszcze 0:5 z Japonią w 1996 roku. Wynik „pobije" Franciszek Smuda (0:6 z Hiszpanią w 2010 roku).

Mecz odbywa się z okazji otwarcia nowego Estadio Corregidora w Queretaro (rok później na tym stadionie wszystkie mecze grupowe mundialu rozegra reprezentacja RFN). Spotkanie oglądają ówczesny prezydent FIFA Joao Havelange i Sepp Blatter, sekretarz generalny.

Antoni Piechniczek: – Ten mecz był koszmarną, bardzo bolesną lekcją. Wielkim i bardzo kosztownym błędem było to, że polecieliśmy na to spotkanie dopiero w przeddzień, późną nocą. Zbyt krótki sen i następnego dnia od razu mecz, w południe miejscowego czasu. Poza tym przeskok ze śniegu, w którym przygotowywaliśmy się do wyjazdu, wprost w meksykańskie słońce spowodował, że zawodników przytkało. Uważam też, że znaczenie miały nawet takie niuanse jak trawa. Na boisku w Queretaro była gruba, mięsista. Nam sprawiało to różnicę. Jakikolwiek był powód – zagraliśmy fatalnie.

– Ktoś może uważać to za wymówkę, ale ta trawa była naprawdę dziwna. Wielka i gruba, a murawa gąbczasta. Czułem, jakbym do niej wpadał. Nigdy wcześniej nie grałem na czymś takim – przyznaje Waldemar Matysik.

– Trzeba było mocniej kopnąć piłkę, żeby odpowiednio szybko toczyła się do kolegi. Trochę obawialiśmy się robić wślizgi, bo – choć to dziwnie brzmi – źdźbła były ostre i powodowały bolesne otarcia – dodaje Roman Wójcicki. – Ten mecz to było zabójstwo. Meksykanie nami zakręcili, a my nie mieliśmy sił, żeby się odgryźć.

Po półgodzinie Polacy przegrywają już trzema golami. – Szczególnie słabo zagrał Jacek Kazimierski, który w tym meczu zawalił kilka bramek. Tak się na niego zdenerwowałem, że kiedy przepuścił piątego gola, zmieniłem go na Eugeniusza Cebrata, dla którego to był debiut – wspomina Piechniczek.

Cebrat na debiut w kadrze czeka rekordowo długo. Pierwszy raz rezerwowym w meczu reprezentacji jest już w 1976 roku!

W Kolumbii brakuje powietrza

Pierwszy raz w historii polskiego futbolu reprezentacja Polski rozgrywa mecz dzień po dniu. Nazajutrz po klęsce z Meksykiem rywalem na tym samym stadionie są Bułgarzy.

W polskiej drużynie debiutuje kolejny znakomity piłkarz z rocznika 1962 – Jan Urban. – Miałem moc, ciężka praca nad formą fizyczną u Piechniczka dawała efekty – mówi Urban. – Pamiętam, jak w 1989 roku wyjechałem do Osasuny Pampeluna. Po jednym z pierwszych treningów miałem masaż. Położyłem się. Masażysta zaczyna, patrzy na mnie i prosi: „Ale ty się rozluźnij". Tyle że ja już byłem rozluźniony. Po treningach w Polsce miałem tak zbite ciało, same mięśnie.

Z Meksyku Polacy lecą prosto do Kolumbii. Gospodarzy prowadzi mało wówczas jeszcze znany Carlos Valderrama – najsłynniejszy kolumbijski piłkarz dopiero zaczyna międzynarodową karierę.

Polacy rozgrywają tam dwa mecze. – Bogota jest położona wysoko, 2600 m n.p.m., wokół Andy. Najgorsze były noce. Trudno było zasnąć, zwyczajnie brakowało powietrza. Po tamtych doświadczeniach uważam, że gra w piłkę na wysoko położonych terenach to zabójstwo – mówi Piechniczek.

Wójcicki: – W Kolumbii ciężko było złapać oddech już na rozgrzewce. Europejczycy nie powinni tam w ogóle grać.

Armia zabiera piłkarza

Bruksela, 1 maja 1985 roku. Wyjazdowy mecz z Belgią, najgroźniejszym rywalem w eliminacjach. Polska przegrywa 0:2 i awans na mistrzostwa się oddala. – Wyjątkowo nam nie poszło. Rzeczywiście byliśmy słabsi – przyznaje Piechniczek.

Selekcjonerowi brakuje Jerzego Wijasa, który ma kłopoty ze służbą wojskową. – Chciałem oprzeć na nim grę reprezentacji – mówi Piechniczek. – Gdyby zagrał w meczu z Belgią, inaczej ustawiłbym Bońka. Niestety, w trakcie zgrupowania w Wiśle przed meczem z Belgią Wijas pojechał do Warszawy i już nie wrócił. Upomniała się o niego armia. Powiedziałem ówczesnemu prezesowi PZPN Edwardowi Brzostowskiemu, żeby sprawę załatwił. Brzostowski poinstruował: „Powiedz Wijasowi, żeby pojechał pociągiem do Warszawy, będzie tam na niego czekał żołnierz i zawiezie go do generalicji. Wszystko ma być załatwione".

Pytamy Wijasa: – Jurek, chcesz grać na mistrzostwach świata czy wolisz kiblować w wojsku?

– Trenerze, wiadomo, że chcę jechać na mundial – odpowiada Wijas.

Lekarz kadry Tadeusz Moszkowicz zawozi piłkarza na pociąg.

– Wsiadł w poranny do Warszawy i nikomu nic nie mówiąc, wysiadł w... Koluszkach. Stamtąd pojechał do Łodzi! Okazało się, że Ludwik Sobolewski, prezes Widzewa, obiecał mu, że komitet wojewódzki w Łodzi załatwi odroczenie, a Wijas w to uwierzył. Tymczasem w Warszawie wojskowi czekali na piłkarza i się nie doczekali. Uznali to za potwarz. I już niczego nie dało się odkręcić.

Wijas musi iść do wojska. Kopie piłkę w LKS Czarne w województwie słupskim. Gdy wychodzi na trening albo na mecz, musi się starać o przepustkę. Śpi w dwudziestoosobowej sali. Służy z poborowymi młodszymi o pięć, sześć lat. Ma żal do działaczy Widzewa. Po latach nie chce już wracać do tamtej historii.

Gol, którego nie było w telewizji

Nastroje przed kolejnymi meczami są złe. – Wszyscy byli na nie, w mediach totalna krytyka. Gdybym wszystkie zarzuty brał na poważnie, pewnie bym zwariował – mówi Piechniczek.

Wszystko zmienia się w kolejnym meczu. Jeszcze w maju Polska rozgrywa rewelacyjny mecz w Grecji. Na trybunach zasiadają byli selekcjonerzy, którzy pracują w tym kraju: Kazimierz Górski i Jacek Gmoch. Przyjeżdżają również Ryszard Kulesza i Andrzej Strejlau.

– Przestrzegaliśmy Antka, bo wiedzieliśmy, na co stać było wtedy grecki futbol. W 1985 roku Jacek Gmoch z Panathinaikosem doszedł do półfinału Pucharu Mistrzów, a ja z Larissą do ćwierćfinału Pucharu Zdobywców Pucharów. Gospodarze byli naprawdę groźni. Tym bardziej brawa dla naszej drużyny – mówi Andrzej Strejlau.

Selekcjoner decyduje się na zaskakujący manewr – od pierwszej minuty wpuszcza na środek obrony debiutanta, 25-letniego Kazimierza Przybysia z Widzewa, kosztem Władysława Żmudy.

– W Brukseli Żmuda zagrał słabo – mówi Piechniczek. – Już mnie nie przekonywał. Uznałem, że nastał czas Wójcickiego, spokojnego, dobrze grającego głową, potrafiącego stosować wślizgi, a przed nim znaleźć „latawca", który będzie umiał uprzykrzyć życie najgroźniejszemu napastnikowi. Przybyś idealnie nadawał się do tego zadania. Miał zdrowie, a w Widzewie prezentował równą formę. Przed meczem mocno go mobilizowałem. Dostał szansę w momencie wyjątkowo trudnym dla reprezentacji i się sprawdził. Oznaczało to, że trzy lata po mundialu w Hiszpanii linię defensywną stworzyli już nowi zawodnicy. Rodziła się nowa drużyna, która nareszcie zaczęła rokować. Żmudzie powiedziałem wcześniej, że zagra Przybyś. Władziu zachował się w porządku. Nie obraził się, nie traktował Przybysia z góry, zawsze był z ekipą.

– Postawienie na Kazka Przybysia nie było wielkim ryzykiem, przecież my razem graliśmy w Widzewie, więc wiedzieliśmy, czego się po sobie spodziewać – mówi Roman Wójcicki. – Trener musiał oglądać nas w meczach Widzewa i uznał, że to dobra opcja. Przybyś był nieustępliwy, twardy i odporny. Na początku starałem się nim dyrygować, bo był w kadrze nowy, ale sobie poradził. Miał jedynie problem z wyprowadzaniem piłki, ale za to, jak się przykleił do przeciwnika, to trudno było go już odkleić.

Polacy wygrywają w Atenach 4:1. Temperatura w cieniu wynosi 26 stopni, w słońcu ponad czterdzieści, ale to jednak upał innego rodzaju niż w Meksyku. Jak zwykle pierwszą bramkę zdobywa Włodzimierz Smolarek. – Ten gol był niezwykły. Włodek zabrał piłkę w kole środkowym i się rozpędził. Greccy obrońcy już go nie dogonili – wspomina Piechniczek.

– Od trzech lat nie zagrałem tak dobrego meczu – mówi po spotkaniu szczęśliwy Smolarek.

Tuż po przerwie Grecy wyrównują, ale Marek Ostrowski pięknym strzałem z dystansu znów daje prowadzenie Polsce. Trzecią bramkę świetnie pamięta inny obrońca, Krzysztof Pawlak: – Podałem płasko Zbyszkowi Bońkowi, a on trafił do pustej bramki – mówi.

Niezwykły jest gol Dariusza Dziekanowskiego zdobyty w ostatniej minucie. Nie pokazuje go polska telewizja, winą za przerwanie transmisji obarczając Greków. Ale właśnie ta bramka decyduje później, że w ostatnim meczu z Belgią do awansu wystarcza Polsce tylko remis.

Jak pojedziesz, to cię wymienimy

Jedenaście dni później Polska wygrywa w Tiranie rewanż z Albanią. Piechniczek niczego nie chce zaniedbać. Polacy zabierają tam nie tylko własne wyżywienie, ale i kelnerów.

Jedynego gola zdobywa Zbigniew Boniek, który ledwie kilkanaście godzin wcześniej występuje w tragicznym finale Pucharu Mistrzów na Heysel, gdzie Juventus wygrywa z Liverpoolem, a na stadionie ginie 39 włoskich kibiców.

Zbigniew Boniek: – Nie wiem, jak to się stało, że termin meczu ustalono na dzień po finale w Brukseli. Nie sądzę, żeby ktoś z naszych działaczy analizował terminy. Klepnęli to bezmyslnie, zwyczajnie nie przewidzieli, że jakiś Polak może zagrać na Heysel. Ale PZPN miał ze mną dobrze. Wystarczyło tylko hasło, żebym przyjechał, a ja kupowałem sobie bilety. Przez cztery lata nie zdarzyło się, żeby ktoś z Warszawy przysłał mi bilet na samolot. Dzwonił tylko sekretarz Kaliński i mówił: „Gramy z tymi w tym mieście, hotel taki a taki, czekamy", i odkładał słuchawkę. Za każdym razem musiałem jechać do Mediolanu po wizę. Nikt mi za nic nie zwracał.

Negocjacje Bońka z Juventusem w sprawie występu w Albanii nie są łatwe.

Boniek: – Powiedziałem działaczom, że mam mecz reprezentacji z Albanią.

Oni: – A my mamy finał z Liverpoolem.

Ja: – Ale ja mam mecz z Albanią!

Oni: – Zibi, ty masz finał! Co cię obchodzi jakaś Albania!

Ja: – Panowie, żeby nie było. Na pewno pojadę na ten mecz.

Oni: – Jak to!?

Ja: – Tak to. Jak mi nie załatwicie biletów na samolot, to wyjadę wcześniej i nie zagram w finale na Heysel.

Działacze Juventusu: – Jak pojedziesz, to cię po sezonie wymienimy.

Boniek: – To mnie wymieniajcie, ale ja i tak pojadę. Chodzi o mecz reprezentacji Polski.

I wyjeżdża.

Zibi lata samolotem

Włochom bardzo zależy, by Boniek zagrał przeciwko Liverpoolowi, więc znajdują rozwiązanie. – Giovanni Agnelli, właściciel Juventusu i szef Fiata, podstawił mi prywatny samolot – wspomina Boniek. – Wystartowałem z Brukseli o 2 w nocy. O 4 nad ranem byłem w Tiranie, ale lotnisko nas nie przyjęło, bo w Albanii lotniska czynne były od 7. Na pokładzie było tylko dwóch pilotów i ja. Wylądowaliśmy więc w Bari, zjedliśmy tam śniadanie, dopiero wtedy przeczytałem, co tak naprawdę wydarzyło się na Heysel. Włączyłem telewizor, byłem w szoku.

O godz. 6.30 wystartowaliśmy z Bari. O 7 byliśmy w Tiranie. O 17.30 na stadionie Qemal Stafa rozpoczął się mecz. O godz. 22 wsiadłem w samolot i wróciłem do Turynu. Spałem dwa dni.

Antoni Piechniczek: – To był mecz, który otworzył nam drogę do Meksyku. Wszyscy podkreślają zasługi Bońka, i słusznie. Ale w Tiranie niesamowity był również Jasiu Urban. Przedryblował kilku rywali, wziął stopera „na ciało" i piętą wystawił piłkę Bońkowi, który musiał tylko czysto trafić do bramki. I trafił. Akcja była popisówką Urbana.

Albańczycy po zwycięstwie nad Grecją marzą o awansie, więc walczą ostro. Pomocnik Mirel Josa trafia nawet w poprzeczkę naszej bramki, ale Polacy są lepsi. Tylko że gol strzelony przez Bońka w Albanii jest jego ostatnią, dwudziestą czwartą, bramką zdobytą dla reprezentacji Polski. Ale o tym nikt jeszcze wtedy nie wie.

Antoni Piechniczek: – Miałem drużynę, z którą można się było pokazać. Cieszyłem się, że wróciłem do ataku w zestawieniu Boniek – Smolarek. Zbyszek wnosił do zespołu czynnik motywacyjny i ogromną wiarę.

Przed tym meczem powtarzał: „Panowie, skoro wygraliśmy w Grecji, to dlaczego nie mielibyśmy wygrać tutaj?". Dziekanowskiego ustawiłem bardziej z tyłu. Zależało mi, żeby wracał w razie potrzeby, gdy Boniek np. po jakimś zrywie będzie musiał odpocząć. Dał sobie to wytłumaczyć, zastosował się.

Do rewanżu z Belgią Polacy przygotowują się w Wiśle. Antoni Piechniczek jedyny raz nie jedzie na mecz reprezentacji Polski. Jego asystent Bernard Blaut zabiera dublerów do Brna na towarzyski mecz z Czechosłowacją, Piechniczek zostaje w Wiśle, żeby ostro pracować z podstawowym składem.

Drugi awans

Wrześniowy rewanżowy mecz z Belgią w Chorzowie to najbardziej dramatyczny moment eliminacji do meksykańskiego mundialu. Polakom wystarcza remis, ale atmosfera jest napięta. Kilka dni przed meczem podczas treningu na Stadionie Śląskim Dariusz Dziekanowski oddaje dwa niecelne strzały z rzędu. Zbigniew Boniek komentuje: „Trudno powiedzieć, żeby Darkowi służyło warszawskie powietrze". To nawiązanie do słynnego wywiadu Dziekanowskiego, w którym mówi: „Po minięciu tablicy z napisem Warszawa otwieram szybę i powiew innego powietrza wpływa na mnie kojąco". Dziekanowski nie chce grać w Widzewie i kilka miesięcy przed meczem z Belgią wymusza swoje przejście do Legii.

Antoni Piechniczek: – Pierwsza połowa meczu z Belgią była zdecydowanie nasza, Zbyszek Boniek trafił w słupek, ale goli nie było. Kłopoty się zaczęły, kiedy pół godziny przed końcem zdjąłem Włodka Smolarka i wpuściłem za niego Andrzeja Pałasza. Smolarek sygnalizował, że boli go noga, więc dokonałem zmiany. Myślałem, że Pałasz da radę go zastąpić. Powiedziałem mu: „Masz grać na lewym skrzydle i uważać na Erica Geretsa, bocznego obrońcę, który uwielbia atakować". A Pałasz poszedł do środka i Gerets został wolny, bez opieki. Kiedy na boisku był jeszcze Smolarek, Gerets się go bał. Kiedy Włodek zszedł, Belg poczuł się mocniejszy. W brodę sobie plułem i włosy z głowy rwałem. Pałasz biegał gdzieś w środku boiska, a Gerets jeździł po skrzydle i trudno go było powstrzymać. Co piłka, to omal do bramki nie wjechał.

Belgowie rzucają się do ataku, nie mają nic do stracenia. Końcówkę tego meczu prawie wszyscy oglądają na stojąco.

Bohaterem meczu jest Młynarczyk. W ekipie wiedzą, że jest w bardzo wysokiej formie. Kilka dni wcześniej rozgrywa świetny mecz w lidze francuskiej pomiędzy Bastią a Auxerre. Po bezbramkowym remisie francuska prasa pisze z podziwem, że „Młynarczyk zatrzymał Auxerre".

Józef Młynarczyk zaczął współpracę z Piechniczkiem w BKS.
– Piechniczek już wtedy był dla mnie autorytetem i tak zostało do dzisiaj – mówi Młynarczyk.

Przed meczem w Chorzowie trenerzy Piechniczek i Blaut przygotowują bramkarzowi zbitkę wideo obrazującą sposób gry Belgów. Korzystając z podpowiedzi grających w belgijskich klubach Marka Kusty i Stanisława Gzila, szkoleniowcy podczas treningów imitują charakterystyczne zagrania Belgów.

– W meczu z Belgią Józek był bezbłędny – mówi Piechniczek. – Wyłapywał wszystkie groźne strzały i mnóstwo dośrodkowań. Doceniam też występ Komornickiego. W bardzo ważnym momencie czubkiem buta strącił piłkę Frankowi Vercauterenowi, który był w dogodnej sytuacji strzeleckiej. Wiem, że on wolałby pochwały za grę w ofensywie, ale gdyby nie ten moment, prawdopodobnie stracilibyśmy gola i nie byłoby awansu na mundial z pierwszego miejsca w grupie.

Tuż przed końcem dochodzi do słynnego zatargu Geretsa z Piechniczkiem przy linii bocznej. – Poszło o chłopców do podawania piłek. Czuli jazz i reagowali trochę z opóźnieniem. W pewnym momencie rozzłoszczony Gerets szarpnął jednego z chłopaków za ucho, a piłka przypadkowo potoczyła się w moim kierunku. Podskoczyłem więc do Geretsa wkurzony za to, jak potraktował tego bajtla – mówi Piechniczek.

Po końcowym gwizdku euforia. Publiczność skanduje: „Polska – Meksyk – Polska". Piechniczek i Młynarczyk, główny bohater meczu, są znoszeni do szatni na rękach. – Ale podczas pomeczowej konferencji prasowej już tak radośnie nie było. Dziennikarze wybrzydzali, nie podobał im się styl, w jakim wywalczyliśmy awans. Krytykowali, narzekali. Nie było miło. Na koniec jednak jakiś zagraniczny dziennikarz powiedział, że u nich trenera, który awansował na mundial dwa razy z rzędu, nosiliby na rękach – mówi Piechniczek.

Belgom zostają baraże z Holendrami. Nie są z tego zadowoleni. Trener Guy Thys nie wierzy w sukces swojej drużyny. Ostatecznie jednak Belgowie wygrywają. To największa klęska w trenerskiej karierze Leo Beenhakkera, trenera Holendrów. Jego fotografia, jak w długim płaszczu idzie sam ze spuszczoną głową tunelem na stadionie De Kuip w Rotterdamie, przechodzi do historii. A Belgowie w Meksyku zagrają najlepiej w całej swej historii występów na mundialach.

Koń bez lejców

Po czterech latach przerwy Polacy znowu wygrywają z aktualnym mistrzem świata. W towarzyskim meczu na Stadionie Śląskim ogrywają Włochów. Dopiero listopad, ale organizatorzy już muszą oczyszczać murawę ze śniegu. Jedyny gol pada już w 5. minucie, zdobywa go Dariusz Dziekanowski fantastycznym strzałem sprzed pola karnego.

Jest najlepszy na boisku. Goście mogą wyrównać, ale w końcówce Andrzej Buncol wybija piłkę z linii bramkowej. Po meczu Włosi pytają zaskoczeni o Dziekanowskiego. Myśleli, że wszystkie polskie gwiazdy grają już w ich Serie A, wówczas najsilniejszej lidze na świecie.

– Przed tym meczem mieszkaliśmy w schowanym w lesie pałacyku w Promnicach – mówi Piechniczek. – Przyjechali tam za Bońkiem włoscy dziennikarze. Ugościł ich kołoczem. Byli zachwyceni pałacykiem i panującą tam atmosferą. Pamiętam, że po szczegółowej odprawie Zbyszek powiedział kolegom: „Panowie, jest jeden sposób, żeby wygrać ten meczu. Musimy Włochów zabiegać. Uważam, że możemy to zrobić". Tak się stało.

Enzo Bearzot, trener Włochów, zna klasę Bońka. Nie daje mu swobody, w trakcie meczu ściśle pilnuje go Giuseppe Baresi. „Sądzę, że Boniek najlepiej się czuje, kiedy z głębi pola startuje do szybkich dynamicznych rajdów. Doskonale pasuje do niego stwierdzenie »Caballo senza redini« (koń bez lejców)" – mówi Bearzot w Chorzowie „Piłce Nożnej".

Dziennikarz Jerzy Góra: – Radio zawsze było moim żywiołem, ale pamiętam, że wtedy zdarzyło się coś, czego nie mogłem oddać, bo tego nie dało się nagrać. Piechniczek uścisnął się z Bearzotem w milczeniu i z sympatią. Dwóch niezwykłych ludzi z klasą. Przyszło mi wtedy do głowy, że Piechniczek to człowiek, który rozumiał piłkę lepiej niż wszyscy ludzie dookoła niego.

Zakończenie roku nie jest już takie udane. Dwa wyjazdowe mecze towarzyskie, z Tunezją i Turcją, bez zwycięstwa. – Musieliśmy te mecze zagrać, bo były zakontraktowane. Dałem szansę kilku dublerom – mówi Piechniczek. – Mecz z Tunezją sędziował miejscowy arbiter Hedi Mellouli. Ewidentnie kręcił lody. Kiedy potem pracowałem w Tunezji, poznaliśmy się bliżej, polubiłem go i niejedną whisky z nim wypiłem. Przyznał mi wtedy z uśmiechem: „Antek, w tym meczu nie miałeś żadnych szans".

Przepity talent

Na początku 1986 roku reprezentacja jedzie na tournée do Ameryki Południowej. Zakontraktowane mecze z najsilniejszymi klubami Buenos Aires i oficjalne spotkanie z Urugwajem – ostatnim rywalem ze światowej czołówki, z którym Polska jeszcze się nie zmierzyła.

Mecz rozgrywany na słynnym Estadio Centenario, na którym odbył się finał pierwszych mistrzostw świata w 1930 roku, kończy się wynikiem 2:2. Polacy dwukrotnie obejmują prowadzenie po golach Krzysztofa Barana, ale gospodarze potrafią wyrównać.

Piechniczek: – Krzyśka Barana, wychowanka Gwardii Warszawa, powołałem wtedy po raz pierwszy i od razu zdobył dla nas obydwa gole. Jednego z woleja, a drugiego po szybkiej akcji i precyzyjnym płaskim strzale.

„Biała strzała nie do zatrzymania" – piszą o piłkarzu ŁKS pełne podziwu urugwajskie gazety.

Piechniczek: – Wiedziałem, że muszę Barana obserwować, to był wielki talent. Niestety, miał złą opinię. Wiceprezes PZPN Henryk Celak powiedział mi: „Antek, wstrzymaj się ze stawianiem na Barana w kadrze, bo są z nim coraz większe kłopoty. Pije".

Baran dostaje u Piechniczka jeszcze 25 minut w towarzyskim meczu z Hiszpanią. Już nigdy nie strzela gola w reprezentacji. Alkohol przejmuje nad nim kontrolę. Kilka lat później na kontrakcie w Grecji wypija nawet 15 piw dziennie, ale – jak sam przyznaje – zdecydowanie bardziej woli wódkę. Przepija karierę.

Przed tournée po Ameryce Południowej kadra przebywa na zgrupowaniu we Włoszech. Kolegów odwiedza Władysław Żmuda. – Przyjechał do nas swoim porsche – wspomina Piechniczek. Trener zaprasza Żmudę na trening. Piłkarz nie prezentuje się nadzwyczajnie.

Tuż przed wyjazdem do Ameryki reprezentacja rozgrywa sparing, w którym pokonuję Pisę 2:0. Po meczu Piechniczek przyłapuje dwóch zawodników na dancingu. Tańczą z rozanielonymi amerykańskimi turystkami, które nakładają sobie ich dresy z napisem „Polska". Piechniczek nie traci zimnej krwi, dyskretnie podchodzi do zawodników i spokojnie mówi: – Panowie, zabierzcie bluzy i pożegnajcie panie. Daję wam dwie minuty, czekam przy recepcji.

Piłkarze karnie stosują się do polecenia, więc nie ma afery. Od kilku zawodników ówczesnej kadry słyszymy: – Aniołkami nie byliśmy. Trener miał cenną umiejętność. Doskonale wiedział, kiedy przymknąć oko, a kiedy zareagować.

Piekło Monterrey

Niektórzy wierzą, że w Meksyku uda się powtórzyć świetny występ sprzed czterech lat. Polska wychodzi z grupy na trzecim miejscu, według regulaminu dającym awans. W jednej ósmej finału trafia jednak na rozpędzającą się Brazylię, która wcześniej w grupie do zera wygrywa z Hiszpanią, Algierią i Irlandią Północną.

Piotr Czaja, trener bramkarzy: – Uważam, że po mundialu w Hiszpanii powinno się zmienić piłkarzy i budować zupełnie nową drużynę. Oczywiście łatwo się mówi po latach. Każdy trener, który osiąga sukces z konkretną grupą zawodników, chce z nimi współpracować dalej i wycisnąć z nich wszystko do końca. Niestety, często się to źle kończy. Przykładem choćby występ Hiszpanii pod wodzą del Bosque'a na mundialu w Brazylii, gdzie mistrzowie świata w starym składzie nawet nie wyszli z grupy.

Zdaniem Czai mundial w Meksyku to łańcuch błędów. – Do Meksyku pojechaliśmy o dwa tygodnie za wcześnie. W ośrodku Bahia Escondida niedaleko Monterrey byliśmy zamknięci i ogrodzeni kordonem policji. Można było zwariować. Nie mogliśmy wyjść, bo w Monterrey zamknięto hutę i zwolniono dziesięć tysięcy ludzi. Były zamieszki, a mundial nikomu tam nie był potrzebny. Staliśmy się niechcianą drużyną. Już po pierwszym meczu z Marokiem wszyscy chcieliśmy jechać do domu. Aż tak byliśmy zmęczeni sobą nawzajem.

Ryszard Komornicki: – Rzeczywiście, pilnowali nas tam ostro. Codziennie rano, kiedy schodziliśmy na śniadanie, jeden z ochroniarzy w milczeniu wskazywał na mój zegarek. Początkowo myślałem, że pyta mnie o godzinę. Potem okazało się, że chciałby go ode mnie dostać w prezencie. Żal mi się go zrobiło. To było Casio za 20 dolarów. Na koniec pobytu dałem zegarek ochroniarzowi w prezencie.

Białko się odkłada

Antoni Piechniczek: – Ośrodek Bahia Escondida wydawał się rewelacyjny. Duża przestrzeń tylko dla nas, 500 metrów dalej stołówka, basen, korty. Wyglądało świetnie. Nie spodziewaliśmy się, że w trakcie naszego pobytu zrobi się aż taka patelnia! 40 stopni, nigdzie cienia... Piłkarze uciekali pod parasole i wciąż pod nimi leżeli. Próbowałem ich rozruszać, chciałem, żeby pograli na kortach tenisowych w siatkonogę. Po dwóch dniach narzekali, że od tego pierońskiego betonu nogi ich bolą, więc zajęcia odwołałem.

– Naszym problemem w Meksyku rzeczywiście była lokalizacja – mówi Boniek. – W ośrodek władowano chyba ze dwa miliony ton cementu. Wszędzie był ten cement, który magazynował ciepło, do tego wysokość (ogromna wilgotność i smog). Nie trenowaliśmy w dzień, bo się nie dało. W trakcie zwykłego, niezbyt ciężkiego treningu gubiliśmy po dwa, trzy kilogramy. Było trzy razy gorzej niż w Hiszpanii. Nie wiem, dlaczego działacze wybrali ten ośrodek.

Piotr Czaja: – Jedzenie też było złe. Polski piłkarz na obiad musi zjeść mięso, bo nie będzie miał siły. W Meksyku mieliśmy tych mięsnych posiłków aż do przesady. Ale w tamtym klimacie były to posiłki ciężkostrawne. Wielu zawodników podczas tych mistrzostw miało lekką nadwagę, stawali się wręcz ociężali.

– Kucharz wychodził ze skóry, żeby każdemu dogodzić – mówi Piechniczek. – Jak to mówią na Śląsku, piłkarze do wyboru mieli „kury, kaczki i zielone gęsi". A potem tego nie spalali. Zamiast mieć żołądki przy kręgosłupie, mieli je z przodu. Zamiast się ruszać, szukali cienia. Upał powodował, że nie mieli świeżości, no i to jedzenie rzeczywiście im się odkładało.

Rodzina trenera w tym czasie ma inny problem niż wyniki reprezentacji. Joanna, najstarsza córka, studiuje medycynę w Kijowie. W kwietniu dochodzi do awarii w elektrowni jądrowej w Czarnobylu.

Zyta Piechniczek: – Byłam przerażona. U nas straszą promieniowaniem, podają dzieciom płyn Lugola, a córka siedzi w tym Kijowie. Dzwoniłam, namawiałam, żeby wróciła wcześniej, ale nie chciała stracić roku. Byłam z tym sama, bo mąż miał mundial na głowie.

Joanna Piechniczek-Buczek: – Byłam przekonana, że mama niepotrzebnie panikuje. Dopiero kiedy zasugerowano dziewczynom w akademiku, żeby ścięły włosy, trochę się przestraszyłam. Odmówiłam pójścia do fryzjera, ale na szczęście nikt nie naciskał. Skończyło się dla mnie bez komplikacji zdrowotnych.

Zyta Piechniczek nie wyobraża sobie, żeby po wakacjach córka wróciła do Kijowa. Trzeci rok studiów Joanna rozpoczyna już w Śląskiej Akademii Medycznej w Zabrzu.

Gorące uczucie między Górnikiem a Legią

Jeszcze przed mistrzostwami, w marcu 1986 roku, w tygodniku „Sportowiec" ukazuje się wywiad z dwoma bocznymi obrońcami Legii: Dariuszem Wdowczykiem i Dariuszem Kubickim. Piłkarze sugerują, że atmosfera w kadrze jest zła, że istnieją podziały. Piłkarze żalą się dziennikarzom, że gdy na śniadanie schodzi na przykład Ryszard Komornicki z Górnika Zabrze, słyszy od Antoniego Piechniczka: „Dzień dobry, Rysiu, jak się spało?". Piłkarzy Legii selekcjoner ma traktować jak powietrze.

Antoni Piechniczek: – Śniadanie w Wiśle było wydawane od 7.30 do 8.30. Wdowczyk i Kubicki przychodzili o godz. 9, trudno więc, żebym ich pytał, jak się spało, bo wiadomo, że spało się im bardzo dobrze. Komornicki albo Matysik siedzieli w stołówce już o 7.30. Wszelkie sugestie, że tępiłem ludzi z Legii, są niepoważne i głupie. Jak można tak w ogóle pomyśleć? Przecież najlepsze lata jako zawodnik spędziłem w Legii!

Piechniczek zabiera do Meksyku pięciu zawodników warszawskiej drużyny: Dariusza Dziekanowskiego, Andrzeja Buncola, Dariusza Kubickiego, Jana Karasia i rezerwowego bramkarza Jacka Kazimierskiego. Do kadry nie załapuje się Dariusz Wdowczyk.

– W Meksyku byliśmy inną drużyną niż w Hiszpanii – mówi Waldemar Matysik. – W tamtej chcieli grać wszyscy. W tej atmosfera była niezdrowa. Zawodnicy, którzy pierwszy raz przyjechali na mistrzostwa, marzyli o naszym sukcesie sprzed czterech lat. Niby byliśmy razem, ale czuło się, że nie mamy jednego celu. Piłkarze podchodzili do Zbyszka Bońka, który miał dużo do powiedzenia. Chcieli mu się przypodobać, żeby szepnął trenerowi dobre słowo o tym albo o tamtym piłkarzu. Nie tak powinno to wyglądać.

Trening w Meksyku. Od lewej: Roman Wójcicki (tyłem), Marek Ostrowski, Antoni Piechniczek, Waldemar Matysik (tyłem), Kazimierz Przybyś, Andrzej Buncol (tyłem), Włodzimierz Smolarek.

Władysław Żmuda: – Uważam, że w 1986 roku za dużo miał do powiedzenia obecny prezes PZPN, czyli Zbysiu Boniek. Moim zdaniem trener i działacze dali mu za dużo władzy. Chciał być piłkarzem, trenerem i kucharzem jednocześnie. To jest niedobre. Zawodnik jest tylko zawodnikiem i powinien pracować na rzecz drużyny.

Ryszard Komornicki też jest rozczarowany występem na mundialu. – Ale trudno winić trenera – mówi. – Kiedy wspominam po latach Meksyk, zadaję sobie pytanie, które moim zdaniem powinien sobie zadać każdy z piłkarzy, który tam był: „Czy zrobiłem wszystko jak najlepiej?". Ciągle były jakieś przepychanki, głupie kłótnie. Podział między Legią a Górnikiem. Najważniejsi zawodnicy, z autorytetem, jak Zbigniew Boniek, powinni wtedy powiedzieć: „Panowie, nie musimy się kochać, ale przecież jesteśmy na mistrzostwach świata, zróbmy wszystko, żeby osiągnąć jak najwięcej".

Krzysztof Pawlak: – To prawda, że nie byliśmy w Meksyku jednością. Byłem jedyny w kadrze z Wielkopolski i bliżej mi było do grupy śląskiej. W pokoju mieszkałem z Matysikiem i Komornickim. Ponura atmosfera nie dodawała nam skrzydeł.

Trudno się zakochać po raz drugi

Jan Urban inaczej: – Przyczyny słabego występu na mundialu upatrywałbym raczej w przemęczeniu. W Górniku kończyliśmy sezon 1 maja finałem Pucharu Polski, a potem od razu jechaliśmy na zgrupowanie kadry do Niemiec. Nigdy nie miałem problemów z kondycją, a przed mundialem lekarz musiał mi ściągać płyn z kolana. Byłem przeciążony. Przez całe mistrzostwa byliśmy bez błysku. Najlepiej pod względem fizycznym wypadliśmy w ostatnim meczu z Brazylią.

– Przed Meksykiem zawodnicy się skarżyli: „Jesteśmy zmęczeni. Niech pan da nam trochę odpocząć. Potrzebujemy świeżości" – wspomina Piechniczek. – Nie mogłem się z tym zgodzić, bo po dłuższym wypoczynku człowiek czuje się jeszcze bardziej zmęczony. „Musicie coś robić, nie możecie tylko odpoczywać", prosiłem. U niektórych chłopaków, którzy grali w 1982 roku w Hiszpanii, było widać wypalenie. Może należało z nich zrezygnować? Piotrek Czaja miał indywidualne treningi z Młynarczykiem. Mówił: „Józiu, przyłóż się trochę. Robimy to samo co cztery lata temu, nic ponadto". A Józek na to: „Ale pan zapomniał, że ja jestem o cztery lata starszy".

Andrzej Buncol, rewelacyjny w Hiszpanii, w Meksyku grał tylko w dwóch meczach. Nieudany występ z Anglią jest jego ostatnim w reprezentacji, z Brazylią już nie wychodzi na boisko. – Nie mam o to pretensji. Nie byłem już w takiej formie jak cztery lata wcześniej. Decyzje trenera, które mnie dotyczyły, były słuszne – uważa Buncol.

Zbigniew Boniek: – Do drużyny zaczęła wchodzić młodzież, kadra przechodziła okres transformacji. Wydaje mi się, że trener Piechniczek nie miał do tej młodzieży już takiego entuzjazmu. W tej drużynie trudno mu było się zakochać, choć przecież talentów też w niej nie brakowało.

God bless „Solidarity"

PRL powoli trzeszczy w szwach, ale tak ważnej sprawy jak piłkarskie mistrzostwa świata Służba Bezpieczeństwa nie bagatelizuje. Nadaje sprawie niezbyt wyszukany kryptonim „Mexico'86" (nr ewidencyjny 95632). Funkcjonariusze SB obawiają się, że polscy piłkarze wykorzystają okazję i zostaną na Zachodzie. Trudno nie zauważyć, że Meksyk leży blisko USA!

„Mistrzostwa Mexico '86 odbędą się w trudnej i skomplikowanej sytuacji międzynarodowej, uwarunkowanej militarystycznym kursem polityki zagranicznej USA stanowiącym istotne zagrożenie dla pokoju światowego. Istnieje duża możliwość wystąpienia w czasie trwania imprezy wielu zagrożeń w postaci prowokacji politycznych, namawiania członków polskiej ekipy do pozostania na Zachodzie, aktów terroru fizycznego i innych, wynikających z realizacji określonych celów" – piszą agenci w raporcie.

Służby planują „głębokie rozpoznanie działaczy sportowych, trenerów i zawodników, systematyczne współdziałanie i wymianę informacji ze służbami bezpieczeństwa krajów socjalistycznych uczestniczących w mistrzostwach świata oraz współdziałanie z PZPN i GKKFiT w celu eliminacji wszelkich nieprawidłowości i zagrożeń".

Bezpieka obawia się manifestacji politycznych w trakcie meczów z udziałem Polaków, podobnych do tych sprzed czterech lat. Podejrzewa, że członkowie „Komitetu Pomocy »Solidarności« w Meksyku będą chcieli zamanifestować istnienie struktur tej organizacji".

Podczas meczów w Monterrey Polonia wystawia dwie flagi: biało-czerwoną z napisem „Brawo »Solidarność«" oraz drugą z napisem „God Bless »Solidarity«". Po pierwszym meczu ta druga jest pokazywana w meksykańskich gazetach i telewizji.

Polską reprezentację w ośrodku Bahia Escondida zabezpiecza „22-osobowa grupa uzbrojona w broń krótką, przeszkolona w zakresie karate, mająca do dyspozycji dwa samochody".

Służba Bezpieczeństwa współpracuje z meksykańskimi służbami specjalnymi. Na każdym stadionie podczas meczu przebywają agenci przebrani w stroje sportowe. W razie problemów na trybunach mają apelować o spokój, dopiero potem użyć siły. Nie muszą.

Esbek zadowolony z meksykańskiej lornetki

Do pilnowania polskiej ekipy w Meksyku Służba Bezpieczeństwa deleguje podpułkownika Edwarda Kudybińskiego, zastępcę naczelnika wydziału IX Departamentu III MSW. Resort daje mu 500 dolarów na cele operacyjne. Oficjalnie jest członkiem kierownictwa ekipy i występuje jako przedstawiciel Głównego Komitetu Kultury Fizycznej i Turystyki. To bardzo naiwna próba maskowania. „Po kilku dniach cała ekipa wiedziała, jaki resort reprezentuję, gdyż byłem jedyną osobą spoza towarzystwa, które zna się wzajemnie od lat i wśród którego panuje swoisty solidaryzm. Karygodnym jest fakt, że ujawniono moją osobę wobec osób spoza ekipy" – skarży się potem w raporcie Kudybiński. Nie może tego przeboleć, tym bardziej że chodzi o obywateli RFN.

Jest za to zadowolony ze współpracy z Meksykanami. Wymienia konkrety:

– wypożyczenie lornetki do obserwowania na stadionie ewentualnych transparentów „Solidarności";

– poinformowanie o grupie polskich kibiców z USA, którzy przyjechali na mundial, przywożąc ze sobą trzy panienki lekkich obyczajów z Teksasu. Osoby te nawiązały bliski kontakt z niektórymi piłkarzami.

Ubeków szczególnie podnieca fakt, że 21 maja opóźnia się start samolotu z Mexico City do Monterrey, którym ma odlecieć polska ekipa. Anonimowy telefon do Air Mexicana sugeruje podłożenie bomby. „Należy sądzić, że to celowe działanie tamtejszej »Solidarności«" – uważa Kudybiński. Nie wyjaśnia, jakie przesłanki skłaniają go do takiego stwierdzenia.

W raporcie z mundialu zdradza regulamin premii. Szczegóły: każdy wygrany mecz dla zawodników i grających rezerwowych – 500 dolarów, remis to 250 dolarów, przegrana 100 dolarów. Premie pozostałych członków ekipy: trener – 100 procent tego, co zawodnicy, drugi trener – 60 procent, masażyści – 10 procent. Za wyjście z grupy 30 tysięcy dolarów do podziału. Jeśli uda się awansować dalej – premia do ustalenia.

Wszystkim członkom ekipy służby zakładają karty informacyjne, w których zawarte są ewentualne informacje o wcześniejszej współpracy z bezpieką. Karta Antoniego Piechniczka jest pusta.

Cierpliwość trenera

Na początek mundialu mecz z Marokiem. W składzie siedmiu zawodników, którzy pamiętają mundial z Hiszpanii. Antoni Piechniczek już kilka miesięcy wcześniej przestrzega przed lekceważeniem rywali. W marcu ogląda Marokańczyków w Pucharze Narodów Afryki rozgrywanym w Egipcie. Zajmują tam czwarte miejsce. Trener przypuszcza, że rywale na mundialu zmobilizują się właśnie na pierwsze spotkanie – nie dlatego, że rywalem są Polacy, ale właśnie dlatego, że to pierwszy mecz. Obawy się potwierdzają.

Bezbramkowy remis to rozczarowanie. Marokańczycy szanują piłkę, nie spieszą się z rozgrywaniem akcji. Są dobrymi technikami, trudno im odebrać piłkę. Po meczu zachwycony król Maroka Hassan II dzwoni do swojej drużyny z gratulacjami.

Piechniczek wiąże w tym meczu duże nadzieje z Dariuszem Dziekanowskim. – Długo rozmawialiśmy w cztery oczy. Znowu prosiłem go, żeby wracał, gdyby Boniek zaatakował z drugiej linii. Z Marokiem niebezpiecznie było grać trójką piłkarzy z przodu. „Oczywiście, panie trenerze" – usłyszałem. Chciałem go zmobilizować, więc opowiadałem mu o Lucjanie Brychczym, dawnym idolu z Legii. Wydawało mi się, że „Dziekan" jest ustawiony. Niestety, rozmowa niewiele dała. Zagrał słabo i po godzinie go zmieniłem, a Bońka przesunąłem do przodu. Zaraz potem Darek powiedział publicznie, że go niszczę. Poczułem się fatalnie. Pomyślałem: ile ja bym dał w młodości, kiedy byłem piłkarzem, żeby któryś z trenerów miał cierpliwość i poświęcił mi tyle czasu, ile ja jemu. Podpadł mi wtedy, zapamiętałem mu to.

Po meczu z Marokiem do hotelu w Monterrey przyjeżdża Kazimierz Deyna, który w wieku 39 lat z drużyną San Diego Sockers wygrywa amerykańską Major Indoor Soccer League. Zauważa, że w polskiej drużynie brakuje zawodnika, który dysponowałby dobrym ostatnim podaniem. Kogoś takiego jak marokański as Aziz Bouderbala, wybrany kilka miesięcy później drugim najlepszym piłkarzem Afryki za rok 1986.

Rozczarowani dziennikarze atakują na konferencji Piechniczka. Szkoleniowiec pokazuje tablice z rozrysowaną taktyką i wyjaśnia, jakie były założenia. – Daniel Passent napisał potem w „Polityce", że z tego meczu dzięki tym wyjaśnieniom zwycięsko wyszedł tylko trener – wspomina Piechniczek.

Z nieba do piekła

Drugi mecz jest kluczowy dla dalszych losów w grupie. Rywalami są Portugalczycy, którzy w pierwszym meczu pokonują Anglików. Polska wygrywa z nimi 1:0 po golu Włodzimierza Smolarka. Wartość bramki: 1,25 miliona dolarów – tyle PZPN dostaje od FIFA za wyjście reprezentacji z grupy.

– To nie był nasz wielki mecz, ale przywrócił nam wiarę, że możemy wygrywać – mówi Piechniczek. – Po tej porażce Portugalczycy byli w szoku. Nie spodziewali się, że z nami przegrają. Ale najgorsze dopiero ich czekało. Po kolejnej porażce z Marokiem zajęli ostatnie miejsce w grupie i odpadli. My mieliśmy awans, nawet gdybyśmy przegrali z Anglią.

I tak się dzieje, ale styl porażki jest fatalny. Rywale nie mają problemów ze zdobyciem goli. Tłamszą Polskę już w pierwszej połowie. Gary Lineker strzela trzy bramki w 36 minut.

– Po tym meczu nastroje były fatalne – wspomina Piechniczek. – Ale mogło być jeszcze gorzej. Mimo wszystko awansowaliśmy dalej. Kiedy przenosiliśmy się z Monterrey do Guadalajary, na lotnisku spotkaliśmy Portugalczyków, którzy po porażce z Marokiem wracali do domu. Byli zdruzgotani. Podszedł do nich Józek Młynarczyk, który od pół roku grał w FC Porto. „Trenerze, u nich jest dramat, strasznie to przeżywają. Nie wiedzą, jak mają się pokazać ludziom na oczy" – mówił Józek.

Zderzenie z Brazylią

Los nie jest łaskawy, już czwarty raz w finałach mistrzostw świata Polska trafia na Brazylię. Tym razem upadek jest bolesny, mimo że Polacy rozgrywają najlepszy mecz na tych mistrzostwach.

Selekcjoner uznaje, że po blamażu z Anglią trzeba zamieszać w składzie. Wystawia Ryszarda Tarasiewicza i Jana Karasia.

– Podczas tego mundialu dobrze się czułem i byłem w niezłej dyspozycji – mówi Tarasiewicz. – Zagrałem tylko w jednym, ostatnim meczu z Brazylią. Ale cieszę się, bo dzięki temu nie czułem się w Meksyku jak turysta.

Początek meczu w Guadalajarze wygląda obiecująco. Polacy grają znacznie lepiej niż w poprzednich spotkaniach, atakują. Tarasiewicz trafia w słupek, a Karaś w poprzeczkę. Nagle wszystko się wali.

– Przez pierwsze pół godziny graliśmy bardzo dobrze – wspomina Tarasiewicz. – Ale w 30. minucie niemiecki sędzia Volker Roth podyktował karnego, z którym nie mogę się pogodzić do dziś. Rzekomo sfaulowałem Carecę (Antonio de Oliveira Filho), tymczasem to on bardziej atakował mnie niż ja jego. Przewróciliśmy się w polu karnym obaj, a sędzia gwizdnął i wskazał wapno.

Polacy są wściekli. Otaczają wianuszkiem sędziego, a on wyciąga żółtą kartkę, pokazując ją protestującym Bońkowi i Smolarkowi. Karnego w nonszalancki sposób, właściwie bez rozbiegu, wykorzystuje Socrates (a właściwie Sócrates Brasileiro Sampaio de Souza Vieira de Oliveira).

Zbigniew Boniek: – Walczyliśmy do upadłego. Kto wie, jak by nam poszło, gdybyśmy nie grali w południe. Słońce grzało tak intensywnie, że już podczas grania hymnów zaczęły mnie piec uszy! Zacząłem się zastanawiać, gdzie, do cholery, jest cień?! Jak to możliwe, że jest tak potężne słońce, a nie ma cienia. Zobaczyłem cień dopiero, gdy uniosłem nogę. Był pod moją stopą.

Antoni Piechniczek: – Dlaczego najlepszy mecz zagraliśmy z Brazylią? Bo wyjechaliśmy do Guadalajary. Nawet chodzenie po lotnisku było dla nas jakąś inną formą aktywności niż leżenie w Bahia Escondida.

Nożyce, które mogły przejść do historii

Piechniczek uważa, że Polska w tym meczu musiała przegrać. – Nieszczęściem było, że w drugiej rundzie od razu trafiliśmy na Brazylię. Do Guadalajary przyjechało 30 tysięcy brazylijskich kibiców. Za cztery dni zwycięzca tego spotkania miał grać ćwierćfinał z Francją na tym samym stadionie. Kto miałby interes w tym, żeby te 30 tysięcy ludzi wsadzić w samoloty i odesłać do domów?

Polacy rzucają się do ataku, chcą wyrównać. Brazylijczycy bezlitośnie to wykorzystują. W drugiej połowie zdobywają trzy kolejne bramki.

W drugiej połowie Boniek omal nie strzela najpiękniejszej bramki na tym mundialu. Po centrze Dziekanowskiego uderza przewrotką, ale piłka minimalnie mija słupek. Jęk zawodu.

Boniek: – Tamten strzał z nożyc? Dobre to było, ale nie wpadło, więc nie ma się co podniecać. Piłkarz jest jak piosenkarka. W remizie może zaśpiewać cudownie, tylko co z tego, jeśli nikogo to nie obchodzi, bo goście są nawaleni.

Stefan Majewski zwraca uwagę na nieczyste zagrywki Brazylijczyków. – „Caryca" potrafił opluć – mówi.

Spotkanie kończy się wynikiem 0:4. – Wiedziałem, że ostatnim meczem na mundialu żegnam się z reprezentacją – mówi Piechniczek. – Jeszcze podczas przygotowań do mistrzostw zdecydowałem, że po ostatnim meczu na mundialu odchodzę bez względu na wynik. Decyzję oczywiście zachowałem dla siebie. Zaraz po meczu z Brazylią, jeszcze w szatni, pożegnałem się z piłkarzami.

Potem w studiu TVP w rozmowie z Dariuszem Szpakowskim selekcjoner oficjalnie ogłasza, że odchodzi.

– Przekazuję pałeczkę następcy. Życzę mu, żeby co najmniej dwa razy doprowadził reprezentację do finałów i w lepszym stylu, z lepszymi osiągnięciami dalej kierował polską piłką. Odchodzi trener, odchodzi grupa piłkarzy. Będą inni, młodzi. Wypada nam życzyć im wszystkiego najlepszego – mówi Piechniczek.

– Jeśli w czterech kolejnych edycjach mistrzostw świata osiągniemy takie wyniki jak między 1974 a 1986 rokiem, będzie to satysfakcja – dodaje obecny w studiu Zbigniew Boniek.

Antoni Piechniczek w telewizyjnym studiu żegna się z reprezentacją. Z lewej Zbigniew Kaliński, sekretarz PZPN, z prawej Karol Gębka, kierownik drużyny. – W tych trudnych momentach mogłem liczyć na słowa otuchy ze strony Karola Gębki. Lojalny, serdeczny, darzę go przyjaźnią do dziś – mówi Piechniczek.

Piechniczek: – Moje słowa urosły do miana klątwy. Najbardziej zaskoczony moją decyzją był prezes Edward Brzostowski, który myślał, że będę pracował dalej. Jeszcze w czasie mistrzostw w Meksyku powtarzał: „Antek, bez względu na wynik jestem za tym, żebyś został do eliminacji mistrzostw Europy. Tylko że tym razem musisz je wygrać". Ale w tamtym momencie nie miało to już sensu. Reprezentacji potrzebny był nowy selekcjoner.

Mecz z Brazylią jest ostatni nie tylko dla Piechniczka. Nigdy więcej w kadrze nie zagrają Józef Młynarczyk, Stefan Majewski i Władysław Żmuda.

– Zdawaliśmy sobie sprawę, że nasz czas mija. Nie byłem zaskoczony. Nadchodził czas młodych – mówi Majewski.

Nigdy nie byłem towarzyszem

Dyspozycyjni dziennikarze rzucają się na selekcjonera. – Pożegnalne studio telewizyjne w Meksyku prowadził Ryszard Dyja – wspomina Piechniczek. – Zaczął mnie obrażać. Zachowywał się jak pierwszy sekretarz partii opieprzający sekretarza zakładowego, który śmiał nie wykonać zadania, miał czelność odpaść z Brazylią. Do dziś nie potrafię powiedzieć, skąd brała się niechęć do mnie. Może to mój charakter? Na konferencjach prasowych dawałem odczuć, że w przeciwieństwie do niektórych pytających wiem, o czym mówię. Dziennikarz coś mi zarzucił, a ja go z grubej rury. Dziś wiem, że powinienem był zwrócić Dyi uwagę. Byłem jego gościem, mógł ze mną polemizować, ale nie miał prawa mnie obrażać. Trzeba było wtedy bez słowa wstać i wyjść. Niech sam sobie radzi z programem na żywo.

– Dyja to był partyjny aparatczyk, pogardzany przez uczciwych dziennikarzy. Chłostał Piechniczka, bo taka była dyrektywa z góry. On nie był od wymyślania takich spraw, ale od wykonywania poleceń – przypomina Andrzej Gowarzewski.

Po mundialu odchodzi także szanowany przez zawodników Piotr Czaja, świetny trener bramkarzy. Ściera się z Edwardem Brzostowskim, prezesem PZPN, który przy alkoholu ma opowiadać, jaki to jest mocny w ustawianiu spotkań. Czaja ruga bezlitośnie działacza, a zaskoczony Brzostowski spokojnie: „Coś czuję, towarzyszu, że wy już w Polsce pracy nie znajdziecie". Jeszcze w trakcie mistrzostw sugeruje, że Czaja ma opuścić ekipę i wrócić do domu.

– Brzostowskiemu odpowiedziałem, że nigdy nie byłem i nie chcę być towarzyszem. A jak nie znajdę pracy w Polsce, to dadzą mi ją gdzie indziej. Nie jestem uzależniony od nikogo – wspomina Czaja.

Tajniacy, którzy byli przy ekipie, nie chcą jednak skandalu. Rozmawiają z Brzostowskim i przekonują go, żeby zmienił zdanie. Czaja: – Prezes uległ, ale od tego czasu traktował mnie jak powietrze.

Po mundialu Czaja podejmuje decyzję o wyjeździe do Niemiec. Trenuje amatorów w małych klubach sportowych. Do Polski wraca z emigracji dopiero w 2009 roku.

Zbigniew Boniek też ma dosyć

Jeden z najsławniejszych polskich piłkarzy po mundialu w Meksyku zagra w reprezentacji Polski jeszcze tylko dwa razy.

– Czułem się zmęczony, trochę wypalony – mówi Boniek. – Nie udało się wprowadzić do drużyny młodszego pokolenia. Czuli się mocni, a nie było dla nich miejsca. Trener miał więcej zaufania do starszych zawodników. To nie był słaby mundial, ale patrzymy na niego przez pryzmat trzech poprzednich.

Bońkowi nie po drodze jest z nowym selekcjonerem Wojciechem Łazarkiem. – W ogóle mnie nie przekonał. Za jego czasów kadra źle funkcjonowała. Piłkarze następnego pokolenia, jak Ziober czy Kosecki, nie mieli szczęścia. Potrafili grać w piłkę, ale z reprezentacją nic nie osiągnęli. Zabrakło odpowiedniego trenera – mówi Boniek.

Po meczu z Irlandią piłkarz zapowiada Łazarkowi: – Proszę mnie już nigdy nie brać pod uwagę.

Łazarek więcej do niego nie dzwoni.

Antoni Piechniczek: – Zbyszek do dziś nie potrafi spokojnie mówić o Wojciechu Łazarku. Wiele razy mówiłem mu: „Zbysiu, przyhamuj, więcej tracisz, niż zyskujesz". Bez efektu.

– Kiedy przestałem grać w reprezentacji, piłka nie sprawiała mi już tyle radości – mówi Boniek. – Żałuję, bo przecież na horyzoncie były mistrzostwa świata we Włoszech, zagrać tam byłoby dla mnie czymś wspaniałym. W 1988 roku miałem jeszcze mnóstwo ofert transferowych, zwłaszcza z Anglii. Chciał mnie Tottenham, Arsenal i West Ham. Teraz żałuję, że się nie zdecydowałem. Pojechałbym na dwa lata, nauczyłbym się świetnie angielskiego, to by mi się przydało. Ale wtedy powiedziałem sobie: nie gram już w reprezentacji, piłka klubowa zaczyna mnie trochę nużyć, trzeba robić coś innego, pieniądze zarobione na piłce do końca życia nie wystarczą. Skończyłem karierę. Dzisiaj Robert Lewandowski z tego, co już zarobił na boisku, jest w stanie zapewnić byt nawet swoim prawnukom. My zarabialiśmy na innym poziomie.

Koniec ery

Po odejściu Antoniego Piechniczka reprezentacji Polski przez 16 lat nie udaje się wywalczyć awansu do finałów mistrzostw świata. Udaje się dopiero współpracownikowi Piechniczka z 1981 roku, Jerzemu Engelowi. W 2002 roku jego drużyna gra na mistrzostwach świata w Korei i Japonii. Osiągnięcie powtarza cztery lata później podopieczny Piechniczka z kadry Paweł Janas – Polska startuje na mundialu w Niemczech.

Żadnemu z nich nie udaje się wyjść z grupy. W 2002 roku Polskę wyprzedzają Korea Płd., Stany Zjednoczone i Portugalia. W 2006 roku – Niemcy i Ekwador. Polakom udaje się wygrać tylko mecz o honor, z Kostaryką. 20 czerwca 2006 roku reprezentacja Polski rozgrywa ostatni mecz na mistrzostwach świata.

– Gdybyśmy dziś mieli na mundialu wyjść z grupy i przegrać w 1/8 finału z Brazylią, przyjęlibyśmy taki scenariusz z pocałowaniem ręki – przyznaje Zbigniew Boniek.

ROZDZIAŁ 9.

Górnik

(1986-1987, 2000-2001)

Po mundialu Antoni Piechniczek odpoczywa w Wiśle i gościnnie prowadzi zajęcia z piłki nożnej w katowickiej Akademii Wychowania Fizycznego, ale sielanka nie trwa długo. Na początku października telefon z Górnika Zabrze. Dzwoni prezes Marian Polus z propozycją pracy. Interesująca oferta. Górnik jest w tym czasie najlepszą drużyną w Polsce. Od początku sezonu 1986/1987 szkoleniowcem jest Lesław Ćmikiewicz, świetny piłkarz Legii w latach 70. i rezerwowy zawodnik słynnej drużyny Kazimierza Górskiego. Ale z Górnikiem mu nie wychodzi. W dziesięciu kolejkach górnicy wygrywają tylko pięć meczów. Dla mistrza Polski i jego rozpuszczonych sukcesami kibiców to nie do przyjęcia. Piechniczek ma ratować sytuację.

– Ćmikiewicza nie chcemy zmieniać dlatego, że mu nie idzie. Podpowiedzieli nam go piłkarze. Urban z Iwanem mówili, że to dobry fachowiec. Chcieliśmy mu dać szansę, żeby przełamał kryzys, ale on nie wytrzymuje psychicznie, źle się czuje na Śląsku. Kibice mu dokuczają, opony w samochodzie mu przebili – mówi Polus przez telefon.

Piechniczek dzwoni do Ćmikiewicza. – Dobrze, że pomyśleli o tobie. Nie mam żalu – mówi Ćmikiewicz. Przez godzinę rozmawiają o Górniku, nowy trener dowiaduje się o drużynie istotnych szczegółów.

Trzeba nakazywać, a nie prosić

W połowie lat 80., kiedy Antoni Piechniczek prowadzi jeszcze reprezentację Polski, Górnik staje się piłkarską potęgą. Zespół buduje Hubert Kostka. Zabrzański klub nawiązuje do ery Pohla i Lubańskiego. Po dwunastu latach posuchy wygrywa mistrzostwo Polski – najpierw w 1985, a potem w 1986 roku.

Latem 1986 roku Kostka odchodzi, bo niektórzy piłkarze Górnika nie wytrzymują jego twardego stylu prowadzenia drużyny. Pojawiają się plotki, że są gotowi przegrywać, byle tylko ten trener nie pracował już w Górniku. Kostka wyjeżdża do Szwajcarii. Dostaje pracę w FC Grenchen, który spada z tamtejszej ekstraklasy. Na jego miejsce działacze sprowadzają Lesława Ćmikiewicza.

Górnik przegrywa u siebie m.in. z Legią, a o losie trenera przesądza zła passa na przełomie września i października. Górnik gra u siebie trzy mecze z rzędu. Przegrywa ze słabiutkim wówczas Zagłębiem Lubin, odpada z Pucharu Europy z Anderlechtem Bruksela i bezbramkowo remisuje ze Śląskiem Wrocław. Zajmuje dopiero trzecie miejsce w ligowej tabeli. Trzecie miejsce dla zabrzańskich kibiców to wtedy klęska.

Pomocnik Ryszard Komornicki: – Problem Ćmikiewicza polegał na tym, że chciał się u nas na siłę pokazać, nadać Górnikowi osobiste piętno. Zaczął mieszać w ustawieniu, które wypracował Kostka. Chodziło o to, żeby wszyscy mówili, że Górnik to drużyna Ćmikiewicza. To był błąd. Poza tym za dużo filozofował, więc niektórzy piłkarze nie rozumieli, o co trenerowi właściwie chodzi.

Józef Dankowski, do niedawna trener Górnika, w latach 80. podstawowy stoper zabrzańskiego zespołu: – Ćmikiewicz przyszedł do drużyny, która była mistrzem Polski. Ale był dla nas zbyt dobry, miękki. W trakcie treningów bardziej nas prosił, niż nam nakazywał. Nie udało mu się, bo nie mogło się udać. W Górniku było wtedy za dużo mocnych charakterów.

Dodatkowe punkty

Po dziesięciu kolejkach dwutygodniowa przerwa w lidze, bo zbiera się kadra narodowa. Polacy grają pierwszy od sześciu lat mecz eliminacyjny pod wodzą innego trenera niż Piechniczek. Reprezentacja prowadzona przez Wojciecha Łazarka wygrywa z Grecją 2:1, ale ostatecznie eliminacje do mistrzostw Europy kończą się klapą.

Marek Majka, ówczesny piłkarz Górnika: – Liczyliśmy, że podczas tej przerwy dojdzie do zmiany trenera, ale nie znaliśmy nazwisk ewentualnych kandydatów. Trenujemy tydzień, a pan Ćmikiewicz nadal jest naszym trenerem. Zaczyna się drugi tydzień przerwy – bez zmian. Mówimy sobie: „To już chyba nic się nie stanie". Przecież jak zmieniać, to na początku przerwy. Nowy trener miałby większy komfort, mógłby nas lepiej poznać. W drugim tygodniu gramy towarzyski mecz z jakimiś Tunezyjczykami, którzy przygotowywali się u nas do sezonu. I dalej ani słowa o zmianie trenera.

W jedenastej ligowej kolejce Górnik wyjeżdża na mecz z Olimpią do Poznania. – Bez Ćmikiewicza. W przeddzień wyjazdu zostaliśmy poproszeni do gabinetów prezesów. Usłyszeliśmy, że drużynę przejmuje Antoni Piechniczek – mówi Majka.

– Nie zdecydowałem się robić wielkich zmian, nie było takiej potrzeby. Znałem wielu piłkarzy Górnika z kadry i doskonale wiedziałem, jakie mają możliwości. To byli ludzie, którzy potrafili grać w piłkę – mówi Piechniczek.

W ekstraklasie za zwycięstwo dostaje się wówczas dwa punkty. Po raz pierwszy obowiązuje również przepis o dodatkowym punkcie za zwycięstwo co najmniej trzema bramkami, które oznacza jednocześnie ujemny punkt dla rywala. Piechniczek przychodzi przed ostatnimi pięcioma spotkaniami rundy jesiennej. Aż cztery z nich Górnik kończy z dodatkowym punktem!

Bramkarz Józef Wandzik: – To Piechniczek powstrzymał kryzys w Górniku. Wiedział, jak poukładać drużynę i skierować ją na odpowiednie tory.

– Emanował spokojem i pewnością siebie – dodaje Ryszard Komornicki. – To udzielało się drużynie. Z nim czułem się lepszy. Wiadomo, że w futbolu często lecą grube słowa. Ale Piechniczek nigdy nie przeklinał. „Łacina” mnie razi, więc nowy trener tym bardziej mi pasował.

Waldemar Matysik: – Wprowadził porządek. Super!

Nie można grać tak radośnie

Piechniczek błyskawicznie opanowuje kryzys. W pierwszym ligowym meczu jego Górnik wygrywa na wyjeździe z Olimpią Poznań 3:0.
– W Poznaniu czekali na nas bojowo nastawieni. Chcieli skorzystać z naszej rzekomej słabszej dyspozycji i wierzyli, że mogą wygrać. Tak się na nas sadzili, że oberwali – wspomina Piechniczek.

Marek Majka: – Śmialiśmy się, że trener Piechniczek nie musiał robić wiele. Wystarczyło, że wziął do ręki stary „Sport” sprzed pół roku, przeczytał skład i już wiedział, jak nas ustawić. Dobrze mu się przedstawiłem, bo w pierwszym meczu pod jego kierownictwem zdobyłem dwa gole. Od razu wskoczyliśmy na pierwsze miejsce w tabeli, bo różnice punktowe były niewielkie.

– Spodziewaliśmy się pochwał, tymczasem na odprawie po meczu z Olimpią trener Piechniczek był niezadowolony! – zapamiętał piłkarz Józef Dankowski.

– Panowie, nie możemy w przyszłości tak ryzykować! Przy stanie 2:0 odkryliście się. A co by było, gdyby właśnie wtedy Olimpia strzeliła kontaktową bramkę? Nie można grać tak radośnie! – wkłada Piechniczek piłkarzom do głów.

– Drażniło go, że w końcówce zapomnieliśmy o obronie – mówi Dankowski. – Trochę się zdziwiliśmy, to było nowe podejście.

O drugim meczu Piechniczka w Górniku mówi już z podziwem cała piłkarska Polska. Zabrzanie rozbijają mocny wtedy Widzew Łódź 4:0.

Piechniczek: – Kilka dni wcześniej łodzianie grali mecz w Pucharze UEFA z Bayerem Uerdingen. Widzew zremisował 0:0, ale nieźle wypadł. Mieliśmy to nagrane, więc kazałem zrobić na wideo kilkuminutową zbitkę. Po kolacji pokazałem chłopakom sposób gry łodzian.

W tym samym czasie wszechwładny Jan Szlachta, zakochany w Górniku ówczesny minister górnictwa i energetyki, jednocześnie szef rady patronackiej zabrzańskiego klubu, dzwoni do Edwarda Sochy, kierownika drużyny. Szlachta lubi wiedzieć, co się dzieje w Górniku o każdej porze.

– Co robi zespół? – pyta.

Socha drapie się w głowę: – Prezesie, cholera… Jak w przedszkolu! Grzecznie film oglądają.

Zamknąć na strychu i wyrzucić klucz

Antoni Piechniczek: – Gramy z Widzewem, szybko strzelamy pierwszego gola. Przeciwnik atakuje, chce wyrównać. Mecz sędziuje Andrzej Libich z Warszawy. Ze środka boiska nagle dostrzega faul na naszym polu

Ławka Górnika Zabrze podczas słynnego wygranego 4:0 meczu z Widzewem Łódź, 16 października 1986 roku. Od lewej: Edward Socha (kierownik drużyny), Andrzej Płatek (drugi trener), Antoni Piechniczek, dr Stefan Kopacz i piłkarze: Ryszard Cyroń, Ryszard Komornicki i Werner Leśnik.

karnym. Gwiżdże, biegnie kilkadziesiąt metrów i pokazuje na wapno. Strzela Kazimierz Putek, Wandzik łapie piłkę. Idzie kontra i w ciągu kilkudziesięciu sekund zamiast 1:1 robi się 2:0 dla nas. Nokaut.

Mecz z trybun ogląda nowy selekcjoner Wojciech Łazarek. – Ja bym tego Putka zamknął na strychu, a klucz daleko wyrzucił – kręci głową.

Marek Majka do dziś uśmiecha się na wspomnienie tego meczu. – Kiedy Józek Wandzik złapał piłkę po rzucie karnym, wyrzucił ją do mnie na prawą stronę. Podprowadziłem ją do połowy boiska i podałem do Jasia Urbana. Jasiu zszedł z lewej strony i zdobył gola strzałem w okienko.

Majka wyjaśnia, na czym polegał fenomen Górnika: – Kiedy w zespole jest jeden snajper, stawia się przy nim plastra i to wystarcza. W Zabrzu gole strzelało wielu zawodników, więc Górnik był trudny do rozszyfrowania. W tamtych czasach w meczach z Pogonią kryło się Leśniaka, z GKS-em Furtoka, z Widzewem Smolarka i było łatwiej, sprawa często była załatwiona. Ale pokryć sześciu rywali jest bardzo trudno. Jednego uważnie przypilnujesz, to inny się urwie. Ale który? To była nasza siła.

Zespół nagle przestał istnieć

Najtrudniejszy mecz jesienią odbywa się w Szczecinie z Pogonią, którą prowadzi trener Leszek Jezierski. Dobry zespół – kiedy Piechniczek przejmuje Górnika, jest nawet liderem ekstraklasy.

– Gdy przyjechaliśmy, Jezierski na wstępie rzucił, że nam wpieprzą. Rzeczywiście było ciężko, do przerwy przegrywaliśmy. Po przerwie wprowadziłem obrońcę Wernera Leśnika, który nie miał miejsca w podstawowym składzie. Strzelił głową kontaktową bramkę, wziął też udział w akcji przy wyrównującej bramce. Ostatecznie zremisowaliśmy 2:2 – wspomina Piechniczek.

– Dziesięć razy oglądałem to spotkanie na magnetowidzie i do dziś nie potrafię sobie wytłumaczyć, jak to się stało, że zespół dyktujący warunki gry po godzinie przestał istnieć na boisku – przyznaje potem zafrasowany Jezierski.

Po meczu autobus wiezie piłkarzy Górnika na dworzec kolejowy, bo wracają ze Szczecina pociągiem. Na peronie do Piechniczka podchodzi Andrzej Iwan.

– Trenerze, chciałem panu pogratulować.

– Czego? Remisu?!

– Nie. Decyzji, że wprowadził pan Leśnika na boisko.

„Piechniczek – o dziwo – okazał się zupełnie normalnym człowiekiem. O ile w reprezentacji go nienawidziłem, to w Górniku przeszedł zdumiewającą odmianę. (...) Kilka lat wcześniej nie podejrzewałbym, że kiedykolwiek napiszę słowa: »Piechniczek okazał się fantastycznym gościem«" – napisał Iwan w autobiografii.

– Z Iwanem w Górniku rzeczywiście bardzo dobrze mi się współpracowało – mówi Piechniczek. – Pamiętam zgrupowanie w Kamieniu tuż przed jednym z meczów ligowych. Leciutki obiad, bulionik, cielęcina. Policzyłem zawodników. O kurka! Brakowało jednego piłkarza. Nie było Iwana. Zapytałem innych, gdzie jest. Okazuje się, że nie zszedł na obiad. Poszedłem po niego do pokoju. Leżał na łóżku, coś czytał. Wyjaśnił, że nie chciał jeść obiadu tuż przed meczem, a jakby zszedł do stołówki, to na pewno na coś by się skusił. Zaimponował mi wtedy, podobało mi się to. Był konsekwentny: nie jem, to nie jem. Za moich czasów w Górniku osiągnął świetną formę. Walił piłką jak Messi – lewą nogą w lewe okienko, prawą w prawe. Ktoś powiedział, że jakby reprezentacja ZSRR miała gdzieś grać z Polską na wyjeździe, to tylko w Zabrzu, bo cały stadion skandował: „Iwan, Iwan"...

Syn Antoniego Piechniczka

Jedną z największych gwiazd Górnika jest Ryszard Komornicki. – Trener Piechniczek zaprosił mnie do siebie. Nie mogłem wtedy nawet chodzić, bo we wcześniejszym meczu z Legią, jeszcze za Ćmikiewicza, w starciu z Darkiem Dziekanowskim odniosłem bolesną kontuzję. Dokuśtykałem do trenera.

– Masz być na jutrzejszym treningu – mówi Piechniczek.

– Ależ trenerze, ja nie mogę nawet truchtać – odpowiada piłkarz.

– Nic mnie to nie obchodzi – mówi trener.

– Poszedł pan na trening? – pytamy Komornickiego.

– A co miałem zrobić?! Zawiązałem chorą nogę na supeł i poszedłem na zajęcia. Trener dobrze wiedział, jaki wpływ ma moja gra na drużynę.

Komornicki świetnie pamięta wyjazdowy mecz w Pucharze Polski z Zagłębiem Sosnowiec. Siedzi na ławce rezerwowych, raczej jako straszak. W drugiej połowie asystent Andrzej Płatek mówi: – Masz się rozgrzewać, trener kazał.

Komornicki zdumiony: – Ale jak to? Przecież ja jeszcze nie umiem biegać!

Płatek: – Skoro trener kazał, to masz się rozgrzewać, nie dyskutuj.

Komornicki wchodzi na ostatni kwadrans meczu. Daje radę.

Im sezon dłuższy, tym zabrzanom idzie łatwiej, sypią się kolejne zwycięstwa za trzy punkty. W wygranym 5:2 meczu ze Stalą Mielec Komornicki strzela wspaniałą bramkę. – Prawa noga była jeszcze niewyleczona, więc uderzyłem lewą. Piłka wpadła w same widły. Czuliśmy luz – mówi.

– Niektórzy mówili potem, że jestem synem Piechniczka, bo mnie foruje – śmieje się dziś Komornicki. – To była oczywiście bzdura. Nigdy ze sobą dużo nie rozmawialiśmy, ani w reprezentacji, ani w klubie, bo tego nie potrzebowaliśmy. Nie przesiadywałem u niego w gabinecie. Po prostu wiedzieliśmy, czego nawzajem możemy od siebie wymagać. To był fachowiec. Owszem, czułem, że darzy mnie sympatią. Ale – uważam – to dlatego, że robiłem, co do mnie należy. To nie był szkoleniowiec z tych, którzy rozpływali się w pochwałach, raczej z tych, u których lepiej było zrobić coś dwa razy niż jeden raz za mało. Zawsze wolałem szkoleniowców, którzy karcili, niż chwalili, bo mogłem się wtedy przynajmniej czegoś nauczyć. Poza tym Piechniczek nigdy nie robił niczego przeciw drużynie lub zawodnikowi. Zawsze wszystko przemyślał i porządnie się zastanowił, zanim coś zdecydował. Pasowała mu ciężka praca. Dał mi poczucie wartości. Dzięki niemu i trenerowi Kostce byłem jednym z najlepszych pomocników w tamtym czasie.

Po łady do Rzeszowa

W PRL-owskiej rzeczywistości Górnikowi niczego nie brakuje. W klubie najwięcej do powiedzenia ma srogi dla podwładnych minister Jan Szlachta. Przed przyjściem Piechniczka jest dyrektorem naczelnym Zabrzańskiego Gwarectwa Węglowego. Tekę ministra górnictwa i energetyki w rządzie Zbigniewa Messnera dostaje we wrześniu 1986 roku. Jego żona jest spowinowacona z Jolantą Kwaśniewską, żoną ówczesnego ministra do spraw młodzieży, późniejszego prezydenta. Córka Kwaśniewskich, Aleksandra, w dzieciństwie często spędza wakacje na Śląsku.

Apodyktyczny Szlachta jest prezesem Górnika w latach 1983-1984. Potem oddaje fotel Polusowi, sam staje się w pełni kontrolującym sytuację „oberprezesem". Górnikowi nieba by przychylił. Lubi nagradzać podwładnych okolicznościowymi premiami, ale pod warunkiem że wysoko wygrywają.

– Prezes Szlachta każde ligowe zwycięstwo za trzy punkty nagradzał ekstrapremią – wspomina Józef Wandzik. – To była znakomita motywacja, bo zawsze walczyliśmy o jak najwyższy rezultat.

Szlachta ma fantazję. Załatwia piłkarzom przydziały na łady w rzeszowskim Polmozbycie. Podstawia autokar. Niektórzy piłkarze zabierają do Rzeszowa żony, żeby wybrały kolor.

Marek Majka: – Pamiętam, że Waldek Matysik był wtedy z żoną. Wziął czerwoną ładę. Uparł się na nią, a była tylko jedna taka i czekała na niego. Reszta z nas wybrała kolory, jakie były. Moja łada była beżowa.

Numer z ładami nie jest wydarzeniem niecodziennym. Kiedy indziej Szlachta usatysfakcjonowany grą piłkarzy wchodzi po meczu do szatni i wskazując na zawodników, mówi: „Ty, ty i ty dostaniecie talony na »malucha«".

Kiedy piłkarze przegrywają, Szlachta potrafi wpaść w furię. Janusz Oster, w latach 80. kierownik sekcji piłki nożnej w Górniku: – Kiedy Szlachcie podpadł któryś z zawodników, nie było zmiłuj. Pamiętam, jak przegrywaliśmy u siebie do przerwy 0:2 z Cracovią. W przerwie Szlachta wpadł do szatni, kopnął w stół, rozwalił odżywki i wysyczał tylko jedno zdanie: „Spróbujcie ten mecz przegrać, to was wszystkich stąd rozkurzę".

Górnik ostatecznie wygrywa ten mecz 3:2.

Jan Urban: – Pewnego dnia prezes Szlachta wezwał do siebie Iwana, Matysika, Komornickiego i mnie. Zaczął nas strasznie opierdzielać.

– Ale prezesie, o co chodzi? Przecież my wcale nie gramy źle! – pytają zaskoczeni piłkarze.

Szlachta: – Akurat wy może nie, ale cała drużyna ma grać dobrze, nie tylko wy. A od was zależy gra całej drużyny.

– Szlachta tak naprawdę zawsze miał dobrą opinię o swoich zawodnikach – mówi Piechniczek. – Jeszcze przed mundialem, kiedy byłem selekcjonerem, zadzwonił do mnie i mówi: „Panie trenerze, jak pan do Meksyku chce brać takich Wdowczyków czy Kubickich, to my tu w Zabrzu mamy lepszych. Marek Kostrzewa na obronie albo Marek Majka na pomocy... Niech pan się zastanowi!".

Kostrzewa i Majka to świetni piłkarze, ale ostatecznie na mundial nie jadą, Piechniczek zabiera sześciu innych zawodników Górnika i nie chce się użerać z oburzoną Warszawą, że bierze aż ośmiu. Kiedy przychodzi do Zabrza, oczywiście stawia zarówno na Majkę, jak i na Kostrzewę.

– Ja tej drużynie nadałem tylko psychologiczny i taktyczny rys. Grali, jak chciałem, bo trenowałem pewne schematy na treningach. Siłą Górnika było dużo indywidualności w składzie. Mecz mógł rozstrzygnąć prawie każdy zawodnik, a nigdy nie było wiadomo, kto „wystrzeli" – mówi Piechniczek.

Mieszkanie, talon, pieniądze

Piłkarze Górnika do dziś wspominają, jak silny dar przekonywania miał Szlachta.

Józef Dankowski trafia do Górnika Zabrze z Górnika Knurów w 1982 roku. Zostaje wezwany do gabinetu razem z ojcem, który jest – a jakże – górnikiem. Przychodzą na godz. 7 rano.

Szlachta już urzęduje. Atmosfera napięta. Dankowski pamięta, że obok siedzi komisarz wojskowy, bo to jeszcze czasy stanu wojennego.

– Nie mam czasu. Masz tu długopis, na stole leżą karty zgłoszeniowe do Górnika Zabrze i Ruchu Chorzów, bo Ruch też cię chce. Wybierz sobie klub. Możesz podpisać kartę, którą chcesz, ale pamiętaj, jeśli wybierzesz Ruch, nie będzie powrotu do górnictwa – mówi Szlachta.

– Ojca też postraszył. Ale tata mi powiedział: „Zrób, jak chcesz, ja sobie poradzę". Wybrałem Górnika – wspomina Dankowski.

Marek Majka to wychowanek Piasta Gliwice: – Do Górnika trafiłem dzięki prezesowi Szlachcie. W 1983 roku po przegranym przez Piast finale Pucharu Polski wyjechałem do Mielca, miałem grać w Stali. Przygotowywałem się tam już do sezonu, transfer lada moment miał być dopięty, ale w Zabrzu usłyszeli, że Majkę zabierają im sprzed nosa do Mielca. Od razu nawiązali ze mną kontakt.

Wystarcza krótka informacja, Majka bez słowa wraca na Śląsk. Idzie do gabinetu Szlachty. Rozmowa trwa trzy minuty.

Szlachta: – Czego chcesz za przejście do nas?

Majka: – Mieszkanie, niedawno się ożeniłem.

Szlachta: – Już masz.

Majka: – Talon na samochód.

Szlachta: – Jest.

Majka: – Jakieś pieniądze na zagospodarowanie.

Szlachta: – Załatwione. To wszystko? Do widzenia.

– Wszystkie warunki zostały wypełnione bez mrugnięcia okiem. Od razu pojechałem z kierownikiem drużyny do urzędu miasta, dostałem zameldowanie na nowiutkie mieszkanie, które jeszcze nawet nie było oddane do użytku. Trwało to trzy minuty. Na drugi dzień byłem już na treningu. U Szlachty nie było rzeczy niemożliwych do załatwienia. Jeśli coś obiecał, można było przyjąć to za pewnik – wspomina Majka.

Janusz Oster, prawa ręka Szlachty: – Byli tacy, do których Szlachta czuł słabość większą niż do innych, na przykład do Urbana albo Iwana. Ale uwielbiał również starszych, zasłużonych piłkarzy Górnika. Kiedy za Ćmikiewicza graliśmy z Anderlechtem w Brukseli, na treningu za płotem stadionu stał Zygfryd Szołtysik i się przyglądał. „Szefie, tam Zyga stoi", mówię Szlachcie. „Gdzie?!". Od razu wyciągnął z marynarki dwa zaproszenia, żebym zaniósł Szołtysikowi.

Trzy minuty

– Szlachta wpuszczał piłkarzy do swoich gabinetów w Zabrzu albo w Knurowie między rozmowami o górnictwie i kopalniach – wspomina Józef Dankowski. – Utkwiło mi w pamięci zdanie, które zawsze powtarzał nam, zawodnikom: „Co, k…, chcesz, mów szybko, mam trzy minuty!". Zwróciłem uwagę, że nigdy nie powiedział piłkarzowi, że nie ma czasu albo że czegoś nie załatwi. Szlachta miał ambicję wszystko poukładać tak, by każdy piłkarz Górnika zajmował się tylko graniem i wygrywaniem.

Anegdota głosi, że kiedyś wpada do zawodników i pyta: – Czego jeszcze wam trzeba? Czy czegoś wam brakuje?

Zapada niezręczna cisza. Piłkarze Górnika mają przecież wszystko. Żeby rozładować sytuację, Józef Wandzik mówi: – Te piłki, co je ostatnio dostaliśmy, krzywo się odbijają...

Szlachta każe to sprawdzić.

Nikt nie ukrywa, że piłkarzom Górnika żyje się lepiej niż przeciętnym zjadaczom chleba. Każdy ma na przykład zaprzyjaźnioną stację benzynową. Janusz Oster, zanim jeszcze zostaje działaczem Górnika, jest ajentem stacji CPN numer 28 w Bytomiu. Jego syn Maciej gra w juniorach zabrzańskiego klubu, w wieku 16 lat jest nawet kapitanem reprezentacji Śląska do lat 18. Ostatecznie nie udaje mu się zrobić kariery. – Najpierw Maciek trenował w Grunwaldzie Halemba, ale raz wrócił z treningu brudny, bo nie było wody. Zdenerwowałem się i zaprowadziłem go do Górnika. Maciek na olimpiadę do Barcelony nie pojechał, bo na jego pozycję wskoczył Łapiński z Widzewa – uważa Oster.

– Któregoś razu młodzieżowa drużyna Górnika jedzie na turniej do Ostrawy i Maciek musi wypełnić formularz: imię, nazwisko, zawód ojca. Zobaczyli to w Górniku i się zaczęło. Przyjeżdżali tankować. A ja najpierw zostałem kierownikiem drużyny rezerw, a potem kierownikiem sekcji piłki nożnej – wspomina Oster.

– Tankowaliśmy u Janusza i w paru innych miejscach. Były bony paliwowe albo książeczki, które podbijano na stacji benzynowej. Podkładało się kartkę, „bach!" – pieczątka stemplowała kartkę, a okienko w książeczce zostawało wolne. Znów mogliśmy tankować – wspomina Dankowski.

– Musiałeś mieć kartki, choć wiadomo, że nie swoje. Pokrycie w kartkach musiało być – mówi Oster.

Ułatwienia w życiu codziennym PRL-u mają wiele wymiarów, w różnych miejscach. Także w sklepach mięsnych. – W tamtych czasach siedem kilogramów mięsa na kartki dla górnika to było dużo. A my, piłkarze, dostawaliśmy wówczas dwa razy więcej – przyznaje Dankowski.

– Nam się to należało, bo naprawdę ciężko harowaliśmy – uważa Ryszard Komornicki.

Dankowski: – Wymagało się od nas, ale chcieliśmy mieć godnie płacone i... mieliśmy godnie płacone. Po czterech tytułach udało mi się uzbierać 2 tys. dolarów. To było wtedy bardzo dużo pieniędzy. Potrzebny był tylko ktoś, kto nas przypilnuje na boisku. Ktoś taki jak Antoni Piechniczek.

Kiedy kończy się komunizm, kończy się również siła Górnika. W nowej rzeczywistości nie udaje się już zdobyć mistrzostwa. W 1993 roku Szlachta ginie w wypadku samochodowym w Szczecinie. Ma 53 lata.

Przygotowanko, granko, na końcu sianko

Antoni Piechniczek stosuje w Górniku sprawdzone metody. Nie ma zbijania bąków. Nawet jeśli drużyna jest dobra, sama się nie wytrenuje.

Józef Dankowski: – Kiedy Antoni Piechniczek prowadził odprawę przed meczem, czuć było jego pewność i siłę. Dzięki temu i my czuliśmy się naładowani, zmotywowani. Wiedzieliśmy, że nikt nam nie podskoczy, że jesteśmy mocni. Sposób przekazu też był istotny. Głos trenera był mocny i dosadny, właśnie w ten sposób z nami rozmawiał. On nikogo z nas nie prosił. On komunikował, wydawał polecenia, przedstawiał zadania i oczywiście nadzorował, czy są wykonywane. Jeśli nie były, szukał innych wykonawców.

– Naprawdę nie wiem, czy dzisiejsza ligowa młodzież, przyzwyczajona do innego stylu trenowania, dałaby radę pracować z Piechniczkiem – mówi Marek Majka. – Na treningu można było zwymiotować z wysiłku. Ale coś za coś. Za trenera Piechniczka, a wcześniej Kostki, byliśmy w stanie zabiegać każdą drużynę. Umiejętności piłkarzy z ligowej czołówki były w miarę podobne, bo czym tak naprawdę różniliśmy się wtedy od zawodników Legii Warszawa albo Widzewa Łódź? Właściwie niczym – oprócz tego, że byliśmy bardziej wytrzymali. Właśnie tym można było zyskać przewagę nad przeciwnikiem i trener Piechniczek doskonale zdawał sobie z tego sprawę.

Józef Dankowski: – Byliśmy zahartowani, wcześniej przeszliśmy szkołę u dwóch poprzednich trenerów, Zdzisława Podedwornego i Huberta Kostki, którzy też uważali, że piłkarze przede wszystkim muszą pracować. Trener Podedworny miał powiedzenie, które mówiło o jego podejściu do piłkarzy: „Indianie odpoczywają w biegu". Z kolei u Huberta Kostki były dwa sposoby na delikwenta, jeśli próbował się migać: albo cały trening musiał biegać dookoła murawy i na drugi dzień nie chciało mu się nie chcieć, albo asystent brał go na halę lekkoatletyczną i przez godzinę odbywały się ćwiczenia na drabinkach – podciągania i zwisy. Ślady tego ustawiania zostawały potem na rękach w postaci bąbli. Obie metody były bardzo skuteczne.

Trener Piechniczek kontynuuje w Górniku tę szkołę, dobrze wie, że bez biegania niczego się nie osiągnie. – Zawsze powtarzał nam jedno: „Tylko dobrze wykonana robota przynosi skutek" – mówi Dankowski. – Dla niego ważny był, choć to górnolotnie brzmi, szacunek do pracy. Najpierw trzeba zrobić swoje, potem można zebrać owoce. Nie było mowy, że „najpierw sianko, potem granko". Raczej: „najpierw przygotowanko, potem granko, a dopiero potem sianko".

Przeklęte wtorki

– Owszem i konia można zajechać. Stanie i zdechnie, ale człowiek zawsze ma rezerwy. W ostateczności wyciągnie z wątroby i da z siebie więcej, niż by sądził. Dziś w futbolu siła i wybieganie to podstawa wszystkiego. Trudno osiągnąć sukces samym talentem i umiejętnościami. Co mi z brylantowej techniki, jeśli mniej utalentowany przeciwnik przepcha mnie albo przewróci? Wszystkie elementy trzeba wypośrodkować, ale trener Piechniczek doskonale to potrafił. Jak się potem w lidze rozpędziliśmy, nie było nikogo, kto mógłby się z nami ścigać – uważa Majka.

Dankowski: – U trenera Piechniczka mieliśmy mikrocykl, który dzisiejsi chłopcy z Górnika pewnie by wyśmiali. Po lekkim poniedziałku, gdzie była głównie odnowa, wtorki były wyjątkowo ciężkie. Jak się je przeszło, było już z górki. Zajęcia mieliśmy zazwyczaj w parku niedaleko stadionu. Półtorej godziny biegania, na przykład sześć razy po siedem minut. Albo sprinty: trzydziesto-, pięćdziesięcio- lub stumetrowe. A po południu klasyczny trening piłkarski. Wtorek to był najcięższy dzień, podbudowa pod sobotę. Środa gra szkolna, czwartek do południa to zajęcia o charakterze czysto piłkarskim, dużo strzałów, gry jeden na jeden. Po południu taktyka, a w piątek zejście z obciążeń. Jechaliśmy wtedy na zgrupowanie, przeważnie do Kamienia.

Piechniczek nie szarżuje jednak ze zdrowiem zawodników. Jan Urban: – W jednym z meczów przeciwnik trafił mnie paskudnie w kolano i rozorał nogę. Rana na 10 centymetrów. Mówię lekarzowi, żeby to zaklajstrował, bo chciałem grać dalej. Trener Piechniczek jednak się wtedy nie zgodził. Musiałem zejść z boiska.

Jaka jest różnica między przygotowaniami dziś i trzydzieści lat temu? – Wtedy mieliśmy znacznie więcej czasu, zaczynaliśmy treningi z początkiem stycznia, choć liga startowała na początku marca. Teraz mamy niecałe cztery tygodnie na przygotowanie się do rundy, więc charakter pracy musi być inny. Wtedy więcej pracowaliśmy nad wytrzymałością. Teraz bardziej pracujemy nad motoryką zrywową i siłą eksplozywną, a większa liczba meczów pozwala na wytrenowanie wytrzymałości – mówi Dankowski.

Do kopalni, do kopalni!

Antoni Piechniczek uważa, że z taką drużyną jak Górnik Zabrze zdobycie mistrzostwa nie było trudne. – To był świetny zespół. Na bramce stał Józek Wandzik, wówczas poza zasięgiem innych bramkarzy w Polsce. Interesowałem się nim jako selekcjoner, jak jeszcze grał w Ruchu. Na środku obrony miałem duet bardzo dobrych stoperów: Dankowski – Piotrowicz. Prezentowali bardzo wysoki poziom. Mieli pecha, że za moich czasów w reprezentacji były akurat takie tuzy jak Żmuda, Janas czy Wójcicki. Świetnie się uzupełniali. Na lewej obronie hasał Marek Kostrzewa. Dopiero kiedy zacząłem pracować w Górniku, przekonałem się, jaką wartość ma ten piłkarz. Jedną nogę miał o dwa centymetry krótszą, ale to nie miało znaczenia. Jak wrzucił piłkę w pole, to wystarczyło tylko głowę dostawić. Na prawej obronie grał Jacek Grembocki, który przyszedł z Gdańska, ale świetnie się zaaklimatyzował. To już nie były czasy Pohla, kiedy w Górniku grali tylko piłkarze ze Śląska. Pomoc miałem reprezentacyjną. Iwan, Komornicki, Matysik, Urban – same tuzy. Jak Urban uderzał główką, przyjemnie było patrzeć. Komornicki był trudny, zamknięty w sobie, czasem marudny, ale to zawsze był świetny piłkarz. Miałem do niego dużą słabość i nie dziwię się, że niektórzy piłkarze kadry określali go mianem „syn Piechniczka". No i Majka – tak jak Kostrzewa zasługiwał, żeby wziąć go na mundial. W ataku grał Andrzej Pałasz. Przez wielu niedoceniany, ale w Polsce to jeden z najlepszych napastników – podkreśla Piechniczek.

– Podziwiałem technikę i inteligencję Pałasza – mówi Komornicki. – Obserwowałem kolegów na boisku i starałem się naśladować. Dryblingu Pałasza nie naśladowałem, bo by mi się nogi zawiązały, ale miał jeden trik, który mnie zachwycał. Kiedy robił wślizg, to wstawał z piłką u nogi. Próbowałem ten numer wprowadzić do własnego repertuaru, ale byłem chyba za wysoki – uśmiecha się Komornicki.

Nie można zapominać o kibicach. – Ci z Górnika zawsze są wymagający. Nie ma lipy, gdy coś nie szło, od razu były gwizdy i docinki – mówi Piechniczek.

Waldemar Matysik: – Presja wyniku z trybun była, na szczęście były też i wyniki. Ale ja w Górniku grałem od 1979 roku, debiutowałem jeszcze w drugiej lidze, kiedy nasza drużyna wcale taka mocna nie była. Pamiętam złość kibiców i okrzyki: „Do roboty!", „Na dół!" albo „Do kopalni!".

Pożegnanie pierwsze

Górnik świetnie spisuje się już do końca sezonu 1986/1987. Gra najlepiej, najskuteczniej i najbardziej widowiskowo w Polsce. Na koniec sezonu ma przewagę „tylko" pięciu punktów nad drugą w tabeli Pogonią Szczecin. Zabrzańscy piłkarze, już pewni mistrzostwa Polski, przegrywają u siebie ostatni ligowy mecz ze spadającym z ligi Motorem Lublin. – Mogliśmy mieć nawet dwadzieścia punktów przewagi, ale w pewnym momencie nie było już z kim się ścigać – mówi Piechniczek po zakończonym sezonie.

Jeszcze w trakcie rozgrywek Piechniczek sygnalizuje, że może odejść. Bernard Blaut zaprasza go na urlop do Tunezji. – Prezesie, jest opcja, że mogę dostać tam pracę – mówi Piechniczek Polusowi. Chce się sprawdzić za granicą.

Górnik nie robi problemów. – Rozumiemy, ale jak najszybciej nas powiadom, kiedy wszystko będzie przesądzone. Musimy mieć czas na znalezienie nowego trenera – mówi Polus.

Janusz Oster: – Antek miał ambicję popracować poza Polską. Po nieudanym mundialu sukcesem z Górnikiem odbudował swoją pozycję. Odchodził jako trener, który zdobył mistrzostwo.

Kończy się pewna epoka. Po sezonie Górnika opuszczają także Waldemar Matysik, który wyjeżdża do Auxerre, i Andrzej Pałasz, który przenosi się do Hannoveru.

– W ostatnim meczu trener Piechniczek uczynił bardzo miły gest. Zdjął mnie w trakcie drugiej połowy tylko po to, żebym dostał owacje od całego stadionu. Pamiętam je do dziś! No i dostałem jeszcze kryształowy puchar na pożegnanie – mówi Matysik.

Józef Dankowski: – Widać było, że trener jest tym wyjazdem do Tunezji zaaferowany. Żył tym, choć w Zabrzu do końca niczego nie odpuścił i nie miało to żadnego wpływu na jakość zajęć. Ale czasem z naszej strony zdarzało się pytanie: „Panie trenerze, gdzie dziś trenujemy?". A trener na to: „Tak, tak, zajęcia będą o piętnastej". Był już myślami gdzie indziej.

Po odejściu Piechniczka z Górnika trenerem w Zabrzu zostaje jego rówieśnik Marcin Bochynek. W następnym sezonie po raz ostatni, czternasty w historii klubu, uda mu się zdobyć mistrzostwo Polski.

Koordynator

Piechniczek wraca do Górnika trzynaście lat później. W 2000 roku dostaje propozycję zostania trenerem koordynatorem. Ma doradzać byłemu podopiecznemu Józefowi Dankowskiemu, który prowadzi drużynę. W tym czasie Górnik to jest już inny klub. Z dawnej potęgi nic nie zostaje, Górnik ma problemy finansowe i broni się przed spadkiem.

Józef Dankowski: – Byłem wtedy trenerem wchodzącym do zawodu. Z Antonim Piechniczkiem spotkaliśmy się w zajeździe w połowie drogi między Wisłą a Katowicami. Pytał o chłopaków, naświetliłem sytuację. Powiedziałem wszystko, co wiedziałem. Odparł, że rozważy propozycję. Po paru dniach zdecydował się przyjąć tę pracę.

Piechniczek i jego Górnik Zabrze w 2000 roku.

Piechniczek: – Niektórzy pytali mnie, czy wiem, do czego się biorę. Martwili się, co będą o mnie mówić, jeśli Górnik spadnie z ligi. Gdybym podchodził do tego w ten sposób, powinienem zakończyć karierę po mundialu w Hiszpanii. Poza tym jestem zawodowcem – trenerka to mój chleb. Nie kalkulowałem, ile mogę zyskać, a ile stracić.

„Zarząd Górnik Zabrze SA powołał z dniem 5 października na stanowisko trenera koordynatora Antoniego Piechniczka. Trenerem pierwszego zespołu pozostaje Józef Dankowski. Jednocześnie z dniem 1 stycznia 2001 Antoni Piechniczek zadeklarował się zostać pierwszym trenerem Górnika Zabrze, proponując na stanowisko drugiego trenera Józefa Dankowskiego" – tyle oficjalny komunikat wydany przez klub.

Ostatecznie wzajemny układ między Piechniczkiem i Dankowskim jednak się nie zmieni. Podczas spotkania z zabrzańskimi kibicami na początku stycznia 2001 roku Piechniczek przyznaje, że nie zamierza już być pierwszym trenerem i wystarcza mu rola koordynatora. – Teraz pora na młodych. Niech oni pokażą, co potrafią, jest potrzeba zmiany warty, także w myśli szkoleniowej. Nie chcę się ścigać z ludźmi, którzy kiedyś byli moimi uczniami – mówi. Nie znaczy to jednak, że chce się luzować. – Uciekanie od stresu jest zawsze niebezpieczne, bo jak ci nie zależy, to nie ma wyników. A w drużynie każdy musi czuć, że trener jest z nimi i że mu zależy – mówi.

Od 1996 roku właścicielem Górnika jest impulsywny biznesmen Stanisław Płoskoń. Zawsze mówi, co myśli. Do legendy przeszedł głównie z powodu awantur urządzanych piłkarzom w szatni. Łatwego życia nie mają z nim również współpracownicy i dziennikarze, którym potrafi zarzucić nieuczciwość. Powtarza, że w „gazecie pisać może byle ch...".

– Czas pokaże, jak będzie układać się nasza współpraca z prezesem. Przecież umowa trenera z klubem to nie jest kontrakt małżeński. W każdej chwili można wziąć kapelusz i podziękować – mówi Piechniczek pytany wtedy o Płoskonia.

A jakbyśmy dołożyli to i zadbali o tamto?

Odkąd Piechniczek przejmuje w Górniku funkcję koordynatora, zabrzański zespół u siebie już nie przegrywa. W sześciu meczach na własnym obiekcie notuje pięć zwycięstw i jeden remis. Rośnie szansa na utrzymanie w ekstraklasie. Piechniczek podkreśla jednak, że w Górniku brakuje spójnej, jednolitej polityki szkoleniowej i kadrowej. – Prowadzenie drużyny nie polega na kupowaniu zawodnika. Trzeba ustalić koncepcję, na przykład oprzeć drużynę na zawodnikach grających w stylu angielskim, walczących, o świetnych warunkach fizycznych. Albo postawić na świetnych, grających widowiskowo. A w Górniku żadnej koncepcji od dawna nie było. Rządził przypadek – był jakiś dobry zawodnik w okolicy, to go brano. A on grał albo nie. Nie tędy droga – mówi w udzielonym „Wyborczej" wywiadzie.

– Dobrze wspominam moją pracę z Antonim Piechniczkiem jako koordynatorem – mówi Józef Dankowski. – Plan zajęć zawsze omawialiśmy dzień wcześniej. Przynosiłem materiały, którymi chciałem się posłużyć na treningu. Trener nigdy nie powiedział, że coś jest źle. Uważnie analizował i czasem tylko powiedział: „A zastanów się, jakbyśmy jeszcze dołożyli to albo zadbali o tamto". Uważam, że z jego strony to było bardzo mądre podejście. Nie zdusił mnie, traktował jak partnera. Najwięcej dały mi długie rozmowy. Kiedy w zimie byliśmy na obozie, wieczorami chodziliśmy we dwóch do kawiarni i niekoniecznie przy kawie dyskutowaliśmy o tym, co jest najważniejsze na treningu, jak go przeprowadzić, jak traktować zawodnika itd. Jako młody trener miałem spojrzenie ze strony zawodnika, który niewiele wcześniej zakończył karierę. Wtedy upierałem się, że najważniejsza jest dyscyplina, a zawodnik ma wykonywać polecenia trenera. Ale z upływem czasu przekonałem się, że dyscyplina to nie wszystko. To środek, a nie cel.

Współpraca szybko się jednak kończy. – Po zwycięstwie w Wielką Sobotę z Legią 1:0 w drodze powrotnej do domu, w Żorach, na oblodzonym wiadukcie rozbiłem doszczętnie swoje bmw. Wylądowałem na dachu. Cud, że nic mi się nie stało – wspomina Antoni Piechniczek. – Zadałem siebie wtedy pytanie: „Antek, po co ci to wszystko? Po co właściwie codziennie robisz te 200 km i ryzykujesz życie?".

Nadchodzi mecz z Ruchem Radzionków. Górnik z outsiderem i późniejszym spadkowiczem przegrywa na własnym boisku 0:1. Wydaje się, że prowadzący przez prawie cały mecz goście nie utrzymają zwycięstwa. Dziewięć minut przed końcem po zagraniu ręką Sławomira Rutki sędzia dyktuje rzut karny dla Górnika. Lekki strzał Adama Kompały łatwo broni Dariusz Klytta. Po meczu niektórzy obserwatorzy sugerują, że część zawodników Górnika nie angażuje się w pełni w zdarzenia na boisku i nie zależy im na punktach w meczu z lokalnym rywalem. Józef Dankowski ma sporo pretensji do swoich piłkarzy. – Gdybym przed pierwszym gwizdkiem wiedział, że niektórzy tak zagrają, skład wyglądałby inaczej – powiedział po spotkaniu.

To pierwsza porażka na własnym boisku. Piechniczek nie wytrzymuje i składa rezygnację. – Dla mnie to nieszczęsne spotkanie z Radzionkowem było wykładnikiem zaangażowania zawodników w walkę o utrzymanie w ekstraklasie. Po tym meczu byłem bardzo zdegustowany. Spotkaniu towarzyszyło mnóstwo niedomówień, łącznie z niewykorzystanym przez nas karnym. Zbyt wiele meczów widziałem, żeby się nie denerwować. Zbyt wiele wcześniej zrobiłem, żeby nie reagować. Po porażce nic mnie już w tej szatni nie zatrzymało. Dziękuję, nie tańczę! Opuszczałem Górnika z czystym sumieniem. Podejrzewam, że większość trenerów na moim miejscu postąpiłaby tak samo – Antoni Piechniczek jeszcze dziś denerwuje się na samo wspomnienie.

Zaraz po odejściu jest rozżalony. – Kiedy w latach 80. zdobyłem mistrzostwo Polski z Górnikiem, mogłem pójść do prezesa Szlachty i powiedzieć: „Ten i tamten się nie przykłada. Niech jutro, zamiast na trening, zjedzie 900 m pod ziemię, w kopalni". I tak się działało. A teraz? Nie ma bata na piłkarzy – mówił w gazetach po rezygnacji. – Przychodząc do Górnika, wystawiłem na szwank swoje nazwisko i reputację, ale w 12 meczach zdobyłem 18 punktów. To daje 1,5 punktu na mecz. W sezonie jest 30 spotkań, czyli dałoby to 45 punktów i spokojne utrzymanie w lidze. Ale po takim meczu jak z Radzionkowem nie wytrzymałem – dodaje.

Józef Dankowski pracuje tylko tydzień dłużej. Po kolejnych dwóch porażkach prezes Płoskoń wymienia go na Waldemara Fornalika. Wydaje się, że Górnik nie da sobie rady, ale jest inaczej. W ostatnich pięciu ligowych meczach z nowym trenerem zabrzanie trzy razy wygrywają, dwa razy remisują i cudem utrzymują się w ekstraklasie. W końcówce sezonu pokonują m.in. Polonię Warszawa.

Piechniczek podsumowuje ten sezon w zaskakujący sposób: – Chciałbym, aby od przyszłego sezonu obok klasyfikacji na najlepszych prowadzone były w gazetach klasyfikacje na najgorszych piłkarzy polskiej ligi. Kategorie: najgorsi obrońcy, pomocnicy, którzy nie mają asyst i nie strzelają goli, nieskuteczni napastnicy itd. Może to byłby bat na zawodników? Nie tylko Górnika.

ROZDZIAŁ 10.

Ziemia arabska

(1987-1995, 1997-1998, 2000)

Kiedy w 1987 roku Antoni Piechniczek wyjeżdża do Tunezji nie przypuszcza, że zostanie w krajach arabskich tak długo. Po Tunezji Zjednoczone Emiraty Arabskie, Arabia Saudyjska, Katar... W sumie dziesięć lat z przerwami.

Piechniczek pracuje w Górniku, a Bernard Blaut jest szkoleniowcem w tunezyjskiej drużynie C.O.T. w biednej, robotniczej dzielnicy Tunisu. Przyjaźnią się.

Piechniczek: – Benek osiągał bardzo dobre wyniki, nigdy nie miał problemów, żeby utrzymać drużynę w tunezyjskiej ekstraklasie. C.O.T. był cichą rewelacją tamtejszej ligi, więc działacze doceniali Benka.

Blaut pracuje w C.O.T. aż pięciokrotnie, w latach 1982-1983, 1986--1988, 1998-1999, 2000-2001, 2004. W 1988 roku osiąga największy sukces w historii tego klubu – zdobywa Puchar Tunezji.

Tunezyjski odpowiednik Legii

Blaut dzwoni do Piechniczka w połowie 1987 roku. – Jeśli masz ochotę odpocząć w fajnym miejscu i zobaczyć, jak się żyje w Tunezji, to zapraszam was z Zytą. A może zostaniecie na dłużej? Może znajdzie się jakiś klub, w którym mógłbyś pracować? – kusi Blaut.

Piechniczek: – Na początku lipca 1987 roku, po zdobyciu mistrzostwa z Górnikiem, pojechaliśmy z Zytą na ten arabski urlop. Blaut rozpowiedział Tunezyjczykom, że przyjeżdżam, ale nawet on nie przypuszczał, że tamtejsi działacze tak szybko reagują. Już na lotnisku czekali na mnie zarówno przedstawiciele federacji, jak i najpopularniejszego tamtejszego klubu Espérance Tunis.

Blaut mówi na ucho Piechniczkowi, że Espérance to bardzo poważna firma, tunezyjski odpowiednik Górnika albo Legii. Ale przedstawiciele federacji chcą, żeby poprowadził narodową drużynę Tunezji.

Antoni Piechniczek i Bernard Blaut grali razem w Legii, potem trenowali wspólnie reprezentację. W Emiratach spotkali się jako... rywale. Kiedy Piechniczek trenował Al-Shabab, Blaut (pierwszy z prawej) był trenerem Al-Jazeera, klubu z Abu Zabi.

– Panowie, nie znam tunezyjskiego futbolu – mówi im Piechniczek. – Uważam, że lepiej będzie, jeśli najpierw popracuję w klubie i przejdę cały cykl rozgrywkowy, a za rok możemy znowu się spotkać i zdecydować co dalej. Przekonacie się, jak pracuję, i nie będziecie kupować kota w worku, a ja w tym czasie poznam wasz futbol i też będę mądrzejszy.

Działacze Espérance są zachwyceni taką postawą. Kiedy tunezyjska ambasada w Warszawie dowiaduje się, że polski szkoleniowiec stara się o wyjazd, błyskawicznie załatwia wszelkie formalności. Espérance to najważniejszy klub w Tunezji.

Przebieżka po plaży

Piechniczek zaczyna w Tunisie przyglądać się drużynie. Początki nie są łatwe. Pracę rozpoczyna na początku sierpnia, kiedy pięciu najlepszych zawodników Espérance przebywa na zgrupowaniu reprezentacji Tunezji.

– Musiałem rozpocząć przygotowania do sezonu bez nich – mówi Piechniczek. – Pozostali zawodnicy byli zaskoczeni moim stylem. Nowością był dla nich zaplanowany na cały tydzień mikrocykl treningowy. Nigdy dotąd nie zbierali się o godz. 8 rano na boisku, nie wsiadali w samochody i nie jechali na plażę, żeby pobiegać. Potem w ciągu dnia zarządzałem wolne, bo w tym upale nie było mowy o porządnym treningu. Główne zajęcia planowałem na godz. 18. Początkowo marudzili, że to było dla nich za dużo. Ale przełamali się, kiedy się okazało, że ja też z nimi biegam. Nawet przypadło im to do gustu.

Kiedy wreszcie do klubu dojeżdżają miejscowe gwiazdy – wśród nich napastnik Tarak Dhiab, najlepszy piłkarz Afryki 1977, ponadstukrotny reprezentant Tunezji – szybko podporządkowują się trenerowi z Polski. Po latach Dhiab opowiada tunezyjskiemu dziennikarzowi Tarakowi Gharbiemu, że Piechniczek był jednym z dwóch najlepszych trenerów, jakich spotkał w życiu. – Fakt, że mogłem kontynuować karierę aż do 36. roku życia, to zasługa Antoniego, który był w stanie utrzymać mnie w formie tak długo – uważa Dhiab.

Piechniczek: – Tunezyjczycy chcieli pracować. Jeśli gdzieś słyszę, że Arabowie są leniwi, chce mi się śmiać. Ktoś, kto opowiada takie banialuki, nie ma o tym pojęcia. Jeśli Tunezyjczycy przekonają się do trenera, jeśli uznają, że warto się starać, to trudno znaleźć lepszych zawodników do trenowania. U nich ważne jest, żeby traktować wszystkich sprawiedliwie.

Gwiazda z siecią sklepów

Treningi Piechniczka wzbudzają ogromne zainteresowanie tunezyjskich kibiców. Klub sprzedaje na nie bilety! Ledwie parę centymów, tyle co kawa, więc na stadion walą tłumy. Polski szkoleniowiec angażuje się w zajęcia. Nie zna języka. Kiedy ustala pewne schematy gry i chce je przetrenować, przesuwa piłkarzy na boisku własnoręcznie – po prostu chwyta ich za koszulki i ciągnie za sobą.

– Pokazywałem im, jak mają się poruszać na boisku, jak wychodzić na pozycje. W efekcie byłem bardziej zziajany niż oni, ale potem, kiedy wszystko zaczęło przynosić efekty, zyskałem uznanie. A kibice zaakceptowali mnie właśnie podczas tamtych zajęć. Podobało im się, że jestem zaangażowany, że uczestniczę w treningu, jakbym sam był piłkarzem. Dużo wtedy strzelałem na bramkę i właśnie wtedy powoli zaczęło wysiadać mi kolano – mówi Piechniczek.

Espérance jak na ówczesne afrykańskie warunki jest dobrze zorganizowany. Rozgrywa mecze na dwóch stadionach (te ważniejsze na słynnym El Menzah, reprezentacyjnym obiekcie położonym na północy Tunisu), ma też do dyspozycji trzy boiska treningowe: dwie trawiaste płyty i szutrowe klepisko, z którego zazwyczaj korzysta drużyna młodzieżowa.

Ale premiowanie zawodników jest skromne. Piechniczek: – Zdecydowana większość pracowała. Kilku miało posady w banku, kilku uczyło w szkołach WF-u. Tylko Tarak Dhiab miał sieć sklepów ze sprzętem sportowym. Zawodnicy między treningami pracowali, ale kiedy trzeba było przygotować się do sezonu i ostrzej popracować, załatwiali sobie zwolnienia.

Piechniczek zwraca uwagę na zawodnika, który nazywa się Nabil Maaloul. To reprezentant Tunezji, ale z powodu kontuzji nie uczestniczy w zgrupowaniach kadry. – Ten facet przypominał mi Deynę. Miał bardzo duże umiejętności, ale i pewien problem, który przeszkadzał mu się rozwijać. Za dużo ważył – wspomina.

– Ty na boisku jesteś profesor, widzę, że wiele potrafisz – mówi Piechniczek Tunezyjczykowi. – Jeśli zrzucisz choć kilka kilogramów, będziesz znacznie lepszy. Zaufaj mi.

Maaloul stosuje się do zaleceń trenera. Chudnie i szybko dochodzi do formy. Na tyle, że w latach 1989-1991 znajduje zatrudnienie w Hannover 96, solidnej firmie z 2. Bundesligi. Po latach zostaje selekcjonerem reprezentacji Tunezji.

Zapach mandarynek w pociągu

Piechniczek do pracy w Tunezji zabiera pomocnika, Andrzeja Płatka. Znają się jeszcze z Górnika. Płatek zaskoczony propozycją wyjazdu jedzie do Tunezji na rekonesans i... jest zachwycony. Wie, że nie może sobie pozwolić na odrzucenie takiej szansy.

Wraca do kraju ze skrzynką mandarynek. To schyłek PRL-u, mandarynki w Polsce są ogromną atrakcją. W pociągu robi mu się głupio, bo tak intensywnie pachną, że zaczyna je rozdawać przełykającym ślinę współpasażerom.

– Pakuj się, wyjeżdżamy – mówi żonie na progu mieszkania.

– Oszalałeś?! Przecież nasz syn jest w klasie maturalnej, jak to sobie wyobrażasz? – załamuje ręce Jadwiga Płatek.

Mąż nie ustępuje. Po świętach Bożego Narodzenia wyjeżdżają do Tunisu. Zabierają ze sobą córkę, tylko syn zostaje w Polsce pod opieką babci.

Jadwiga Płatkowa jest ciekawa, dlaczego Antoni Piechniczek wybrał na asystenta akurat jej męża. – To najbardziej pracowity trener, jakiego znam – słyszy odpowiedź.

Zięć prezydenta

Najwięcej do powiedzenia w klubie Espérance ma Slim Ben Mohamed Hassen Ben Salah Chiboub, w młodości siatkarz tego klubu. Robi nietuzinkową karierę, „trampoliną" jest ślub z Dorsaf, najstarszą córką Bena

Alego, sprawującego dyktatorską władzę prezydenta Tunezji. Ben Ali w pierwszej połowie lat 80. jest ambasadorem Tunezji w Polsce.

Dzięki teściowi Chiboub to gruba ryba – biznesmen, przez lata członek Komitetu FIFA oraz prezes Tunezyjskiego Komitetu Olimpijskiego. W 1988 roku zostaje wiceprezesem Espérance, rok później obejmuje pełnię władzy w klubie.

– Pamiętam, że puchar za mistrzostwo wręczał nam Ben Ali, a Chiboub trzymał się z tyłu. To był niezwykle kulturalny i opanowany facet. Nie wtrącał mi się do pracy. Jak tam zaczynają się wtrącać trenerowi do roboty, to znaczy, że go nie szanują i trzeba pakować walizki. Zawsze nienagannie ubrany, jeździł luksusowymi autami. Składał nam życzenia przed świętami Bożego Narodzenia. Pamiętam, że kiedyś poprosił mnie, żebym po treningu podjechał własnym autem w pobliże jego samochodu. Otworzył bagażnik i załadował mi całą skrzynkę ekskluzywnego bordeaux. Był w tym geście bardzo naturalny – wspomina Piechniczek.

Chiboub miał postępowe przekonania. – Chłopcy, ja sobie nie wyobrażam, żebyście w trakcie ramadanu podczas meczów nie pili wody. To się może odbić na waszym zdrowiu – powtarzał piłkarzom Espérance.

Po rewolucji w styczniu 2011 roku, kiedy upadnie teść, Chiboub opuści Tunezję i schroni się w Emiratach Arabskich. W 2015 roku sąd w Tunezji skaże go na więzienie za nielegalne posiadanie broni.

W Tunezji Antoni Piechniczek był uwielbiany przez kibiców, a najbardziej przez fanów Espérance Tunis.

Precz z systemem komunistycznym

Prowadzony przez Piechniczka Espérance odnosi międzynarodowe sukcesy. Drużynie dobrze idzie w afrykańskim Pucharze Zdobywców Pucharów. W 1987 roku Espérance dochodzi do finału tych rozgrywek. Wcześniej eliminuje mauretańską drużynę AS Garde Nationale i egipski klub Tersana z Gizy. W ćwierćfinale drużyna Piechniczka trafia na silny F.A.R. Rabat z Maroka. Trenerem rywali jest dobrze znany Piechniczkowi Brazylijczyk José Faria, jednocześnie selekcjoner tamtejszej reprezentacji. Szkoleniowcy pierwszy raz mierzą się zaledwie półtora roku wcześniej, na mundialu w 1986 roku. Faria czuje się w Maroku fantastycznie. Osiada tam na stałe, przechodzi na islam, zmienia imię na Mehdi i mieszka aż do śmierci w 2013 roku.

Piechniczek: – W pierwszym meczu na wyjeździe przegrywamy w Marokańczykami 0:1. Rewanż w Tunisie rozpoczyna się nieszczęśliwie, od razu strzelają gola i żeby ich wyeliminować, musimy wbić trzy bramki. Do tego nasz najlepszy napastnik Tarak Dhiab odnosi kontuzję i schodzi z boiska.

Ale w Espérance w tym czasie jest kilku naprawdę bardzo dobrych zawodników. – Choćby Khaled Ben Yahia, uznany potem za najlepszego tunezyjskiego libero wszech czasów. To był idealny zawodnik do trzymania w ryzach całej linii obrony. Nadal trzymałem się systemu, gdzie jeden środkowy obrońca gra przed drugim, a nie obok siebie. Lubiłem, kiedy wiadomo było, kto za co odpowiada. Gra stoperów obok siebie to dla mnie „system komunistyczny", bo wtedy nikt za nic nie odpowiada. Jak coś nie wyjdzie, to zawsze można przecież zwalić winę na tego drugiego. Tak się wtedy grało i trzeba było wielu lat, by przejść na grę obrońców w linii – mówi Piechniczek.

Kto leniwy, kto ma talent?

W meczu z Rabatem Piechniczek daje szansę mało wówczas znanemu napastnikowi Zledowi Tlemcaniemu. – Jak na warunki tunezyjskie, to był prawdziwy byk. Miał 185 cm, był świetnie zbudowany i dobrze grał głową. W klubie początkowo za nim nie przepadali. Mówili z lekceważeniem, że to student, intelektualista, mówili, że na uczelni mądrzejszy niż na boisku. Ale to właśnie on strzelił decydującą o naszym awansie trzecią bramkę – wspomina Piechniczek.

Tlemcani gra potem w lidze portugalskiej i japońskiej. Jednak prawdziwą karierę robi dopiero, kiedy kończy z futbolem. Biznesmenem jest lepszym, niż był piłkarzem. Jego firma Bitaka to dziś tunezyjski gigant w branży telekomunikacyjnej, specjalizujący się w płatnościach elektronicznych, agresywnie rozszerzający działalność na inne kraje afrykańskie.

Piechniczek: – W Tunisie wszyscy się zastanawiali, jakim cudem udało nam się wyeliminować Rabat. Lekarz Jalel Ghali, który pracował także z reprezentacją, powiedział działaczom w klubie, że to tylko dzięki Piechniczkowi. „On jest tutaj trzy miesiące i wie o tej drużynie więcej niż wy". Fakt, szybko zorientowałem się, kto jest leniwy, kto utalentowany. Poprzednie układy nie miały dla mnie znaczenia.

W półfinale Espérance eliminuje nigeryjski klub Abiola Babies. Piechniczek niczego nie zaniedbuje, wcześniej robi w Nigerii rekonesans, ustala wszystkie szczegóły. Dziwi go, że z Tunezji w głąb Afryki lata się przez... Europę. – Nie było bezpośredniej łączności. Najczęściej lataliśmy przez Paryż. Nigerię pamiętam jako najludniejszy kraj afrykański. Wszędzie na ulicach było widać młodzież pracującą nad sprawnością fizyczną. Jeden z drugim kładli nogi na murku przy ulicy i ćwiczyli pompki. Gra z Nigeryjczykami to nic przyjemnego, wchodzili z zamkniętymi oczami tak, że mogli nogę urwać – wspomina Piechniczek.

W finale Pucharu Zdobywców Pucharów Espérance mierzy się z kenijskim klubem Gor Mahia. Mecze są wyrównane. – U siebie zremisowaliśmy 2:2, na wyjeździe 1:1. W Kenii niedługo przed końcem mieliśmy ewidentnego karnego. Sędzia nie zareagował i trzeba było pogodzić się z przegraną. O tym, że nie zdobyliśmy pucharu, zdecydowało więcej bramek straconych u siebie – żałuje Piechniczek.

Uwielbienie

Już w 1988 roku Piechniczek staje się jednym z najbardziej popularnych ludzi w Tunezji.

Ale „popularność" znaczy tam co innego niż w Polsce. Zwycięskiego trenera kocha się tam szaleńczo. A Piechniczek jest uwielbiany, bo w ciągu trzech lat pracy dwukrotnie zdobywa mistrzostwo Tunezji, raz krajowy puchar i doprowadza drużynę do finału afrykańskiego Pucharu Zdobywców Pucharów.

Nazwisko polskiego szkoleniowca ludzie skandują na ulicach. Nie tyle nazwisko, ile słowo mające je przypominać. Tunezyjczycy nie potrafią prawidłowo wymówić „Piechniczek". Przekręcają je więc na „Piesznewek" albo – na jeszcze prostszą wersję – „Pisznek". W gazetach można znaleźć również formę „Pitchenzek", „Pieckniczek" albo „Piechnecek".

Ale pod koniec lat 80. jego nazwisko, w różnych wariantach, jest powtarzane w Tunisie właściwie bez przerwy, bo polski trener daje tłumom uwielbiającym Espérance wiele powodów do radości. – Kiedy szliśmy na plażę, Antka i męża otaczał tłum ludzi. Byli tam bogami. Każdy chciał ich dotknąć i zagadać z nimi – mówi Jadwiga Płatek.

– Kiedyś przyjechaliśmy do Tunezji na zgrupowanie. Zadzwoniliśmy do Antka, żeby się spotkać. Jechaliśmy jego samochodem. Nagle zatrzymał nas wojskowy patrol. Po jakimś zamachu w Izraelu sytuacja polityczna była napięta i wszystkich postawiono w stan gotowości. Ale kiedy żołnierze zobaczyli Piechniczka, przyjaźnie krzyknęli: „Monsieur Pisznek, s'il vous plait" i machnęli ręką, żeby jechać dalej – wspomina Ryszard Wiejski, ówczesny trener polskiej reprezentacji rugby i dawny kolega ze studiów na warszawskiej AWF.

Zyta Piechniczek: – Po ważnych zwycięstwach kibice przychodzili pod dom i skandowali „Toni, Toni!". Mąż wzbudzał entuzjazm nawet na czerwonym świetle na skrzyżowaniach. Siedział w samochodzie, ale ludzie go zauważali i machali w jego stronę. Zdumiało mnie, jak dobrze go pamiętają. Kiedy po wielu latach przyjechaliśmy do Tunezji i weszliśmy na chwilę do jakiegoś sklepu mięsnego, właściciel się wzruszył. „Toni, ty znowu u nas!? To niesamowite" – powtarzał w kółko.

– Tunezyjskich kibiców wspominam bardzo ciepło – mówi Piechniczek. – Owszem, byli żywiołowi, ale nigdy nie miałem żadnych problemów, choćby na tle religijnym. Nigdy nie byli napastliwi.

Toni, weź naszą reprezentację

W 1988 roku Antoni Piechniczek zostaje selekcjonerem reprezentacji Tunezji. Negocjacje odbywają się w niecodzienny sposób. – Po sezonie wróciłem na urlop do Polski. Ledwo przyjeżdżam do Wisły, a tu telefon z Tunezji. Mówią, że wysłali za mną człowieka, że jest już w Polsce i koniecznie musi się ze mną spotkać – wspomina Piechniczek. – Trasę z Warszawy do Wisły pokonał w dwie i pół godziny.

– Sytuacja jest kryzysowa, Toni. Musisz objąć naszą reprezentację, poprowadzisz ją na igrzyskach w Seulu. Masz najlepsze rozeznanie, najwięcej reprezentantów gra właśnie u ciebie. Oczywiście nadal prowadziłbyś Espérance – mówi wysłannik tunezyjskiej federacji.

Piechniczek się zgadza. – O pieniądzach nawet nie rozmawialiśmy. Miałem dostać drugą pensję i to mnie zadowalało – mówi.

W lipcu 1988 roku zaskoczone tunezyjskie gazety donoszą, że trener zmienia miejsce pobytu zgrupowania kadry. „Powrót do Tunisu jest nieunikniony" – piszą. Okazuje się, że Piechniczkowi nie odpowiada jeden z hoteli w Bizercie. Jego zdaniem lokalizacja nie pozwala zawodnikom na odpowiednią koncentrację. Kadra wraca więc do stolicy, a nowy selekcjoner organizuje jej zajęcia na plaży w Gammarth, 15 kilometrów na północ od Tunisu.

W Zjednoczonych Emiratach Arabskich Piechniczek zdobył kilka ważnych tytułów i pucharów. Na zdjęciu jako trener Al-Shabab, z klubowym Pucharem Zatoki Perskiej.

EPSI
بيبسي

W roli selekcjonera tunezyjskiej reprezentacji debiutuje jeszcze przed igrzyskami, meczami eliminacji mistrzostw świata, które odbędą się w 1990 roku we Włoszech. W pierwszej rundzie Tunezja trafia na Gwineę. Już pierwszy mecz rozstrzyga sprawę. Efektowne 5:0 u siebie, jednego z goli strzela znacznie odchudzony Maaloul. W rewanżu można sobie pozwolić na przegraną.

Marzenia Huberta Wagnera

Tunezja po raz drugi w historii gra na igrzyskach olimpijskich. Debiutuje 28 lat wcześniej, w Rzymie, nie wygrywa ani jednego spotkania, a w pierwszym meczu przegrywa 1:6 z Polską. Teraz oczekiwania są trochę większe. – Wiedzieliśmy, że grupa jest trudna i nie było napinki, żeby z niej wyjść. Chodziło tylko o to, żeby dobrze wypaść, być może wygrać jeden mecz – mówi Piechniczek. Rywalami jego drużyny są Republika Federalna Niemiec, Szwecja i Chiny.

„Orły Kartaginy" – taki przydomek nosi reprezentacja Tunezji – przez kilka dni przygotowują się w Tunisie, potem przebywają jeszcze na tygodniowym obozie pod Madrytem. W Hiszpanii na zgrupowaniu jest jednocześnie siatkarska reprezentacja Tunezji, która też startuje na igrzyskach. Prowadzi ją Hubert Wagner, który w 1987 roku zdobywa z Tunezyjczykami mistrzostwo Afryki.

Do Seulu tunezyjscy piłkarze lecą z siatkarzami jednym samolotem. Na pokładzie Piechniczek rozmawia z Wagnerem.

– Antek, jakie masz życzenia odnośnie do igrzysk? O czym marzysz? – pyta Wagner.

– Chciałbym wygrać z Chińczykami i może nie przegrać jeszcze jednego meczu – odpowiada Piechniczek. – A ty?

– Moje życzenia są trochę mniejsze. Marzę, żeby wygrać chociaż jednego seta – przyznaje Wagner.

Wie, co mówi. W latach 80. afrykańska siatkówka ma do czołówki światowej znacznie większy dystans niż afrykański futbol. Wagnerowi w Seulu nie udaje się zrealizować życzeń. Przegrywa siedem meczów po 0:3.

Trenerów znad Wisły w Tunezji jest zresztą więcej. Pięściarzy Espérance trenuje w tym czasie rówieśnik Piechniczka Czesław Ptak – wcześniej i później selekcjoner polskiej kadry bokserów, a w latach 90. prezes Polskiego Związku Bokserskiego.

– Przyjechałem do Tunezji w 1988 roku, Antoś pomógł mi pozałatwiać wszystkie formalności. Polscy trenerzy trzymali się razem. Kilka razy w miesiącu spotykaliśmy się na kolacjach z Antkiem i Hubertem, żeby pogadać, pośmiać się, powymieniać doświadczenia. Chodziłem oczywiście na mecze Antka, kiedy tylko miałem czas. Też pracowałem w Espérance, dziwnie by na mnie patrzyli, gdybym nie oglądał piłki nożnej. Tunezyjczycy są fanatykami futbolu – mówi Ptak.

W dwójkę z Piechniczkiem ratują polskiego biznesmena z Bydgoszczy, który przyjeżdża do Tunisu, żeby zarabiać na produkcji i handlu piecami piekarniczymi. Wypiek bagietek w Tunezji to świetny interes. Biznesmen kłóci się jednak z miejscowym wspólnikiem. Piechniczek z Ptakiem pilnują rodaka w ostatnią noc przed wylotem, żeby Tunezyjczyk nie zrobił mu krzywdy.

Karny na stojąco

Pierwszy mecz na igrzyskach w Seulu Tunezja rozgrywa ze Szwecją. Skandynawowie przysyłają niezły skład, kilku piłkarzy robi potem międzynarodową karierę. Reżyserem gry jest Jonas Thern, a na ławce siedzą Martin Dahlin i Anders Limpar. – Kiedy zobaczyłem rywali na rozgrzewce, pomyślałem sobie, że zacznę wynik liczyć od 0:3. W porównaniu z moimi mikrusami to były same byki. Tymczasem zaczęliśmy świetnie, prowadziliśmy już 2:0. Szkoda, że się rozluźniliśmy, przez nasze błędy Szwedzi jeszcze przed przerwą nas dogonili – żałuje Piechniczek.

W drugim meczu rywale to faworyzowani Niemcy, którzy w eliminacjach do igrzysk są lepsi od Polski. – Do przerwy remisujemy 1:1. Gola dla nas z rzutu karnego zdobywa Nabil Maaloul. Te jego karne były niezwykłe. Stawał trzy metry przed piłką i szedł do niej powolnym krokiem. Wyglądało jakby lekceważył bramkarza. Nie podobało mi się to. Po biegu do piłki oceniam prawdopodobieństwo zdobycia gola, ale w tym wypadku nie było co oceniać, bo Maaloul nie podbiegał. Rozmawiałem z nim o tym. Uspokajał mnie: „Trenerze, mam wyczucie. Widzę, jak bramkarz rusza się na nogach, i zawsze wrzucam piłkę tam, gdzie go nie ma". Ustąpiłem. Okazało się, że Maaloul miał rację. Za moich tunezyjskich czasów strzelił, jakieś dziesięć karnych w lidze i reprezentacji. Wszystkie bezbłędnie – wspomina Piechniczek. Podobnie jest w meczu z Niemcami: spokojne podejście, uderzenie, piłka w jednym rogu, a bramkarz w drugim.

W przerwie euforia w tunezyjskiej szatni. Działacze szaleją z radości. Za szybko. – Próbowałem tonować nastroje, uspokajałem, „panowie, przecież to Niemcy, spokojnie, przecież jest jeszcze druga połowa". Wykrakałem. Ostatecznie Niemcy wygrywają 4:1.

W ostatnim meczu jest bezbramkowy remis z Chinami i zaraz potem powrót do domu. Czasu na chłonięcie olimpijskiej atmosfery nie ma.

W Kamerunie leje jak z cebra

Po powrocie z igrzysk Piechniczek zostawia kadrę i na powrót zajmuje się Espérance. – To była moja podstawowa praca w Tunezji. Nigdy nie byłem pracownikiem tamtejszej federacji – mówi.

Ale jak trwoga, to do Piechniczka. Selekcjonerem reprezentacji Tunezji zostaje jeszcze raz, rok później. Ma spróbować wywalczyć awans do mistrzostw świata we Włoszech. Ostatnia przeszkoda jest bardzo trudna – Kamerun.

W pierwszym meczu w Jaunde Tunezja długo broni bezbramkowego wyniku. Ostatecznie przegrywa 0:2, drugiego gola tracąc w przedłużonym czasie gry. – Lało wtedy jak z cebra – wspomina Piechniczek.

W rewanżu Tunezja atakuje, sędzia na początku nie dyktuje ewidentnego karnego. Z gospodarzy uchodzi powietrze, rywale opanowują sytuację, strzelają gola i jest pozamiatane. – Uczucie niedosytu było duże, choć wielkich pretensji do mnie nie było. Po tej porażce Slim Chiboub mnie pocieszał. „Nie martw się, są dwa miejsca dla Afryki na mundialu. Nieoficjalnie jedna dla białej drużyny z basenu Morza Śródziemnego i jedna dla czarnej drużyny z Afryki Subsaharyjskiej, żeby nikt nie był skrzywdzony" – wspomina Piechniczek.

Awans zdobywają Algieria i Kamerun. Tunezja nie musi się wstydzić. Ich rywale są największą rewelacją włoskiego mundialu. Pokonują Argentynę i Kolumbię, dochodzą aż do ćwierćfinału, w którym dopiero po dogrywce przegrywają z Anglią.

Mama odeszła nagle

Na początku listopada 1988 roku trener musi natychmiast wracać do kraju. Dostaje wiadomość o śmierci mamy.

Zyta Piechniczek: – Gdziekolwiek byśmy byli, ja zawsze starałam się być w Polsce na Wszystkich Świętych. Teściowa wróciła 1 listopada z cmentarza. Skarżyła się, że trudno jej oddychać. Nawet miałam do niej pretensje, że tak się forsuje.

Wieczorem 6 listopada Magdalena Piechniczkowa jak zwykle idzie wcześnie spać. Już się nie obudzi, odchodzi spokojnie, we śnie. Ma 75 lat. Serce odmawia posłuszeństwa.

Zyta Piechniczek: – Nie miałam z mężem kontaktu. Nie wiedziałam, kiedy dotrze do niego ta wiadomość i czy zdąży na pogrzeb.

Wiadomość dostarcza Piechniczkowi LOT poprzez swojego przedstawiciela w Tunisie. Do domu dociera wieczorem 7 listopada.

Antoni Piechniczek: – Mama odeszła nagle. Nigdy wcześniej nie skarżyła się, że coś jej dolega. Nawet dobrze, że musiałem przygotowywać drużynę do igrzysk olimpijskich. Ostro wziąłem się do pracy, ale choć miałem zajętą głowę i tak w myślach często byłem w Chorzowie z mamą... Trudno pogodzić się z odejściem najbliższych.

Cztery miesiące w hotelu

W Tunezji rodzina Piechniczków zapomina, jak się mieszka w domu. Dostaje wygodny, klimatyzowany pokój w hotelu, córka chodzi do francuskiej szkoły.

Justyna Piechniczek-Janecka: – Na początku byłam przerażona nową szkołą. Miałam 12 lat i nie znałam francuskiego. W szkole nikt się nie przejmował, że nie znam języka. Mało się odzywałam, ale uważnie słuchałam i skrupulatnie wszystko zapisywałam. Dopiero kiedy zmienił się nauczyciel języka, zaczęłam się chętniej odzywać. Po kilku miesiącach nauczyciel prowadził mnie do innych klas i prezentował, jak pięknie może mówić po francusku obcokrajowiec. To było mobilizujące.

Jak długo jednak można mieszkać w hotelu? Po czterech miesiącach trener zapowiada władzom klubu, że będzie szukał domu. – Trochę mnie zmroziło, bo okazało się, że klub nie zapłacił rachunku za nasz pokój. „Jest pan u nas dość długo, rachunek wynosi 14 tysięcy dolarów" – usłyszałem. Według wcześniejszych ustaleń to nie ja miałem płacić. Działacze spojrzeli po sobie i powiedzieli, że to nie moje zmartwienie. Slim Chiboub przyjechał do hotelu i wytłumaczył właścicielowi, że moja obecność tam to dla niego prestiż. Podobno zredukował kwotę zadłużenia i dogadał się z klubem. To było dla nich charakterystyczne zachowanie. Szanują cię, ale i wystawiają na próbę. Jeśli się zgodzisz na coś, co wcześniej nie było ustalone, to jesteś frajer i to twój problem – wspomina Piechniczek.

W poszukiwaniach nowego miejsca zamieszkania pomaga Bernard Blaut, który doskonale zna Tunis. Udaje się wynająć piętro w wygodnej willi niedaleko szkoły córki.

Justyna Piechniczek-Janecka: – Dom był piękny i ładnie położony, ale nasz gospodarz był nietolerancyjny. Kiedy wracałam ze szkoły razem z kolegami, a byli wśród nich ciemnoskórzy, próbował nas przeganiać. Specjalnie wystawaliśmy wtedy pod jego oknami i długo rozmawialiśmy. Bardzo mnie denerwowało jego zachowanie.

Zyta Piechniczek: – W szkole wzięłam roczny urlop, później go przedłużyłam. Kiedy mąż zdecydował się zostać w Tunezji dłużej, zrezygnowałam z pracy. Zresztą nie miałam już do czego wracać, bo w szkołach zrezygnowano z nauczania języka rosyjskiego. Lubiłam uczyć, przepracowałam z młodzieżą 27 lat. Byłam lubiana, kochałam swoją pracę

Antoni Piechniczek podpisuje kontrakt z Al-Shabab.

i młodzież. Nie miałam żadnego przezwiska typu „Bukwa" czy „Ptica". Mówili o mnie zdrobniale, Zytka.

Piechniczkowie czują, że żyją, korzystają z uroków morza. – Szczególnie zapamiętałem miejscowość Rafraf, gdzie Roman Polański chciał kręcić „Piratów". Fantastyczna sceneria, skała na pełnym morzu, do której podpływają lepsi pływacy, dziewiętnastowieczne chałupki i rewelacyjne winnice zakładane jeszcze przez Francuzów. Kupowaliśmy tam po kilkanaście kilogramów winogron. Były pyszne, słodkie i wielkie jak śliwki. Miejscowi sprzedawali je przy drodze, jak u nas grzyby. Żyło się nam fantastycznie – przyznaje Antoni Piechniczek.

Szejkowie zapraszają

Fantastyczne życie w Tunezji, ale pewnych propozycji się nie odrzuca. Zwłaszcza jeśli przychodzą ze Zjednoczonych Emiratów Arabskich. W 1990 roku do Tunisu przyjeżdża wysłannik klubu Al-Shabab (po arabsku „chłopcy") z Dubaju. Antoni Piechniczek nie od razu się zgadza. Rodzina jest zadowolona z życia w Tunezji, a Slim Chiboub zapowiada, że Espérance chce przedłużyć umowę na kolejne dwa lata.

Człowiek z Emiratów ma jednak poważne argumenty. Proponuje trzykrotnie większą pensję.

Piechniczek wie, że nie może podbijać stawki u Tunezyjczyków, bo ich na to nie stać. A gdyby prasa napisała, że chce pieniędzy niewyobrażalnych dla przeciętnego Tunezyjczyka, sympatia kibiców wyparowałaby w sekundę.

Piechniczek: – Z Espérance co roku przedłużaliśmy kontrakt na następny rok. Spotkałem się z Chiboubem i szczerze wyznałem, że nie przedłużę już z nimi umowy, bo mam propozycję lepszą finansowo.

Trener Zdzisław Podedworny, który zna się z Piechniczkiem od lat 60., kiedy jako młody szkoleniowiec pracował z juniorami Ruchu: – Antoś chciał, żebym go zastąpił w Espérance. Jego słowo było tam święte. Wtedy miałem inne zobowiązania, ale przyjechałem do Tunezji dwa lata później. Zespół prowadził przede mną Anton Donczewski z Jugosławii, ale nie szło mu dobrze. Prezes Chiboub uznał, że polska szkoła trenerska jest najlepsza. Pracowałem tam dwa lata. Odszedłem, bo umówiliśmy się, że zdobędę zarówno mistrzostwo, jak i krajowy puchar, ale udało mi się wygrać tylko ligę.

Działacze Al-Shabab chcą, żeby Piechniczek zaczął pracę w Emiratach jak najszybciej, najlepiej od nowego sezonu. Z Tunisu leci samolotem do Monachium, gdzie odbiera nowiutkie czarne BMW 524 turbodiesel kupione za pieniądze zarobione w Espérance. Na granicy w Cieszynie, od czeskiej strony, kolejka aut nie ma końca. Wszyscy coś wwożą do kraju. – Nie chciałem czekać kilka godzin. Wiedziałem, że z papierami wszystko w porządku, więc poszedłem pieszo do naszych celników i poprosiłem o pomoc. Jeden z nich przeszedł ze mną na czeską stronę i załatwił sprawę. Pierwszy raz załatwiłem coś bez kolejki – wspomina Piechniczek.

Samochód wstawia do garażu do dyspozycji syna, a w sierpniu 1990 roku ląduje w Dubaju, siedzibie Al-Shabab. Jego nazwisko znowu jest za trudne dla przyswojenia. Dla miejscowych to nie Antoni Piechniczek, ale „Toni Bchinnk".

Piękny widok na góry

Powoli rośnie dom w Wiśle. – Na początku miejscowi traktowali nas jak innych letników, którzy pojawiają się na chwilę, więc co sobie głowę nimi zawracać. Ale kiedy w 1982 roku wróciłem z Hiszpanii z medalem, górale poczuli, że to też trochę ich sukces. Ludzie zaczęli nas pozdrawiać na ulicy, chcieli autografy. To było miłe. Mieliśmy w Wiśle coraz więcej znajomych. Poczuliśmy się, że jesteśmy „stela", czyli stąd, jak mówią wiślacy – wspomina trener.

Piechniczkowie nie chcą już dzierżawić ziemi, tylko mieć ją na własność. Przekonują właściciela, który chętnie sprzedaje ją trenerowi zwycięskiej reprezentacji Polski. Cena też przystępna.

– W negocjacjach spotkaliśmy się w połowie drogi – wspomina Piechniczek. – Jemu wystarczyło pieniędzy na dokończenie własnego domu, a nas było stać na ponad pół hektara ziemi.

Projekt wiślańskiego domu Piechniczków przygotowuje cieszyński architekt Edward Kisiel. – Opowiedzieliśmy mu, o czym marzymy, a architekt przeniósł to na papier – mówi Piechniczek. – Prawie 250 metrów kwadratowych szczęścia.

Na parterze duży salon z kominkiem, toaleta dla gości i oszklony ogród zimowy z pięknym widokiem na góry. Na pierwszym piętrze otwarta kuchnia, duży salon z tarasem, gabinet trenera i łazienka. Na drugim piętrze, pod skośnym dachem, sypialnia gospodarzy i pokoje dla gości.

Piechniczkowie próbują nadzorować budowę z zagranicy, ale efekty są mizerne. – Przyjechaliśmy kiedyś na krótki urlop, a ekipa od dachu nie ma pojęcia, jak więźbę ułożyć. My, laicy, na pierwszy rzut oka widzieliśmy, że to nie może tak wyglądać. Przerwy nierówne, mocowania nieodpowiednie. Mąż zabrał ekipę do samochodu i przewiózł po budowach w okolicy, żeby zobaczyli, jak się dachy robi. Na szczęście wszystko dobrze wyszło, bo dom wytrzymuje wichury i opady śniegu – mówi Zyta Piechniczek.

Kiedy rodzice są poza Polską, budowy dogląda syn Tomasz. – Wtedy nie było internetu – mówi. – Trudniej było zdobyć potrzebne informacje o budowie. Zwłaszcza mnie, absolwentowi filozofii na Katolickim Uniwersytecie Lubelskim. Podpatrywałem więc fachowców, zadawałem konkretne pytania, dociekałem. Z czasem przestali mnie ignorować, zaczęli szanować.

Dom jest gotowy na święta Bożego Narodzenia w 1995 roku. Wystrój Tomasz konsultuje z mamą, która instruuje, jak ma wyglądać kuchnia robiona na wymiar, gdzie ma stanąć lada, jaką rogówkę wybrać do kącika jadalnego, w jakich kolorach ma być glazura.

Tomasz Piechniczek: – Tato w ogóle nie ma drygu do majsterkowania. Wymieni żarówkę, przykręci śrubę, ale to wszystko. Zdaje się na fachowców.

Z czasem Piechniczkowie dokupują ziemię w sąsiedztwie. Mają już hektar, a przy domu pojawia się kilkumetrowy murowany basen, oczko wodne z przepływem wody, dzięki czemu można w nim hodować pstrągi. Za ogrodzeniem jest stok narciarski z ponadstumetrowym orczykiem i chata grillowa, którą gospodarze udostępniają turystom.

Brda nadal stoi na działce i służy gościom podczas zjazdów rodzinnych.

Stadiony różnią się kolorami

Na lotnisku w Dubaju na Piechniczka czeka trzech ludzi wysłanych przez klub. Upał jest znacznie większy niż w Tunezji, ale wszędzie perfekcyjnie działa klimatyzacja.

– Gdy zawieźli mnie do domu, w którym miałem mieszkać, przeżyłem szok. To był nowy wieżowiec przy głównej ulicy miasta. Wiedziałem, że dostanę mieszkanie, ale nie spodziewałem się aż takiego luksusu. Wszędzie marmury, wszystko nowiutkie, od mebli po lodówkę i telewizor. Z okien fantastyczny widok na Zatokę Perską – mówi trener.

Po dziesięciu dniach Piechniczek wyjeżdża z klubem na sześciotygodniowy obóz przygotowawczy do Europy. Pieniądze się nie liczą. Żeby zawodnikom się nie nudziło, kadra co jakiś czas zmienia miejsce pobytu. Pierwsze dwa tygodnie: Niemcy, potem Francuska Riwiera, na koniec Islandia.

– Według ich zwyczajów w weekendy piłkarze nie trenowali. Wszędzie mieli znajomych, jacyś koledzy wyciągali ich z hotelu. Dostawali jeszcze od działaczy po pięćset dolarów na uciechy. Zostawałem sam na weekend, z piłkarzami spotykałem się dopiero na poniedziałkowym treningu – mówi Piechniczek.

Pieniądze nie zapewniają zwycięstw. Poziom sportowy drużyn z Emiratów nie może się równać z europejskimi. Wielkich sław w drużynie Al-Shabab nie ma, moda na ściąganie wybitnych, powoli kończących karierę piłkarzy z całego świata dopiero nadejdzie.

Na mecze ligowe przychodzi 200-300 osób, a jak są derby, można liczyć na 500 kibiców.

W Dubaju ligowych klubów jest kilka. Wszystkie stadiony dla drużyn wybudowało miasto, są prawie identyczne. Różnią się jedynie kolorami. Stadion Al-Shabab pomalowano na zielono, Al-Ahli na czerwono, Al-Wasl na żółto, Al-Nassr na granatowo. Stadiony są położone w parkach, których utrzymanie w takich upałach wymaga ogromnych kosztów, ale w Emiratach nikt się tym nie przejmuje.

Al-Shabab dysponuje czterema trawiastymi boiskami treningowymi. Dzieci mają własne boiska, przyjeżdżają na stadiony już w klubowych strojach. Zabierają je autokary (też w barwach klubowych) krążące po dzielnicach. Jest bezpiecznie. W Emiratach nie ma kibicowskich waśni typowych dla europejskich aglomeracji.

Wejście smoka

Antoni Piechniczek ma w Emiratach dobry start. W prestiżowych rozgrywkach Pucharu Prezydenta jego zespół dochodzi do finału. Rywalem jest zespół Al-Ain. To klub z miasta w głębi lądu, skąd pochodził szejk Zajied bin Sultan Al Nahajjan (zmarły w 2004 roku pierwszy prezydent Zjednoczonych Emiratów Arabskich). Dziś prezesem tego klubu jest jego trzeci syn szejk Muhammad bin Zaid an-Nahajan.

– Miałem wrażenie, że ta drużyna była czasami faworyzowana. Mimo to wygraliśmy finał 2:1. Działacze Al-Shabab byli zachwyceni. Kiedy zdobyliśmy ten puchar, rozpromieniony szejk zaprosił nas na kolację. Pamiętam, że siedzieliśmy w kucki. Trzeba było uważać, żeby krawata w jedzeniu nie umoczyć – mówi Piechniczek.

Jeszcze większy sukces trener osiąga w tzw. GCC Champions League, czyli Gulf Cup for Clubs – prestiżowych rozgrywkach, w których od 1982 roku biorą udział tylko mistrzowie krajów znad Zatoki Perskiej. Na sylwestra 1991/1992 szkoleniowiec leci z drużyną do Omanu, bo tam odbywa się turniej. W myśl zasady każdy gra z każdym.

Piechniczek: – W pierwszych dwóch meczach bezbramkowo zremisowaliśmy z Al-Rajjan, mistrzem Kataru, i Al-Hilal, mistrzem Arabii Saudyjskiej. Na konferencji prasowej jeden z nadąsanych dziennikarzy zapytał mnie ironicznie, czy chcę przejść do historii tych rozgrywek, osiągając tylko bezbramkowe rezultaty. Odparłem, że przecież tamte zespoły są wyżej notowane od mojego, więc nie mam się czego wstydzić. Na to wstał inny dziennikarz i stwierdził, że moja drużyna wygra ten puchar. Zapytał, czy podzielam ten pogląd. Mogłem odpowiedzieć tylko jedno: „Wszystko jest możliwe".

Przeczucie? Al-Shabab Piechniczka wygrywa trzy kolejne mecze. 2:0 z Zofar, mistrzem Omanu, 3:0 z Al-Dżahra, mistrzem Kuwejtu, i 1:0 z klubem West Riffa, mistrzem Bahrajnu. Bez straty gola wygrywa cały turniej.

– Szejk rządzący naszym klubem był tak zachwycony, że wysłał po nas własny samolot. Wracałem w kabinie, w której zazwyczaj podróżował. Takiego luksusu nigdy więcej w samolocie nie widziałem – mówi Piechniczek.

Córka za Atlantykiem

Latem 1989 roku 23-letnia córka Joanna ma prośbę do rodziców. Chce polecieć do Stanów Zjednoczonych, gdzie przebywa jej kolega Piotr Buczek, absolwent Akademii Muzycznej im. Szymanowskiego w Katowicach, członek-założyciel Penderecki String Quartet. Piotr kształci się i koncertuje w Stanach i Kanadzie.

Zyta Piechniczek: – Joasia miała wakacje i bardzo chciała wykorzystać to zaproszenie, ale my mieliśmy tę podróż sponsorować. Gdybym wtedy wiedziała, że wybierze życie w Stanach, pewnie nie zgodziłabym się na ten wyjazd.

Antoni Piechniczek nie ma nic przeciwko tej podróży. – Po to zarabiam za granicą, żeby dzieci mogły z tego skorzystać – mówi.

Po miesiącu córka wraca na piąty rok medycyny do Katowic. Za rok ponawia prośbę, znów ją ciągnie do USA.

– Zaczęłam dopytywać, w jakim charakterze tam jedzie – mówi Zyta Piechniczek. – Joasia wyznała, że to nie jest już koleżeństwo, a Piotr ma wobec niej poważne zamiary. Przysłał nam nawet list, w którym poprosił o rękę córki.

W lipcu 1990 roku Joanna i Piotr biorą ślub w Polsce i wyjeżdżają najpierw do Kanady, gdzie Piotr ma cykl koncertów, a później do Stanów Zjednoczonych. Za rok Joanna z miesięczną córką Magdaleną przylatuje do Polski, żeby dokończyć studia. Nostryfikuje dyplom w Stanach Zjednoczonych i robi specjalizację z psychiatrii. Prowadzi praktykę lekarską – leczy uzależnienia oraz zajmuje się psychiatrią geriatryczną. Pracuje naukowo na Uniwersytecie Bostońskim. Piotr Buczek nadal koncertuje i wykłada w klasie skrzypiec w College of Liberal Arts Uniwersytetu Massachusetts w Bostonie.

W lipcu 2015 roku Buczkowie świętują w Polsce 25. rocznicę ślubu. Ich 24-letnia córka Magdalena skończyła nauki społeczne na Uniwersytecie Georgetown i mocno zaangażowała się w wolontariat. Pomaga bezdomnym. Syn Jakub ma 22 lata. Studiuje ekonomię na Uniwersytecie Columbia w Nowym Jorku.

Zawodnicy do wojska

W lidze Antoni Piechniczek ma pecha. W sezonie 1990/1991 mistrza nie wyłoniono. W sierpniu 1990 roku Irak Saddama Husajna najeżdża na Kuwejt.

– Kiedy wybuchła wojna, Europejczycy zaczęli wyjeżdżać – mówi Piechniczek. – Walery Łobanowski, ówczesny selekcjoner Emiratów, z którym się zaprzyjaźniłem, wysłał do domu żonę. My zostaliśmy ze względu na szkołę córki, chcieliśmy z żoną, żeby ją skończyła. To był chyba najdziwniejszy okres w mojej pracy trenerskiej. Jeździłem do klubu i trenowałem z kilkoma zawodnikami, którzy akurat nie byli w wojsku lub w policji. Pozostali byli pod bronią. W pubach można było spotkać amerykańskich żołnierzy, którzy dostawali kilka dni urlopu i przyjeżdżali do Emiratów się rozluźnić.

Żołnierze nie mają łatwo. – Jeszcze zanim zaczęła się wojna, jeden z moich piłkarzy, prawy obrońca, który był kapitanem drużyny, zawsze się spóźniał na treningi – wspomina Piechniczek. – Wezwałem go na rozmowę. „Wszyscy w drużynie na ciebie patrzą, a ty nie dajesz im dobrego przykładu. Jak mogę to tolerować?", zapytałem. Kiedy usłyszałem odpowiedź, zaniemówiłem. Okazało się, że był żołnierzem zawodowym, oficerem. Wstawał codziennie o piątej rano, żeby dojechać na siódmą do Abu Zabi i rozpocząć służbę. Potem wracał do domu, szybko jadł obiad i szedł spać, ale rodzina nie miała odwagi go obudzić.

Dlatego spóźniał się na treningi, które zarządziłem na godz. 18. W polskiej lidze żaden zawodnik nie dałby rady funkcjonować, prowadząc taki tryb życia.

Przyjaciel nie znosi słońca

Piechniczkowi jest o tyle łatwiej, że na miejscu zastaje starego kumpla. Bernard Blaut już wcześniej opuszcza Tunezję i przenosi się do Emiratów. W 1990 roku przez trzy miesiące jest selekcjonerem tamtejszej reprezentacji. Pracuje też w klubie Al-Jazeera z Abu Zabi.

Ich przyjaźń się rozwija. – Benek mieszkał w emiracie Szardża, a my w Dubaju. Często przyjeżdżali z żoną do Dubaju na zakupy, bo tam były lepsze sklepy, a przy okazji nas odwiedzali – wspomina Piechniczek.

Szardża jest jedynym emiratem przestrzegającym szariatu, ortodoksyjnego muzułmańskiego prawa. Wyraża się ono m.in. w całkowitym zakazie sprzedaży i podawania alkoholu.

– Imponowała mi kultura osobista Benka. Zanim wpadł, wcześniej zadzwonił, zawsze z żoną z Alą się zapowiadali. W dzisiejszych czasach to wcale nie jest takie oczywiste. Prowadziliśmy tysiące dyskusji, rozmawialiśmy o wszystkim. Podobało mi się, że nigdy nikomu nie zaglądał do szafy i do łóżka. Zawsze był dyskretny. Benek często przywoził do mnie żonę i córkę, a my z Zytą zabieraliśmy je na plażę. Powód był prozaiczny, on nie znosił słońca, zawsze był w czapeczce. Może już wtedy czuł, że rak go toczy? – wspomina Piechniczek.

Bernard Blaut umiera w 2007 roku.

Nie dzwonią z Panathinaikosu

Niewiele brakuje, a kariera trenerska Piechniczka potoczyłaby się inaczej. Na przełomie lat 80. i 90. polscy szkoleniowcy mają wspaniałą opinię w Grecji, tytuły mistrzowskie zdobywają tam Kazimierz Górski, Jacek Gmoch i Andrzej Strejlau. Piechniczka doskonale tam pamiętają po wspaniałym zwycięstwie reprezentacji w 1985 roku w Atenach.

– Kiedy pracowałem w Al-Shabab, zadzwonił do mnie prezes Yiorgos Vardinogiannis, legendarny szef Panathinaikosu w latach 1979-2000, zwany „Kapitanem", i zaprosił do Aten. Akurat była przerwa w rozgrywkach, więc pojechałem do Grecji. Spędziłem w Atenach parę dni. Podczas pierwszej rozmowy przy lampce wina wysłuchałem bogatej historii Panathinaikosu. Na drugi dzień „Kapitan" zapytał mnie, jak bym widział swoją pracę w tym klubie. Powiedziałem, co myślę, w ogóle nie rozmawialiśmy o pieniądzach. Chyba zrobiłem dobre wrażenie. Miałem też okazję spotkać się z Krzyśkiem Warzychą i Józkiem Wandzikiem, którzy wtedy grali w Panathinaikosie. Potem Grecy odwieźli mnie na samolot do Emiratów. Vardinogiannis na odchodnym powiedział mi, że przemyśli wszystko i się odezwie. Obiecał, że skontaktuje się ze mną w ciągu tygodnia – mówi Piechniczek.

Mijają dwa, trzy tygodnie. W Emiratach chcą przedłużyć kontrakt, a Grecy milczą. – Nie chciałem zostać na lodzie, zdecydowałem, że zostaję. Minęły trzy tygodnie. Wtedy jeszcze nie było komórek. Wychodzę z mieszkania, jestem już w drzwiach, i dzwoni telefon. Coś mnie tknęło, pomyślałem, że wrócę. Dzwoni prezes Panathinaikosu i mówi, że mnie chce.

Przeprosiłem i powiedziałem, że to niemożliwe. Mówił przecież o tygodniu, a minęły trzy i wybrałem inaczej. Prezes, bez gniewu, choć z żalem powiedział na pożegnanie, że potraktowałem Panathinaikos jak klub rezerwowy. Prawda jest taka, że w Emiratach nie robiliby mi przeszkód. Jeśli widzieli, że ktoś chce odejść, mogli żałować, ale mieli swój honor. Ale Panathinaikos potraktował mnie nie do końca poważnie – mówi Piechniczek.

Zupełnie inaczej niż Emiraty. Antoni Piechniczek dostaje ofertę nie do odrzucenia.

Selekcjoner w trzecim kraju

Pod koniec 1992 roku szejkowie oferują Piechniczkowi objęcie reprezentacji ZEA. Przejmuje ją po Walerym Łobanowskim.

Piechniczek zmienia też klub, ze względu na córkę.

Justyna Piechniczek-Janecka: – Tylko w Abu Zabi, 120 km od Dubaju, była francuska szkoła. Chciałam kontynuować naukę w tym języku. Przez cały tydzień mieszkałam sama w hotelu, a na weekend rodzice zabierali mnie do Dubaju. To było uciążliwe dla mnie – sama przez cały tydzień w obcym mieście – i dla nich – cały czas się o mnie martwili. Zwłaszcza mama. Do dzisiaj pamiętam sygnał przekraczania prędkości w naszym dżipie. We wszystkich samochodach w Emiratach montowane są czujniki prędkości. Po przekroczeniu 120 km/godz. w aucie zaczyna się pikanie. Tato w poniedziałek rano odwoził mnie do szkoły, spieszył się i przekraczał prędkość. Ja dosypiałam na tylnej kanapie przy dźwiękach czujnika.

Justyna z powodzeniem zdaje międzynarodową maturę w Abu Zabi i po powrocie do kraju studiuje francuski w Kolegium Języka Biznesu przy Uniwersytecie Śląskim. Tam poznaje przyszłego męża Sławomira Janeckiego. Pobierają się w 1998 roku. Mają trzech synów i córkę. Justyna zajmuje się domem w Opolu, często udziela się jako tłumacz z francuskiego.

Al-Shabab chce, żeby Piechniczek został, ale on już postanowił: przenosi się z Dubaju do stołecznego Abu Zabi. W 1993 roku zostaje trenerem drużyny Al-Wahda.

Antoni Piechniczek: – Trenerem reprezentacji Emiratów byłem na podobnej zasadzie jak w Tunezji, czyli pracowałem w klubie, a kiedy była przerwa w rozgrywkach, brałem się za kadrę.

W roli selekcjonera uczestniczy w dwóch edycjach Pucharu Zatoki Perskiej, znanego w świecie jako Gulf Cup. W 1992 roku podczas XI turnieju rozgrywanego w Katarze jego drużyna zajmuje czwarte miejsce, ale wygrywa prestiżowy mecz z Arabią Saudyjską 1:0.

– Emiraty i Arabia nie przepadały za sobą. Sąsiad to znacznie większy kraj, mało tolerancyjny pod względem religijnym. Emiraty miały taki stosunek do Saudyjczyków jak Polska do Związku Radzieckiego. Kiedy wygraliśmy 1:0, były więc śpiewy i tańce. W pobliżu stało dwóch szejków, asystent tłumaczył mi, co mówili. „Popatrz, jak oni się cieszą" – mówi pierwszy. „Żeby oni jeszcze biali byli" – odparł drugi. Cóż, w przeciwieństwie do Saudyjczyków w mojej drużynie było kilku zawodników o ciemniejszym kolorze skóry – wspomina Piechniczek.

Na asystenta ściąga Zdzisława Podedwornego, któremu Slim Chiboub załatwia pracę w lidze kuwejckiej. – Antoś zadzwonił do mnie i zapytał, czy byłbym zainteresowany posadą drugiego trenera w reprezentacji Emiratów. Oczywiście, że byłem – wspomina Podedworny.

Jak zaimponować żonie Młynarczyka?

Dwa lata później, na XII turnieju Gulf Cup rozgrywanym w 1994 roku w Emiratach, drużyna Piechniczka nie przegrywa żadnego meczu, ale zajmuje drugie miejsce – za Arabią Saudyjską, która ma więcej zwycięstw, a przed Bahrajnem, Katarem, Kuwejtem i Omanem. – Wszystkie mecze graliśmy na przepięknym stadionie Stad madina Zajid ar-rijadijja, na którym nie grają kluby, ale wyłącznie reprezentacja. Do zwycięstwa w całym turnieju zabrakło nam niewiele. Przesądził bezbramkowy remis z Bahrajnem. Mieliśmy olbrzymią przewagę, ale gola nie udało się wbić. A wystarczyłby jeden – wspomina Piechniczek.

Zdzisław Podedworny: – Antek stworzył wtedy świetną drużynę. Ludzie w krajach Zatoki Perskiej mieli dużo szacunku dla trenerów pracujących w Tunezji, a my obaj tam wcześniej byliśmy. Europejczykom trudno sobie wyobrazić, jakie emocje budzi Puchar Zatoki Perskiej. Dla nich było najważniejsze, aby jeden szejk okazał się lepszy od emira, a inny od króla. Oprawa była lepsza niż na mistrzostwach świata.

W Emiratach Piechniczkowi pomaga również Józef Młynarczyk ściągnięty z Polski na trenera bramkarzy. – Poziom bramkarzy

Józef Młynarczyk jako trener bramkarzy pomagał Piechniczkowi w pracy z reprezentacją Zjednoczonych Emiratów Arabskich.

z Emiratów nie powalał. Ta praca pod względem sportowym nie była dla mnie jakimś szczególnym wyzwaniem – mówi Józef Młynarczyk.

Piechniczek: – Józek podpisał kontrakt na rok. Byłby dłużej, ale dostał propozycję pracy w FC Porto, też jako trener bramkarzy, i poprosił, żebym umożliwił mu wcześniejsze odejście. W Emiratach mieli do niego o to trochę żalu, widzieli, że to fachowiec, bramkarze byli zachwyceni. Ale nie stanęli mu na przeszkodzie. Ja zresztą też nie, doskonale Józka rozumiałem, dostał przecież świetną, prestiżową propozycję.

Można powiedzieć, że rola Młynarczyka w przygotowywaniu odpowiedniej formy bramkarzy w pewnym momencie była nawet podwójna. – Kiedyś na kilka tygodni przyjechała do niego żona. Akurat wpadłem na pomysł, żeby raz w tygodniu robić konsultacje dla wszystkich wybijających się zawodników. Józek jeździł na te konsultacje ze mną, a razem z nami Czesia. Żona Młynarczyka, atrakcyjna blondynka, siadała w cieniu na trybunach, a miejscowi bramkarze wychodzili ze skóry, żeby jej zaimponować. Jak oni się rzucali za piłką... – śmieje się Piechniczek.

Gorsi od Japończyków

W Emiratach Piechniczek walczy też w swoich czwartych eliminacjach mistrzostw świata z rzędu. Emiraty chcą się zakwalifikować na mundial w USA w 1994 roku. W grupie wygrywają sześć spotkań z trzema rywalami, za silny jest jednak ten czwarty – Japonia. W meczu u siebie na Stadionie Olimpijskim w Tokio Japończycy pokonują ZEA 2:0.

W rewanżu Emiraty zdobywają gola z Japonią na siedem minut przed końcem, ale zaraz potem dają sobie wbić bramkę wyrównującą. Mecz kończy się wynikiem 1:1. Nawet gdyby Emiraty wygrały, to awans do dalszej fazy eliminacji i tak wywalczyłaby Japonia lepszym stosunkiem bramek.

Antoni Piechniczek ma w kadrze kilku niezłych zawodników. Gwiazdą reprezentacji Emiratów jest bramkostrzelny napastnik Adnan Khamees al-Talyani, który całą karierę gra tylko w Al-Shabab. W reprezentacji występuje prawie 18 lat, zalicza w niej aż 164 mecze i zdobywa 53 bramki! Inny napastnik, Mohamed Ali, zostaje wybrany na najlepszego zawodnika XII Pucharu Zatoki Perskiej.

Brelok zdradza Wójcika

W 1994 roku do Emiratów przyjeżdża Janusz Wójcik, opromieniony wicemistrzostwem olimpijskim zdobytym z Polakami na igrzyskach w Barcelonie. Z reprezentacją olimpijską Emiratów ma za zadanie awansować do kolejnych igrzysk w Atlancie. Nie udaje mu się. Traci pracę w 1996 roku.

Zdzisław Podedworny: – Janusz Wójcik na asystenta chciał wziąć Pawła Janasa. W Emiratach jednak uznali, że mają mnie na miejscu.

– Kiedy Wójcik przyjechał, dziwne zdarzenie sprawiło, że przestałem go szanować – mówi Piechniczek. – Zaprosił nas do siebie z Józkiem Młynarczykiem na whisky. Miałem ze sobą teczkę ze wszystkimi dokumentami, ważnymi obserwacjami dotyczącymi kadry. Położyłem ją przy fotelu. O tym, że gdzieś ją posiałem, zorientowałem się po powrocie do domu. Zadzwoniłem do Janusza, odparł, że żadnej teczki u niego nie ma. Nazajutrz poszedłem do niego. Zapukałem, otwarłem drzwi i oniemiałem. Przy teczce miałem charakterystyczny brelok, który wystawał z szafki w kuchni. Wyjąłem z niej teczkę, powiedziałem Wójcikowi, co o nim myślę, i wyszedłem.

Wójcik w wydanych niedawno wspomnieniach opisuje, że był świadkiem, jak Piechniczek zostaje zwolniony z funkcji selekcjonera Emiratów, a na jego miejsce przychodzi Walery Łobanowski. Nie wiadomo jakim cudem, bo było dokładnie odwrotnie.

Pan się szejkom nie kłania

Ostatnim miejscem pracy Piechniczka w Emiratach jest klub Al-Nasr. Działacze z Dubaju dzwonią do niego do Wisły, gdzie spędza pierwszy od wielu lat Nowy Rok. Bardzo potrzebują nowego trenera, proszą Piechniczka, żeby pojawił się jak najszybciej, bo klub jest w strefie spadkowej i trzeba ratować zespół przed degradacją.

– Zawsze miałem dobre wejście. W pierwszym meczu graliśmy z Al-Shabab na wyjeździe. Odwiedziłem stare kąty, a przy okazji wygraliśmy. Dla nich to był szok. Mogłem tam zostać, ale byłem już Emiratami trochę zmęczony – mówi Piechniczek.

Podczas pracy w Zatoce Perskiej usłyszałem, że komunizm dał mi jedną dobrą rzecz. – Stał się pan twardy, nieugięty. Nie kłania się pan szejkom, jak wszyscy inni – usłyszał od jednego z wpływowych działaczy.

Po sezonie żegna się i podpisuje kontrakt w Arabii Saudyjskiej. Pracodawcą jest klub ze stołecznego Rijadu o podobnie brzmiącej nazwie do poprzedniego: Al-Nassr.

Piechniczek na asystenta ściąga tam dobrego znajomego z Zabrza i Tunisu. W tym czasie Andrzej Płatek, po powrocie z Tunezji, jest trenerem GKS-u Tychy.

– Jadzia, a powiedz, ile twój mąż zarabia w Tychach? Bo ja chcę go zabrać do Arabii Saudyjskiej – pyta Piechniczek Jadwigę Płatek.

Szybko dochodzą do porozumienia, Płatek przylatuje do Rijadu. Piechniczek długo jednak w Arabii Saudyjskiej nie wytrzymuje. Reżim obyczajowy dla Europejczyka jest nie do zniesienia. – Paszporty zabrali nam na lotnisku, musieliśmy przejść wszystkie badania lekarskie. Pobierali nam krew. Gdyby któryś z nas miał AIDS, nie mógłby wjechać – wspomina Andrzej Płatek.

Trzeba bezwzględnie przestrzegać wszystkich zasad islamu, nie ma więc mowy o zakrapianej nawet odrobiną wina kolacji ze znajomymi w restauracji. Przymusowa abstynencja jest dla wielu obcokrajowców trudna do zniesienia.

– Potrafię dostosować się do każdych warunków, ale w Arabii Saudyjskiej było bardzo trudno wytrzymać. Ograniczane są prawa obywatelskie. Żeby wjechać i wyjechać, trzeba mieć wizę wjazdową i wyjazdową. Jeśli zdarzy się nieszczęście i umrze ktoś bliski, można nie zdążyć na pogrzeb, bo formalności wyjazdowe zajmują mnóstwo czasu. Byłem szczęśliwy, że się stamtąd wyrwałem – mówi Piechniczek.

Jadwiga Płatek: – Kiedyś panowie wyszli na miasto w krótkich spodenkach, ale jakaś obyczajowa policja natychmiast ich otoczyła i kazała im wracać do domu.

– Chcieliśmy kiedyś odpocząć za miastem – wspomina Piechniczek. – Na rogatkach funkcjonariusze w mundurach. „Macie przepustki?", zapytali. Zawróciliśmy. Noszę krzyżyk na szyi. Tylko w Arabii pouczono mnie, że muszę mieć go zawsze pod koszulką.

Piechniczek wie, czego się spodziewać po ekstremalnym klimacie i nieprawdopodobnych upałach. – Tam piłkarze ściśle przestrzegają ramadanu, co źle wpływa na ich dyspozycję. Sugestie, by udzielili sobie „dyspensy" na dzień meczu, a potem o ten dzień przedłużyli post – a przepisy pozwalały na takie obejścia – nie zawsze skutkowały. Zauważyłem, że czasami zawodnicy po kryjomu pili wodę, kiedy wchodzili pod prysznic.

A gdzie pieczątka z biblioteki?

Podczas ramadanu mecze odbywają się bardzo późno, najczęściej o godz. 22, już po kolacji zjedzonej po zmierzchu. – Czasami, kiedy rozpoczynała się przerwa, muezzin wzywał do modlitwy. Piłkarze modlili się więc w szatni, a sędziowie wydłużali przerwy, żeby trenerzy mogli jeszcze coś zawodnikom powiedzieć przed rozpoczęciem drugiej połowy – opowiada Piechniczek. – Al-Nassr był pierwszym klubem, w którym działacze próbowali wtrącać mi się do składu. Przed sezonem przyjechał szejk i wręczał każdemu piłkarzowi koszulkę z konkretnym numerem. Niby nic, ale numer oznaczał konkretną pozycję na boisku. Nie podobało mi się to. Po jakimś czasie powiedziałem działaczom, że nie jestem przyzwyczajony do takiego stylu pracy. Na szczęście wyrazili zgodę na wcześniejsze rozwiązanie kontraktu i bardzo pomogli przy formalnościach w załatwianiu tej wizy wyjazdowej. Żeby ją dostać, potrzebna była obiegówka, jak na studiach. Musiałem mieć na przykład pieczątkę z biblioteki narodowej, czy nie zawłaszczyłem jakiejś książki. Na szczęście biegali za tym działacze – mówi Piechniczek.

Jego poprzednik w Al-Nassr, sławny francuski trener Henri Michel, jest tak zdesperowany, że ucieka do francuskiej ambasady, dopiero jego rodacy wywożą go z Arabii Saudyjskiej. Na miejsce Piechniczka przychodzi inny Francuz, Jean Fernandez, który wie, czego się spodziewać, bo pracował już w tym klubie.

Trener po raz pierwszy jest na kontrakcie bez żony.

Zyta Piechniczek: – Ustaliliśmy, że jak Antoś rozejrzy się na miejscu, dostanie mieszkanie, to ja do niego dojadę. W tym czasie byłam u córki w Stanach Zjednoczonych, pomagałam jej przy dzieciach, kiedy kończyła specjalizację lekarską. Przyznam, że w ogóle nie chciałam jechać do Arabii Saudyjskiej, bo wiedziałam o panujących tam zwyczajach. Miałam dojechać do męża po 1 listopada, ale córka namówiła mnie, żebym została jeszcze miesiąc. Wcześniej zadzwonił mąż. „Kiedy wracasz do Polski, bo ja już tu jestem. Proszę cię, wracaj" – powiedział.

– Jestem pełen podziwu dla tych, którzy wyjeżdżają do Arabii Saudyjskiej grać w piłkę albo pracować jako trenerzy – przyznaje

Piechniczek. Dziś zawodnikiem Al-Nassr jest były reprezentant Polski Adrian Mierzejewski.

Katar na krótko

W 1997 roku, po zakończeniu pracy z reprezentacją Polski, znów odzywają się szejkowie – tym razem z Kataru. Zaprasza klub Al-Rajjan.

Piechniczek: – Już mi się nie chciało wiązać z kimś na lata. Zadeklarowałem współpracę do końca sezonu, zgodzili się. Kraj świetny do życia dla Europejczyka, nie ma porównania z Arabią Saudyjską, społeczeństwo jest bardziej liberalne. Duża Polonia, raz na tydzień party. Szło mi tam średnio, bez wzlotów i upadków. Poziom piłkarski był zbliżony do tego w Emiratach. Po pewnym czasie zacząłem jednak nalegać, żeby rozwiązać umowę. Chciałem już wrócić do Polski.

Jeszcze raz Tunezja

Antoni Piechniczek jeszcze raz pracuje w Tunezji – już na zakończenie kariery za granicą. W 2000 roku dostaje propozycję z drużyny o nazwie Club Africain. To największy rywal klubu Espérance. Zastępuje znanego tunezyjskiego szkoleniowca Fouazi Benzartiego, z którym Club Africain poniósł serię porażek, m.in. w finale afrykańskiego Pucharu Zdobywców Pucharów z zespołem Africa Sports z Wybrzeża Kości Słoniowej.

Z dalekich krajów można przywieźć różne dziwne pamiątki, na przykład sombrero z... Tunezji.

Relacje między tymi klubami są podobne do tych Ruchu z Górnikiem. Piechniczek: – Kiedy okazało się, że przyjeżdżam, kibice Espérance nie mieli nic przeciwko. Szanowali mnie. Trochę mniej podobało się to Slimowi Chiboubowi. Niedługo później zaproponował mi pracę. Nie przedłużyłem krótkiego kontraktu z Clubem Africain, zgodziłem się wrócić do Espérance. Ale to był błąd. To już nie był ten sam klub. Nie rozumiałem się z działaczami tak dobrze jak wcześniej.

Z usług Piechniczka Tunezyjczycy rezygnują zaledwie po trzech miesiącach pracy. Tunezyjska prasa sportowa pisze, że jego odejście jest spowodowane „niemożnością wypracowania odpowiedniej taktyki" i „stworzenia w drużynie »atmosfery koleżeńskości« między graczami".

– Okoliczności, w jakich odszedłem z Espérance były zdumiewające. Zostawiłem klub na czele ligowej tabeli. Po trzech kolejkach mieliśmy komplet punktów i ani jednej straconej bramki. W afrykańskiej Lidze Mistrzów byliśmy na czele grupowej tabeli. Pokonaliśmy nawet Pretorię Sundowns, mistrza Republiki Południowej Afryki. Tunezyjska prasa nazwała tamten wynik historycznym sukcesem, bo nigdy wcześniej nie udało się pokonać zespołu z RPA. Działacze zaczęli mi się jednak wtrącać, chcieli decydować o wprowadzeniu do pierwszego składu niektórych piłkarzy. Nie mogłem na to pozwolić – mówi Piechniczek.

Czarę goryczy przelewa sprawa młodziutkich piłkarzy ściągniętych do klubu z Czarnej Afryki. – Ze względu na pochodzenie byli w klubie źle traktowani. Ja poświęcałem im dużo uwagi, starałem się pomóc. To się nie spodobało. Miałem dosyć. Odszedłem – mówi Piechniczek.

ROZDZIAŁ 11.

Reprezentacja po raz drugi

(1996-1997)

Antoni Piechniczek postanawia na stałe wrócić do Polski. – Byłem dziesięć lat poza granicami i przez ten okres moja wiedza o polskim futbolu znacznie się zmniejszyła. Właściwie nie znałem dobrze nowego pokolenia polskich piłkarzy. Widziałem zaledwie kilka meczów naszej ligi, tylko kiedy byłem na urlopie w Polsce. W Tunezji, Emiratach czy Katarze koncentrowałem się przede wszystkim na własnej pracy – mówi. – Od czasu do czasu z ciekawości sprawdzałem, kto jest w czubie tabeli, kto spada, kto awansuje, kto zdobywa mistrzostwo. To wszystko. Dlatego tak bardzo byłem zaskoczony tym, co mi się przydarzyło. Nie przypuszczałbym, że za chwilę znowu obejmę reprezentację Polski.

Piechniczek nie zdaje sobie sprawy, jak bardzo w ciągu dziesięciu lat zmieniła się Polska. Na dobre. I jak bardzo zmieniła się mentalność polskich piłkarzy. Na złe.

Dziurowicz przywozi kwiaty

Piechniczkowie jeszcze nie zdążyli się rozpakować, gdy już następnego dnia po powrocie do Wisły rano, o godz. 7.30, ktoś dzwoni do drzwi. Za bramą stoi samochód, z którego wysiada Marian Dziurowicz, prezes PZPN. W rękach trzyma olbrzymie naręcze kwiatów.

– Nie zapowiadał się, ale takiego faceta zawsze się wpuszcza do domu – mówi Piechniczek.

Prezes wręcza z gracją bukiet Zycie Piechniczkowej. Poproszony do salonu, bez zbędnych wstępów przechodzi do sedna.

– Słuchaj, Antek – mówi. – Chcemy ci zaproponować posadę selekcjonera reprezentacji Polski.

Piechniczek nie kryje zaskoczenia. – Ale ja w ogóle nie znam ligi, nie znam piłkarzy, potrzebuję czasu, żeby to wszystko ogarnąć.

Dziurowicz: – Henryk Apostel poprowadzi reprezentację do końca eliminacji mistrzostw Europy, które są już dla nas, niestety, przegrane. A potem go zastąpisz. Co ty na to?

Klęska w Hongkongu

Piechniczek jest ostrożny, niczego nie chce deklarować. Ostatecznie nie podejmuje wiążących decyzji.

Henryk Apostel przestaje być selekcjonerem po ostatnim meczu w 1995 roku. Polska bezbramkowo remisuje na wyjeździe z Azerbejdżanem i zajmuje czwarte miejsce w grupie eliminacyjnej. Wyprzedzają nas nie tylko Francja i Rumunia, które zdobywają awans do mistrzostw Europy, ale także Słowacja.

Piechniczek kontaktuje się z Dziurowiczem. – Mogę pracować jako szef wyszkolenia, a ty poszukaj na ławkę energicznego, polskiego trenera.

Dziurowicz po sugestii Piechniczka decyduje się na Władysława Stachurskiego, byłego reprezentacyjnego obrońcę Legii. Stachurski doskonale zna Piechniczka, razem grali w Legii jeszcze w latach 60. W latach 90. Stachurski trenuje m.in. Legię i Widzew Łódź.

Piechniczek: – Gdyby Władkowi dobrze szło, toby reprezentację pociągnął może nawet kilka lat, a ja byłbym szczęśliwy, że stres mnie omija. Ale mu nie poszło...

Stachurski prowadzi reprezentację zaledwie w czterech meczach towarzyskich. Żadnego nie potrafi wygrać. Japończycy rozbijają Polskę w Hongkongu aż 5:0. Po bezbarwnym remisie z nijaką Białorusią chorującego prezesa PZPN odwiedza w szpitalu Kazimierz Górski.

– Z tej mąki chleba nie będzie. Musisz coś zmienić, Marian. Trzeba zmusić Antka, żeby znowu przejął reprezentację – sugeruje Górski.

Prezes PZPN znowu naciska na Piechniczka, który tym razem się zgadza. – Nie czyhałem na potknięcie Władka, wręcz przeciwnie. Zrezygnował we wtorek, z prezesem rozmawiałem w czwartek, a decyzję podjąłem w piątek. Odmowa byłaby nieuczciwością z mojej strony, to ja zaproponowałem Władka – mówi po wyborze.

Piechniczek stoi przed bardzo trudnym wyzwaniem. W grupie eliminacyjnej do mistrzostw świata we Francji Polska musi się zmierzyć z Anglią, Włochami, Gruzją i Mołdawią.

W okresie roztrenowania

Pierwszy mecz reprezentacji w drugiej kadencji to dla Piechniczka jedno z najbardziej przykrych wspomnień w karierze. – Graliśmy w Moskwie z Rosją, która za tydzień wyjeżdżała na mistrzostwa Europy do

Anglii, a my po nieudanych eliminacjach byliśmy w okresie roztrenowania – mówi.

Piechniczkowi otwierają się oczy jeszcze przed tym meczem. – Na zgrupowaniu w Bełchatowie dwukrotnie rozpędziłem party w hotelowych pokojach. Niektórzy gwiazdorzy zorientowali się, że nie jestem trenerem, który zamyka się na klucz i nie ma zamiaru niczego dostrzegać. Dobijałem się do drzwi, kontrolowałem hotelowy bar, byłem konsekwentny. Wiedziałem, co muszę osiągnąć, co muszę wyrugować.

Do Moskwy razem z kadrą Piechniczka jadą Kazimierz Górski i Ryszard Kulesza. W pierwszym meczu współpracownikiem trenera jest Edward Klejndinst pracujący z młodzieżówką. Debiut wypada słabo, Polacy przegrywają 0:2.

Zdaniem Piechniczka szczególnie słabo grają trzej piłkarze: Wojciech Kowalczyk z Betisu Sevilla, Tomasz Iwan z Feyenoordu Rotterdam i Andrzej Juskowiak z Olympiakosu Pireus.

– Jeśli chodzi o Kowalczyka, to nie wytrzymałem i zdjąłem go z boiska już pięć minut przed przerwą. Potem zmieniłem jeszcze Iwana i Juskowiaka. W drugiej połowie Saganowski przez pozostałe 45 minut stwarzał większe zagrożenie niż cała trójka razem wzięta – uważa Piechniczek.

Tak zaczyna się słynny konflikt trenera z piłkarzami, chyba najsłynniejszy w dziejach polskiej piłki.

Piłkarze chcą odpocząć

Piechniczek: – Z Rosją przegraliśmy, ale miałem fantastyczny materiał do obserwacji. Przekonałem się, co to jest za ekipa i co można z nimi zwojować. Ci, których zdjąłem, byli obrażeni na cały świat i już nawet nie przyszli popatrzeć na drugą połowę meczu. Zostali pod prysznicem. Podejrzewam, że ustalali, co dalej robić. Już wiedziałem, że chemii między nami nie będzie, a pewnych zachowań nie mogłem tolerować. Przypuszczam, że się zorientowali, że nie jestem frajerem i nie dam sobie w kaszę dmuchać.

– Szanuję trenera Piechniczka za jego wcześniejsze osiągnięcia, przecież ja się wychowałem na sukcesach reprezentacji z czasów mundialu z Hiszpanii – mówi Tomasz Iwan. – Ale wiadomo, że po latach na pewne sprawy patrzy się inaczej. Byliśmy wtedy rozżaleni, że nas, piłkarzy z zagranicznych klubów, ściąga się z urlopów na mecz towarzyski o nic. Można było przecież dać szansę innym zawodnikom, a nam pozwolić wypocząć. Mieliśmy bardzo ciężki sezon, a odpowiednio długi urlop jest ważny dla profesjonalnego zawodnika. W Rosji byliśmy rozżaleni z dwóch powodów. Po pierwsze, przegraliśmy. Po drugie, warunki

Reprezentacja Polski Antoniego Piechniczka w 1996 roku.

organizacyjne były tragiczne. W takich hotelach nie przyjmowało się nawet zawodników trzecioligowych. Musieliśmy kupić sobie jedzenie w innym hotelu, bo tamto było nie do przyjęcia. Coś w nas wybuchło. Nie nazwałbym tamtej sytuacji konfliktem z trenerem, byliśmy po prostu rozżaleni. Poza tym odniosłem w tym meczu uraz, który leczyłem przez pół roku.

– Naprawdę chodziło o urlopy?! – dziwi się Piechniczek. – Szkoda, że dowiaduję się o tym dopiero teraz. Przecież takie sprawy zawsze można ustalić. Żaden z piłkarzy nie zgłaszał do mnie z tego powodu pretensji. A trudno, żeby selekcjoner reprezentacji na swój pierwszy mecz nie powołał wszystkich najlepszych zawodników. To przecież normalne.

Mecz z Rosją jest ostatni dla zdolnego rozgrywającego Leszka Pisza. – Nie zrobił na mnie wrażenia. W tym czasie Legia przegrała decydujący mecz o mistrzostwo Polski z Widzewem. Byłem na tamtym spotkaniu. Na parę minut przed końcem to Legia była mistrzem. Wypuściła tytuł z rąk w skandaliczny sposób. Ten wynik rozłożył ich mentalnie, Pisz już się nie liczył. Ale po meczu z Rosją wcale nie myślałem, że nigdy więcej go nie powołam. Nie miałem do niego wtedy pretensji. Po prostu tak się to wszystko naturalnie ułożyło. Pojawili się inni zawodnicy, lepsi od niego, choćby Piotr Nowak – mówi Piechniczek.

Z szacunku do chleba

Następnego dnia reprezentacja musi być o 5 rano na lotnisku w Moskwie. Nie ma szans na śniadanie w hotelowej stołówce. Organizatorzy zapewniają suchy prowiant. Przy wyjściu z hotelu stoi masażysta i każdemu piłkarzowi podaje paczkę. Piechniczek siada koło kierowcy, patrzy przez okno, marszczy brwi. Coś leży przy krawężniku. Bułki!? – Poprosiłem masażystę, żeby pozbierał jedzenie, żeby ktoś nie pomyślał, że to my. Wówczas jeszcze nie wiedziałem, że... to jednak my – opowiada trener.

W samolocie masażysta z zakłopotaniem podchodzi do Piechniczka. Mówi: „Trenerze, powinien pan wiedzieć, jak było, bo i tak prędzej czy później się pan dowie. Dałem te bułki Wojtkowi Kowalczykowi, a on z pogardą podrzucił je do góry i z podbicia wykopał przed siebie".

Tomasz Iwan pamięta tę scenę inaczej: – Wojtek rzucił tymi bułkami o ziemię i powiedział jednemu z komentatorów telewizyjnych, który akurat był obok, że o takich sprawach, o takich niedoróbkach powinien mówić podczas transmisji.

Mecz komentował ze stadionu w Moskwie Andrzej Zydorowicz: – Byłem świadkiem tego nieszczęsnego zdarzenia z prowiantem. Kowalczyk wziął te bułki i je kopnął. Bluzgał przy tym, że to „chu... jedzenie". Wiem, że nazywał mnie „doradcą Piechniczka". Uśmiałem się z tego jak cholera. Komu jak komu, ale Piechniczkowi nie można było niczego narzucić.

– Zdarzenie z bułkami mną wstrząsnęło – mówi Piechniczek. – Wychowano mnie w szacunku do chleba. Sam też dostałem taką paczkę. Zapewniam, że wszystko było jadalne. Szynka, łosoś wędzony. Nie podszedłem wtedy z pretensjami do Kowalczyka tylko dlatego, że poleciał z Moskwy innym samolotem, prosto do Hiszpanii.

Dziennikarzom się nie podoba

Michał Listkiewicz, wówczas sekretarz generalny PZPN: – Antoniemu na pewno nie było łatwo znosić te wszystkie humory, balangi czy podważanie autorytetu i jego dorobku przez młodych zawodników. Zachowywali się jak studenci, którzy chcieli być mądrzejsi od profesora. Podziwiałem Antoniego, że zdecydował się drugi raz poprowadzić reprezentację kraju. Czas wszystko zweryfikował, oczywiście na jego korzyść.

– Warunki zakwaterowania i wyżywienia zespół powinien mieć zagwarantowane na odpowiednim poziomie – mówi obrońca Marek Jóźwiak. – Nie sądzę jednak, żeby to trener Piechniczek był odpowiedzialny za tamte niedociągnięcia. Nigdy nie miałem o to do niego pretensji. Dla mnie najważniejsze było to, że mogłem grać w reprezentacji.

Napastnik Cezary Kucharski, dziś menedżer Roberta Lewandowskiego, debiutuje w reprezentacji u Antoniego Piechniczka. – Kiedy selekcjoner komunikował zespołowi swoje trudne decyzje, zgadzałem się w stu procentach z jego argumentacją. Reakcje kolegów z drużyny były różne, niezadowoleni byli szczególnie ci, których te trudne decyzje dotyczyły. Dla mnie obrażanie się na reprezentację było i jest czymś absurdalnym. A już konflikt związany z meczem z Rosją był wręcz komiczny. Co Piechniczek mógł mieć wspólnego z jakością hotelu czy wyżywienia? Przecież jako selekcjoner nie odpowiadał za kwestie organizacyjne. Dziwię się, że niektórzy nie potrafią tego zrozumieć. Wiadomo, że dziennikarze podsycali konflikt, szczególnie warszawscy, ale to Piechniczek miał rację. Szkoda tylko, że cierpiała przez to reprezentacja, a przecież właśnie reprezentacja powinna być najważniejsza – mówi Kucharski.

Andrzej Zydorowicz: – Niektórym dziennikarzom z Warszawy chodziło o to, że na wszystkie ważne mecze reprezentacji musieli przyjeżdżać na Stadion Śląski. Nie chciało im się. Niektórzy z nich woleli, żeby wszystkie najważniejsze mecze odbywały się w Warszawie. Obwiniali o to Piechniczka.

A kto nam będzie bramki strzelał?

Po powrocie z Moskwy odbywa się zebranie zarządu PZPN. Piechniczek: – Zdałem relację z wydarzeń i podsumowałem tak: „Jak długo jestem selekcjonerem, rezygnuję z Kowalczyka, Iwana i Juskowiaka. Co będzie później, mnie nie obchodzi, ale ja ich w kadrze nie widzę". Marian Dziurowicz, który zawsze był ze mną na ty, patrzy na mnie zza okularów i nagle mówi: „Uuuuu, panie selekcjonerze! A kto nam będzie bramki strzelał?".

Kiedy to usłyszałem, natychmiast przemknęła mi przez głowę myśl: „Antek, bierz kartkę, napisz rezygnację i natychmiast wyjdź". Ale ja nie lubię się łatwo poddawać, chciałem powalczyć. Już widziałem w wyobraźni niektórych mówiących z radością, że „Piechniczka strach obleciał". Nie chciałem do tego dopuścić. Wywołałbym skandal na całą Polskę. Uznałem, że moje doświadczenie się przyda, miałem je wtedy największe ze wszystkich trenerów.

Ale Kowalczyk, Iwan i Juskowiak nie zostają zawieszeni. – Musiał pójść przeciek z zebrania, bo nagle cała trójka zrezygnowała z gry do czasu, aż przestanę być selekcjonerem. Żaden z nich w oczy mi tego nie powiedział – mówi trener.

„Antoni Piechniczek przejął reprezentację po Władysławie Stachurskim i od razu zaczął wprowadzać w niej nowe zwyczaje. To znaczy nowe dla obecnego pokolenia polskich piłkarzy. Piechniczek wydał się pewnie naszym gwiazdorom strasznie staroświecki, gdy mówił, że oczekuje od nich szacunku dla narodowych barw, maksymalnego zaangażowania w każdym meczu reprezentacji" – komentuje „Piłka Nożna". „Nie wszyscy z kadrowiczów powołanych na mecz z Rosją słuchali nowego selekcjonera z należytą uwagą. Piechniczek ocenił, że został zrozumiany przez trzynastu graczy, w czterech dalszych wzbudził dobrze rokujące wątpliwości, tylko trzech ni w ząb nie pojęło istoty sprawy. Niewłaściwość w zachowaniu Piechniczka polegała na tym, że nie zastosował wobec wspomnianej trójki klauzuli najwyższego uprzywilejowania, czyli inaczej mówiąc – ośmielił się żądać od nich ciężkiej boiskowej harówki jak od pozostałych" – dodaje gazeta.

– Z tej trójki już nigdy nie zagrał u mnie Tomek Iwan, choć dziś relacje mam z nim poprawne. Juskowiak i Kowalczyk dostali jednak kolejne szanse – mówi Piechniczek.

– Nie zagrałem, musiałem się wyleczyć. Potem jeszcze wróciłem do kadry, ale już za innych trenerów – mówi Iwan. Gra u Janusza Wójcika, ale Jerzy Engel nie zabiera go na mistrzostwa świata.

Aż się chciało pracować

Tymczasem Piechniczek szuka współpracownika do pracy z kadrą. Chodzi mu o młodego trenera, który chce się uczyć. Wybiera Krzysztofa Pawlaka, który dziesięć lat wcześniej gra u niego w reprezentacji jako obrońca.

– Do pierwszego meczu z Rosją Polska przygotowywała się w Bełchatowie, w tamtym czasie byłem trenerem GKS-u – mówi Krzysztof Pawlak. – Nasz pucharowy mecz z Widzewem przyszła obejrzeć kadra. Po meczu trener Piechniczek nieoczekiwanie zaproponował mi współpracę. Byłem zaskoczony. Nigdy nie zdecydowałem się spytać go, dlaczego wybrał akurat mnie. To był dla mnie zaszczyt. Wiadomo, że chciałem pracować w kadrze. Była jednak przeszkoda. Zbigniew Drobniewski, prezes Bełchatowa, musiał wyrazić zgodę, byłem tam przecież zatrudniony. Na szczęście nie robił przeszkód. Jestem wdzięczny Piechniczkowi za to, że nie traktował mnie jak człowieka do ustawiania pachołków, ale jak partnera w dyskusji. Wiadomo, że szef miał decydujące zdanie, doceniałem jednak, że mogłem się u niego wykazać. Interesował się, co myślę o danej sprawie. Dał mi poczucie wartości, aż chciało się pracować.

Mamy garden party

Trzy tygodnie później drugi towarzyski mecz z Cyprem i kolejna afera. Dochodzi do potężnej awantury między selekcjonerem a piłkarzami Widzewa Łódź.

Piechniczek: – Musiałem ich odstawić, bo zlekceważyli reprezentację. Gdybym nie zareagował, weszliby mi na głowę. Mecz z Cyprem zaplanowano w Bełchatowie na wtorek, mecze ligowe były w poprzedzającą go sobotę. Zdecydowałem się rozpocząć zgrupowanie kadry w niedzielę późnym popołudniem. Chciałem jeszcze tego dnia zrobić rozruch i zapoznać się z piłkarzami, bo jeszcze nie wszystkich znałem.

Do Piechniczka dzwoni Andrzej Pawelec, współwłaściciel Widzewa i biznesmen, wówczas jeden z najbogatszych Polaków.

– Panie trenerze, mam serdeczną prośbę. Chłopcy zrobili mistrza, mamy od dawna zaplanowane garden party u mnie w domu. Chcę im wypłacić premie. Czy kadrowicze z Widzewa mogliby na zgrupowanie dojechać trochę później? Czy byłby pan w stanie się na to zgodzić? – pyta Pawelec.

Piechniczek bije się z myślami. Jeśli się nie zgodzi, będą źle nastawieni i trudno będzie się z nimi porozumieć. A przecież nie chodzi o rozdmuchiwanie konfliktów.

Zgadza się. – Pawelec zapewnił mnie, że dopilnuje, by zawodnicy najpóźniej o godzinie 22 byli w hotelu – mówi Piechniczek.

Godzina 22 – piłkarzy nie ma.

Godzina 23 – nie ma ich.

Północ – wciąż ich nie ma.

O pierwszej w nocy Piechniczek dzwoni do Dziurowicza: – Marian, piłkarze Widzewa nie dojechali na zgrupowanie. Zgłaszam ci to, bo jestem gotowy podjąć decyzję, żeby im podziękować.

Poniedziałek rano. Godzina 8, śniadanie – nie ma ich.

Godzina 9 – nie ma.

Godzina 10 – nie ma.

Piechniczek organizuje krótką odprawę z pozostałymi piłkarzami, omawia z nimi trening. – Chłopcy z hotelu przechodzą na boisko. W tym momencie podjeżdża taksówka i wysiadają z niej widzewiacy: Maciej Szczęsny, Ryszard Czerwiec, Radosław Michalski, Paweł Wojtala i Marek Citko.

Wracajcie do Łodzi

– Wyczułem wtedy u pozostałych piłkarzy, że niewiele brakuje, żeby się na nich rzucili – mówi Piechniczek. Bierze widzewiaków na stronę.

– Panowie, poszedłem wam na rękę, czekałem cierpliwie, nie bombardowałem telefonami – mówi. – Pomyślałem sobie, że jesteście przynajmniej na tyle solidni, że może wstaniecie rano i zdążycie na śniadanie. Widziałbym wtedy, że okazujecie zaangażowanie, że wam zależy. Ale żeby przyjechać na luzie i spóźnić się na poranny trening?!

Selekcjoner zarządza, żeby nawet się nie rozpakowywali. Mają wracać do Łodzi.

Maciej Szczęsny rzuca: – To mnie już zostało tylko zagrać w reprezentacji Polski oldboyów. Piechniczek: – Twoja nadzieja w tym, że mnie szybko zmienią.

Piłkarze Widzewa stosują się do polecenia Piechniczka. Taksówka odjeżdża do Łodzi.

Szansę na debiut w reprezentacji dostają inni: Tomasz Hajto, Cezary Kucharski, Grzegorz Szamotulski i Marcin Mięciel. – Te wszystkie debiuty wymusiła sytuacja. Musiałem odstawić zawodników Widzewa – przyznaje Piechniczek.

– Szybko się okazuje, że zwłaszcza Hajto i Kucharski mają potencjał, potem grają u innych selekcjonerów. Szamotulski zagrał, bo nie było Szczęsnego. Obiecujący, ale nigdy nie był dla mnie bramkarzem pierwszego wyboru. Nigdy nie osiągnął klasy Młynarczyka, Tomaszewskiego albo Dudka. Tego ostatniego ja pierwszy powołałem do kadry. Zauważyłem w nim duży talent. Usiadł na ławce w meczu z Rosją. Chciałem na niego stawiać, ale niedługo potem wyjechał do Feyenoordu i cały pierwszy sezon siedział na ławce rezerwowych, więc go nie powoływałem. A kiedy Dudek zaczął wreszcie grać w lidze holenderskiej, ja już przestałem być selekcjonerem – mówi Piechniczek.

Piłkarze z bukietem

– W tych konfliktowych sytuacjach z piłkarzami trener Piechniczek zachował się tak, jak powinien się zachować selekcjoner. To był pierwszy trener, jakiego poznałem, który tak bardzo przywiązywał wagę do zasad. Jestem zwolennikiem takiego podejścia. Polska piłka jest dziś na tak słabym poziomie, bo nie przestrzega się żadnych zasad. Piłkarzom wydaje się, że mają po dwadzieścia lat i tak będzie już zawsze. Przez luźne podejście do życia i pracy wiele się traci – uważa Cezary Kucharski.

– Trener nie miał łatwo. Każdy miałby problem utrzymać w ryzach taką drużynę. To byli niesforni piłkarze – przyznaje Edward Socha, ówczesny kierownik drużyny.

„Uważam, że kłótnie z trenerem są winą piłkarzy, którzy w ten sposób odreagowują rozczarowanie, że nie grali lub zawiedli na boisku”

– mówił wtedy w gazetach Tomasz Wałdoch, wówczas piłkarz VfL Bochum. Czytamy mu tę wypowiedź. – Dziś też podpisałbym się pod tymi słowami, nie zmieniłbym nic. Piechniczek był stonowany, rzeczowy, konkretny i zawsze wiedział, czego chce. Trudno było zmienić coś w jego planach. Nie uginał się pod naporem. Wysłuchał, ale robił swoje. Za to go szanuję do dziś. Uważam, że gdyby na jego miejscu był wówczas ktoś inny, nie miałby lepszych wyników w meczach z Anglią i Włochami. Mogliśmy powalczyć jedynie o trzecie miejsce. Dlaczego? Niech każdy z tamtych piłkarzy sam sobie odpowie na to pytanie. Trudno wskazać polskiego trenera w tamtym czasie z podobnym doświadczeniem i charyzmą. Chyba tylko Henryk Kasperczak mógłby się liczyć.

Cezary Kucharski: – Nigdy nie wypowiadałem się na te tematy, bo nikt mnie dotąd o to nie pytał, ale w tych wszystkich konfliktach kadrowiczów z Piechniczkiem trzymałem stronę selekcjonera. Dla mnie niektóre zachowania kolegów były irracjonalne. Ciekawe, że twarzą w twarz nikt nie był w stanie Piechniczkowi się przeciwstawić. To dlatego, że niezadowoleni nie mieli żadnych szans w merytorycznej dyskusji, żadnych argumentów. Piechniczek był świetnym mówcą, a piłkarze już trochę mniej – dodaje Kucharski.

Jeszcze tego samego dnia selekcjoner odbiera telefon z Widzewa. – Tym razem zadzwonił do mnie już nie Pawelec, który miał chyba nieczyste sumienie, ale prezes Ludwik Sobolewski.

– Panie trenerze, zrobiono panu wielkie świństwo. Jak możemy wybrnąć z tej sytuacji? – zaczął.

Piechniczek: – To wasz problem.

Sobolewski: – Chcę zaproponować rozwiązanie. Na następne zgrupowanie chłopcy przyjadą jeszcze raz z bukietem kwiatów. Serdecznie pana przeproszą, a pan ich przyjmie z powrotem.

– Prezes bał się chyba jakiejś dyskwalifikacji. Ja z kolei nie chciałem eskalować niesnasek, więc się zgodziłem – mówi Piechniczek.

Gucio po latach

Z Cyprem w ataku gra Krzysztof Warzycha. To jedyny zawodnik, którego Piechniczek powołuje do kadry jeszcze w latach 80. Wtedy był obiecującym dwudziestoletnim młokosem z Ruchu Chorzów. Teraz, dwanaście lat później, jest wielką gwiazdą Panathinaikosu Ateny.

Rok wcześniej Warzycha rezygnuje z udziału w reprezentacji Henryka Apostela, bo ma dość gry jako pomocnik lub skrzydłowy, nie potrafi się odnaleźć na tych pozycjach. Obarcza się go winą za niepowodzenia drużyny. Rozżalony prosi Apostela, żeby go nie brał pod uwagę, ale Antoni Piechniczek wie, że „Gucio" najlepiej czuje się w roli środkowego napastnika.

Antoni Piechniczek podczas spaceru z Krzysztofem Warzychą. Za nimi Marek Sokołowski i ówczesny kierownik reprezentacji Tomasz Koter.

– Krzysiu tracił na tym, że nie był przebojowy, nie potrafił się kłócić, nie miał inklinacji, żeby selekcjonera stawiać pod ścianą – mówi Piechniczek. – Nigdy by nie powiedział: „Trenerze, w kwestii formalnej, ja jestem królem pola karnego. Jeśli nie będę grał na środku ataku, to nie gram wcale". Dlatego przegrywał z kadrowiczami bardziej przebojowymi, którzy potrafili o siebie zadbać. To oni więc grali na środku ataku, a „Gucio" się dostosowywał. Był uniwersalny. „Każą mi grać, to gram, gdzie chcą", mówił. Szkoda, bo to był urodzony łowca bramek i gdyby mu pozwolili, strzeliłby ich dla reprezentacji znacznie więcej.

Kim jest ten Polak z numerem 10?

We wrześniu 1996 roku czas na prestiżowy mecz z reprezentacją Niemiec, pierwszy po połączeniu RFN i NRD. Spotkanie odbywa się w Zabrzu. Na zgrupowanie w Rudach Raciborskich zgodnie z zapowiedzią przyjeżdżają skruszeni widzewiacy. – Porozmawiałem z nimi, kwiatki przyjąłem, życie toczyło się dalej – mówi Piechniczek.

Szczęsny, Wojtala, Czerwiec i Michalski grają w tym meczu. Spotkanie w Polsce – po raz drugi w historii – ogląda prezes FIFA João Havelange [pierwszy raz w 1969 roku z udziałem Stanleya Rousa w meczu z Bułgarią – przyp. aut.].

Piechniczek: – To było duże wydarzenie. Niemcy grali pierwszy mecz po zdobyciu mistrza Europy na turnieju w Anglii. Pamiętam, że w Zabrzu dziękowano mi za to, że zgodziłem się grać na obiekcie Górnika. Stadion Śląski był już wtedy zamknięty. Dzięki temu zdobyli pieniądze na drobny remont swojego stadionu.

Polacy przegrywają 0:2. – Oczywiście nikt nie liczył na to, że wygramy. Ale graliśmy nieźle, pierwsze pół godziny mieliśmy całkiem dobre, ale potem straciliśmy pierwszego gola. Rozmawiałem o tym meczu z Hajtą, dobrze grał wtedy z lewej strony. Szkoda, że tuż przed końcem całkiem niepotrzebnie straciliśmy drugą bramkę – mówi Piechniczek.

W dziewiątej minucie najlepszy w polskim zespole Krzysztof Warzycha ogrywa pilnującego go Jürgena Kohlera i strzela technicznie tuż obok bramki. To najlepsza szansa Polaków w całym meczu. – Kim jest ten Polak z numerem 10? To naprawdę dobry piłkarz. Polacy byli bliscy zdobycia gola – mówił po meczu bramkarz Oliver Kahn.

W 50. minucie fatalny błąd Szczęsnego powinien zakończyć się drugim golem. Bramkarz wyrzuca piłkę ręką pod nogi Jürgena Klinsmanna, ale kapitan reprezentacji Niemiec marnuje wyśmienitą szansę.

Książka zamiast piwka

Miesiąc później, w październiku, Polska rozpoczyna eliminacje mistrzostw świata we Francji. Od razu są problemy. Selekcjoner nie może się doczekać na wszystkich zawodników na zgrupowaniu w Wiśle. Piotr Nowak grający wówczas w TSV 1860 Monachium przyjeżdża dopiero na obóz w sobotę w nocy, choć ma być w poniedziałek. Werner Lorant, trener TSV, postanawia inaczej. Mówi Nowakowi, że zarabia za dużo pieniędzy, by mógł sam decydować o sobie. Musi zostać na ligowy mecz z Borussią MG.

Piechniczek jest wściekły, ale bezsilny. – Krytykuje się mnie za długie zgrupowania. Ale to nie ja, tylko trener Anglików Glenn Hoddle ma do dyspozycji wszystkich graczy na dziewięć dni przed spotkaniem. Sami jesteśmy sobie winni. Bałagan organizacyjny w PZPN musi się skończyć. Związek jest bogatszy niż zagraniczne kluby, w których grają Polacy, i to my powinniśmy mieć więcej do powiedzenia. Trudno mi rezygnować z takiego zawodnika jak Nowak, bo kluczem do dobrego wyniku na Wembley jest gra linii środkowej – mówi wtedy dziennikarzom.

Mimo spóźnienia Nowak i tak rozgrywa w Londynie świetny mecz. Pokazuje znacznie lepszą formę niż jego odpowiednik w reprezentacji Anglii, słynny Paul Gascoigne. Jest zdecydowanie najlepszy na boisku.

Piechniczek: – Po meczu z Anglią uznałem, że wokół Piotra Nowaka można budować nową drużynę. Słyszałem już wcześniej, że jest dobrym zawodnikiem, ale kiedy wreszcie zobaczyłem mecz z jego udziałem, byłem zachwycony. W kadrze z lat 90. miałem dwóch prawdziwych profesjonalistów – Nowaka i Krzysia Warzychę. Kiedy odwiedzałem ich w pokojach, zawsze zastawałem ich z książką. Nie było im w głowie wyskoczyć na piwko albo na dyskotekę.

Książę Paryża, ale nie Londynu

Mimo świetnej gry Polacy przegrywają na Wembley 1:2. Piechniczek i jego piłkarze do dziś żałują porażki w tamtym meczu, bo reprezentacja udowadnia, że z polskim futbolem nie jest źle. – Mieliśmy po raz pierwszy w historii bardzo dużą szansę wygrania meczu z Anglią na wyjeździe – podkreśla Marek Jóźwiak.

Piechniczek: – Zaraz po meczu z angielskiego obozu doszło do nas, że Polska nigdy nie była tak bliska zwycięstwa na Wembley jak właśnie wtedy. Tylko co z tego, skoro przegraliśmy?

Już w 5. minucie gola dla Biało-Czerwonych strzela Marek Citko. To jego pierwszy mecz w reprezentacji prowadzonej przez Antoniego Piechniczka. Wcześniej nie mógł się dogadać z nowym selekcjonerem. W towarzyskim pojedynku z Banikiem Ostrawa zagrał tylko kilkanaście minut w drugiej połowie i zszedł z boiska.

– Trener Piechniczek wystawiał mnie w pomocy, a ja sądzę, że większy ze mnie pożytek w ataku. Lepiej gra mi się z przodu. Powiedziałem tylko swoje zdanie. Nie chciałem kłamać. Nie było żadnego konfliktu z trenerem – mówi wtedy Citko.

Jego bramka to pierwszy gol Polaków na Wembley od słynnego gola Jana Domarskiego w 1973 roku. Ale o wyniku „decyduje" kto inny.

Nikt wówczas nie przypuszcza, że mecz z Niemcami jest ostatnim występem Szczęsnego w reprezentacji. – Przed meczem z Anglią miałem dylemat. Na kogo postawić w bramce – na Szczęsnego czy Woźniaka – mówi Piechniczek.

Józef Młynarczyk, wówczas trener bramkarzy w FC Porto: – Ja rekomendowałem Woźniaka. Andrzej był w Porto pierwszym bramkarzem, miał dobre mecze, imponował formą. Zrobiłem to z pełnym przekonaniem.

Piechniczek: – Konsultuję się z trenerem bramkarzy Zygmuntem Kalinowskim. On też uważa, że trzeba postawić na Woźniaka.

W pierwszym składzie wychodzi Woźniak. Jego atutem ma być umiejętność wytrzymywania presji, od ponad roku, po kapitalnym wyjazdowym meczu z Francją, jest nazywany przez kibiców „Księciem Paryża".

Szczęsny jest strasznie rozczarowany.

– Gdyby Maciek zagrał w tym meczu, miałby dużą szansę na wyjazd do Anglii. Uczył się angielskiego, marzył o tym transferze, przygotowywał, gra na Wembley byłaby dla niego wielką szansą – mówi Piechniczek. – Ale ja przecież nie mogłem się na to oglądać. Dla mnie najbardziej istotne było wygrać ten mecz. Starałem się wybrać najlepszą opcję.

Okazuje się, że wybór jest nieudany. Woźniak gra słabo.

Piechniczek: – Niestety, Andrzej zawalił nam mecz. Pierwsza stracona przez nas bramka to skandal. Woźniak za późno wyszedł do dalekiego dośrodkowania. Piłka długo leciała w powietrzu, ale źle obliczył jej lot, nie zdążył do niej dojść. Wybiegał, ale Alan Shearer ubiegł go, strzelając głową do pustej bramki.

Najlepszy angielski snajper potężnym strzałem z dystansu zdobywa drugą bramkę dla gospodarzy jeszcze w pierwszej połowie. W drugiej Woźniak spisuje się bez zarzutu, broni w kilku groźnych sytuacjach, ale dziś nikt już tego nie pamięta.

Młynarczyk: – Andrzej bardzo przeżył ten mecz. W dodatku w następstwie wpuszczonego na Wembley gola stracił miejsce w składzie Porto.

Szczęsny ogłasza, że rezygnuje ze współpracy z Piechniczkiem.

– Miałem wrażenie na treningach, że Maciek Szczęsny był wtedy w lepszej formie niż Woźniak – mówi Kucharski. – Ale był trudniejszy

Antoni Piechniczek i Marek Citko podczas treningu reprezentacji w 1996 roku. Selekcjoner cenił tego zawodnika, piłkarz Widzewa odwdzięczył mu się dobrą grą i golem na Wembley.

do zaakceptowania. Potrafił walczyć sam przeciw wszystkim, czasami bez sensu, no ale taki był.

Citkomania

Jednym z ulubionych zawodników Piechniczka staje się Marek Citko. Osiąga świetną formę, w krótkim czasie zdobywa oszałamiającą popularność. Wygrywa telewizyjny plebiscyt na najlepszego sportowca Polski 1996 roku, wyprzedzając wszystkich mistrzów olimpijskich z Atlanty. Polskę ogarnia „citkomania". Potem ten stopień uwielbienia osiąga Adam Małysz.

Piłkarz ma jednak kłopoty ze zdrowiem. Wyjeżdża z obozu reprezentacji w Wiśle na konsultacje u specjalisty schorzeń kręgosłupa we Freiburgu.

Piechniczek: – Ceniłem tego zawodnika. Uważam jednak, że Markowi w wielkiej karierze przeszkodził Widzew Łódź, bo chcieli za niego niebotyczne pieniądze. Gdyby go puścili, zanim przytrafiła mu się kontuzja, kto wie, co by się stało z jego karierą.

Wyczuwałem też, który klub jest przychylny reprezentacji, a który nie. Ponieważ Widzewowi dobrze szło w europejskich pucharach, awansowali do fazy grupowej Ligi Mistrzów, to jego działacze uważali, że są numerem jeden i dlatego cała Polska powinna się im podporządkować i kibicować bardziej niż reprezentacji. Wyczuwałem, że Citko chciałby wiele dać kadrze, ale z drugiej strony bał się przeciwstawić polityce klubu.

Krzysztof Pawlak potwierdza: – Działacze niektórych klubów, na przykład Widzewa, nie akceptowali selekcjonera. To przekładało się potem na atmosferę wokół kadry i wyniki.

Piechniczek: – Rolę Citki w reprezentacji wyobrażałem sobie nieco inaczej niż ta, którą odgrywał w klubie. W Widzewie był wolnym elektronem. Robił, co chciał, szedł w te rejony boiska, w które chciał. Jednak na reprezentacyjnym szczeblu wolnym elektronem może być Maradona, ale nie Citko. Marek był widowiskowym, umiejącym się sprzedać piłkarzem. Ale reprezentacji trzeba dać więcej. Miałem do dyspozycji takiego łowcę bramek jak Warzycha. Nie mogłem „Guciowi" powiedzieć, że wracam do koncepcji poprzednich selekcjonerów: „Ty z tyłu, a na środku Citko".

Siedem miesięcy później Widzew gra w Zabrzu z Górnikiem. W 60. minucie Marek Citko skacze do piłki i pada na murawę. Po chwili opuszcza boisko na noszach. Zerwane ścięgno Achillesa. Operacja, długotrwała rehabilitacja i nagle wszystko pryska jak bańka mydlana. Marek Citko już nigdy nie wróci do najwyższej formy.

Telefon od prezydenta

W meczu z Anglią Piechniczek decyduje się na zaskakujący krok. Na ostatni kwadrans wchodzi na boisko siedemnastoletni junak Marek Saganowski. – Liczyłem na jego zuchwałość, zastąpił Warzychę. Ale prawda jest taka, że kiedy ważą się losy meczu, kiedy jest cień szansy na remis, nie należy zmieniać takiego rutyniarza jak Krzysiu. On zawsze spokojem i mądrością może coś zdziałać. Wtedy pomyślałem jednak, że jest zmęczony i że puszczę na Anglików takiego nieobliczalnego wariata jak „Sagan". Dziś takiej zmiany bym nie zrobił – mówi selekcjoner.

Piechniczek z niedosytem wraca do Wisły. – Antek, ważny telefon do ciebie – woła męża Zyta.

– Dzień dobry, tu Kancelaria Prezydenta Rzeczypospolitej, łączę z prezydentem Kwaśniewskim.

– Panie trenerze, porażka porażką, ale gratuluję dzielnej postawy. Cieszę się, że to właśnie pan wziął reprezentację. Mógł pan odcinać kupony od tego, co pan osiągnął, ale pan wrócił. Gra reprezentacji zmierza w dobrym kierunku, proszę przyjąć ode mnie słowa uznania. Jeśli będzie miał pan jakąkolwiek potrzebę, jestem do dyspozycji – deklaruje Aleksander Kwaśniewski. Piechniczek dziękuje. – Nigdy z tej propozycji nie skorzystałem, ale sam fakt jej złożenia był dla mnie znaczący – mówi.

Starcie przed kamerą

Miesiąc później reprezentacja Polski rozgrywa ostatni mecz w 1996 roku. Na Bukowej w Katowicach pokonuje Mołdawię 2:1. Westchnienie ulgi – to pierwsze zwycięstwo kadry od czternastu spotkań! Poprzedni raz reprezentacja wygrywa osiemnaście miesięcy wcześniej, w czerwcu 1995 roku ze Słowacją, jeszcze za kadencji Henryka Apostela.

Po meczu przed kamerami telewizyjnymi młody reporter Jacek Laskowski pyta trenera, czy spodziewał się takiej nerwówki i czy ten mecz był krokiem do przodu?

Piechniczek nie wytrzymuje i ostro reaguje. – A czy pana zdaniem nie był krokiem do przodu?! Każdy trener spodziewa się raczej gratulacji po przełamaniu długiej, niepomyślnej passy niż narzekania na styl.

Piechniczek: – Kur zapiał, zagotowałem się wtedy. Może byłem zbyt impulsywny. Trzeba było pytanie dziennikarza przyjąć ze spokojem. Cieszyłem się, bo pierwszy raz od dawna Polska wygrała mecz o punkty, a tu miałem się spowiadać z tego, że wygraliśmy. Nie spodobało mi się to. Pytanie reportera gwałtownie podniosło mi ciśnienie, ale dziś mógłbym go przeprosić. Zachowałem się niewłaściwie.

Pierwszy wywiad Jacka Laskowskiego z poziomu płyty boiska. – Ułożyłem sobie pytania w głowie, chciałem zapytać trenera o tę niepewność w końcówce spotkania i… wyszło, jak wyszło – wspomina po latach dziennikarz.

Jacek Laskowski: – Pierwszy raz robiłem pomeczowe wywiady z poziomu płyty boiska. W końcówce byłem lekko przerażony, bo na naszej ławce rezerwowych panowała atmosfera, jakbyśmy walczyli o utrzymanie wyniku z Brazylią w półfinale mistrzostw świata. Padały okrzyki: „wybij, przytrzymaj", a przecież graliśmy z Mołdawią, która nie była i nie jest tuzem światowego futbolu. Zdziwiła mnie niepewność, że możemy tego zwycięstwa nie dowieźć do końca. Ułożyłem więc sobie pytania w głowie, chciałem zapytać trenera o tę niepewność i… wyszło, jak wyszło. Ale pół godziny później rozmawialiśmy z trenerem w korytarzach stadionu i już wszystko było w porządku. Zdjęcie z tego wywiadu wisiało na korytarzu w gmachu telewizji. Sam też mam je oprawione w ramki w domowym archiwum. Kiedy nadarzy się okazja, chciałbym odwiedzić trenera Piechniczka i poprosić o podpis.

– Cóż, nie zawsze można odpowiadać tylko na pytania, które chce się usłyszeć. Imponowały mi zawsze konferencje Billa Clintona. Wygłasza mowę, odpowiada na dwa pytania, wokół las rąk dziennikarzy, a on mówi: „Dziękuję państwu, więcej pytań nie widzę" – śmieje się po latach Antoni Piechniczek.

– Być może te starcia z dziennikarzami wypływały z charakteru Antka. Jego szczerość i bezkompromisowość nie wszystkim pasują. On nigdy nie godził się z lekceważącym traktowaniem. Inni machnęliby być może ręką, on nigdy – mówi Andrzej Gowarzewski.

Basen na dachu

Przed decydującymi meczami z Anglią i Włochami reprezentacja rozgrywa kilka sprawdzianów. W lutym 1997 roku towarzyski mecz w Brazylii.

Dobrze się składa, bo brazylijska federacja piłkarska podpisuje akurat umowy sponsorskie, m.in. z firmą Nike – dziesięcioletni kontrakt o wartości 400 mln dolarów. Z tej okazji na inauguracyjny występ w sprzęcie nowego sponsora przyjeżdżają wszystkie największe gwiazdy grające w Europie: Ronaldo, Roberto Carlos, Juninho i Romario. Sprawdzian jest wartościowy. Polacy jadą na mecz na koszt gospodarzy.

Miłość Brazylijczyków do futbolu to truizm, ale przekonanie się o tym na własnej skórze zawsze robi wrażenie. – Nie graliśmy w Rio ani w São Paulo, tylko na głębokiej prowincji w mieście Goiânia. A i tak przyszły tłumy. Stadion na 50 tys. ludzi zapełniony. Atmosfera wielkiego wydarzenia, choć to tylko mecz towarzyski – wspomina Piechniczek.

Polacy zostają zakwaterowani w luksusowym czterogwiazdkowym hotelu Papillon z basenem na dachu. – Trener Piechniczek ciągle musiał piłkarzy z tego basenu wyganiać. Było gorąco, trochę za długo niektórzy z nas tam siedzieli. Było to widać w meczu – mówi Kucharski.

Kowalczyk znów się dąsa

Przed meczem, już po odegraniu hymnów, fotoreporterzy biegną robić zdjęcia reprezentacji Brazylii. Polakami nie są zainteresowani. – To było dla nas nieprzyjemne, ale symptomatyczne. Na boisku była różnica klasy, Brazylijczycy się z nami bawili. Nie mieliśmy żadnych szans – mówi Cezary Kucharski.

Brazylijski walec jest bezlitosny. Dwadzieścia minut przed końcem Polska przegrywa 0:4.

– Kiedy tacy napastnicy jak Romario i Ronaldo zbliżali się pod nasze pole karne, trzeba było liczyć na pomoc niebios. Ale zmierzenie się z takimi tuzami dawało ogromne doświadczenie – przyznaje obrońca Marek Jóźwiak.

W końcówce Polska ratuje twarz i zdobywa dwa gole. To zasługa obrońcy Pawła Skrzypka, któremu Piechniczek powoli daje coraz więcej szans. – To jedno z moich najpiękniejszych wspomnień. Najpierw podałem piłkę Czarkowi Kucharskiemu, który wykorzystał okazję, a zaraz potem sfaulowali mnie w polu karnym i Marek Citko trafił z jedenastu metrów – wspomina Skrzypek.

Cezary Kucharski: – Wbić gola reprezentacji Brazylii to duża sprawa. Ale nie mam złudzeń. W drugiej połowie Brazylijczycy trochę odpuścili, dlatego udało mi się strzelić bramkę.

Spotkanie z Brazylią to jednocześnie pierwszy mecz w kadrze Wojciecha Kowalczyka od czasu afery z bułkami. – Zbliżały się najważniejsze mecze, więc trudno było z niego rezygnować. Chciałem mu dać szansę – mówi Piechniczek.

Ale szansa na pojednanie przepada, bo Kowalczyk się dąsa, że Piechniczek w tym meczu wystawia go dopiero po przerwie. – To śmieszne. Przecież zawodnik nie może dyktować trenerowi, ile czasu ma grać. Kowalczyk ewidentnie nie wykorzystał możliwości, jakie miał. Nie tylko u mnie. U innych selekcjonerów również. Dostawał też szanse u Wójcika. I jak mu szło? Nijak – mówi Piechniczek.

To fakt. Gdy reprezentacją kieruje uwielbiany przez Kowalczyka Janusz Wójcik, piłkarz nie zdobywa nawet jednego gola w meczu o punkty.

Ze ścierki zrobić piłkarza

W meczu z Włochami na Stadionie Śląskim szanse dostaje inny skłócony z selekcjonerem piłkarz. Andrzej Juskowiak po dziesięciomiesięcznej przerwie gra cały mecz. Jako zawodnik Borussii Mönchengladbach, do której przenosi się z Olympiakosu Pireus, robi duże postępy.

– Dochodziły do mnie słuchy, że Juskowiakowi sugerowano, by przeprosił się z reprezentacją, bo tak byłoby dla niego lepiej – mówi Piechniczek. – To był dobry piłkarz, mógł wiele dać kadrze. Kiedy przyjechał na zgrupowanie, zachowywał się elegancko. Pilnował się. Robił w Bundeslidze błyskawiczne postępy. Wydawało się, że jest nie tylko lepszym piłkarzem, ale i bardziej dojrzałym, zrównoważonym człowiekiem.

Przed meczem z Włochami przyjeżdżają legioniści. Jacek Zieliński prosi Piechniczka: – Czuję się fatalnie, niech pan na mnie nie liczy.

Trener każe mu trenować. W dniu meczu Zieliński sam chce wychodzić na boisko. Gra bardzo dobrze. – Ceniłem trenera Piechniczka. Nie zawsze przyjeżdżałem na jego zgrupowania w najwyższej dyspozycji, ale on potrafił ze „ścierki" zrobić piłkarza. Po jego mikrocyklu treningowym forma mi wracała. Na mecz z Włochami rzeczywiście przyjechałem w katastrofalnej dyspozycji, a po dziesięciu dniach zagrałem chyba jedno z najlepszych spotkań w karierze. Na początku trenowaliśmy ostro, skakaliśmy przez płotki, startowaliśmy do piłki z błota, doskoki. Było bardzo ciężko, wielu kolegów narzekało, ale mi to odpowiadało. Przed meczem trener luzował i dochodziłem do wysokiej formy – opowiadał Zieliński „Wyborczej".

– Cieszę się, że wielu moich byłych zawodników z tamtego okresu przyznaje mi rację. Zabrakło mi tylko jednego: reakcji na zachowanie tych, którzy rozbijali drużynę – mówi Piechniczek.

Zola bez gola

Mecz z Włochami na Stadionie Śląskim kończy się bezbramkowym remisem. Piechniczek do dziś krzywi się na wspomnienie. – Po strzale Henia Bałuszyńskiego bramkarz Angelo Peruzzi wybija piłkę przed siebie. Bramka pusta, bo bramkarz leży na ziemi, a nasz obrońca Paweł Wojtala skacze i w idealnej sytuacji przebija piłkę głową nad poprzeczką! Do dziś nie mogę zapomnieć tego Wojtali.

Mecz jest jednak pamiętany z innego powodu. Nieznany szerzej w Europie obrońca Paweł Skrzypek wyłącza z gry Gianfranco Zolę – gwiazdora Chelsea Londyn.

– Przed tym meczem zastanawiałem się, jak powstrzymać Zolę – mówi Piechniczek. – Wymyśliłem sobie, że najlepiej do tej roli będzie pasował Skrzypek. Uważam, że Marek Jóźwiak miałby z Zolą poważne kłopoty. Tymczasem Skrzypek miał podobne warunki fizyczne – obaj byli niscy, szybcy, zwrotni. Powiedziałem Skrzypkowi, żeby grał twardo.

– To było trudne zadanie, Zola był przecież świetnym piłkarzem – mówi Skrzypek. – Miałem się skupić tylko na jednym. Piechniczek zarządził: „Ty nie grasz w tym meczu, ale i Zola nie gra". Skupiałem się tylko na tym, żeby nie mógł nam zagrozić, nic więcej mnie nie interesowało. Kiedy czasem miałem piłkę przy nodze, natychmiast oddawałem ją do najbliższego kolegi i biegłem za Zolą, bo on bez przerwy zmieniał pozycję.

Po meczu z Włochami odstawiony na boczny tor Jóźwiak jest tak rozżalony, że rezygnuje z gry w reprezentacji. Największy żal ma o to, że o decyzji selekcjonera dowiaduje się w dniu meczu.

– Akurat zbierałem bardzo dobre recenzje za moją grę w lidze francuskiej, przyjeżdżając na zgrupowanie sądziłem, że zagram w podstawowej jedenastce – mówi Jóźwiak. – Z perspektywy czasu przyznaję jednak rację trenerowi Piechniczkowi i uważam ten incydent za bardzo nierozważny z mojej strony.

Po kilku dniach piłkarz wycofuje rezygnację. Niecałe dwa miesiące później zagra w meczu eliminacji mistrzostw świata z Anglią na Stadionie Śląskim.

Zbędne kilogramy

Rewanż miesiąc później, w Neapolu, wygląda już niestety znacznie gorzej. Gładkie 0:3 dla Włochów.

Jeszcze przed meczem Wojciech Kowalczyk, były piłkarz Legii, kłóci się z selekcjonerem. Po przylocie na lotnisko Leonarda da Vinci kierownictwo polskiej ekipy nie może znaleźć autokaru, który ma zawieźć reprezentację na mecz do Neapolu. Kowalczyk w ostrych słowach publicznie mówi, co myśli o działaczach PZPN i trenerze Piechniczku. Obaj kłócą się jeszcze podczas obiadu w przeddzień spotkania.

W Neapolu Antoni Piechniczek nie wystawia Kowalczyka – na ataku rozstawia Marka Citkę i Cezarego Kucharskiego. Kowalczyk siada na trybunach.

– Dla tego zawodnika nie ma już miejsca w moim zespole. To był koń trojański reprezentacji. Zrobiłem błąd, że go powoływałem – stwierdza Piechniczek na konferencji prasowej w PZPN po powrocie z Włoch. Selekcjoner przyrównuje zachowanie piłkarza do reakcji szczura przypartego do ściany. Oskarża, że piłkarz Betisu psuje atmosferę w jego zespole.

– Czas Kowalczyka zatrzymał się w samolocie z Barcelony – dodaje Piechniczek, oceniając po meczu we Włoszech, że od igrzysk w 1992 roku piłkarz gra coraz słabiej. – Proszę na niego spojrzeć, ma 8,5 kg nadwagi – mówi Piechniczek. – Myślałem, że uda się z niego coś wykrzesać, ale się nie udało.

– W Polsce lat 90. piłkarze nie przywiązywali wagi do diety – przyznaje Cezary Kucharski. – Pamiętam, że w dniu meczu na podwieczorek podano nam wypasione kanapki. Piechniczek ostrzegał, żebyśmy z nimi uważali. A my nie rozumieliśmy, o co mu chodzi! Patrzę teraz na piłkarzy obecnej generacji, za którymi stoją zastępy dietetyków, od małego są kształtowani i uczeni, jak się odżywiać. My byliśmy z innej gliny.

But rozwalony, ale ty cały

Antoni Piechniczek: – Włosi w Neapolu wiedzieli, o co grają. To była rzeź, zaczęli bardzo ostro i od razu odebrali chęć do gry kilku naszym piłkarzom. Najpierw Kucharskiemu, potem Nowakowi. Wiedzieli, w kogo uderzyć. Pamiętam, jak jeden z nich wszedł wślizgiem przy ławce i rozciął but Nowakowi. Obok mnie siedział lekarz Tadziu Moszkowicz. Piotrek zwija się i krzyczy: „Zmiana!, zmiana!". Tadziu rzuca się w jego stronę, ogląda uważnie i mówi: „But jest rozwalony, ale ty jesteś cały. Możesz grać dalej!".

Nowak gra do końca meczu.

– Włosi byli za mocni – mówi Cezary Kucharski. – Kiedy zderzałem się z włoskimi obrońcami, miałem wrażenie, jakbym się zderzał ze skałą. Byli świetnie przygotowani fizycznie. Nie mieliśmy szans.

– Kucharski będzie u mnie grał w pomocy – mówi po tym meczu Piechniczek. – W ataku, na szpicy, może sobie występować w Legii i lidze. Na atak w reprezentacji przewidziani są inni.

– Zawsze realnie podchodziłem do życia. Zostałem tak wychowany, że nigdy nie miałem o sobie nie wiadomo jak wysokiego mniemania – mówi Kucharski. – Dlatego nie byłem rozczarowany, że u trenera

Piechniczka często siedziałem na ławce. Widocznie ktoś był lepszy. Akceptowałem to. Mieliśmy wtedy bardzo dobrych napastników, konkurencja była duża, dlatego nie narzekałem. Na boisku starałem się oczywiście przekonać trenera, żeby zmienił zdanie. Może zabrakło mi talentu albo inteligencji, żeby w kadrze osiągnąć więcej? Kiedy dostawałem powołanie, zawsze byłem szczęśliwy. Sam fakt, że znajdowałem miejsce w szerokiej kadrze u kogoś takiego jak Piechniczek, wiele dla mnie znaczył.

Piłkarze i menedżerowie

Przed rewanżowym meczem z Anglią Piechniczek szuka nowych twarzy. Sprawdza ich w dwumeczu ze Szwecją, w którym grają drużyny rezerwowe. – Nieoczekiwanie pojawił się problem z bramkarzem Aleksandrem Kłakiem. Obraził się, bo chciałem, żeby zagrał w meczu drużyn B, choć u mnie nigdy wcześniej nie grał w pierwszym zespole. Musiałem odsunąć go od ekipy i nie zagrał wcale – mówi Piechniczek.

Skąd takie zachowanie u piłkarza na dorobku?

– To proste – mówi Piechniczek. – W latach 80. zmagałem się z 22 piłkarzami. W latach 90. miałem do czynienia z 22 piłkarzami i ich 22 menedżerami. To oni mieszali podopiecznym w głowach. Mówili im: „Jeśli chcesz iść do zachodniego klubu, to łatwiej ci się będzie wypromować w meczu reprezentacji. Będę mógł tamtejszym działaczom pokazać twoje CV". Mieli wygórowane oczekiwania, ale ja nie mogłem stawiać interesu poszczególnych zawodników nad interesem reprezentacji.

Aleksander Kłak zagra dopiero u swojego ulubionego trenera Janusza Wójcika, który i tak zrezygnuje z niego miesiąc później, gdy bramkarz puści trzy gole w meczu z Gruzją. Nigdy więcej nie zagra w reprezentacji.

Inną drogę przechodzi zdolny obrońca Jacek Bąk. Przeciw Szwedom gra w kadrze B na tyle dobrze, że Piechniczek daje mu również zagrać połówkę w meczu oficjalnym. Wkrótce stanie się podstawowym obrońcą reprezentacji na ponad dziesięć lat, aż do 2008 roku.

U Piechniczka debiutuje także wszechstronny Radosław Kałużny. – Kolejny facet, któremu kibicowałem, bo miał świetne warunki fizyczne, doskonale grał głową i miał dobre uderzenie. Wiedziałem, że może wiele osiągnąć.

Anglia kończy marzenia

Mecz o wszystko. Po słabej grze Polska przegrywa z Anglikami na Stadionie Śląskim 0:2. Mogło być gorzej, ale Alan Shearer z karnego trafia w słupek. – Spodziewaliśmy się twardego, emocjonującego widowiska, a poziom był żałosny – stwierdza były reprezentant Anglii Terry Butcher, komentujący spotkanie dla BBC. – Zasłużyliśmy na wygraną 4:0. Mecz był dla nas trudny, bo słabi technicznie Polacy zagrali siłowo, wręcz brutalnie – komentuje zaraz po meczu strzelec drugiej bramki Teddy Sheringham.

Polacy nie mają żadnych szans. W drugiej połowie Piechniczek ściąga Juskowiaka, na jego miejsce wchodzi debiutant Waldemar Adamczyk z Hutnika Kraków. Mało znany napastnik ma być tajną bronią, ale nie jest w stanie zagrozić bramkarzowi Davidowi Seamanowi.

Po tej porażce Polacy tracą szansę gry w finałach mistrzostw świata we Francji. Misja Antoniego Piechniczka kończy się niepowodzeniem.

– Powiedziałem sobie, że to już koniec, dziękuję, nie tańczę – mówi Piechniczek. – Za dużo mnie to zdrowia kosztuje, za dużo jest najeżdżania na trenera, za dużo wokół nieżyczliwości. Miałem tego naprawdę serdecznie dość.

Życie jest za krótkie

Kibice są oczywiście rozczarowani, ale fachowcy nie są zaskoczeni. Koledzy Piechniczka nie mają wątpliwości. – Żyliśmy w Polsce złudzeniami. Po losowaniu eliminacji wiadomo było, że awans do finałów mistrzostw świata jest raczej niemożliwy – uznaje trener Leszek Jezierski. – Od dziesięciu lat za porażki reprezentacji płacą trenerzy i oprócz nich niewiele się w polskiej piłce zmienia. Nasi piłkarze są po prostu słabi i bez względu na to, ile by się im zapłaciło, nie zaczną wygrywać, nie są w stanie – dodaje Lesław Ćmikiewicz.

W Warszawie zbiera się zarząd PZPN. Piechniczek: – Przyszło ze czterdzieści osób. Prezes Dziurowicz to był niezły dyplomata. Nakazał mi złożyć sprawozdanie z działalności, a potem każdy z członków zarządu mógł mi zadać pytanie. To była gra na jedną bramkę. W szczegółach opowiedziałem o wszystkim, o negatywnej postawie Widzewa, spóźnieniach na treningi, przypomniałem zdarzenia z Rosji. Mówiłem trzy kwadranse. Czas na pytania, cisza. Dziurowicz oburzony na innych działaczy. „Mieliście tyle uwag i pretensji do trenera, a teraz cisza?" – mówi.

Piechniczek wraca pociągiem do Katowic. Razem z nim Hilary Nowak, kierownik reprezentacji w czasach Wojciecha Łazarka. – Uważam, że powinieneś dalej prowadzić reprezentację, zrobić czystkę. Musisz tylko wygrać kolejne eliminacje – mówi.

Piechniczek: – A ja sobie wtedy pomyślałem: „Kolejne dwa lata mordęgi? Życie jest za krótkie". Przez całe sześć lat poprzedniej pracy nie straciłem tyle zdrowia, ile przez ten rok.

Trenerski rekord Polski

Piechniczek jedzie do Dziurowicza na Ceglaną w Katowicach, do ośrodka GKS-u. Prezes PZPN najczęściej rezyduje właśnie tam.

– Marian, rezygnuję – mówi. Dziurowicz dzwoni do Krzysztofa Pawlaka, asystenta Piechniczka. Każe mu następnego dnia przyjechać do Katowic. Ma zastąpić Piechniczka w ostatnim meczu eliminacji z Gruzją.

Krzysztof Pawlak: – Rozumiałem Piechniczka, atmosfera wokół niego była nieznośna, miał prawo nie wytrzymać. W pierwszej chwili chciałem być solidarny z trenerem i też odejść, ale Piechniczek zasugerował, żebym się zastanowił. „Trenerem klubowym możesz być zawsze, a szansa bycia selekcjonerem może się zdarzyć raz w życiu". Posłuchałem go.

W ostatnim meczu polska drużyna pokonuje Gruzję 4:1. Pawlak nigdy więcej nie prowadzi już reprezentacji, do historii przechodzi jako selekcjoner, który nie ponosi porażki.

– Być może niektórzy uznają mój selekcjonerski epizod za niepoważny, ale ja jestem dumny i się cieszę, że coś takiego mnie spotkało – mówi Pawlak. – Tym bardziej że nie było łatwo złożyć skład na ten mecz. Niektórzy zawodnicy mi odmówili, bo woleli jechać na urlopy, choćby ci z Bundesligi. Proszę porównać skład z mojego meczu i następnego, z nowym selekcjonerem.

Piechniczek: – Pawlak był facetem, który przeszedł do historii ze stuprocentową skutecznością, a teraz nie potrafi znaleźć porządnej pracy. Widać, jaka jest różnica między selekcjonerem w Polsce a na przykład w Anglii albo Niemczech. W Polsce trener się zastanawia, z czego będzie żył. W Niemczech zarabia tyle, że się wcale nie przejmuje, czy wygra, czy przegra. Daje mu to niesamowity spokój i luz.

Audiotele z Wójcikiem

– Po meczu z Gruzją działacze PZPN z prezesem Dziurowiczem na czele zaproponowali mi, żebym wystartował w konkursie audiotele na trenera m.in. z Januszem Wójcikiem – mówi Pawlak. – Odmówiłem, prosiłem, żeby na tej liście mnie nie wystawiać. Potem prezes Dziurowicz zapytał, czy nie jestem zainteresowany pracą w PZPN. Byłem trenerem Lecha Poznań, więc odparłem, że nie jestem. Dziś uważam to za błąd i żałuję, że tak zrobiłem.

Stuprocentowym faworytem do objęcia posady selekcjonera jest Janusz Wójcik. – Forował go prezydent Kwaśniewski – mówi Piechniczek. – Uważał, że to „trener tysiąclecia". Marian Dziurowicz się bronił, bo doskonale wiedział, kim jest Wójcik. Miał do niego awersję.

Andrzej Gowarzewski: – W czerwcu 1997 roku w studiu telewizyjnym prowadzonym przez Dariusza Szpakowskiego zmuszono Dziurowicza do pożegnania Piechniczka i do ogłoszenia Janusza Wójcika nowym selekcjonerem. Antek miał o to do Dziurowicza pretensje. Piechniczkowi nie dano szans na obronę, a zarzuty wobec niego były populistyczne.

Nie mogłem wygrać

Piechniczek ze spokojem wspomina dziś selekcjonerską przygodę z lat 90. – Kiedy po raz drugi obejmowałem to stanowisko, naprawdę wierzyłem, że mogę coś osiągnąć. Dobrego trenera poznaje się po tym, że bierze zespoły w trudnej sytuacji. Wszyscy dookoła mówili mi, że popełniam błąd. Jakby przeczuwali, że to się źle skończy. Wszyscy wiedzieli, oprócz mnie – mówi Piechniczek.

– Dzisiejsza generacja piłkarzy myśli przede wszystkim o grze w zachodnich klubach. To dla nich najważniejsze. A reprezentacja? OK, można zagrać – mówią. To, co robili drużynie Kowalczyk czy Juskowiak, jest dla mnie niezrozumiałe. Nic dziwnego, że Piechniczkowi nie mogło się udać – mówił nam Waldemar Matysik, kiedy trener rezygnował z posady.

Joanna Piechniczek-Buczek: – Jak się dowiedziałam, że tato znów ma objąć reprezentację, odradzałam mu to. Lepiej, żeby ludzie pamiętali sukces z 1982 roku, niż wspominali porażki z lat 90.

Antoni Piechniczek: – A ja wierzyłem w sukces. Oczywiście sama wiara cudów nie czyni. KS Wisła nie wygra z Legią Warszawa tylko dlatego, że będzie w to wierzyć. Szybko zorientowałem się, że po moim odejściu w 1986 roku wiele spraw w polskiej piłce poszło w złym kierunku. Wróciłem z pełną świadomością, że podejmuję się czyszczenia stajni Augiasza. Potrzebny był człowiek, który powie zawodnikom: „Przepraszam, ale jeśli chcecie grać w reprezentacji, to tylko na moich zasadach". I nie ugnie się na krok.

Często zastanawiałem się nad przyczynami moich złych relacji z niektórymi zawodnikami. Doszedłem do przekonania, że polski piłkarz, który gra w renomowanej lidze europejskiej, niewiele ma do powiedzenia w macierzystym klubie i musi się podporządkować jego rygorom. Jest tylko jednym z wielu. Czasami go to frustruje, a jedynym miejscem, gdzie może odreagować te narastające frustracje, jest kadra. W klubach zawodnicy, którzy są najczęściej „drugim garniturem", muszą położyć uszy po sobie, a w reprezentacji chcieli pokazać, że „my som pany". No i panom nie pasowało jedzenie, hotel, autokar albo wczesne wstawanie na samolot.

– W drugiej kadencji selekcjonerskiej pana Piechniczka widać było, że jest nami coraz bardziej zmęczony – mówi Cezary Kucharski.

– Niektórym wydawało się, że jest już dla nas za stary, szczególnie liderzy tej drużyny chcieli młodszego szkoleniowca. Wielu z nich pracowało wcześniej w drużynie olimpijskiej z Januszem Wójcikiem, być może oczekiwali selekcjonera w takim stylu. Tymczasem musieli znosić człowieka nieugiętego, pracującego w inny sposób.

– Przez cały okres mojej pracy selekcjonera miałem kłopoty tylko z tymi „asami", którzy nigdy wcześniej i nigdy później nie potrafili osiągnąć jakichkolwiek sukcesów w reprezentacji Polski – zauważa Piechniczek. – Kariery nie do końca im się udały, na początku drogi myśleli, że osiągną więcej. Ten żal w nich osiadł, dlatego niektórzy z nich wydali zjadliwe wspomnienia. Cóż, jedyne, co im pozostało, to wylewać w nich na mnie pomyje. Ale ja nie muszę się rewanżować w taki sposób. Jestem człowiekiem spełnionym.

ROZDZIAŁ 12.

Polityka mała i duża

(2002-2007)

Czerwiec 2002 roku. Do Piechniczka dzwoni Janusz Okrzesik, były senator Unii Wolności, działacz sportowy. Zaprasza go do Rady Patronackiej klubu Podbeskidzie Bielsko-Biała.

– Przy okazji naszych sportowych spotkań rozmowa zeszła na politykę i zorientowałem się, że mamy podobny punkt widzenia na działalność samorządową – mówi Okrzesik. – Choć Piechniczek mieszka w Wiśle, to jednak było naturalne, że powinien startować z któregoś z okręgów śląskich. Moi koledzy, którzy współtworzyli wtedy listę Unii Samorządowej, przyjęli tę propozycję z radością, licząc oczywiście na wzmocnienie listy. To nie była lista partyjna, choć nazwą nawiązywała do Unii Wolności. Staraliśmy się wtedy zbudować szersze porozumienie i Piechniczek świetnie się w to wpisywał ze swoją niezależnością i wysoką pozycją społeczną wypracowaną poza polityką. Dla mnie Piechniczek pozostaje jednym z tych Ślązaków, którzy z czystym sumieniem mogą się odwoływać do tradycyjnego śląskiego etosu.

Wystawienie Piechniczka na liście to strzał w dziesiątkę. Unia Samorządowa zdobywa w województwie 72 tys.942 głosy, z czego sam Piechniczek 18 tys. 98 i jako jedyny kandydat tego ugrupowania zostaje radnym sejmiku województwa śląskiego. Indywidualnie więcej głosów zdobywa tylko Michał Czarski (21 tys. 252 głosy), wieloletni prezydent Sosnowca.

Gwóźdź w stopie

Piechniczek zostaje wiceprzewodniczącym sejmiku i zastępcą przewodniczącego dziewięcioosobowej komisji sportu, turystyki i rekreacji, która początkowo ma wchodzić w skład komisji ochrony środowiska.

Już podczas pracy w sejmiku Piechniczek dał się poznać jako osoba, która w polityce ma swoje zdanie i nie wchodzi z nikim w układy.

Piechniczek: – Naciskaliśmy, żeby komisja była samodzielnym bytem. Opiniowaliśmy m.in. wnioski o dofinansowanie obiektów sportowych. Od razu poprosiłem o przygotowanie mapy powiatów z wykazem, który ile już dostał pieniędzy i na co. Z takim dokumentem mieliśmy okazję dzielić fundusze sprawiedliwie. Po co trzecia hala w tym samym powiecie, gdy w innym miejscu dzieciom leje się na głowę z przeciekającego dachu sali gimnastycznej? Nie chciałem, żeby zyskiwali tylko ci, którzy potrafili się zakręcić i lobbować lub mogli liczyć na radnych ze swojego terenu. Z naszej inicjatywy powstało m.in. boisko ze sztuczną trawą i jego oświetlenie na Stadionie Śląskim.

Komisja nigdy nie opiniuje wniosku bez wizyty na budowie. Podczas jednej wizytacji odwiedza kilka inwestycji w okolicy.

– Pamiętam wizytę w Częstochowie – mówi Piechniczek. – Liceum publiczne i szkoła prowadzona przez siostry zakonne zabiegały o wsparcie budowy przyszkolnych sal gimnastycznych. Na budowie szkoły prowadzonej przez zakonnice wszystko równiutko poukładane, materiały budowlane posegregowane. Idealny ład, aż miło patrzeć. A na budowie przy szkole publicznej chodziliśmy po walających się deskach i wbił mi się gwóźdź w stopę. Jak tu pomagać takiemu kiepskiemu gospodarzowi?

– Pan Piechniczek bardzo angażował się w sprawy sportu – mówi Michał Czarski. – Dla niego nie było żadnego problemu, żeby pojechać na drugi koniec województwa i zobaczyć inwestycję, na którą mieliśmy dać pieniądze. Zawsze miał swoje zdanie, z nikim nie wchodził w układy. Pamiętam, jak się starał o fundusze na remont skoczni w Wiśle. Zabrał mnie tam, żebym na miejscu zobaczył, jaka to ruina. Bardzo mi pomógł, kiedy finansowaliśmy budowę boiska ze sztuczną murawą na Stadionie Śląskim. Doradzał, jaką wybrać trawę, żeby była najmniej urazowa dla grających. Mogę o nim mówić tylko dobrze.

Próg nie do przejścia

Koledzy z Unii Wolności pamiętają o Piechniczku, kiedy pod koniec 2004 roku zarząd partii decyduje o kolejnych zmianach. Głównym założeniem jest otwarcie UW na osoby z liberalnego skrzydła Sojuszu Lewicy Demokratycznej oraz na część ówczesnej centroprawicy. W 2005 roku powstaje Partia Demokratyczna demokraci.pl.

Deklarację ideową podpisuje 176 osób, w tym między innymi: Magdalena Abakanowicz, Zbigniew Bujak, Bronisław Geremek, Janusz Onyszkiewicz, Andrzej Grabowski, Marek Kondrat, Piotr Machalica, Jan Miodek, Daniel Olbrychski, Andrzej Seweryn, Zbigniew Zapasiewicz i Antoni Piechniczek.

We wrześniowych wyborach parlamentarnych Piechniczek startuje z listy PD w okręgu katowickim. Zdobywa 2311 głosów, a cała partia 4158. W skali województwa PD otrzymuje 2,6 proc. głosów i nie przekracza progu wyborczego.

Piechniczek: – Pojawienie się na liście znanych nazwisk nie wystarczyło. Mimo że z partią nadal współpracowały takie osoby jak premier Tadeusz Mazowiecki czy Bronisław Geremek, to poza Warszawą nie zyskała większego poparcia.

Nie wypada odmówić

Ale to nie jest pierwszy kontakt Piechniczka z wielką polityką. We wrześniu 1982 roku wzywa go do Warszawy Zbigniew Kaliński, sekretarz generalny PZPN.

– Antek, spotkało cię wielkie wyróżnienie. Dzwonili z Komitetu Centralnego. Mają propozycję. Nie wypada odmówić – słyszy w PZPN.

Piechniczek jedzie na Nowy Świat. Przyjmuje go dwóch mężczyzn. – Nazwisk nie pamiętam. Mówią, że tworzy się Patriotyczny Ruch Odrodzenia Narodowego i potrzebne jest im poparcie ludzi z pierwszych stron gazet. Oprócz mnie ze świata sportu o wsparcie poprosili też Irenę Szewińską. Nie zapominają dodać, jaki to zaszczyt znaleźć się w gronie tak wybitnych osobistości – wspomina Piechniczek.

W grudniu zawiązana zostaje Tymczasowa Rada Krajowa PRON i nazwisko Piechniczek pojawia się wśród jej inicjatorów. Oburzona jest najstarsza córka trenera.

Joanna Piechniczek-Buczek: – Byłam w drugiej klasie liceum. Należałam do tej świadomej, wojującej młodzieży. Wiadomo, że bliższa była nam „Solidarność" niż reżim, który wprowadził stan wojenny. Jak zobaczyłam na pierwszej stronie jakiegoś dziennika, że tata jest wśród założycieli PRON, pomyślałam, że się spalę ze wstydu. Miałam pretensje do rodziców, że mi nie powiedzieli. Szybko się za to zemściłam.

Joanna idzie na pielgrzymkę do Częstochowy. Wybiera grupę z Warszawy. Potem planuje wyjazd za granicę. Musi jeszcze załatwić formalności związane z wydaniem paszportu. Umawia się w tatą w PZPN.

Joanna Piechniczek-Buczek: – Musiałam podpisać jakiś wniosek. Obwieszona krzyżykami i emblematami „Solidarności" przyszłam do siedziby PZPN. Trudno było nie zauważyć tej demonstracji, w końcu przyszłam do jego pracy. Tato nie powiedział ani słowa, później też nie wracał do tej wizyty.

Piechniczek pojawia się na pierwszym kongresie PRON. Zostaje tylko jeden dzień. Już następnego ranka wyjeżdża z Warszawy do Kamienia na zgrupowanie kadry. To jego ostatni kontakt z tą organizacją.

Jeszcze przez pół roku z centrali PRON przychodzą zaproszenia na spotkania i materiały propagandowe. W końcu rezygnują z wysyłania korespondencji.

Antoni Piechniczek: – Nigdy się z tego nie tłumaczyłem, nikt mi tego nie wyrzucał. Kiedy później proponowano mi start w wyborach, też zwracano uwagę na moje osiągnięcia i nazwisko, które ludzie kojarzą z sukcesami w piłce nożnej.

Najlepszy w województwie

Po zakończonej w 2006 roku kadencji sejmiku Piechniczek dostaje propozycję startu w kolejnych wyborach pod szyldem PO.

Tomasz Tomczykiewicz, szef Platformy Obywatelskiej na Śląsku: – Rezygnacja z tak rozpoznawalnej postaci byłaby wielkim błędem. Wyniki wyborów pokazały, że nie myliliśmy się.

12 listopada 2006 roku PO zdobywa 33,3 proc. głosów i wygrywa wybory. Piechniczek dostaje 35 tys. 292 głosy. To najlepszy wynik w województwie.

Od razu angażuje się w przygotowania Stadionu Śląskiego do Mistrzostw Europy w Piłce Nożnej 2012. Jeszcze przed wyborami we wrześniu 2006 roku województwo śląskie jako właściciel stadionu podpisuje z Polskim Związkiem Piłki Nożnej i Federacją Piłkarską Ukrainy umowę w sprawie przygotowania Stadionu Śląskiego do rozgrywek Euro 2012. Kiedy w maju 2007 roku marszałek i wojewoda powołują Wojewódzki Sztab Organizacyjny Euro 2012, Piechniczek zostaje jego honorowym przewodniczącym.

– Było to dla mnie najważniejsze zadanie – mówi Piechniczek. – Stadion Śląski to dla mnie wyjątkowe miejsce. Urodziłem się i wychowałem w jego sąsiedztwie. Odniosłem tam swój pierwszy liczący się sukces sportowy. Jako piłkarz Zrywu Chorzów na jego murawie zdobyłem mistrzostwo Polski juniorów. To tu oglądałem takie sławy piłkarskie, jak Alfredo di Stefano, Bobby Charlton czy Johan Cruijff. To również wyjątkowe miejsce dla polskiej piłki. Na Śląskim sześciokrotnie awansowaliśmy do mistrzostw świata w piłce nożnej!

Oczekiwanie na ogłoszenie wstępnych wyników wyborów parlamentarnych w siedzibie katowickiej Platformy Obywatelskiej. Na zdjęciu (od lewej): Jan Rzymełka, Antoni Piechniczek, Klaudiusz Slezak, Tomasz Tomczykiewicz, Marek Wójcik i nieżyjąca już Krystyna Bochenek.

Bez zgiętego karku

Piechniczek w drugiej swojej kadencji jest radnym sejmiku zaledwie rok. Władze Platformy Obywatelskiej proponują mu start w wyborach do Senatu.

„Chcę się upomnieć o Śląsk. Bez kompleksów, bez zgiętego karku. Z założenia senator może więcej niż zwykły obywatel, nawet jeśli nazywa się Piechniczek" – mówi kandydat w „Sporcie". Przyznaje, że Euro 2012 stało się jednym z impulsów decyzji o starcie w wyborach. W Senacie chce walczyć o to, żeby mistrzostwa w Polsce i na Ukrainie odbyły się w 12 miastach. Wtedy Chorzów znów wejdzie do gry.

Brak Chorzowa w podstawowej czwórce miast organizatorów komentuje ostro: „Przegrał nie tylko stadion, ale cały region! My postawiliśmy na konkrety, inne miasta na »Baśnie z 1001 nocy«. My mamy stadion, inni pokazywali projekty obiektów, pod które nie wykupiono nawet gruntów. Jeżeli brać pod uwagę kryteria czysto piłkarskie, Śląski nie mógł przegrać! Żadna inna arena w Polsce, żaden teatr czy filharmonia nie gościły tylu znamienitości co to miejsce" – grzmi w „Wyborczej" Piechniczek.

Nie ma wątpliwości, że ranking miast został opracowany wbrew zdrowemu rozsądkowi. „Powstała siedmioosobowa komisja, w której zasiadło pięć osób związanych z PiS i dwie z PZPN. To ja się teraz pytam, czy decydował sport, czy polityka? Mówienie o słabej ofercie Chorzowa to cynizm. Cynizm do entej potęgi! Zarzucają nam słabą infrastrukturę, słaby transport. Odpowiadam. Szybciej można dojechać z Chorzowa do Krakowa niż z warszawskiego Stadionu Dziesięciolecia do leżących nieopodal Janek! Które miasto ma w promieniu stu kilometrów trzy międzynarodowe lotniska? Chorzów ma: Pyrzowice, Balice i Ostrawę" – dodaje.

Zyta Piechniczek: – Podczas kampanii spotykaliśmy się z wyborcami. Ludzie rozpoznawali męża, brali autografy. I pytali: „Po co to panu?". Mąż zawsze odpowiadał, że czas na nowe wyzwania, że przemawia za nim doświadczenie. Podziwiałam go, że zdecydował się na taki krok.

„Bogiem a prawdą tak sobie wyobrażam osobę noszącą godność senatora Rzeczypospolitej. Wiek godny Wysokiej Izby plus znajomość wielu kultur i krajów, nienaganna karta etyczna, wysokie kwalifikacje intelektualne – to zespół cech, bynajmniej niewyczerpujący atutów polityka z Wisły. Stoi za nim nade wszystko dorobek w pracy z reprezentacją Polski i trudne do powtórzenia medalowe miejsce w finałach mistrzostw świata 1982. Ponowne zakwalifikowanie się do tego czempionatu cztery lata później wysuwa Piechniczka na czoło polskiego rankingu selekcjonerów wszech czasów" – pisze o kandydacie Ryszard Niemiec w „Sporcie".

Joanna Piechniczek-Buczek: – Nie byłam zaskoczona, że tato startuje do Senatu. Na całym świecie ludzie z takim dorobkiem trafiają do polityki.

Zdziwiłam się tylko, że z Platformy Obywatelskiej. Poglądy polityczne taty są zupełnie inne i na pewnie daleko im do tego, co propaguje PO. Tato jest konserwatystą. Jest tolerancyjny „po polsku". Przez lata mieszkania w Stanach Zjednoczonych inaczej pojmuję tolerancję, jestem bardziej liberalna. Często o tym z tatą dyskutujemy. Wiele razy wydawało mi się, że już go przekonałam do swoich racji, ale przy kolejnej rozmowie – za dwa, trzy miesiące – on znów wraca do swojego zdania. Ale rozumiem to i szanuję.

Piechniczka w kampanii docenia nawet działacz PiS. Partii udało się w Katowicach zarejestrować tylko dwóch kandydatów do Senatu, chociaż miejsca są trzy. Trzy tygodnie przed wyborami Piotr Pietrasz, rzecznik PiS w okręgu śląskim, mówi „Wyborczej", że członek jego partii może w ostateczności oddać głos także na kandydata PO. Za najlepszy wariant uznaje głosowanie na Piechniczka. Pietrasz chwali go, że w sejmiku województwa nie brał udziału w konflikcie PO z marszałkiem i nie podpisywał wniosków o odwołanie zarządu województwa. Podkreśla jednak, że to jego stanowisko, a nie całej partii.

Piechniczek zdobywa 207 tys. 243 głosy. Przed nim jest tylko dziennikarka Krystyna Bochenek, którą popiera 255 tys. 792 wyborców.

Biuro w „Kotle czarownic"

W Senacie Piechniczek działa w komisji nauki, edukacji i sportu. Jako jedyny senator w Polsce swoje biuro ma na terenie stadionu.

Marek Szczerbowski, były dyrektor Wojewódzkiego Ośrodka Kultury i Sportu „Stadion Śląski" w Chorzowie: – To ja wpadłem na pomysł z biurem na stadionie, a pan senator chętnie na to przystał. Miałem wolne pomieszczenie naprzeciw swojego. Dzieliliśmy sekretariat.

Do biura na Śląskim wyborcy przychodzą z różnymi problemami. – Nigdy mi się nie zdarzyło, żeby ktoś przyszedł z prywatną sprawą, prosząc np. o załatwienie pracy – mówi Piechniczek. – Ludziom zależało na placu zabaw w dzielnicy czy odnowieniu jakiegoś boiska. Może wiedzieli, że jestem wrogiem nepotyzmu.

Na początku 2008 roku pod adresem Piechniczka pojawia się zarzut oszustwa w oświadczeniu majątkowym. Miał zataić udział w Radzie Patronackiej Odry Wodzisław. – Media zrobiły z tego aferę, a ja najzwyczajniej nie miałem pojęcia, że zasiadanie w radzie patronackiej klubu sportowego należy wykazać w oświadczeniu. Z Odrą Wodzisław byłem związany na długo, nim zostałem senatorem. Kiedy Kancelaria Senatu poprosiła mnie o wyjaśnienia, niczego nie ukrywałem. Zrezygnowałem też z udziału w tej radzie. Nie po to szedłem do polityki, żeby kogoś oszukiwać czy się wzbogacić. Zawsze byłem uczciwy i to, co w życiu osiągnąłem, wiązało się z ciężką pracą – mówi Piechniczek.

Na ukochanym Stadionie Śląskim. Tutaj Piechniczek zobaczył pierwszy międzynarodowy mecz, tutaj też miał swoje biuro senatorskie.

Jestem człowiekiem sportu

Chętnie angażuje się w sprawy piłki. Występuje nawet w spocie reklamowym odbudowującego się Kujawiaka Włocławek. Klub był wcześniej zamieszany w aferę korupcyjną w polskim futbolu. Teraz zaczyna od nowa. Po awansie z piątej ligi do trzeciej zespół z Włocławka zamierza pozyskać sponsorów i prosi o wsparcie znane postacie polskiej piłki.

Oprócz Piechniczka w spocie występują m.in. trener Jerzy Engel i były piłkarz Marek Jóźwiak.

Wszelkie komentarze na temat udziału w reklamie Piechniczek ucina w toruńskiej „Wyborczej": – Jestem człowiekiem sportu i piłki nożnej, ktokolwiek prosi mnie o pomoc w tak szlachetnej sprawie, nie odmówię. To był jedyny motyw. Może mu to pomoże – mówi. Jednocześnie zaznacza, że jest przeciwnikiem abolicji dla klubów, które ukarano za korupcję.

W październiku 2008 roku chętnie zostaje trenerem ekipy senatorów w charytatywnym meczu na rzecz fundacji Akogo?, która buduje w Warszawie klinikę Budzik. Grają z ekipą członków senatów wyższych polskich uczelni. Pomysłodawczynią meczu i menedżerką drużyny Senatu RP jest senator Krystyna Bochenek. Przed meczem Piechniczek zapewnia: – Nasz poziom przygotowania jest adekwatny do poziomu zaangażowania, a tego nie brakuje. Boimy się przeciwnika, ale tanio skóry nie sprzedamy.

Drużyny spotkają się na stadionie Górnika Zabrze. Mecz kończy się remisem, a fundacja Akogo? dostaje czek na około 40 tys. zł.

Maszynka do głosowania

Kiedy w maju 2009 roku Chorzów ostatecznie odpada z wyścigu o Euro 2012, Piechniczek jest rozżalony. – Jeszcze jesienią 2008 roku, kiedy wygraliśmy na Śląskim z Czechami, wszyscy chwalili Śląski. Zachwytom nie było końca. Dla mnie była to decyzja polityczna. Pokazano nam, Ślązakom, miejsce w szeregu. Może nasze elity za mało się zaangażowały? Żyły w przekonaniu, że nam się to Euro z automatu należy? – mówi Piechniczek.

Zaczyna głośno mówić, że to jego ostatnia kadencja w Senacie i nie zamierza się starać o ponowny wybór.

Marek Szczerbowski: – Piechniczek to wielki śląski patriota. Choć jestem z innej opcji politycznej, to wiedziałem, że może załatwić wiele spraw dla Śląska i Stadionu Śląskiego. Przecież ostatnie mecze reprezentacji rozegrano na naszym stadionie właśnie wtedy, gdy był senatorem i wiceprezesem PZPN. Z Euro 2012 się nie udało, ale to raczej wynik

Drużynę senatorów w meczu charytatywnym na rzecz fundacji Akogo? poprowadził oczywiście były trener reprezentacji Polski.

słabej pozycji senatora w Platformie. Powinni żałować, że nie wykorzystali należycie jego doświadczenia.

– Byłem rozczarowany, że senator Piechniczek nie zamierza startować ponownie – mówi Tomasz Tomczykiewicz. – Mało mamy na Śląsku osób z takim doświadczeniem i nazwiskiem. Szkoda, że zrezygnował z polityki.

Antoni Piechniczek: – Nie chciałem być maszynką do głosowania, bo praktycznie do tego się to sprowadzało. Uznałem, że partia za mało wykorzystuje moje kompetencje, doświadczenie; i to w czasie, kiedy moja kadencja pokrywała się z przygotowaniami do organizacji Mistrzostw Europy w Piłce Nożnej. Jak mogłem poważnie traktować polityków, którzy na czas mistrzostw powołują ministra sportu bez pojęcia o piłce? Szanuję panią Joannę Muchę, pewnie ma wiele zalet, ale uważam, że to zadanie ją przerosło.

– Kiedy tata był senatorem, pracowałem w chorzowskim magistracie – mówi Tomasz Piechniczek. – Jak do władzy doszła Platforma, ludzie zaczęli mówić, że pewnie szybko awansuję. Oczywiście nic takiego nie miało miejsca. Tato nie wtrącał się w nasze życie. Za to ja odczułem na własnej skórze decyzję taty. W chorzowskim urzędzie miasta zmieniła się ekipa rządząca, ojciec zrezygnował z ponownego kandydowania do parlamentu, a ja po 16 latach pracy w chorzowskim magistracie złożyłem wypowiedzenie. Na pożegnalną imprezę przyszło kilkudziesięciu współpracowników. Zostawiłem tam wielu przyjaciół.

Tomasz Piechniczek będzie wkrótce bronił doktorat z socjologii pod tytułem „Kultura i religijność w życiu miejskiej społeczności lokalnej. Socjologiczne studium przypadku. Kłodnica w Rudzie Śląskiej". Razem z żoną Katarzyną, farmaceutką, wychowują dwie córki: 22-letnią Martę, studentkę wzornictwa w TEKO Design + Business w Danii, i 18-letnią Marię, uczennicę liceum, oraz 16-letniego syna Krzysztofa, również licealistę.

Rozdział 13.

W PZPN

(2004-2006, 2008-2012)

Po raz pierwszy we władzach PZPN Piechniczek zasiada w 2004 roku. Podczas grudniowego zjazdu jest delegatem Odry Wodzisław. Dostaje 107 głosów, zostaje członkiem zarządu i wiceprezesem do spraw szkolenia.

– Myślę, że właśnie od tej strony mogę polskiemu futbolowi zaoferować najwięcej. Podczas wyborów na zjeździe PZPN otrzymałem bardzo wiele głosów. To sprawiło, że postanowiłem nie uciekać przed zaufaniem. Z drugiej strony nie jest to przecież funkcja dla mnie stworzona. Ona była, jest i będzie, bo po prostu jest potrzebna. Moim zdaniem można ją traktować jako drugą pod względem ważności po prezesie związku. Wiceprezes do spraw szkolenia jest przecież swoistym ideologiem tego, co od strony warsztatu trenerskiego dzieje się na boiskach – komentuje swój wybór w „Dzienniku Zachodnim".

Michał Listkiewicz, były prezes PZPN: – Znacznie wcześniej połączyło nas dwóch ludzi – obaj już nie żyją – Witold Dłużniak i Jerzy Borski, szefowie ośrodka Start w Wiśle. Gdy przyjeżdżałem do Startu spotykaliśmy się w większym gronie, także z Antonim i jego żoną. Zabierałem moich synów, dzisiaj już trzydziestoletnich, do domu Antka, odbierali to tak, jakbym ich zabierał do Maradony czy Pelego. Z zapartym tchem słuchali opowieści o meczach. Moja żona, która nie lubi piłki nożnej, była zachwycona panią Zytą. Mówiła, że poznała wreszcie kogoś spoza piłkarskiego getta, z kim można porozmawiać o wszystkim.

Wiceprezesem do spraw reprezentacji zostaje Henryk Apostel. Piechniczek nie widzi konfliktu interesów. – Nastawieni jesteśmy na współpracę, również z uwzględnieniem pionu młodzieżowego, który nadzorować będzie Eugeniusz Nowak. Oczywiście, pierwsza reprezentacja podlegać będzie wiceprezesowi Apostelowi i on – obok Pawła Janasa – będzie ponosił największą odpowiedzialność za wyniki, ale ja też mam swoje przemyślenia i spostrzeżenia, które chciałbym przekazywać. Mam nadzieję, że ten mój głos zostanie wysłuchany – mówi.

Nic pod stołem

Na początku stycznia 2005 roku Piechniczek jako szef do spraw szkolenia nie zgadza się, żeby trenerami w GKS Katowice i Górniku Zabrze byli niedawni zawodnicy Jan Furtok i Marek Wleciałowski.

43-letni Furtok przez wiele lat grał w GKS Katowice i Bundeslidze (HSV Hamburg, Eintracht Frankfurt), potem prowadził szkółkę juniorów w Gieksie [GKS Katowice], był także krótko dyrektorem sportowym klubu.

35-letni Wleciałowski, długoletni obrońca Ruchu Chorzów, był w Górniku asystentem pierwszych trenerów: Waldemara Fornalika, Wernera Liczki i Edwarda Lorensa.

– Mimo całej sympatii dla nich i wiary, że są bardzo dobrymi trenerami, nie mogę się na to zgodzić. Obaj nie mają wymaganych licencji. Przepisy są jasne i z racji swojej funkcji muszę ich rygorystycznie przestrzegać. Nie może to być zresztą dla nikogo zaskoczeniem. Wszystkie ligowe kluby doskonale znają przepisy – podkreśla w gazetach Piechniczek.

Jego decyzji nie może zrozumieć Zbigniew Koźmiński, ówczesny prezes Górnika Zabrze: – Jak w PZPN chcą fikcji, to w 15 minut możemy ją zrobić. Zatrudnię kogoś za „chochoła", kto będzie chodził na konferencje i udawał pierwszego trenera – narzeka w „Wyborczej".

Swoich racji Piechniczek broni w odpowiedzi po felietonie Rafała Steca pt. „Antek policmajster".

„Jedną z bolączek naszej piłki jest załatwianie spraw pod stołem, kuchennymi drzwiami, z próbą obejścia przepisów i zarządzeń, co wywołuje pogląd, że wszystko można. Współpracująca ze mną grupa ludzi chce Wydziałowi Szkolenia nadać znaczenie priorytetowe w PZPN, odcinając się od okresu, gdy tego wydziału w ogóle nie było. Przepisy licencyjne – bo to jest przedmiot sporu – obowiązują w PZPN od dziewięciu lat, jest to wymóg UEFA, a nie wymysł grupy doświadczonych trenerów" – pisze.

Piechniczek: – UEFA kontroluje przestrzeganie przepisów i może odebrać nam prawo nadawania licencji UEFA PRO. Doskonale rozumiem rozżalenie byłych piłkarzy, doceniam intencje działaczy, ale adresatem pretensji może być tylko Komisja Techniczna UEFA, nie zaś PZPN.

W końcu sam proponuje kompromisowe rozwiązanie. Furtok i Wleciałowski mogą pracować, ale będą mieli za doradców trenerów z licencjami: Władysława Żmudę w Górniku i Jacka Góralczyka w GKS.

Piechniczek: – Tak się przecież dzieje we Francji i wielu innych krajach. Nie myśmy to wymyślili.

Decyzję Piechniczka ostro komentuje Mirosław Trzeciak, były piłkarz ŁKS Łódź i hiszpańskiej Osasuny Pampeluna, który w Hiszpanii zdobył licencję trenera: „Jestem zbulwersowany. Hiszpania to inny świat, tu można wybierać spośród dwóch tysięcy fachowców. A my mamy ich dwudziestu na krzyż. Furtok to autorytet na najwyższym poziomie. Nie skorzystać z jego wiedzy i doświadczenia to grzech, robienie krzywdy młodym zawodnikom. Niech trenuje Gieksę, ale w trzy lata nadrobi wszelkie zaległości! Niech w takich sytuacjach nie decyduje prawo, lecz rozsądek. Po co zatrudniać tych dwóch starszych trenerów i płacić kolejnym osobom? Przecież wiadomo, w jakiej kondycji są polskie kluby. Dlaczego trenerowi Piechniczkowi tak bardzo na tym zależy?".

Piechniczek: – Nie po to są zasady, żeby załatwiać coś pod stołem. Ta sytuacja pokazuje też krótkowzroczność zawodników skupiających się jedynie na grze w piłkę. Nie myślą, co będzie później. Wiem z własnego doświadczenia, że grę można pogodzić z nauką. Byłem zawodnikiem Legii, studiowałem na AWF i po czterech latach zdobyłem tytuł magistra oraz uprawnienia trenera.

Nowy trener, nowe wyzwania

11 lipca 2006 roku trenerem piłkarskiej reprezentacji zostaje Leo Beenhakker. Pierwszy obcokrajowiec na tym stanowisku. PZPN podpisuje z nim kontrakt na 15 miesięcy, do zakończenia eliminacji mistrzostw Europy w 2008 roku.

Piechniczek nie ukrywa, że woli Pawła Janasa, „bo jestem szefem polskiego wydziału szkolenia, a nie holenderskiego. Polscy trenerzy udowodnili, że potrafią odnosić sukcesy na wielkich imprezach – trzecie miejsca na MŚ w 1974 i 1982 r., czterokrotny start w MŚ z rzędu w latach 1974-86, teraz dwukrotny awans. Nie jest tak, że neguję wybór Beenhakkera. Może uda mu się stonować napięte nastroje, kłótnie, żal, spory. Może będzie bardziej medialny niż Janas, może uda mu się wprowadzić coś ze szkoły holenderskiej, która dla wielu krajów jest wzorem do naśladowania. Są pozytywy i ja je dostrzegam" – mówi w wywiadach.

Przypomina jednak, że sukcesy Beenhakkera w piłce reprezentacyjnej nie są rewelacyjne. – Dziesięć razy grał na mistrzostwach świata i nie wygrał bodaj żadnego meczu, a ja grałem 11 i wygrałem trzecie miejsce na świecie – dodaje.

Cztery dni później sensacja. Piechniczek rezygnuje z funkcji wiceprezesa do spraw szkolenia. „Stwierdziłem, że w tej chwili jest ku temu znakomita okazja. Został wybrany nowy trener reprezentacji i obecnie PZPN powinien również na stanowisku szefa szkolenia zatrudnić nowego człowieka" – wyjaśnia powody swojej decyzji w „Super Expressie". Prosi, żeby nie doszukiwać się sensacji: „Po prostu musi być na tym stanowisku ktoś zatrudniony, powtarzam – zatrudniony. Musi być w PZPN codziennie. Ja do tej pory robiłem to społecznie. Nie pobierałem żadnego wynagrodzenia". Nie zgodziłby się zostać, nawet gdyby dostał pensję. Podkreśla, że to musi być ktoś z Warszawy, a nie jak on, z doskoku.

Piechniczek: – W tym czasie PZPN to była republika sędziowska. Michał otaczał się swoimi ludźmi. Wspólnie z Mirosławem Ryszką i Eugeniuszem Kolatorem decydowali o wszystkim, także o sprawach czysto szkoleniowych. Nie chciałem tego firmować swoim nazwiskiem.

– Mogę tylko odpowiedzieć, że po mnie w PZPN zapanowała republika piłkarzy i trenerów, a sukcesów mieli mniej niż za mojej kadencji – mówi Listkiewicz. – Z Antonim bardzo często się różniliśmy. To wielki patriota, zwłaszcza śląski. Zawsze walczył o kluby śląskie i Stadion Śląski, chciał coś więcej dla regionu załatwić. Jako szef całego związku nie mogłem faworyzować Śląska. Pamiętam, że wybierając jakąś firmę do współpracy z PZPN, nieraz słyszałem od Antoniego: „Dlaczego musi być zagraniczna? Przecież nasze firmy też takie rzeczy produkują".

Mógłby być moim synem

W styczniu 2007 roku Tomasz Lipiec, minister sportu w rządzie PiS, zawiesza zarząd PZPN i wprowadza do związku kuratora. Swoją decyzję argumentuje wykrytymi przez kontrolę ministerialną nieprawidłowościami w funkcjonowaniu związku oraz wieloma podejrzeniami korupcyjnymi wobec członków PZPN. Kurator ma sprawować funkcję do czasu wyboru nowych władz związku.

„Uświadomiłem sobie, że akurat mija 50 lat, odkąd jestem członkiem PZPN – w 1957 roku podpisałem akces do Zrywu Chorzów – i w tym czasie nikt nigdy za nic mnie nie zawieszał ani nie dyskwalifikował. Teraz zawiesił mnie człowiek, który mógłby być moim synem" – komentuje Piechniczek w „Dzienniku Zachodnim".

Przypomina, że w lipcu rok wcześniej zrezygnował z bycia wiceprezesem. Liczył, że jego kompetencje i możliwości będą większe. Murem staje jednak za Listkiewiczem: „Gdyby na chwilę odrzucić korupcyjne tło, okazałoby się, że Listkiewicz jest najlepszym prezesem w historii polskiej piłki. To za jego kadencji dwa razy awansowaliśmy do finałów mistrzostw świata, to on zatrudnił Leo Beenhakkera, za którego sprawą możemy po raz pierwszy awansować do finałów mistrzostw Europy (...). Teraz byłoby najłatwiej wypiąć się na Listkiewicza i całe kierownictwo

– Z Antonim bardzo często się różniliśmy. Zawsze walczył o kluby śląskie i Stadion Śląski, chciał coś więcej dla regionu załatwić. Jako szef całego związku nie mogłem faworyzować Śląska – wspomina Michał Listkiewicz, były prezes PZPN.

PZPN. Ktoś mógłby powiedzieć nawet, że mam prawo wbić gwóźdź do trumny. Nie, tak nie zrobię. Chociażby z powodu wątpliwości, czy ci nowi, co mają przyjść, są wystarczająco godni i władni, by przejąć kierowanie PZPN".

Reakcja władz FIFA i UEFA na decyzję Lipca jest natychmiastowa. Jeśli minister nie ustąpi, Polska zostanie wykluczona z rozgrywek międzynarodowych. Kibice nie wybaczyliby tego żadnej władzy, bo tak blisko finałów mistrzostw Europy jeszcze nigdy nie byliśmy. 5 marca minister odwiesza zarząd PZPN.

W efekcie Tomasz Lipiec szybciej przestaje być ministrem sportu niż Listkiewicz prezesem PZPN. W październiku Lipca zatrzymują agenci Centralnego Biura Antykorupcyjnego. Były chodziarz zostaje oskarżony o przyjęcie 270 tys. zł łapówek. Grozi mu za to dziesięć lat więzienia. Ostatecznie zostaje skazany na trzy i pół roku. Ma także dziesięcioletni zakaz pełnienia funkcji publicznych.

Lato w związku

We wrześniu 2009 roku minister sportu i turystyki Mirosław Drzewiecki ponownie zawiesza zarząd PZPN. „Czy w Europie istnieje związek czy instytucja, którego statut mówi np., że aby zwołać walne zgromadzenie delegatów, trzeba to ogłosić trzy miesiące wcześniej? A tak jest w przypadku PZPN. Krok po kroku zmieniali swój statut, przez co struktura stała się mało przejrzysta, a zasady obowiązujące w związku niejasne. Nie dążę do niczego innego, jak tylko do tego, by oni wiernie przepisali statut UEFA. Nie mam obawy, że UEFA zawetuje nowy statut związkowy, bo nie będą przecież występować przeciwko swojemu własnemu statutowi!" – mówi miesiąc wcześniej minister w dzienniku.pl.

I choć zastrzega, że nie jest od tego, żeby wskazywać nowego prezesa PZPN, dodaje: „Jeżeli zostanie wskazany Piechniczek, uważałbym, że to dobry wybór. To uczciwy człowiek, który ma osiągnięcia w sporcie. Radziłbym tylko nowemu prezesowi, żeby zbudował zarządzanie związkiem na zasadach menedżerskich i otoczył się ludźmi, którzy są zawodowcami. Działaczy natomiast dopuszczał do dyskusji, jeśli będzie mowa o samej piłce, a nie o zasadach funkcjonowania związku".

Piechniczek o propozycji ministra dowiaduje się z prasy. – Nikt nigdy ze mną na ten temat nie rozmawiał. Mogłem tylko podziękować za te miłe słowa. Z całym szacunkiem dla ministra, ale to delegaci nadal wybierają prezesa. Ja nie zamierzałem kandydować – mówi.

Tym razem UEFA w sporze z ministrem ma dodatkowy argument. Jeśli nie odwiesi zarządu PZPN, to nie tylko zostaniemy zawieszeni w międzynarodowych rozgrywkach, ale i odbiorą nam organizację Euro

2012. 10 października minister wycofuje kuratora ze związku. Ma jednak odrobinę satysfakcji. Podczas zjazdu PZPN 30 października 2008 roku Michał Listkiewicz przestaje być prezesem. Zastępuje go Grzegorz Lato.

A kto to jest Piechniczek?

Piechniczek u boku nowego prezesa znów odpowiada za szkolenie. Trenerem reprezentacji nadal jest Leo Beenhakker, z którym w listopadzie 2007 roku PZPN przedłużył kontrakt do końca listopada 2009 roku. Zgodnie z obietnicą polska kadra pod wodzą Holendra zakwalifikowała się do mistrzostw Europy 2008. Podczas turnieju Polacy nie wychodzą z grupy, strzelają jedną bramkę i zdobywają jeden punkt za remis z Austrią.

Piechniczek: – Nie podobało mi się, jak Listkiewicz dał się traktować Beenhakkerowi. Zamiast spotykać się nim w siedzibie związku, biegał do Sheratona, gdzie trener miał apartament. A to Listkiewicz był przecież jego pracodawcą.

Piechniczek z Beenhakkerem nie rozmawia, choć okazji nie brakuje. Pierwsza nadarza się 9 grudnia 2006 roku. Reprezentacja Śląska pod wodzą Piechniczka spotyka się z reprezentacją Polski pod wodzą Beenhakkera na stadionie Ruchu Chorzów. Grają charytatywny mecz dla rodzin 23 górników, którzy w listopadzie zginęli w kopalni Halemba. Mecz kończy się remisem 1:1.

Piechniczek: – Nie zamieniliśmy ze sobą słowa. Przywitaliśmy się tylko przed meczem. Po meczu nie było okazji, bo dziennikarze od razu zaczęli zadawać pytania. Na obiedzie w hotelu też się nie pojawił.

W grudniu 2008 roku w wywiadzie dla „Przeglądu Sportowego" Beenhakker pytany o Piechniczka odpowiada: – Kto to jest? Znam tego faceta?

W ten sposób Holender potwierdza, że ma dość wskazówek i komentarzy byłego selekcjonera reprezentacji. Jego zdaniem Piechniczek nie ma prawa głosu, bo jego trenerskie sukcesy z kadrą to już przeszłość. – Mój jedyny kontakt z panem Piechniczkiem przez ostatnie 2,5 roku to było powiedzenie sobie cztery razy „dzień dobry". A co tydzień czytam w prasie, co według niego powinienem robić, czego nie, co robię źle i jak to powinienem naprawić – narzeka Holender.

– Dyplomatą pan Beenhakker nie był – mówi Piechniczek. – Szkoda, że nie powiedział mi tego prosto w oczy. Trudno, żebym nie komentował pracy trenera reprezentacji, kiedy odpowiadałem w PZPN za szkolenie. Taką wypowiedzią wystawił sobie świadectwo.

Listkiewicz: – Antoni jako przedstawiciel polskiej szkoły trenerskiej nie mógł się pogodzić z tym, że postawiłem na Leo Beenhakkera, ale

Takie spotkania w czasie, kiedy trenerem reprezentacji Polski był Leo Beenhakker, należały do rzadkości. Z lewej Grzegorz Lato, z prawej Andrzej Strejlau. Tylko oni się uśmiechają.

nigdy nie pozwolił sobie na jakieś uszczypliwości pod jego adresem. To, co powiedział Beenhakker, było nie na miejscu i świadczy tylko o nim. Jestem przekonany, że zrobił to pod wypływem emocji, nie radził sobie z krytyką w mediach. Ale w tym wypadku zabrakło mu klasy.

Za tę wypowiedź Beenhakker zostaje wezwany na dywanik do Grzegorza Laty. – Obraził Piechniczka. Wielki mi Beenhakker! Powiedziałem mu: „Zrób taki wynik, jak zrobił Piechniczek. Ja ci płacę, a ty jeszcze będziesz napieprzał na PZPN? Jak ty sobie to wyobrażasz? Wtrącasz się do wszystkiego, a ty masz zbudować pierwszą reprezentację! Płacimy, żebyś zrobił wynik, a nie za to, żebyś nas pouczał" – mówi Lato.

Prezes PZPN jest przekonany, że Listkiewicz popełnił błąd, podpisując umowę z Beenhakkerem przed mistrzostwami Europy w Austrii. – Trzeba było mu powiedzieć, że warunki zatrudnienia będą uzgodnione, ale umowa podpisana po turnieju. A potem, kiedy się nie udało, powiedzieć krótko: „Przykro mi, kochany, ale nie ma takiej możliwości" – mówi Lato.

Beenhakker z Piechniczkiem spotykają się na pogrzebie Kamili Skolimowskiej w styczniu 2009 roku. – Siedzieliśmy obok siebie w ławce. Sprawiał wrażenie zaskoczonego, gdy podałem mu rękę na znak pokoju, ale odwzajemnił uścisk – wspomina Piechniczek.

Pożegnanie z Beenhakkerem

Po przegranym 3:0 meczu ze Słowenią w eliminacjach do mistrzostw świata w RPA Grzegorz Lato nie wytrzymuje i przed kamerami telewizyjnymi oświadcza: „To był ostatni mecz Leo Beenhakkera w roli selekcjonera reprezentacji Polski". Ale nie informuje o tym wcześniej szkoleniowca. Następnego dnia przeprasza za formę, ale decyzję podtrzymuje.

– Niefortunnie to wyszło, ale Grzegorz zawsze był emocjonalny. Mówi, co myśli. Nie dziwię się, że Beenhakker ostro zareagował i nie wrócił z zawodnikami do kraju. Można było to załatwić profesjonalnie. Czasu się nie cofnie – mówi Piechniczek.

Na ostatnie dwa mecze eliminacji, z Czechami i Słowacją, trenerem zostaje Stefan Majewski, mimo że media i kibice głośno opowiadają się za Franciszkiem Smudą. Piechniczek jest zwolennikiem Majewskiego. „Ma duże doświadczenie – to raz. Jest członkiem zarządu PZPN, a więc doskonale wie, co działo się na linii zarząd – Beenhakker. To też jest ważne, bo piłkarzom trzeba wytłumaczyć, że podlegają PZPN i jeżeli na stadionie krzyczą »Jeb... PZPN!«, dotyczy to także ich" – mówi Piechniczek w Interia.sport.pl

29 października 2009 roku jednak Smuda zostaje trenerem reprezentacji. Piechniczek w sport.tvp.pl wyznaje: „Szczerze mówiąc, to była dla mnie najtrudniejsza decyzja od czasu powoływania piłkarzy do reprezentacji Polski na finały MŚ 1982 i 1986. Dlaczego tak trudna? Ponieważ dla wielu trenerów to życiowa szansa, dla niektórych być może jedna z ostatnich. Za trzy lata organizujemy finały Euro, czego wcześniej w historii nie było i zapewne długo nie będzie".

– Media próbowały sugerować, że nie lubię Smudy, że mamy jakiś konflikt – wspomina Piechniczek. – To bzdura. Franek miał doświadczenie i osobowość. Na tamte czasy był także nowym człowiekiem, nieskażonym pracą w PZPN. W sytuacji ciągłej nagonki kibiców na związek, tych niecenzuralnych okrzyków, nazywania nas „leśnymi dziadkami", betonem wybór Smudy był dobrym krokiem. Gdybyśmy byli przekonani, że sobie nie poradzi na tym stanowisku, nie powierzylibyśmy mu tej funkcji.

Okazuje się, że określenie „leśny dziadek" PZPN zawdzięcza Piechniczkowi. – W czasie jednego z wywiadów telewizyjnych użyłem sformułowania: „A co ja, już taki leśny dziadek, mogę na to poradzić". Nie pamiętam, o co chodziło, ale chciałem podkreślić, że mam już swoje lata, i rzeczywiście użyłem takiego sformułowania. Nie myślałem wtedy, że ktoś to podchwyci i takim epitetem obdarzy cały zarząd PZPN – mówi Piechniczek.

Zyta Piechniczek: – Mąż ma jeszcze jedno określenie związane z wiekiem. Często powtarza, że „jestem grupa powązkowska". Raz użył takiego określenia w szerszym gronie i jedna z pań się oburzyła, że chce być pochowany na Powązkach.

Nie jestem przyspawany do stołka

Polska reprezentacja po przegranej 0:1 z Czechami kończy 16 czerwca 2012 roku swój udział w Euro 2012. Po dwóch remisach i jednej porażce zajmuje ostatnie miejsce w grupie.

Choć mistrzostwa jeszcze trwają, do PZPN zaczynają spływać CV potencjalnych następców Smudy na stanowisku selekcjonera. – Rozdzwoniły się telefony z Brazylii i Czech – zapewnia „Przegląd Sportowy" Grzegorz Lato, który przypomina, że kontrakt Smudy kończy się 31 sierpnia 2012 roku.

Sam nie przypomina o swojej obietnicy złożonej w tej samej gazecie w listopadzie 2011 roku: „Jeśli nie będzie wyników na Euro 2012, to podejmę męską decyzję. Nie jestem przyspawany do stołka prezesa PZPN".

Obietnicę Laty przypomina także Joanna Mucha, minister sportu. W Radiu ZET ostrzega: „Zanim dokonamy rozliczenia trenera polskiej reprezentacji, powinniśmy rozliczyć PZPN".

Piechniczek w „Kontrwywiadzie" RMF FM pytany, czy Franciszek Smuda przeprosił za słaby wynik na Euro 2012, przyznaje: „Myślę, że nie przepraszał. Nie wymagaliśmy tych przeprosin. (...) Jakieś błędy dostrzegł w swojej pracy, ale umówiliśmy się, że złoży ze swoją ekipą sprawozdanie. Wtedy, po analizie, się ustosunkujemy". Zapewnia, że „Smuda se ne vrati" i jego następca na pewno będzie Polakiem. Nie zamierza ponownie starać się o miejsce we władzach PZPN. Pada za to nazwisko Waldemara Fornalika jako jednego z kandydatów na stanowisko nowego selekcjonera. – Mam sygnały, że jest gotowy. Rozmawiałem z nim telefonicznie. Taką propozycję dostaje się raz w życiu – mówi Piechniczek.

PZPN widzi trzech kandydatów na nowego trenera reprezentacji: Waldemara Fornalika, Jerzego Engela i Jacka Zielińskiego. – Waldek był wtedy na fali. Zdobył wicemistrzostwo z Ruchem Chorzów, grał w finale Pucharu Polski. Wybrano go na trenera sezonu. Moim zdaniem był gotowy, żeby poprowadzić reprezentację w eliminacjach do mistrzostw świata w Brazylii – mówi Piechniczek.

Nazwisko nowego selekcjonera Lato i Piechniczek ogłaszają podczas konferencji prasowej 10 lipca 2012 roku. Nie ma na niej Fornalika. Media oburzone, wietrzą spisek.

– Byłem poza Warszawą, ale oczywiście wiedziałem, że przyjęto moją kandydaturę, i się na to zgodziłem – mówi Fornalik. – Nie wiem, po co na siłę szukano w tym sensacji.

Przygodę z kadrą nowy trener kończy 16 października 2013 roku po przegranym meczu z Anglią. Zastępuje go Adam Nawałka.

Jestem zmęczony

Pod presją mediów i kibiców 25 września 2012 roku Grzegorz Lato wydaje oświadczenie, w którym zapewnia, że nie będzie się ponownie starał o fotel prezesa. 26 października 2012 roku nowym szefem PZPN zostaje Zbigniew Boniek.

– Po wyborach zapytał mnie, jak widzę swoją rolę w związku – mówi Piechniczek. – Odpowiedziałem szczerze, że jestem zmęczony i nie interesują mnie już żadne funkcje. Chciałem skupić się na pracy na uczelni. Zostałem członkiem honorowym PZPN, jestem zapraszany na zjazdy. Zbyszek obiecał mi wtedy, że jestem mile widziany na każdym meczu naszej reprezentacji. Skorzystałem z zaproszenia dwa razy.

ROZDZIAŁ 14.

Co dalej z naszym futbolem

Antoni Piechniczek ciągle żyje piłką nożną. Myśli o niej, uwiera go, niepokoi.

Czego bym sobie życzył?

– Żeby ktoś zastanowił się, jak ściągnąć ludzi na stadiony w Polsce. Moim zdaniem jest tylko jeden sposób. Człowiek do teatru idzie nie tylko na sztukę, ale przede wszystkim dla aktora. On jest magnesem przyciągającym publiczność. Więcej ludzi przyjdzie na szmirę graną przez znanych aktorów niż na genialną sztukę graną przez artystów nikomu nieznanych. Podejrzewam, że kibice chętnie zapłaciliby kilka złotych więcej, gdyby mogli oglądać naprawdę dobrych piłkarzy zamiast całkiem przeciętnych. Na mecz także chodzi się dla konkretnego piłkarza. Właśnie dlatego kluby powinny o tym pamiętać. Nie ma sensu w nieskończoność obniżać cen biletów, nie tędy droga. Jeśli bilety będą przesadnie tanie, kibice w ogóle nie będą szanować możliwości zobaczenia meczu. Idealnym rozwiązaniem byłoby, gdyby zdobycie biletu na mecz ulubionej drużyny było w rodzinie wydarzeniem, przywilejem. Ale to możliwe jest tylko wtedy, gdy w klubie dba się o poziom drużyny, a nie o cenę wejściówki.

– Prezesów polskich ligowych klubów – mocnych osobowości, wizjonerów. Ludzi, którzy wiedzą, czego chcą i jak osiągnąć cele. Kilku w przeszłości takich było: Eryk Wyra, sławny prezes Górnika, Ryszard Trzcionka, prezes Ruchu, Wacław Bogacki, prezes GKS Katowice, Jan Szlachta, minister górnictwa zakochany w klubie z Zabrza. Moim zdaniem wielkość klubu zaczyna się od prezesa, który potrafi znaleźć ludzi do współpracy i dobrego trenera. To Trzcionka wymyślił w Ruchu Chorzów Michala Vičana, który poprowadził tę drużynę. Nie jestem

– jak wielu myśli – przeciwny dobrym obcokrajowcom na ławce polskiego zespołu ligowego. Granice są otwarte. Ale to musi być prawdziwy fachowiec, człowiek zapewniający jakość. Michal Vičan w Ruchu taką wartość dawał, tak Jaroslav Vejvoda w Legii i Géza Kalocsay w Górniku Zabrze.

– Żeby stawiać na szkolenie młodzieży. Jeśli wyjątkowo zdolny piętnastolatek nie jedzie na obóz, bo rodziców nie stać, żeby wyłożyć 800 zł, to działacze nie mogą rozkładać rąk. Do jasnej cholery, gdybym widział, że mógłby mi przepaść jakiś talent, tobym ze swoich wyłożył, żeby tylko mógł się dalej rozwijać. I nieważne, czy mi się kiedyś to zwróci. Jeśli tak – świetnie, ale jeśli nie – zostaje przecież satysfakcja, że pomogłem chłopakowi.

– Żeby polscy trenerzy uwierzyli w siebie i dbali o swój prestiż. Do pracy w tym zawodzie dochodzi wielu trenerów młodego pokolenia, absolwentów AWF-ów i kursów uzupełniających PZPN. Dziś możliwości zdobycia wiedzy są nieograniczone, warto więc inwestować w siebie.

Porażka trenera zaczyna się w momencie, gdy ranking piłkarza wygląda następująco:

1. menedżer
2. prezes
3. media
4. trener.

– Reprezentację Polski zawsze powinien prowadzić polski trener. W naszym kraju zawsze znajdziemy zdolnego szkoleniowca. Skąd pomysł, że obcokrajowiec to jakość i pewność sukcesów? Klasyczny przykład totalnego rozczarowania to związek Rosji i Fabia Capello. Skończyło się tak, że kibice zbierali pieniądze na odszkodowanie dla Włocha, żeby tylko odszedł. Niektórzy spytają, dlaczego – skoro jesteśmy tacy dobrzy – nie przyjeżdżają do nas szkolić się zagraniczni trenerzy? Zaczną przyjeżdżać, jeśli dobrze zaczną grać reprezentacja i nasze kluby. Ale nie rozumiem, skąd pewność, że zaczną osiągać sukcesy tylko z zagranicznymi trenerami. Ilu zagranicznych trenerów pracujących w Polsce przyniosło satysfakcję pracodawcom i kibicom?

– Żeby dbać o polskich piłkarzy. Jaki jest sens, gdy w niższych ligach w drużynie gra więcej cudzoziemców niż miejscowych? Powinno się dbać o proporcje. Na boisku powinno jednocześnie przebywać ośmiu Polaków. Takie przepisy może wprowadzać każda federacja. Wszędzie za granicą dbają o swoich. Oczywiście w najwyższych ligach nie ma sensu wprowadzać takiego ograniczenia, bo bogate kluby, które stać na transfery, nigdy by się na to nie zgodziły. Ale siedmiu Polaków w składzie to minimum.

– Prestiż towarzyskich meczów międzypaństwowych się obniżył, ale trzeba dbać o to, by wciąż się odbywały. W przeciwnym razie, jakie szanse miałaby Polska, żeby zagrać z Brazylią albo Argentyną poza mistrzostwami świata?

– Żeby trenerzy pamiętali, by nie mierzyć wszystkich piłkarzy jedną miarą. Czasy takich samych treningów dla wszystkich dawno minęły. Ważne jest podejście indywidualne – czasem warto poluzować jakiemuś zawodnikowi i przymknąć oko, że trenuje na zajęciach na pół gwizdka. Nie dlatego, że się go lubi, ale dlatego, że to może przynieść konkretny efekt w trakcie meczu. Przecież nie wszyscy zawodnicy są zmęczeni tak samo. Czasem związane są z tym śmieszne historie, bo piłkarze różnie rozumieją pojęcie „zmęczenia". Antek Szymanowski trenował na cykloergometrze, a gdy na koszulce pojawiała mu się pierwsza kropla potu, mówił: „Oj, mam sygnał z wątroby". I schodził...

– Żeby zachęcać zawodników do stałej pracy indywidualnej. Dążenie do doskonałości to nie slogan, nikt przecież nie wie, ile może osiągnąć, pracując ponad miarę.

– Marzę o mocnej śląskiej piłce. Ale pomysły sugerujące wybranie na Górnym Śląsku jednego klubu, na który będzie się stawiało kosztem innych, to absurd. Tradycje śląskich klubów są zbyt bogate, żebyśmy mogli o tym zapominać i poświęcać je dla jakiejś dziwacznej idei. Marzę też o zakopaniu topora wojennego między kibicami śląskich klubów.

– Doczekać się siedziby PZPN z prawdziwego zdarzenia, łącznie z bazą sportową. Tak jak to jest w innych rozwiniętych piłkarsko krajach. Tylko piłkarskie związki w Polsce i Albanii nie mają własnych siedzib.

Co mi się nie podoba?

– Że polscy trenerzy są niedoceniani. Nie jest tak, że nie mieli i nie mają żadnych prestiżowych propozycji z zagranicy. Przytoczę nieznaną opowieść o Ryszardzie Koncewiczu. Na przełomie lat 50. i 60., kiedy był już mistrzem Polski z Ruchem Chorzów, Polonią Bytom i Legią Warszawa, dostał propozycję poprowadzenia reprezentacji Holandii. Żona go wtedy zapytała: „Rysiu, ale właściwie po co nam to? Mamy z czego żyć, komu ten majątek zostawimy?". Bała się tego wyjazdu i „Faja" jej posłuchał. Historię tę opowiadał sam Koncewicz.

– Coraz bardziej liczy się pieniądz, a właściwie już tylko on się liczy. FIFA i UEFA doskonale wiedzą, że futbol to znakomite narzędzie do zarabiania. Na piłce można zbić fortuny, ale działacze chcą kontrolować, kto może najwięcej zarabiać. Ci, którzy mają wielkie pieniądze, uważają, że wszystko im wolno. Niestety, Polska zmierza dokładnie w tym samym kierunku.

– Piłka cierpi na nadmiar potrzeby kapitału i niedomiar potrzeby demokracji. Podstawy zdrowej rywalizacji zostały zachwiane. Jaki interes ma dzisiaj Real, żeby przyjechać do mistrza Albanii? Strata czasu i pieniędzy. Ale czy to nie przykre, że patrzymy na to właśnie z tego punktu widzenia? A gdzie idea sportu i czystej rywalizacji?

Dla wielu działaczy lepiej, żeby grały cztery drużyny z ligi hiszpańskiej niż mistrz Albanii. A to powoduje jeszcze większą przepaść finansową i powiększanie różnic między klubami. Czy tylko bogaci mają prawo grać w stawce najlepszych? Czy najlepsi mogą być tylko bogaci?

– Pieniądz powoduje rabunkową gospodarkę wobec klubów słabszych ekonomicznie. Nie są w stanie utrzymać najzdolniejszych zawodników, więc wypuszczają talenty, bo nie mogą sobie pozwolić, by zdolnych zawodników zatrzymać. Argumentem dla piłkarzy mogłoby być przemyślane szkolenie, świetne warunki i klarowna wizja rozwoju. Ale na to potrzeba pieniędzy. W Polsce pieniądze oznaczają zapewnienie codziennego bytu klubom. Nie dziwmy się, że polski zespół nie zagrał w Lidze Mistrzów od prawie dwudziestu lat.

– Obecny system ligowy w Polsce. Jestem za wydłużeniem sezonu, ale nie w ten sposób jak obecnie. 37 kolejek to rozwiązanie sztuczne i niesprawiedliwe. Zespół, który okazał się najlepszy po rozegraniu wszystkich meczów, nie zostaje mistrzem Polski. Jak to możliwe?! Bo dzielenie punktów jest głupie. Uważam, że system gry „każdy z każdym" jest optymalny. Ale żeby grać dłużej, wystarczy zwiększyć ligę z 16 do 18 zespołów. To daje cztery kolejki, czyli miesiąc grania więcej.

– Że czasem przepisy są bezduszne, a przez to bez sensu. Brakuje w nich ludzkiego aspektu i zdrowego rozsądku. Czy świat by się zawalił, gdyby malutka Nieciecza pierwszy historyczny mecz w ekstraklasie zagrała na własnym stadionie? Nawet jeśli nie spełnia w stu procentach wymogów licencyjnych? Muszą wydać wielkie pieniądze, by przebudować stadion. A jak Nieciecza spadnie z ligi? To dopiero będzie paradoks. Warto pamiętać, że Nieciecza ma zaledwie 700 mieszkańców, a jednocześnie właściciele klubu zakładają szkółkę i prywatne katolickie liceum, by młodzież nie musiała dojeżdżać do Tarnowa. Najzdolniejszym finansują studia zagraniczne. Dla mnie to modelowy przykład sponsoringu w sporcie. Warto to docenić.

– Próbuje się wprowadzać różne cuda regulaminowe, na przykład kartkę trzeciego rodzaju, która oznaczałaby czasowe zejście z boiska. Uważam, że zasady piłki nożnej są już tak dopracowane, że szlifowanie ich bez końca nie ma sensu. To nie jest kwestia „konserwatyzmu" czy też nienaruszalności tych zasad. Przyznaję, że niektóre zmiany były świetne i dobrze, że zostały wprowadzone, choćby zakaz łapania piłki do ręki przez bramkarza po podaniu od kolegi z drużyny. Ale nie przesadzajmy z pogonią za tzw. nowoczesnością. Trzecia kartka dałaby jeszcze większą władzę sędziom, którzy potrafiliby wykręcać numery, o jakich jeszcze nam się nie śniło. A przecież im mniej władzy w rękach sędziów, tym lepiej.

– Nakłanianie zawodników do nieczystych zagrań albo nawet tylko delikatne ich sugerowanie jest nie do przyjęcia. Powinni na to zwrócić uwagę także kibice. Nie może być tak, że piłkarz, który włoży rywalowi palec do tyłka, jest fetowany.

– W Polsce po upadku komunizmu nie było rządu, który na poważnie postawiłby na sport wyczynowy. Zawsze były ważniejsze wydatki. A sport wyczynowy – niesłusznie lekceważony – niesie za sobą mnóstwo wartości, także wychowawczych.

– Młodych piłkarzy w klubach się nie wychowuje. Owszem, uczy się ich tam grać w piłkę, ale nie uczy się życia. A w klubie powinni także nabywać nienagannych manier. Młodzi piłkarze powinni posiadać minimum wiedzy i biegle mówić co najmniej w jednym obcym języku. Najzdolniejszym ułatwiłoby to karierę. A tym mniej zdolnym ułatwiłoby życie.

– Żeby zostać w Polsce trenerem, trzeba się najeździć do Białej Podlaskiej. Żeby zdobyć UEFA PRO, trzeba się tam wybrać aż trzynaście albo czternaście razy! Dlaczego ta szkoła nie działa w Warszawie, gdzie ludziom z całej Polski łatwiej dotrzeć? Zbigniew Boniek tłumaczy, że we Włoszech taka szkoła jest we Florencji, a nie w Rzymie, ale gdzie Białej Podlaskiej do Florencji?

– Przydałoby się więcej uczciwych menedżerów, którzy nie mącą piłkarzom w głowach, którzy nie myślą tylko o szybkiej forsie, koncentrują się na ukształtowaniu mentalności podopiecznego. Klasycznym przykładem jest rozwój sportowy Roberta Lewandowskiego, który nie boi się kolejnych wyzwań i podejmowania ryzyka. Indywidualne talenty Lewandowskiego są powszechnie znane, ale mądrość menedżera wymaga docenienia.

– Że płacimy za błędy w szkoleniu trenerów. Kiedyś zajmowały się tym Akademie Wychowania Fizycznego. Ale błąd polegał na tym, że każdy absolwent był samodzielnym, wszechstronnie wykształconym pracownikiem. Dawano im absolutną dowolność. Ja uważam, że każdemu nowemu trenerowi odgórnie powinno się narzucać schemat, według którego powinien pracować. Oczywiście każdy może wnieść coś od siebie, ale to powinno być najwyżej 20 procent. Reszta powinna być wcześniej ustalona.

– Że z ludzi, którzy chcą zostać trenerami, robi się jeszcze jedną „dojną krowę", czyli wyciąga od nich pieniądze. Jeśli dyplom UEFA PRO kosztuje 13 tys. zł (bez kosztów wyjazdów do Białej Podlaskiej), to nie każdego na to stać. Nikt nie wie, czy wydatek mu się zwróci. Wykształcenie nie daje gwarancji zatrudnienia. Młody człowiek ma marzenia, a dostaje pracę na „orliku" za 300 zł. Kiedyś był pomysł, żeby wykwalifikowanym trenerom zapewnić od państwa dodatek do pensji w wysokości 900 zł, ale się wycofano, bo za duże koszty by były.

– Że trenerów ocenia się za trafność zakupów, a nie za mądrość szkolenia i sposób prowadzenia zespołu.

Co mnie cieszy?

– Że mimo wszystko w polskim futbolu trwa dynamiczny postęp natury organizacyjnej. Można uprawiać sport w coraz lepszych warunkach, z coraz lepszym sprzętem, przy coraz sprawniejszej opiece medycznej. Gdy patrzę na to, co się dzieje teraz, i wspomnę, jakie były możliwości w czasach mojej młodości, to się cieszę z postępu.

– Że jeśli się czegoś naprawdę chce i ma konkretny pomysł, można osiągnąć sukces. Niecieczа jako beniaminek ekstraklasy pokazała, że każdy może z relatywnie niewielkimi pieniędzmi, ale i rozsądkiem, coś osiągnąć. Wierzę, że ten klub zdynamizuje okolicę, być może dzięki temu w tamtym rejonie pojawią się jakieś nowe talenty? Życzę im jak najlepiej. Takie historie przywracają mi wiarę w piłkę nożną.

– Że reprezentacja zaczyna odnosić sukcesy, gra coraz lepiej, ma poczucie własnej wartości i wytworzyła lepszy klimat wokół piłki nożnej w kraju.

ROZDZIAŁ 15.

Wisła

(2015)

Dom w Wiśle-Kamiennej z piękną panoramą na Beskidy to Antoniego Piechniczka miejsce na ziemi. Mieszka tu z żoną. Posesji pilnują trzy psy, każdy to znajda. – U mnie psy i samochody mają dożywocie – powtarza Piechniczek. Czerwonego dżipa kupionego jeszcze w Emiratach Arabskich wszyscy w Wiśle dobrze znają.

Dzień zaczyna od drobnych zakupów w centrum miasteczka. Świeże pieczywo (uwielbia croissanty i bagietki), koniecznie prasa sportowa, dokładnie czytana przy porannej kawie. – Już rzadziej niż kiedyś, ale zdarza się, że ktoś komentarzem czy innym tekstem podniesie mi ciśnienie. W pierwszym odruchu człowiek chce sięgnąć po telefon i dyskutować. Kiedyś częściej tak robiłem, dzisiaj już nie chce mi się użerać – mówi Piechniczek.

Przez cały dzień w kuchni włączone jest radio. Najczęściej nastawione na rozgłośnię Polskiego Radia w Katowicach. Kiedy indziej łagodnie sączą się z głośników amerykańskie standardy.

Jeżeli trener jest w domu, lubi jadać o stałych porach. – Żona świetnie gotuje. Zupy w jej wykonaniu to poezja. Robi smakowite pieczenie i gołąbki – chwali Piechniczek. W piątki nie jedzą mięsa i przestrzegają postu.

Dzieci dzwonią do rodziców nawet codziennie. – Joasia mieszka w Bostonie, do pracy w uniwersyteckim szpitalu codziennie dojeżdża ponad godzinę. U nas jest wtedy południe, więc możemy swobodnie rozmawiać. Wiemy, co się u nich dzieje – mówi Zyta Piechniczek.

Tomasz Piechniczek: – Rodzice wiedzą, że mogą na nas liczyć. Dzięki Bogu są w świetnej formie, zdrowie im dopisuje, ale gdyby coś się wydarzyło, od razu jesteśmy u nich w Wiśle.

– Spędziłam z rodzicami najwięcej czasu. Zawsze mnie zachwycało, jak mama dba o tatę i dom – mówi Justyna Piechniczek-Janecka.

– Są dla mnie wzorem małżeństwa. To, jak się do siebie odnoszą, troszczą. Jestem przekonana, że mimo upływu lat ich miłość nadal kwitnie.

Z Wisły Piechniczek dojeżdża na kilkoro zajęć, które prowadzi w katowickiej Akademii Wychowania Fizycznego, i do Białej Podlaskiej, gdzie wykłada dla przyszłych trenerów UEFA Pro. – Lubię prowadzić samochód. Na trasie do Białej Podlaskiej muszę się zatrzymać ze dwa razy i zadzwonić do żony, że wszystko w porządku. Martwi się o mnie – mówi.

Nie odmawia, gdy kluby sportowe zapraszają go na rocznice lub mecze. Najczęściej można go spotkać na spotkaniach ligowych ukochanego Ruchu Chorzów.

Rzadziej niż kiedyś, ale dzwonią też dziennikarze. Piechniczek: – Proszą o komentarze do bieżących wydarzeń sportowych, wypowiedzi do książek, pomoc przy pracach naukowych. Człowiek ma wtedy szansę przypomnieć sobie o zdarzeniach, które nie są wiedzą powszechną.

Lubią z żoną spacerować. – Okolicę mamy piękną, a taka aktywność odpowiada mi najbardziej. Jest ruch, a kolano, które wysiadło mi podczas pracy w Emiratach, jeszcze to znosi – mówi trener.

Czyta biografie sportowców, książki historyczne, zwłaszcza o Górnym Śląsku, chętnie wraca do „Czarnego ogrodu" Małgorzaty Szejnert.

Religijni. Zachwycają się serią Reginy Brett, autorki felietonów wydanych w cyklach: „Bóg nigdy nie mruga", „Jesteś cudem" czy „Bóg zawsze znajdzie Ci pracę". – Świetne do czytania pojedynczo i w całości. Ciekawe przemyślenia, nad którymi warto chwilę podumać – mówi Piechniczek.

Co niedziela msza. – Podczas ostatnich rekolekcji wielkopostnych kazania wygłaszał bardzo miły młody ksiądz. Podobały nam się jego rozważania. Na zakończenie przeprosił zebranych, że pozwoli sobie na małą prywatę. Ludzie zaskoczeni spoglądają po sobie, a ksiądz mówi: „Jak powiem tacie, że na moich kazaniach w Wiśle był Antoni Piechniczek, to mi nie uwierzy" – śmieją się Piechniczkowie.

Chętnie spotykają się ze znajomymi z wiślańskiego karawaningu. – Co miesiąc ktoś inny jest gospodarzem i wymyśla atrakcję dla ponad 20-osobowej grupy. To są wyjazdy do teatru, operetki czy spotkania na stoku. Kiedy przychodzi kolej na nas, znajomi sugerują, żeby spotkać się w naszej chacie grillowej – mówią Piechniczkowie.

Antoni Piechniczek uważa się za człowieka spełnionego. – Tego, co osiągnąłem, nikt nie może podważać. Wiem, że to efekt mojej pracy i wsparcia rodziny. Ktoś może się zachwycać tytułami, nagrodami, a dla mnie największym sukcesem w życiu są dzieci. Jestem z nich dumny. Podobnie z wnucząt, które wyrastają na rozsądnych ludzi. Dzięki żonie, z którą przeżyliśmy razem pół wieku, mogłem się poświęcić pracy.

Rodzina Piechniczków w komplecie. Od lewej w górnym rzędzie: Piotr Buczek, Joanna Piechniczek-Buczek, Magdalena Buczek (24 lata), Jakub Buczek (22 lata), Katarzyna Piechniczek, Maria Piechniczek (18 lat), Tomasz Piechniczek, Justyna Piechniczek-Janecka, Sławiomir Janecki.

Od lewej w dolnym rzędzie: Bartek Janecki (12 lat), Zyta Piechniczek, Antoni Piechniczek, Krzysztof Piechniczek (16 lat), Marta Piechniczek (22 lata), Grzegorz Janecki (14 lat). Najmłodsi w rodzinie: Miłosz Janecki (4 lata) i Hanna Janecka (6 lat).

Ona wzięła na siebie ciężar zajmowania się domem, chociaż też pracowała zawodowo. Miałem głowę wolną od prozaicznych, codziennych problemów. Martwiłem się, gdy dzieci chorowały, ale to żona biegała z nimi do lekarza, podawała leki. Ja byłem tatą, z którym idzie się na spacer, na plac zabaw czy w góry. Wiele problemów zostało mi oszczędzonych – mówi.

Na płocie posesji, tuż przy drodze, gospodarz przybił tabliczkę z napisem: „*Życie jest grą, świat boiskiem*", *Bóg sędzią*. Piechniczek: – Autorem pierwszych dwóch zwrotów jest Baden Powell, twórca skautingu, a dopowiedzenie to już moje autorstwo. To kwintesencja ludzkiego życia. Co jakiś czas odnawiam tę tabliczkę.

Sentencja na tabliczce moim zdaniem to kwintesencja ludzkiego życia – mówi Piechniczek.

Od autorów

Gdy byliśmy dziećmi, zachwycaliśmy się reprezentacją Polski na hiszpańskim mundialu. W najśmielszych marzeniach nie przypuszczaliśmy, że będziemy pisać o tamtych czasach już jako dorośli.

•

To był mój pierwszy świadomy mundial. Od kilku miesięcy mieszkaliśmy w nowym domu, który rodzice praktycznie sami zbudowali. Po raz pierwszy letnie tygodnie tato mógł spędzić z nami, a nie na budowie. Wspólnie oglądaliśmy mecze na czarno-białym berylu. Pamiętam radość po wysoko wygranym meczu z Peru i cudowne trzy bramki Zbigniewa Bońka w meczu z Belgią. Z radości tato krzyczał: „Idziemy na mistrza". Kiedy w telewizji lub radiu nadawali słynną piosenkę Bohdana Łazuki, śpiewaliśmy razem z nim.

Wtedy dowiedziałam się, co to m.in. spalony. Opłaciło się. Po latach tą wiedzą mogłam zaimponować przyszłemu mężowi. Do dzisiaj chętnie razem oglądamy mecze.

Tato nie doczekał wydania książki. Na pewno byłby ze mnie dumny, a autograf Antoniego Piechniczka w niej potraktowałby jak wyjątkowy prezent.

Beata Żurek

•

Tak się złożyło, że reprezentacja Antoniego Piechniczka odcisnęła ważne piętno na moim życiu. W 1981 roku tata pierwszy raz zabrał mnie na mecz. Miałem dziewięć lat. Polska grała na Stadionie Śląskim z RFN. Trenera Piechniczka zobaczyłem wtedy pierwszy raz w życiu.

Przegraliśmy, ale nawet o tym nie pomyślałem. Do dziś pamiętam za to światła reflektorów, zieloną murawę i krzyk tysięcy ludzi. Wtedy wsiąkłem w futbol. Tamten dzień sprawił, że już zawsze chciałem być blisko piłki nożnej. Nie starczyło talentu i zdrowia, żeby zostać zawodowym piłkarzem (właściwie nawet nie próbowałem), na szczęście mogłem o piłce pisać i robię to do dziś.

Piętnaście lat później znów byłem na meczu reprezentacji Antoniego Piechniczka, znów na meczu z RFN, tym razem w Zabrzu. Znowu przegraliśmy, ale tym razem także nie to było najważniejsze. Byłem podczas meczu całkowicie otępiały, a wszystko przez pewną dziewczynę, która w biurze prasowym wypisywała mi akredytację na tamten mecz. Oczywiście napisała moje nazwisko z błędem, ale potem sama zaczęła je nosić, bo została moją żoną.

Nie myślcie jednak, że z czasów reprezentacji Antoniego Piechniczka nic nie pamiętam. O nie! Do dziś mam w głowie wszystkie bramki z hiszpańskiego mundialu. Możliwość napisania tej książki sprawiła, że mogłem za tamto wniebowstąpienie osobiście trenerowi Piechniczkowi podziękować.

Paweł Czado

Jeszcze parę słów o samej książce. Spotkania z bohaterami – w większości doskonale znanymi Czytelnikom zakochanym w piłce nożnej – były przyjemnością. Zdumiewali nas, zaskakiwali, czasem rozśmieszali. Tylko w jednym przypadku było inaczej. Zdecydowanie najtrudniejszy ze wszystkich był do napisania rozdział o drugim podejściu Antoniego Piechniczka do reprezentacji w latach 90. Kadrą wstrząsały wtedy konflikty między nową generacją piłkarzy a trenerem przyzwyczajonym do starego porządku i zasad. Chcieliśmy wyjaśnić historie sprzed lat, ale wielu ówczesnych podopiecznych Antoniego Piechniczka nie chciało rozmawiać. Niektórzy stwierdzali, że mieli jedynie „krótki epizod z trenerem i jest wielu, którzy przeżyli z nim zdecydowanie więcej". Inni po kilkakrotnym przekładaniu rozmowy zaczęli unikać kontaktu z nami i bez słowa wyjaśnienia milkli. Wielu w ogóle nie odpowiadało na telefony, maile, SMS-y i komunikaty. To symptomatyczne, że podczas pracy nad książką tego rodzaju trudności zdarzyły się nam tylko i wyłącznie przy opisie drugiej kadencji Antoniego Piechniczka jako selekcjonera. Najważniejsze jednak, że i tak udało się przypomnieć niezdrową atmosferę wokół kadry sprzed prawie dwudziestu lat.

Nie byłoby tej książki, gdyby nie życzliwa pomoc wielu ludzi. Dziękujemy Dariuszowi Kortce za zmobilizowanie nas do napisania tej biografii i stały doping. Dziękujemy za fachową pomoc Andrzejowi Gowarzewskiemu, Grzegorzowi Kaczmarzykowi i Andrzejowi Markowskiemu. W zbieraniu informacji pomogli nam m.in. Andrzej Dolata, Paweł Fischer i Mariusz Łańcucki. Osobne podziękowania należą się kolegom z wielu redakcji sportowych, którzy wykorzystywali własne kontakty, żeby pomóc nam dotrzeć do niektórych bohaterów.

Szczególnie dziękujemy pani Zycie Piechniczek za jej otwartość, gościnność i serdeczność.

Serdeczne podziękowania dla rodziny Piechniczków, Antoniego i Małgorzaty Nierobów, Joachima Klyszcza, Eugeniusza Lercha, Jadwigi i Andrzeja Płatków za udostępnienie archiwalnych zdjęć.

Dziękujemy za wsparcie także naszym rodzinom, które dzielnie, bez narzekania, zniosły czas pracy nad tą książką.

Wielki dzień polskiego futbolu! 10 października 1981 roku Polska wygrała z NRD w Lipsku – ten mecz w praktyce zdecydował o awansie na mundial. Po meczu kadra ustawiła się do pamiątkowego zdjęcia na murawie. W tle na trybunach szalejący z radości polscy kibice. W górnym rzędzie od lewej: Andrzej Buncol, Paweł Janas, Józef Młynarczyk, Piotr Skrobowski, Bogusław Hajdas,

Waldemar Matysik, Roman Wójcicki, Zbigniew Boniek, Władysław Żmuda, Marek Dziuba, Jerzy Engel, Edward Kucowicz, Janusz Garlicki.
W dolnym rzędzie od lewej: Grzegorz Lato, Włodzimierz Smolarek, Zdzisław Kapka, Andrzej Iwan, Jan Jałocha, Stefan Majewski, Antoni Piechniczek, Zbigniew Lorek.

Aneks I

Mecze reprezentacji Polski za kadencji Antoniego Piechniczka

Każdy mecz oceniony przez Antoniego Piechniczka: skala ocen 1-5 gwiazdek. 1 to beznadziejne spotkanie, a 5 to fantastyczny mecz.

1981

25 marca 1981, Bukareszt, mecz towarzyski

Rumunia – Polska 2:0 (2:0)
ocena: ★☆☆☆☆

Bramki: 1:0 Camataru (8.), 2:0 Iordanescu (31.)

Polska: Kazimierski – Dziuba, Adamiec, Janas, Rudy (46. Milewski) – Tłokiński (46. Kusto), Skrobowski, Ciołek (63. Lipka), Buncol – Iwan, Smolarek, (72. Adamczyk)

W reprezentacji Polski dwa debiuty (Józef Adamiec i Mirosław Tłokiński) i trzy pożegnania (Krzysztof Adamczyk, Leszek Lipka i Wojciech Rudy). W drużynie rywali występują m.in. Rodion Camataru i Anghel Iordanescu. Camataru za sezon 1986/1987 zdobył nagrodę Złotego Buta dla najlepszego strzelca lig europejskich (strzelił wtedy aż 44 gole). Iordanescu to późniejszy najsłynniejszy selekcjoner reprezentacji Rumunii. Prowadzi ją trzykrotnie (1993-1998, 2002-2004 i od 2014).

Antoni Piechniczek: – Rumuni zagrali bardzo ostro, nawet brutalnie. Dzięki temu mogłem się przekonać, kto w tak trudnych warunkach na boisku radzi sobie w reprezentacji Polski, a kto walki nie podejmuje. To było ważne, bo w podobnym stylu grała reprezentacja NRD. Po tym spotkaniu wiedziałem już, że z niektórymi zawodnikami świata nie zawojuję, nie awansuję z nimi do mundialu, więc uznałem, że nie ma co sobie nimi zawracać głowy. Dlatego trzech z nich już nigdy więcej nie powołałem. Ale jeśli z kogoś rezygnowałem, to tylko ze względu na klasę sportową.

15 kwietnia 1981, mecz towarzyski

Polska – ZSRR

Mecz się nie odbywa, bo rywale odwołują spotkanie. Federacja piłkarska ZSRR informuje, że w związku z awansem Dynama Tbilisi do półfinałów Pucharu Zdobywców Pucharów ma kłopot ze skompletowaniem składu! Potem „Sowiecki Sport” pisze, że do meczu nie doszło z powodu „napiętej sytuacji społeczno-politycznej wywołanej nieobliczalnymi działaniami »Solidarności«”.

Antoni Piechniczek: – Nie zdziwiliśmy się tą decyzją. Właściwie potraktowaliśmy ją jako rzecz normalną. Wiadomo, jaka była wtedy sytuacja polityczna. Przeszliśmy nad tym do porządku dziennego, dla nas najważniejsze było kolejne spotkanie z NRD. Tylko to mieliśmy w głowie. Skoro ZSRR odwołał mecz, od razu przestaliśmy o nim myśleć.

2 maja 1981, Chorzów, mecz eliminacji mistrzostw świata

Polska – NRD 1:0 (1:0)
ocena: ★★★⯪☆

Bramka: 1:0 Buncol (55.)

Polska: Tomaszewski – Dziuba, Żmuda Ż, Janas Ż, Jałocha – Lato, Kupcewicz, Buncol – Iwan (80. Skrobowski), Szarmach, Smolarek.

W reprezentacji Polski jeden debiut (Jan Jałocha). W drużynie rywali występuje m.in. sześciu mistrzów olimpijskich z igrzysk w Montrealu: obrońca Hans-Jürgen Dörner (najlepszy piłkarz Dynama Drezno wszech czasów, stukrotny reprezentant NRD), a także bramkarz Hans-Ulrich Grapenthin, obrońca Lothar Kurbjuweit, pomocnicy Hans-Jürgen Riediger, Reinhard Häfner i napastnik Martin Hoffmann. Gra także Joachim Streich, najskuteczniejszy napastnik NRD wszech czasów (55 goli w reprezentacji). Pierwsze kartki za kadencji Piechniczka dla pary środkowych obrońców.

Antoni Piechniczek: – To był mój najważniejszy mecz w roli selekcjonera reprezentacji Polski. Gdybyśmy wtedy nie wygrali, być może nie dotrwałbym nawet do rewanżu w Lipsku. Jednocześnie to pierwszy mecz w prowadzonej przeze mnie reprezentacji dla kilku piłkarzy, którzy staną się potem historią polskiej piłki. Grzegorz Lato był zawodnikiem, który nigdy nie stał w opozycji do trenera. Ceniłem go także dlatego, że był dobrym duchem zespołu. Władysław Żmuda wrócił po słynnej aferze na Okęciu. Podczas tego meczu był właściwie bezbłędny. Wprowadzenie do składu dwóch młodziutkich piłkarzy – Andrzeja Buncola (czwarty mecz w reprezentacji) i debiutanta Jana Jałochy – uważam za jedno z moich najlepszych posunięć w selekcjonerskiej karierze. Buncol stał się jednym z najsilniejszych ogniw reprezentacji w Hiszpanii. Był moim pupilem do końca. Imponował profesjonalizmem na treningach i inteligencją w grze. Te cechy pozwoliły mu na dalszą świetną karierę w Bundeslidze. Wielkim pechowcem okazał się za to Piotrek Skrobowski, któremu kontuzje nie pozwoliły na zrobienie kariery na miarę talentu.

24 maja 1981, Bydgoszcz, mecz towarzyski

Polska – Irlandia 3:0 (2:0)
ocena: ★★☆☆☆

Bramki: 1:0 Iwan (2.), 2:0 O'Leary (38. samobójcza), 3:0 Ogaza (66.)

Polska: Mowlik (65. Kostrzewa) – Dziuba (72. Milewski), Żmuda, Janas (46. Skrobowski), Jałocha – Buda (46. Kapka), Kupcewicz, Buncol – Iwan, Ogaza, Smolarek (68. Okoński)

W reprezentacji Polski dwa pożegnania (Zdzisław Kostrzewa, Ryszard Milewski). W drużynie rywali debiutuje bramkarz Patrick Bonner, jeden z symboli Celticu Glasgow, w którym występuje aż przez 17 lat (1978-1995). Z reprezentacją Irlandii Bonner wystąpi na Euro w 1988 i dwa lata później na mistrzostwach świata we Włoszech. W bramce reprezentacji Irlandii będzie grać aż do 1996 roku. Polska pierwszy raz strzela trzy gole za kadencji Piechniczka.

Antoni Piechniczek: – W meczu z Irlandią znów grę prowadził Janusz Kupcewicz. Gdy byłem trenerem klubowym Odry Opole i obserwowałem ligę, dobrze wiedziałem, że to jest inteligentny środkowy pomocnik i bardzo dobry organizator gry. Uważałem, że należy mu dać szansę. Długo myślałem o Kupcewiczu, parę razy mnie rozczarował, ale w decydujących, najważniejszych momentach, choćby na mundialu, spisał się wspaniale.

2 września 1981, Chorzów, mecz towarzyski

Polska – RFN 0:2 (0:0)
ocena: ★★★☆☆

Bramki: 0:1 Fischer (59.), 0:2 Rummenigge (70.)

Polska: Młynarczyk – Dziuba, Żmuda, Janas (46. Dolny), Jałocha – Boniek, Skrobowski, Kupcewicz (35. Iwan), Buncol (71. Kapka) – Ogaza, Smolarek.

W reprezentacji Polski jeden debiut (Tadeusz Dolny). W drużynie rywali gra aż dwunastu piłkarzy, którzy w 1982 roku zdobędą wicemistrzostwo świata: Harald Schumacher, Manfred Kaltz, Wolfgang Dremmler, Wilfred Hannes,

Bernd Foerster, Hans-Peter Briegel, Holger Hieronymus, Felix Magath, Paul Breitner, Hansi Müller, Klaus Fischer oraz Karl-Heinz Rummenigge.

Antoni Piechniczek: – Niemcy pokazali się w tym meczu z bardzo dobrej strony. Z perspektywy czasu oceniam, że mogliśmy wtedy osiągnąć najwyżej remis. Traktowałem ten mecz szkoleniowo, choć może niepotrzebnie akurat w tym spotkaniu dałem zadebiutować w drugiej połowie Tadeuszowi Dolnemu. W tym spotkaniu wrócili wreszcie do reprezentacji Młynarczyk i Boniek. Wiedziałem, ile mogą dać kadrze, więc bardzo mnie to ucieszyło. Nie miałem wątpliwości, że z nimi będziemy znacznie mocniejsi. Sprawdziło się w stu procentach.

23 września 1981, Lizbona,
mecz towarzyski

Portugalia – Polska 2:0 (0:0)
ocena: ★☆☆☆☆

Bramki: 1:0 Nene (48.), 2:0 Sheu (53.)

Polska: Młynarczyk – Walot (63. Dziuba), Żmuda, Dolny, Jałocha – Boniek, Skrobowski, Kupcewicz (61. Kapka), Matysik – Ogaza, Smolarek.

W reprezentacji Polski jeden debiut i jednocześnie pożegnanie (Krystian Walot). Ostatni mecz również dla Zdzisława Kapki i Romana Ogazy. W drużynie rywali grają piłkarze, którzy za trzy lata będą gwiazdami mistrzostw Europy, podczas których Portugalia zajmie trzecie miejsce: bramkarz Manuel Bento (karierę w Benfice Lizbona zakończył w wieku 44 lat), pomocnik Fernando Chalana oraz napastnik Jordao.

Antoni Piechniczek: – Pierwszy raz za mojej kadencji w reprezentacji zagrał Waldek Matysik i od razu wiedziałem, że to będzie niezwykle przydatny piłkarz. To był jednocześnie ostatni mecz dla napastnika Romana Ogazy, który wiele lat błyszczał w śląskich klubach, ale w reprezentacji w tym czasie była jednak za duża konkurencja. Kiedy o nim myślę, przypomina mi się Ryszard Koncewicz, poprzednik Kazimierza Górskiego na stanowisku selekcjonera. Kiedy grałem w Ruchu za czasów trenera Jerzego Nikiela, klub po porażce z Ajaksem prosił Koncewicza o konsultacje, nieformalną pomoc. Kiedy Koncewicz przyjechał do Chorzowa, ktoś go zapytał, dlaczego, gdy był selekcjonerem, tak rzadko powoływał do kadry piłkarzy Ruchu. A on na to odparł: „Bo Ruch to taki klub, z którego musiałbym powołać wszystkich albo żadnego". Koncewiczowi chodziło to, że niektórzy piłkarze sprawdzają się tylko w konkretnym miejscu, w otoczeniu konkretnych ludzi. Romek Ogaza, który świetnie grał w reprezentacji młodzieżowej, a potem był gwiazdą w GKS Tychy i Szombierkach Bytom, był w mojej ocenie takim właśnie napastnikiem.

10 października 1981, Lipsk,
mecz eliminacji mistrzostw świata

NRD – Polska 2:3 (0:2)
ocena: ★★★★★

Bramki: 0:1 Szarmach (2.), 0:2 Smolarek (5.), 1:2 Schnuphase (57. z karnego), 1:3 Smolarek (62.), 2:3 Streich (67.)

Polska: Młynarczyk – Dziuba Ż (65. Wójcicki), Żmuda, Janas, Jałocha Ż – Lato, Matysik, Boniek, Majewski – Szarmach (9. Iwan), Smolarek.

W najważniejszym momencie Polska strzela trzy gole. W reprezentacji bez debiutów i pożegnań. W drużynie NRD, oprócz piłkarzy wspominanych przy okazji meczu nr 2, gra napastnik Martin Trocha. Jego występ to jeden z forteli gospodarzy. Piłkarz urodził się w 1957 roku w Bytomiu. Całe dzieciństwo Trocha mieszkał na Górnym Śląsku (był nawet piłkarzem Szombierek), więc doskonale zna język polski. Do NRD emigruje w 1974 roku, więc w Polsce jest nieznany.

W Lipsku Trocha doskonale rozumie, co w trakcie meczu mówią między sobą polscy piłkarze, ale gospodarzom nie na wiele się to przydaje.

Przebieg spotkania bliźniaczo przypomina słynny mecz ekipy Kazimierza Górskiego przeciw Argentynie podczas mistrzostw świata w 1974 roku (2. min 1:0 z NRD, 5. min 2:0 z NRD, 7. min 1:0 z Argentyną, 9. min 2:0 z Argentyną, 57. min 2:1 z NRD, 61. min 2:1 z Argentyną, 62. min 3:1 z NRD, 62. min 3:1 z Argentyną, 67. min 3:2 zarówno z Argentyną, jak i NRD).

Antoni Piechniczek: – Niezwykły mecz, niezwykłe okoliczności. Bez tego zwycięstwa nie byłoby mundialu w Hiszpanii. Po pięciu minutach prowadziliśmy już dwoma bramkami, ale kto uważnie się przyglądał, zauważył, że zdecydowałem się na ostrożne ustawienie. Paradoksalnie przyniosło to niezwykły efekt. Po meczu na konferencji prasowej gospodarzy Georg Buschner wyglądał, jakby miał dostać zawału serca. Wrak człowieka. Kierownik reprezentacji Edek Kucowicz, który był tłumaczem, też podkreślał, że Buschner był totalnie rozbity. Gdyby wynik był w drugą stronę, być może to ja bym tak wyglądał.

Potem powiedziałem coś, czego media nie mogły mi wybaczyć. Stwierdziłem, że wszyscy, którzy zagrali w tym meczu, pojadą na mundial. Niektórzy uznali, że za wcześnie. Ale co tam… Z tego meczu pamiętam wielką radość!

28 października 1981, Buenos Aires, mecz towarzyski

Argentyna – Polska 1:2 (1:0)
ocena: ★★★★½

Bramki: 1:0 Passarella (42.), 1:1 Buncol (55.), 1:2 Boniek (70. z rzutu wolnego)

Polska: Młynarczyk – Dziuba, Żmuda, Janas, Jałocha – Majewski, Matysik, Boniek, Buncol – Iwan (80. Pałasz), Smolarek.

W reprezentacji Polski bez debiutów i pożegnań. Ozdobą meczu jest wspaniały gol z rzutu wolnego Zbigniewa Bońka w samo okienko bramki. W drużynie Argentyny pod wodzą trenera Luisa Menottiego gra siedmiu piłkarzy, którzy trzy lata wcześniej wywalczyli mistrzostwo świata: bramkarz Ubaldo Fillol, obrońcy Daniel Passarella, Jorge Olguin, Alberto Tarantini, pomocnik Ruben Gallego i Jose Daniel Valencia oraz napastnik Alberto Kempes.

Antoni Piechniczek: – To był pierwszy wygrany mecz z aktualnym mistrzem świata na jego terenie w historii polskiej piłki. Ten mecz zbudował przeświadczenie, że możemy coś osiągnąć na mistrzostwach świata. Na pomeczowej konferencji argentyńscy dziennikarze ostro zaatakowali Cesara Luisa Menottiego. Na argentyńskim szkoleniowcu, który przecież w 1978 roku zdobył mistrzostwo, nie zrobiło to żadnego wrażenia. „Panowie, to pierwsza porażka. Spokojnie, rozliczać się będziemy, ale po mundialu” – stwierdził zimno Menotti.

15 listopada 1981, Wrocław, mecz eliminacji mistrzostw świata

Polska – Malta 6:0 (1:0)
ocena: ★★★½☆

Bramki: 1:0 Buncol (6.), 2:0 Smolarek (47.), 3:0 Majewski (48.), 4:0 Smolarek (64.), 5:0 Dziekanowski (80.), 6:0 Boniek (86.)

Polska: Mowlik – Majewski, Żmuda, Dolny, Jałocha – Matysik (68. Pałasz), Boniek, Buncol – Smolarek (68. Dziekanowski), Iwan, Okoński.

W reprezentacji Polski debiut Dariusza Dziekanowskiego uświetniony golem. To pierwszy taki przypadek w reprezentacji prowadzonej przez Antoniego Piechniczka. Jednocześnie najwyższe zwycięstwo odniesione za jego kadencji.

Antoni Piechniczek: – Darek Dziekanowski był wówczas uznany za rewelację jesieni, przedstawiciela nowej fali. Świetnie spisywali się w Gwardii Warszawa razem z Krzysztofem Baranem. Dostał szansę i strzelił bramkę. Ten mecz przypieczętował nasz awans na mistrzostwa, ale szczerze mówiąc, to była formalność. Ludzie o tym wiedzieli i chcieli świętować awans, więc na Stadion Olimpijski z mało atrakcyjnym rywalem przyszło aż 30 tysięcy ludzi.

18 listopada 1981, Łódź, mecz towarzyski

Polska – Hiszpania 2:3 (0:1), ocena: ★★⯪☆☆

Bramki: 0:1 Lopez Ufarte (10.), 1:1 Pałasz (56.), 2:1 Boniek (74.), 2:2 Alexanko (80.), 2:3 Alonso (88.)

Polska: Tomaszewski (46. Mowlik) – Dziuba, Skrobowski, Dolny, Jałocha (55. Matysik) – Majewski, Boniek, Buncol (55. Pałasz) – Lato, Iwan, Smolarek (73. Okoński)

W reprezentacji Polski ostatnie mecze obu bramkarzy – Jana Tomaszewskiego i Piotra Mowlika – choć ten drugi pojedzie jeszcze na mundial jako rezerwowy. Ostatni mecz przed wprowadzeniem stanu wojennego w Polsce. W drużynie Hiszpanii aż 10 zawodników (bramkarz Luis Arconada, obrońcy Antonio Camacho, José Alexanko, Manuel Jimenez, Rafael Gordillo, pomocnicy Jesus Maria Zamora i Miguel Angel Alonso oraz napastnicy Jesus Maria Satrustegui, Roberto Lopez Ufarte i Enrique Saura), którzy znaleźli się w kadrze na mundial w 1982 roku. Dwa lata później czterech z nich zostanie wicemistrzami Europy.

Antoni Piechniczek: – Hiszpanie potraktowali mecz poważnie. To był benefis Jana Tomaszewskiego. Postanowił skończyć reprezentacyjną karierę w Łodzi – mieście, w którym jako piłkarz spędził najwięcej czasu. Żałowałem, że ten mecz przegraliśmy, tym bardziej że jeszcze dziesięć minut przed końcem prowadziliśmy. Rezerwowy Andrzej Pałasz strzelił gola minutę po wejściu na boisko, ale nie zmienia to mojego wrażenia. Uważam, że przeprowadziłem w tym meczu za dużo zmian. Lepsze jest wrogiem dobrego.

1982

14 czerwca 1982, Vigo, rozgrywki grupowe mistrzostw świata

Polska – Włochy 0:0, ocena: ★★★☆☆

Polska: Młynarczyk – Majewski, Janas, Żmuda, Jałocha – Lato, Matysik, Boniek Ż, Buncol – Iwan (72. Kusto), Smolarek.

Niezwykła przerwa w aktywności kadry narodowej. W związku z wprowadzeniem w Polsce stanu wojennego nikt nie chce grać z Biało-Czerwonymi. W efekcie reprezentacja ma ponadpółroczną przerwę w oficjalnych meczach międzypaństwowych. To najdłuższa tego rodzaju przerwa od czasów stalinowskich, gdy na przełomie lat 1955/1956 reprezentacja Polski nie rozegrała oficjalnego meczu między 11 września a 30 maja.

W reprezentacji Polski bez debiutów i pożegnań. Pierwszy remis za kadencji Antoniego Piechniczka i nieszczęsna żółta kartka dla Zbigniewa Bońka (potem okaże się, że właśnie ta kartka będzie miała wielkie znaczenie, bo uniemożliwi Bońkowi grę w półfinale).

Antoni Piechniczek: – Byłem zadowolony, bo choć jechałem na mundial jako debiutant, zdawałem sobie sprawę z ważnej zasady: jeśli chcesz się liczyć na mistrzostwach, nie możesz przegrać pierwszego meczu. Porażka stawia zespół w bardzo trudnej sytuacji. Sądzę, że mogłem ustawić zespół bardziej ostrożnie. Włosi na szczęście nie wykorzystali faktu, że w linii pomocy miałem tylko jednego defensywnie usposobionego piłkarza, czyli Matysika. Waldek Matysik to jedna z kilku pereł w koronie drużyny z tych mistrzostw. Potrzebny był ktoś do tzw. czarnej roboty, którą Matysik wykonywał doskonale. Miał niezwykłą intuicję w odbiorze piłki i przechwytywaniu podań, po których mogliśmy przeprowadzać udane kontrataki. Było to poparte wydolnością maratończyka. Jak nie kochać i nie podziwiać takiego zawodnika?

19 czerwca 1982, La Coruña, rozgrywki grupowe mistrzostw świata

Polska – Kamerun 0:0,
ocena: ★★☆☆☆

Polska: Młynarczyk – Majewski, Żmuda, Janas, Jałocha – Lato, Boniek, Buncol – Pałasz Ż (67. Kusto), Iwan (27. Szarmach), Smolarek.

Drugi mecz w historii polskiej reprezentacji z rywalem z Czarnej Afryki (pierwsza była Ghana na igrzyskach w Monachium w 1972 roku). Bez debiutów i pożegnań. U przeciwników gra m.in. Roger Milla, który zdobędzie światową sławę osiem lat później podczas mistrzostw świata we Włoszech w 1990 roku, a Kamerun dojdzie do ćwierćfinału.

Antoni Piechniczek: – Ustawiłem drużynę ofensywnie, ponieważ wydawało się, że o awansie może zdecydować liczba strzelonych bramek. Obawiałem się tego meczu, bo podczas Pucharu Narodów Afryki na własne oczy przekonałem się, że Kamerun to zespół, który potrafi grać w piłkę. Byli fantastycznie przygotowani pod względem fizycznym. Kontuzji doznał Iwan, którego zastąpił Szarmach. Iwan z własnej woli nie chciał wracać do kraju. Stawiałem na tego zawodnika od początku pracy z reprezentacją. Jak na środkowego napastnika niewiele wniósł do osiąganych wyników. W 15 meczach strzelił dwa gole, w tym jednego z karnego. Na koniec zawiódł zarówno kolegów, jak i trenera. Czasem frustracja odbiera trzeźwość myślenia.

22 czerwca 1982, La Coruña, rozgrywki grupowe mistrzostw świata

Polska – Peru 5:1 (0:0)
ocena: ★★★★★

Bramki: 1:0 Smolarek (55.), 2:0 Lato (58.), 3:0 Boniek (61.), 4:0 Buncol (69.), 5:0 Ciołek (76.), 5:1 La Rosa (83.)

Polska: Młynarczyk – Majewski, Janas, Żmuda, Jałocha (26. Dziuba) – Lato, Matysik, Kupcewicz, Buncol – Boniek, Smolarek (74. Ciołek).

Mecz, który przechodzi do annałów polskiego futbolu. Historyczne, efektowne zwycięstwo i pięć bramek w 21 minut, które dają Polsce zwycięstwo w grupie i awans do drugiej rundy. W polskiej kadrze bez debiutów i pożegnań. Mecz brutalnie kończy karierę reprezentacyjną najsłynniejszego piłkarza Peru Teofilo Cubillasa, który gra w niej od 1968 roku. To jego ostatni, 81. występ w drużynie narodowej.

Antoni Piechniczek: – Po dwóch bezbramkowych remisach prasa chciała nas pożreć. Uznano, że to najsłabsza grupa, bo nie padały tu gole. Jakby średnia goli decydowała o poziomie gry. A poza tym w grupie były przecież aż trzy drużyny, które znalazły się w ósemce najlepszych drużyn poprzednich mistrzostw. Czy to nie ironia losu, kiedy okazało się potem, że to właśnie z tej grupy wyszli mistrz świata i zdobywca trzeciego miejsca?

28 czerwca 1982, Barcelona, grupowe rozgrywki drugiej rundy mistrzostw świata

Polska – Belgia 3:0,
ocena: ★★★★★

Bramki: 1:0 Boniek (3.), 2:0 Boniek (26.), 3:0 Boniek (54.)

Polska: Młynarczyk – Dziuba, Żmuda, Janas, Majewski – Lato, Matysik, Kupcewicz (82. Ciołek), Buncol – Boniek, Smolarek Ż.

Kolejne historyczne zwycięstwo. Jeden z najwybitniejszych indywidualnych występów polskiego piłkarza w historii – najlepszy mecz w reprezentacyjnej karierze Zbigniewa Bońka. Klęska nie przekreśla kariery belgijskiego szkoleniowca Guya Thysa. Jest selekcjonerem od ośmiu lat, będzie jeszcze siedem.

Antoni Piechniczek: – Stres z drużyny trochę zszedł, miała świadomość, że plan minimum osiągnęła. Na drugą rundę przeprowadziliśmy się do Barcelony. Mecz ułożył się nam idealnie, trudno uważać, że mógłby lepiej. Fantastyczna gra, niesamowite wspomnienia! Drużyna zagrała rewelacyjnie i po tym meczu nagle mieliśmy realne podstawy, żeby marzyć o czymś więcej niż tylko grze w ćwierćfinałach.

4 lipca 1982, Barcelona, grupowe rozgrywki drugiej rundy mistrzostw świata

Polska – ZSRR 0:0, ocena: ★★★★☆

Polska: Młynarczyk – Dziuba, Żmuda, Janas, Majewski – Lato, Matysik, Kupcewicz (51. Ciołek), Buncol Ż – Boniek Ż, Smolarek.

Remis w tym meczu sprawia, że reprezentacja ZSRR odpada z mistrzostw świata (wcześniej – tak jak Polacy – wygrała z Belgią, ale tylko 1:0). Trener Konstantin Bieskow, w przeszłości znany piłkarz, płaci za ten remis utratą posady. Pierwszy raz zostaje odsunięty od reprezentacji jeszcze za czasów Nikity Chruszczowa, kiedy w 1964 roku przegrywa finał mistrzostw Europy z Hiszpanią.

Antoni Piechniczek: – Pomogło nam trochę zaskakujące nastawienie ZSRR. Od ich drugiego wówczas trenera Walerego Łobanowskiego dowiedziałem się po latach, że oni przede wszystkim nie chcieli wtedy z nami przegrać, bo w Moskwie byłoby to fatalnie odebrane. Remis był dla nich do przyjęcia, choć im przecież nic nie dawał!

Ten mecz ma fatalny moment, czyli drugą żółtą kartkę dla Bońka. Nigdy nie dowiemy się, jak poszłoby nam w półfinale, gdyby mógł wyjść na boisko.

8 lipca 1982, Barcelona, półfinał mistrzostw świata

Polska – Włochy 0:2 (0:1), ocena: ★★★★☆

Bramki: 0:1 Rossi (22.), 0:2 Rossi (73.)

Polska: Młynarczyk – Dziuba, Żmuda Ż, Janas, Majewski Ż – Buncol, Matysik, Kupcewicz, Ciołek (46. Pałasz) – Lato, Smolarek Ż (78. Kusto).

Włosi grają w prawie identycznym składzie jak w pierwszym meczu. Na prawej obronie występuje mało znany 19-latek Giuseppe Bergomi, który w kadrze debiutuje tuż przed mundialem i zaczyna jako rezerwowy, a miejsce w składzie dostaje od ćwierćfinałowego meczu z Brazylią. Spotkanie z Polską jest jego trzecim meczem w kadrze. Przez następne 16 lat będzie etatowym prawym obrońcą reprezentacji Włoch. Świetny mecz rozgrywa Paolo Rossi, którego jeszcze zaledwie kilka dni wcześniej uważa się za jedno z największych rozczarowań tego mundialu, tymczasem w dwóch meczach (z Brazylią i Polską) strzela aż pięć goli i staje się głównym kandydatem na najlepszego strzelca mundialu (po jeszcze jednym golu w finale z RFN nim zresztą zostaje).

Antoni Piechniczek: – O wszystkim miała decydować gra w środku pola. Grzesia Latę tym razem przesunąłem za Bońka do ataku. W Hiszpanii fantastycznie sprawdzał się w pomocy, ale przy przymusowej absencji Zbyszka potrzebowałem kogoś z przodu, a przecież nikogo nie trzeba przekonywać, jak świetnym napastnikiem potrafi być Grzesiek. Plan się nie powiódł, w trakcie meczu potwierdziło się, że Rossi odzyskał nagle świetną formę strzelecką. To zdecydowało o naszym niepowodzeniu.

10 lipca 1982, Alicante, mecz o trzecie miejsce mistrzostw świata

Polska – Francja 3:2 (2:1), ocena: ★★★★★

Bramki: 0:1 Girard (13.), 1:1 Szarmach (41.), 2:1 Majewski (45.), 3:1 Kupcewicz (47. z wolnego), 3:2 Couriol (74.)

Polska: Młynarczyk – Dziuba, Żmuda, Janas, Majewski – Lato, Matysik (46. Wójcicki Ż), Kupcewicz, Buncol Ż – Boniek, Szarmach.

Ostatni mecz w reprezentacji Andrzeja Szarmacha uczczony pięknym golem. Dzięki tej bramce Szarmach jest jednym z dwóch polskich zawodników, którzy strzelają je na trzech mundialach (drugi to Grzegorz Lato). Szarmach gra w tym meczu, bo z powodu kartek na boisko nie może wyjść jedyny piłkarz, który grał we wszystkich dotychczasowych meczach Antoniego Piechniczka jako selekcjonera – Włodzimierz Smolarek. Rywale bez największych gwiazd Michela Platiniego i Alaina Giresse'a, którzy nie potrafią ukryć rozczarowania po przegranym półfinale z RFN i nie mają ochoty grać o trzecie miejsce.

Antoni Piechniczek: – Po porażce z Włochami trzeba było na nowo wyzwolić ducha walki. Świadomość, że wygrana z Francją to wyrównanie wyniku pana Kazimierza, a porażka w polskich realiach to pójście w niepamięć, mobilizowała nas podwójnie.

Gramy przeciwko Francuzom, których nikt tak dobrze nie znał i nie miał im tyle do udowodnienia co Andrzej Szarmach. Nigdy nie żywiłem jakiejkolwiek niechęci do Andrzeja, wręcz przeciwnie – darzyłem go szacunkiem za grę i pięć bramek w MŚ 1974. W Hiszpanii był po prostu starszy o osiem lat, co miało przełożenie na grę, i dlatego stawiałem na młodszych piłkarzy.

Który trener, grając w półfinale MŚ, nie chce zdobyć mistrzostwa i który nie szuka ryzykownych, ale też logicznych uzasadnień dla podejmowanych decyzji?

Szarmach zdobył dwa medale mistrzostw świata, był wicemistrzem olimpijskim. Kto z obecnych zawodników byłby w stanie powtórzyć ten wynik?

Z jednej strony ten mecz wywołuje u mnie lawinę przyjemnych wspomnień, z drugiej kojarzy się z dramatem Waldka Matysika, który po tym mundialu i chorobie długo dochodził do siebie. Na szczęście się wyleczył i wrócił do reprezentacji.

31 sierpnia 1982, Paryż, mecz towarzyski

Francja – Polska 0:4 (0:1), ocena: ★★★★☆

Bramki: 0:1 Jałocha (28.), 0:2 Kupcewicz (55.), 0:3 Kupcewicz (58.), 0:4 Buncol (63. z karnego)

Polska: Kazimierski – Majewski, Janas, Dolny, Jałocha – Buncol Ż (78. Okoński), Wójcicki (65. Kubicki), Kupcewicz, Ciołek – Mazur (46. Dziekanowski), Smolarek.

Najwyższe wyjazdowe zwycięstwo reprezentacji Polski od siedmiu lat (w 1975 roku kadra Kazimierza Górskiego pokonuje Kanadę 8:1). Europejskiego rywala udaje się pobić równie wysoko w 1969 roku (Luksemburg 5:1 w eliminacjach ME). Mecz na Parc des Princes uznawany jest za rewanż za mundial. To debiut Dariusza Kubickiego, który w drugiej połowie lat 80. stanie się podstawowym prawym obrońcą kadry.

Antoni Piechniczek: – W Paryżu przyjęli nas po królewsku. Mecz ułożył nam się idealnie. Bardzo dobre spotkanie zagrał wtedy Janusz Kupcewicz, dwa gole pomocnika w jednym meczu nie zdarzają się często, ale ja tak naprawdę wagę przywiązywałem tylko do meczów o punkty. To był tylko mecz towarzyski, a zbliżały się eliminacje do mistrzostw Europy, więc tego rodzaju sparingi były dobrym przetarciem dla debiutantów. Powoli szukałem już nowych twarzy. Stąd debiut w tym meczu na prawej obronie 20-letniego Darka Kubickiego ze Stali Mielec.

8 września 1982, Kuopio, mecz eliminacji mistrzostw Europy

Finlandia – Polska 2:3 (0:2), ocena: ★★★☆☆

Bramki: 0:1 Smolarek (16. z karnego), 0:2 Dziekanowski (28.), 0:3 Kupcewicz (72.), 1:3 Valvee (82.), 2:3 Kousa (84.)

Polska: Kazimierski – Majewski, Janas, Dolny, Jałocha – Buncol, Kupcewicz, Ciołek – Dziekanowski (75. Mazur), Boniek, Smolarek.

Trzeci raz w historii Polska wygrywa pierwszy wyjazdowy mecz w eliminacjach mistrzostw Europy (wcześniej udaje się to Kazimierzowi Górskiemu w 1974 roku z Finlandią i Jackowi Gmochowi w 1978 roku z Islandią). W ataku drużyny gospodarzy występuje Atik Ismail, syn fińskich Tatarów, jeden z pierwszych zawodników z Finlandii grających w dobrym zagranicznym klubie. W sezonie 1982/1983 gra w Anderlechcie Bruksela.

Antoni Piechniczek: – Wiadomo, że trzecia drużyna świata, która nigdy dotąd nie grała w finałach mistrzostw Europy, ma tylko jeden cel: awans. Mieliśmy wreszcie przełamać złą passę. To był jeden z bardziej nerwowych momentów, jaki pamiętam z pracy z reprezentacją. To było spotkanie z gatunku tych, które skracają życie. Wydawało się, że mecz jest wygrany, a niewiele brakowało, by gospodarze w parę chwil wyrwali remis.

10 października 1982, Lizbona, mecz eliminacji mistrzostw Europy

Portugalia – Polska 2:1 (1:0), ocena: ★★⯪☆☆

Bramki: 1:0 Nene (2.), 2:0 Fernando Gomes (82.), 2:1 Król (90.)

Polska: Kazimierski – Majewski, Janas Ż, Król, Jałocha – Buncol, Wójcicki, Adamiec, Boniek – Dziekanowski, Mazur (46. Dziuba).

Drugiego gola dla Portugalii strzela supersnajper Fernando Gomes, który w Portugalii do dziś jest legendą. W sezonie 1982/1983 zdobywa Złoty But – trofeum dla najlepszego strzelca lig europejskich. Ogółem aż sześciokrotnie zostaje królem strzelców ligi portugalskiej (218 ligowych goli!). Pięć lat później, w 1987 roku, razem z Józefem Młynarczykiem zdobywa w barwach FC Porto Puchar Europy.

W reprezentacji Polski ostatni raz gra as Zagłębia Sosnowiec Włodzimierz Mazur. W lidze prezentuje bardzo dobrą formę, ale w drużynie Piechniczka nie zdobywa bramek. Jesienią 1982 roku gra w kadrze trzy razy, bez trafienia.

Antoni Piechniczek: – To było nieudane zakończenie bardzo udanego roku. Do dziś mam pretensje do bramkarza Jacka Kazimierskiego. Pod nieobecność Młynarczyka wielokrotnie dawałem mu szansę, a on wielokrotnie mnie zawodził, wpuszczał głupie bramki, jakie nie przystoją reprezentantowi kraju. Tak było choćby w tym ważnym meczu z Portugalią. Nigdy się nie zdarzyło, niestety, żeby Kazimierski wygrał nam jakiś mecz.

1983

23 marca 1983, Łódź, mecz towarzyski

Polska – Bułgaria 3:1 (1:1), ocena: ★★⯪☆☆

Bramki: 1:0 Majewski (2.), 1:1 Najdenow (25.), 2:1 Dziekanowski (67.), 3:1 Okoński (76.)

Polska: Młynarczyk – Majewski (46. Dziuba), Wójcicki, Król, Jałocha – Buncol, Tłokiński (46. Buda),

Kupcewicz, Ciołek (80. Pękala) – Dziekanowski, Smolarek (46. Okoński).

Na stadion ŁKS przychodzi tylko 3 tys. ludzi. Bułgarzy budują skład na kolejne mistrzostwa, ich ostoją jest grający w Łodzi stoper CSKA Georgi Dymitrow. Na mundialu w Meksyku Bułgarzy osiągną historyczny sukces, po raz pierwszy w historii wychodząc z grupy. Dymitrow jest kapitanem tamtej drużyny.

Antoni Piechniczek: – Ktoś powiedział, że trener reprezentacji musi pracować krótko, szybko i mądrze. Takie mecze jak ten z Bułgarią pokazuje „szarpanie się" trenera, który szuka nowych rozwiązań. Jestem przeciwnikiem takiej metody pracy, ale trudno o inną. Tym razem próbowałem Mirka Tłokińskiego, który w Widzewie wiele znaczył, dałem też szansę wyróżniającemu się w Śląsku Mirosławowi Pękali. Nie sprawdzili się.

17 kwietnia 1983, Warszawa, mecz eliminacji mistrzostw Europy

Polska – Finlandia 1:1 (1:1), ocena: ★⯪☆☆☆

Bramki: 1:0 Smolarek (2., z karnego), 1:1 Janas (5. samobójcza)

Polska: Młynarczyk – Majewski, Janas, Wójcicki Ż, Jałocha – Buncol Ż, Kupcewicz, Ciołek (65. Buda) – Smolarek, Boniek, Okoński.

Pierwszy raz nie udaje się wygrać z Finlandią na własnym boisku. To ostatni w historii mecz na Stadionie Dziesięciolecia w Warszawie. W 1989 roku obiekt zostaje wydzierżawiony przez miasto do celów handlowych. Na koronie działa „Jarmark Europa", jedno z największych targowisk w Europie.

Antoni Piechniczek: – Chyba nigdy nie grałem na tak źle przygotowanym boisku, stan płyty zagrażał zdrowiu zawodników. Nie udało się nam tego meczu wygrać, a ja czułem, że te eliminacje są już przegrane. Stawiałem wtedy na Mirka Okońskiego. To kolejny przykład błyskotliwego wręcz napastnika, obdarzonego fantastycznym dryblingiem i doskonałym strzałem z lewej nogi. Bardzo go lubiłem, ale był z nim jednak poważny problem: człowiek nigdy nie mógł być pewny jego aktualnej formy, nigdy nie było wiadomo, co mu w głowie siedzi i jak zdołał się przygotować do konkretnego meczu. Niektórzy pytali mnie, dlaczego do Hiszpanii wziąłem Andrzeja Pałasza zamiast niego. Z dwóch powodów: po pierwsze, lewoskrzydłowy Okoński byłby tylko dublerem Smolarka, którego ceniłem bardziej, a po drugie, Pałasz był od Okońskiego wszechstronniejszy, mógł pełnić więcej funkcji na boisku.

22 maja 1983, Chorzów, mecz eliminacji mistrzostw Europy

Polska – ZSRR 1:1 (1:0), ocena: ★★★☆☆

Bramki: 1:0 Boniek (19.), 1:1 Wójcicki (63. samobójcza)

Polska: Młynarczyk – Majewski, Janas, Wójcicki, Jałocha – Kensy, Wijas, Kupcewicz (75. Iwan), Buncol – Boniek, Smolarek (81. Dziekanowski).

Debiut Dariusza Szpakowskiego jako sprawozdawcy telewizyjnego. Ostatni mecz w reprezentacji Janusza Kupcewicza.

Antoni Piechniczek: – Zdecydowałem się na zmiany. Od pierwszej minuty wpuściłem na boisko dwóch debiutantów: Jurka Wijasa z Widzewa Łódź i Adama Kensego z Pogoni Szczecin. Kensy okazał się rozczarowaniem, szybko z niego zrezygnowałem. Ale Wijas był dla mnie objawieniem, uznałem, że właśnie znalazłem kogoś, kto może zastąpić Matysika. Dobrze grał głową, wślizgiem, był przygotowany wydolnościowo. Miał też dobry przerzut, do tego dobry strzał z dystansu. Naprawdę mógł być kimś!

7 września 1983, Kraków, mecz towarzyski

Polska – Rumunia 2:2 (0:1), ocena: ★★☆☆☆

Bramki: 0:1 Movila (17.), 1:1 Ciołek (52.), 2:1 Iwan (57. z karnego), 2:2 Irimescu (78.)

Polska: Młynarczyk – Majewski (46. Pawlak), Wójcicki, Król, Urbanowicz – Prusik, Ciołek, Buda, Buncol (46. Dziekanowski) – Bąk (66. Pałasz), Iwan.

Grę gości poprowadził młodziutki, nieznany szerszej publiczności 19-latek Gheorghe Hagi ze Sportulu Studentesc Bukareszt, dla którego to dopiero trzeci mecz w reprezentacji Rumunii. Po latach zostaje uznany za najlepszego piłkarza Rumunii wszech czasów. Występuje m.in. w Barcelonie i Realu Madryt. W reprezentacji rozgrywa 125 meczów.

Antoni Piechniczek: – Wtedy nie kojarzyłem jeszcze, kim jest Hagi. Szansa na awans odjechała, stąd kolejna okazja do szukania nowych twarzy. W tamtym meczu zadebiutowali czterej piłkarze: obrońca Krzysiek Pawlak z Lecha i pomocnik Waldek Prusik ze Śląska się sprawdzili. Z Krzysztofem Urbanowiczem z Pogoni się nie udało, a dla Mirka Bąka z Ruchu Chorzów był to jedyny mecz w reprezentacji.

9 października 1983, Moskwa, mecz eliminacji mistrzostw Europy

ZSRR – Polska 2:0 (1:0), ocena: ★★★☆☆

Bramki: 1:0 Demianienko (10.), 2:0 Błochin (62.)

Polska: Młynarczyk – Majewski, Wójcicki, Król, Urbanowicz – Buda, Wijas, Kensy, Buncol (23. Prusik) – Boniek, Smolarek (66. Dziekanowski).

Jak zwykle w meczach rozgrywanych na terenie ZSRR reprezentacji Polski nie udaje się nic osiągnąć. Piąty mecz w Kraju Rad i piąta porażka. Zasłużone zwycięstwo gospodarzy. Oleg Błochin, ukraińska gwiazda ZSRR, strzela Polsce gola po sześcioletniej przerwie. Poprzedniego wbija jeszcze zespołowi prowadzonemu przez Jacka Gmocha.

Antoni Piechniczek: – W tym momencie mogliśmy już Euro odhaczyć. Mimo porażki świetny mecz rozegrał Zbyszek Boniek. Ciągle się rozwijał i mógł wiele dać reprezentacji.

28 października 1983, Wrocław, mecz eliminacji mistrzostw Europy

Polska – Portugalia 0:1 (0:1), ocena: ★☆☆☆☆

Bramka: 0:1 Carlos Manuel (32.)

Polska: Młynarczyk – Majewski, Wójcicki, Wijas, Jałocha – Kensy (67. Pałasz), Ciołek, Prusik, Ostrowski (46. Okoński) – Iwan, Smolarek.

W Polsce panuje przekonanie, że piłkarze przegrywają ten mecz specjalnie. Chodzi o to, żeby Portugalia weszła do finałów mistrzostw Europy kosztem Związku Radzieckiego. Dwa tygodnie później Portugalia wygrywa w Lizbonie z ZSRR 1:0 i zdobywa awans na mistrzostwa Europy we Francji. W 1984 roku staje się rewelacją turnieju. Dociera do półfinału, dopiero tam po dogrywce przegrywa 2:3 z gospodarzami, którzy wygrywają cały turniej.

A Polska? Ten mecz kończy nieudany rok. Biało-Czerwoni wygrywają wtedy tylko jedno spotkanie. Ten mecz jest ostatnim w reprezentacji Adama Kensego.

Antoni Piechniczek: – Uważam to spotkanie za zdecydowanie najgorsze w okresie, kiedy prowadziłem reprezentację Polski. Coś strasznego! Styl, sposób gry, przebieg – wszystko było fatalne.

1984

11 stycznia 1984, Kalkuta, Puchar Nehru

Indie – Polska 1:2 (1:2), ocena: ★★★☆☆

Bramki: 0:1 Dziekanowski (10.), 0:2 Pawlak (34.), 1:2 Bhattacharya (42.)

Polska: Młynarczyk – Pawlak (80. Skrobowski), Wójcicki, Adamiec, Jałocha – Buncol (65. Urbanowicz), Ciołek, Jakołcewicz, Smolarek – Dziekanowski, Okoński.

PZPN dostaje propozycję startu w Pucharze Nehru. To międzynarodowy turniej piłkarski organizowany w Indiach od 1982 roku. Nagroda wynosi 54 tys. dol. i 45 tys. rupii.

Ostatni mecz w kadrze po ponaddwuletniej przerwie Piotra Skrobowskiego, talentu, któremu kontuzje nie pozwalają się rozwinąć. Debiutuje Czesław Jakołcewicz, który ważnym piłkarzem stanie się dopiero u selekcjonera Andrzeja Strejlaua.

Antoni Piechniczek: – Niezwykła była frekwencja. Na wszystkie nasze mecze w Indiach chodziły tłumy, zawsze było ponad 80 tysięcy ludzi! Podczas tego turnieju chodziło o przegląd piłkarzy, którzy mogliby się przydać w zbliżających się eliminacjach mistrzostw świata w Meksyku.

15 stycznia 1984, Kalkuta, Puchar Nehru

Polska – Chiny 1:0 (1:0), ocena: ★★★☆☆

Bramka: 1:0 Adamiec (33.)

Polska: Młynarczyk – Pawlak, Wójcicki, Adamiec, Jałocha – Buncol Ż, Jakołcewicz, Ciołek, Smolarek (80. Urbanowicz) – Dziekanowski, Okoński.

Chiński futbol jest wtedy uważany za zaściankowy, ale podczas Pucharu Nehru Chińczycy pokonują m.in. Indie 3:0 i Argentynę 1:0. W regionie jest to już mocna drużyna. W tym samym roku Chińczycy zdobywają wicemistrzostwo Azji, a najbardziej wartościowym zawodnikiem imprezy i królem strzelców zostaje stoper Jia Xiuquan, jeden z pierwszych chińskich piłkarzy próbujących sił w Europie (w latach 1987-1989 zawodnik Partizana Belgrad). Xiuquan gra przeciw Polsce. W tym meczu debiutuje Li Hui, jeden z najlepszych chińskich napastników lat 80. To jednocześnie ostatni mecz Krzysztofa Urbanowicza z Pogoni Szczecin. Nie przyjmuje się w kadrze.

Antoni Piechniczek: – Nie wiedzieliśmy o Chińczykach nic. Ich nazwiska nic nam nie mówiły. Byłem jednak zadowolony, że para stoperów Wójcicki – Adamiec, którą znałem jeszcze z Odry Opole, nie tylko dobrze spisuje się w defensywie, ale jeszcze zdobywa gole.

17 stycznia 1984, Kalkuta, Puchar Nehru

Polska – Argentyna 1:1 (0:0), ocena: ★★★☆☆

Bramki: 0:1 Ponce (51.), 1:1 Buncol (84.)

Polska: Młynarczyk – Pawlak, Wójcicki, Adamiec, Jałocha – Buncol, Ciołek, Jakołcewicz, Smolarek Ż – Dziekanowski, Okoński.

Trener Carlos Bilardo, który zastępuje Menottiego po nieudanych dla Argentyny mistrzostwach świata w Hiszpanii, przywozi do Indii nową drużynę. Nie ma z nimi co prawda Diego Maradony, ale kilku z tych piłkarzy dwa lata później zostanie mistrzami świata (bramkarz Nery Pumpido, pomocnicy Jorge Burruchaga i Ricardo Giusti, obrońca Oscar Garré). Na stoperze gra Héctor Raúl Cúper, po latach bardziej znany jako trener (dwukrotnie osiąga finał Ligi Mistrzów z Valencią).

Antoni Piechniczek: – To był najsilniejszy i najbardziej prestiżowy przeciwnik podczas tego turnieju. Dobrze pamiętali, że przegrali z nami w towarzyskim meczu w Buenos Aires trzy lata wcześniej. Kiedy czytam dziś skład, odczuwam satysfakcję. To dowód dla mediów, że nie pojechaliśmy tam na wycieczkę.

27 stycznia 1984, Kalkuta, Puchar Nehru

Polska – Chiny 1:0 (0:0), ocena: ★★★☆☆

Bramka: 1:0 Wójcicki (60.)

Polska: Młynarczyk – Pawlak, Wójcicki, Adamiec, Jałocha – Buncol, Ciołek, Jakołcewicz, Dziekanowski – Smolarek (86. Majewski), Okoński (76. Iwan)

Świat jest mały. Antoniemu Piechniczkowi nawet się nie śni, że choć reprezentacja Polski już nigdy więcej nie spotka się z Chinami, on sam będzie z nimi rywalizował za cztery lata na igrzyskach w Seulu jako trener Tunezji. Aż czterech zawodników z finału w Kalkucie zagra przeciw Tunezyjczykom: prawy obrońca Zhu Bo, stoper Jia Xiuquan oraz napastnicy Liu Haiguang i Li Hui.

Antoni Piechniczek: – Zdobyliśmy najwięcej punktów w rozgrywkach. Regulamin przewidywał, że dwie drużyny z najlepszym bilansem spotkają się jeszcze raz. W finale ponownie wygraliśmy z Chinami. Spędziliśmy w Indiach prawie miesiąc, rozgrywając w tym czasie sześć meczów (cztery międzypaństwowe, oficjalne). Dziś trudno sobie wyobrazić, żeby reprezentacja Polski jechała na tak długi towarzyski turniej na inny kontynent!

27 marca 1984, Zurych, mecz towarzyski

Szwajcaria – Polska 1:1 (0:1), ocena: ★★⯪☆☆

Bramki: 0:1 Boniek (24.), 1:1 Hermann (79.)

Polska: Młynarczyk Ż – Pawlak, Wójcicki, Adamiec (46. Janas), Jałocha – Buncol, Ciołek (68. Jakołcewicz), Matysik, Smolarek (71. K.Warzycha) – Boniek Ż, Okoński

To ostatni mecz w kadrze Pawła Janasa i pierwszy Krzysztofa Warzychy. Największą gwiazdą gospodarzy jest strzelec gola Heinz Hermann. W latach 1978-1991 w drużynie narodowej rozgrywa 118 spotkań i zdobywa 15 bramek. Do dziś to rekord występów w reprezentacji Szwajcarii. Polska telewizja pokazuje tylko drugą połowę tego meczu.

Antoni Piechniczek: – Najbardziej się cieszyłem, że wrócił Waldek Matysik. To był jego pierwszy mecz w kadrze od ostatniego meczu na mundialu w Hiszpanii. Nie wyszedł mu nadzwyczajnie, ale najważniejsze przecież, że znowu grał. Będzie na tyle dobry, że pojedzie na kolejny mundial.

17 kwietnia 1984, Warszawa, mecz towarzyski

Polska – Belgia 0:1 (0:0), ocena: ★★⯪☆☆

Bramka: 0:1 Czerniatynski (90.)

Polska: Młynarczyk – Pawlak, Wójcicki, Adamiec, Jałocha – Lato (65. Matysik), Ciołek, Wijas, Smolarek – Boniek, Okoński (74. Dziekanowski)

Mecz słynny z powodu oficjalnego pożegnania Grzegorza Laty. Zasłużony piłkarz występuje w kadrze pierwszy raz od mundialu w Hiszpanii. To jego setny występ w reprezentacji Polski. Lato jako pierwszy w historii polskiego gwiazdki: futbolu osiąga ten wynik (Kazimierz Deyna świętujący setny występ na mundialu w Argentynie, tak naprawdę rozgrywa ich 97, bo wcześniej wliczono mu także pięć występów, które okazują się nieoficjalnymi meczami reprezentacji Polski). Lato jako pierwszy polski piłkarz gra w reprezentacji, będąc zawodnikiem klubu spoza Europy – w 1984 roku reprezentuje meksykańskie Atlante.

Antoni Piechniczek: – To był kolejny mecz o nic, ale przecież nie o to chodziło. Grzesiu Lato zasłużył na takie oficjalne pożegnanie jak mało kto. Bez niego trudno sobie wyobrazić największe sukcesy polskiej piłki.

23 maja 1984, Dublin, mecz towarzyski

Irlandia – Polska 0:0,
ocena: ★★⯪☆☆

Polska: Młynarczyk – Pawlak, Żmuda, Wójcicki, Ostrowski – Buncol, Wijas, Boniek, Matysik – Furtok (69. Okoński), Smolarek

Najlepszym piłkarzem gospodarzy jest Liam Brady, w latach 80. gwiazda włoskiej Serie A. W tym czasie jest zawodnikiem Sampdorii Genua, gra także w Juventusie, Interze i Ascoli. W reprezentacji Polski debiutuje Jan Furtok, najlepszy piłkarz wszech czasów GKS Katowice.

Antoni Piechniczek: – Mecze na Wyspach pamiętam z agresywnej gry, zawsze trzeba było się postarać, żeby tam nie przegrać. Kapitan gospodarzy Brady był rzeczywiście dobrym piłkarzem. Pamiętam, że kiedy Zbyszek Boniek był trenerem Lecce, chciał go ściągnąć do siebie, ale nic z tego nie wyszło. W naszej kadrze znów zaczął grać Władek Żmuda, po raz pierwszy od mundialu. Po kontuzji nie był już jednak w stanie osiągnąć poziomu, który prezentował wcześniej.

29 sierpnia 1984, Drammen, mecz towarzyski

Norwegia – Polska 1:1 (0:0),
ocena: ★★⯪☆☆

Bramki: 0:1 Tarasiewicz (48.), 1:1 Davidsen (56.)

Polska: Kazimierski – Pawlak (46. Kubicki), Żmuda, Wójcicki, Ostrowski – Matysik, Karaś, Tarasiewicz (73. Prusik), Buncol – Okoński (46. K. Warzycha), Smolarek

Mecz jest debiutem dwóch w przyszłości ważnych piłkarzy reprezentacji: Ryszarda Tarasiewicza i Jana Karasia (obaj zagrają na mistrzostwach świata). Tarasiewicz jako drugi w kadrze Piechniczka – po Dziekanowskim – zdobywa gola w swoim pierwszym meczu w biało--czerwonych barwach. U gospodarzy najlepszym zawodnikiem jest bramkarz Erik Thorstvedt, który powszechnie znany stanie się dopiero w następnej dekadzie (jako zawodnik Tottenhamu Londyn).

Antoni Piechniczek: – Norwegia była wtedy na krzywej wznoszącej. Nie był to jeszcze zespół, który dziesięć lat później wygra na mistrzostwach świata z Brazylią, ale nie była to również ta Norwegia, która przegrywała z Polską 0:9 w 1963 roku.

12 września 1984, Helsinki, mecz towarzyski

Finlandia – Polska 0:2 (0:1),
ocena: ★★⯪☆☆

Bramki: 0:1 Dziekanowski (32.), 0:2 Pałasz (62.)

Polska: Kazimierski – Kubicki, Żmuda, Adamiec, Wdowczyk (71. Karaś) – Matysik, Buncol, Ostrowski – Kusto (55. Pałasz), Dziekanowski, Smolarek (79. Tarasiewicz)

Kolejna okazja dla debiutu piłkarza, który okaże się ważnym ogniwem drużyny. Dariusz Wdowczyk wybija się w Legii, przebojem zdobywa pewne miejsce na lewej obronie reprezentacji, zagra od pierwszej minuty już we wszystkich kolejnych meczach kadry w 1984 roku. Miejsce jednak stracił w 1985 roku i na mundialu w Meksyku go zabrakło. Zaufanie zdobywa dopiero u następnych selekcjonerów.

Antoni Piechniczek: – Tym meczem z kadrą żegnał się Marek Kusto. Jego kariera reprezentacyjna była bardzo nietypowa. Na mistrzostwa świata zabrali go Kazimierz Górski,

Jacek Gmoch i ja, ale dopiero u mnie wstał w ławki. To był dobry piłkarz, ale ciągle mu czegoś brakowało. To był też ostatni mecz Józka Adamca, którego znałem jeszcze z Odry. Z Lechem zdobył mistrzostwo, potem wyjechał do Niemiec i zniknął z pola widzenia.

26 września 1984, Słupsk,
mecz towarzyski

Polska – Turcja 2:0 (1:0),
ocena: ★★⯪☆☆

Bramki: 1:0 Dziekanowski (17.), 2:0 Dziekanowski (56. z karnego)

Polska: Kazimierski – Kubicki Ż, Żmuda, Matysik, Wdowczyk – Buncol (46. Tarasiewicz), Karaś (78. Dziuba), Wijas, Ostrowski (46. Okoński) – Pałasz, Dziekanowski

Zwycięstwo nad Turcją zostaje przyjęte jako coś oczywistego. 30 lat temu Turcy prezentują zupełnie inny poziom niż dziś. W Europie echem odbija się klęska, jaką niespełna dwa miesiące po meczu w Słupsku zanotują z Anglią na własnym boisku w Stambule (0:8).

Antoni Piechniczek: – Z Turcją zagraliśmy, bo uznaliśmy, że ma podobny styl gry do Grecji – naszego pierwszego rywala w rozpoczynających się wkrótce eliminacjach do kolejnych mistrzostw świata. Południowcy z temperamentem, dobrze wyszkoleni technicznie. W podstawowym składzie znów pojawia się Jan Karaś, szczuplutki piłkarz, bardzo pracowity, z ważną dobrą cechą – potrafił uderzyć z dystansu. Imponował mi na treningach, bo zawsze był sumienny w tym, co robi.

17 października 1984, Zabrze,
mecz eliminacji mistrzostw świata

Polska – Grecja 3:1 (0:1),
ocena: ★★★☆☆

Bramki: 0:1 Mitropoulos (35.), 1:1 Smolarek (62.), 2:1 Dziekanowski (65.), 3:1 Dziekanowski (79.)

Polska: Kazimierski – Kubicki, Żmuda, Wójcicki, Wdowczyk Ż – Pałasz (83. Matysik), Boniek, Wijas Ż, Buncol (46. Karaś) – Dziekanowski, Smolarek

Pierwszy mecz w eliminacjach kolejnego mundialu. Pierwszy raz w historii reprezentacja Polski rozgrywa mecz w Zabrzu. Cichym bohaterem jest rezerwowy Jan Karaś, który po przerwie porządkuje grę i udaje mu się odwrócić wynik. Karaś jest współautorem bramek, w końcówce łapie kontuzję, ale ambitnie gra do końca.

Antoni Piechniczek: – To był bardzo wyrównany mecz. Nerwy, bo do przerwy przegrywaliśmy. Wielka rola Włodzimierza Smolarka, który często jako pierwszy strzelał ważne bramki. Tak było na mistrzostwach świata w Hiszpanii, tak było w eliminacjach do mistrzostw świata w Meksyku (oba mecze z Grecją), tak będzie na meksykańskim mundialu.

31 października 1984, Mielec,
mecz eliminacji mistrzostw świata

Polska – Albania 2:2 (1:0),
ocena: ★★☆☆☆

Bramki: 1:0 Smolarek (23.), 1:1 Omuri (55.), 1:2 Kola (75.), 2:2 Pałasz (80.)

Polska: Kazimierski – Kubicki, Żmuda, Wójcicki (76. Dziuba), Wdowczyk – Buda (70. Komornicki), Boniek, Matysik – Pałasz, Dziekanowski, Smolarek

Pierwszy raz w historii reprezentacji Polski mecz odbywa się Mielcu. Debiut kolejnego ważnego piłkarza, Ryszarda Komornickiego z Górnika Zabrze. Z kadrą żegnają się: Kazimierz Buda (jedyny piłkarz wychowany w miejscowej Stali) oraz medalista z Hiszpanii – Marek Dziuba.

Antoni Piechniczek: – Po meczu z Grekami wydawało się, że spotkanie z teoretycznie słabszą Albanią będzie łatwiejsze, ale tak nie było. Na wiosenne mecze czekaliśmy z lekkim niepokojem. Miałem pretensje do sędziego, bo nie podyktował dla nas ewidentnego karnego w końcówce za faul na Pałaszu.

8 grudnia 1984, Pescara, mecz towarzyski

Włochy – Polska 2:0 (0:0), ocena: ★★★☆☆

Bramki: 1:0 Altobelli (78.), 2:0 Di Gennaro (90.)

Polska: Kazimierski – Kubicki, Żmuda, Wójcicki, Wdowczyk Ż, Cz – Wijas, Matysik (80. Prusik), Boniek, Komornicki – Pałasz, Okoński (53. Ostrowski)

W drużynie gospodarzy występuje siedmiu piłkarzy, którzy dwa lata wcześniej zdobywają mistrzostwo świata. Przed meczem reprezentacja Polski spotyka się z papieżem Janem Pawłem II.

Antoni Piechniczek: – Mimo porażki zagraliśmy znacznie lepiej niż z Albanią. Właściwie wynik jest mylący, nie byliśmy w tym meczu słabsi. Szkoda, że czerwoną kartkę dostał Wdowczyk. Był pierwszym zawodnikiem za mojej kadencji, którego sędzia wyrzucił z boiska.

1985

5 lutego 1985, Queretaro, mecz towarzyski

Meksyk – Polska 5:0 (3:0), ocena: ★⯪☆☆☆

Bramki: 1:0 Boy (8., z wolnego), 2:0 Negrete (13.), 3:0 Cruz (28.), 4:0 Flores (61.), 5:0 Negrete (70.)

Polska: Kazimierski (73. Cebrat) – Pawlak (46. Kubicki), Wójcicki, Łukasik, Wdowczyk – Pałasz, Matysik, Komornicki, Ostrowski (73. Prusik) – Dziekanowski, Okoński (46. Buncol)

Najdotkliwsza klęska Antoniego Piechniczka. Mecz z Meksykiem odbywa się z okazji otwarcia nowego Estadio Corregidora w Queretaro. Spotkanie oglądają m.in. ówczesny prezydent FIFA João Havelange i Sepp Blatter, ówczesny sekretarz generalny.

Antoni Piechniczek: – Tragedia! Nauczka, żeby nie rozgrywać meczów z marszu, prawie zaraz po przylocie. Nowością było dla nas wszystko – łącznie z trawą, na jakiej przyszło nam grać.

6 lutego 1985, Queretaro, mecz towarzyski

Polska – Bułgaria 2:2 (2:2), ocena: ★★☆☆☆

Bramki: 0:1 Dimitrow (19.), 1:1 Dziekanowski (35.), 2:1 Prusik (38.), 2:2 Sadkow (45. z karnego)

Polska: Cebrat – Pawlak, Wójcicki, Łukasik, Wdowczyk (76. Ostrowski) – Buncol (79. Urban), Matysik, Komornicki, Prusik (46. Kaczmarek) – Dziekanowski (75. Okoński), Pałasz (21. Araszkiewicz)

Pierwszy raz w historii polskiego futbolu reprezentacja Polski rozgrywa mecz dzień po dniu. W składzie rywali jest dziewięciu zawodników, którzy zagrają na mundialu. W polskiej reprezentacji debiutuje kolejny znakomity piłkarz z rocznika 1962 – Jan Urban.

Antoni Piechniczek: – Po klęsce dzień wcześniej trochę obawiałem się, jak zareaguje drużyna. Nie zagrali katastrofalnie. Bułgarzy to nie byli frajerzy, więc remisowy wynik nie był wcale zły. Drużyna nabrała więcej pewności. Szkoda, że taki był terminarz – wolałbym, żeby układ gier był odwrotny – najpierw Bułgaria, a dopiero potem, już po aklimatyzacji, Meksyk.

10 lutego 1985, Bogota, mecz towarzyski

Kolumbia – Polska 1:2 (1:2), ocena: ★★☆☆☆

Bramki: 0:1 Pałasz (5.), 1:1 Cordoba (9.), 1:2 Pałasz (34.)

Polska: Cebrat – Pawlak, Wójcicki, Łukasik (51. Wdowczyk), Ostrowski – Buncol, Matysik, Komornicki (69. Okoński), Prusik (55. Urban) – Dziekanowski, Pałasz (59. Araszkiewicz Cz)

14 lutego 1985, Bogota, mecz towarzyski

Kolumbia – Polska 1:0 (1:0), ocena: ★⯪☆☆☆

Bramka: 1:0 Sarmiento (28.)

Polska: Kazimierski – Kubicki, Wójcicki, Ostrowski, Wdowczyk – Buncol, Matysik, Urban (85. Okoński), Komornicki – Dziekanowski (71. Araszkiewicz), Pałasz

W tamtym czasie Kolumbia to drużyna mało znana w Europie. W obu meczach grą gospodarzy kieruje słabo wtedy jeszcze kojarzony w Europie Carlos Valderrama. Najsłynniejszy kolumbijski piłkarz wszech czasów dopiero zaczyna międzynarodową karierę.

Antoni Piechniczek: – Na tym tournée pokazali się zawodnicy, którzy potem okazali się wyjątkowo przydatni: Komornicki i Urban. Szansy nie wykorzystał Jarosław Araszkiewicz.

27 marca 1985, Sibiu, mecz towarzyski

Rumunia – Polska 0:0, ocena: ★★☆☆☆

Polska: Cebrat – Pawlak, Żmuda, Wójcicki, Ostrowski – Buncol (72, Jałocha), Matysik, Urban (46. Prusik), Komornicki – Pałasz, Dziekanowski (72. Smolarek Ż)

U rywali gra trzech zawodników Steauy Bukareszt (Ladislau Bölöni, Marius Lacatus i Victor Piturca), która w następnym sezonie zdobywa Puchar Europy. Na meczu nie ma asystenta Bernarda Blauta, który przygląda się Belgom, głównym rywalom w walce o awans do mundialu. Czasy trudne, kryzys, więc Rumuni nie przeprowadzają transmisji telewizyjnej nawet dla własnych kibiców. Mecz zaczyna się o godz. 16, a program telewizyjny w Rumunii o godz. 18. Sędzią głównym jest Bułgar, ale boczni to miejscowi, kilka razy podejmują błędne decyzje. Kiedy pokazują spalonego Pałaszowi, wściekły Piechniczek w proteście wbiega na boisko.

Antoni Piechniczek: – Podstawowa jedenastka krystalizowała się coraz bardziej. Na bramce wystawiłem Cebrata, ale wiadomo było, że numerem jeden jest oczywiście Młynarczyk. Zacząłem szukać szczegółów przydatnych przed najważniejszymi meczami. Ostrowski mógł być piłkarzem, który byłby w stanie przypilnować Nico Claesena, dobrego belgijskiego napastnika.

17 kwietnia 1985, Opole, mecz towarzyski

Polska – Finlandia 2:1 (0:0), ocena: ★★☆☆☆

Bramki: 0:1 Ukkonen (57.), 1:1 Żmuda (71.), 2:1 Pałasz (81.)

Polska: Cebrat (46. Kazimierski) – Pawlak, Żmuda, Wójcicki, Jałocha (46. Ostrowski) – Wijas, Matysik (64. Tarasiewicz), Buncol, Urban (46. Pałasz) – Dziekanowski, Smolarek

Mimo zwycięstwa słaby mecz reprezentacji. Finowie nie ustępują naszej drużynie, choć sezon ligowy rozpoczynają za dwa tygodnie. Zawstydzający jest fakt, że Polaków udanie powstrzymuje 36-letni stoper Pauno Kymäläinen z TPS Turku, który w reprezentacji Finlandii zaczyna grać w 1972 roku.

Antoni Piechniczek: – Rzeczywiście, nie układało nam się to spotkanie. Jedyny pozytyw to fakt, że udało się odwrócić losy tego meczu: wygraliśmy mimo że pierwsi straciliśmy gola [to czwarty i ostatni taki przypadek za pierwszej kadencji tego selekcjonera

– wcześniej ma miejsce z Argentyną w 1981 roku, Francją w 1982 roku i z Grecją w 1984 roku, przyp. aut.].

Kolejny raz zagraliśmy w mniejszym mieście, na bardzo dobrze znanym mi stadionie, spędziłem tam kilka fajnych lat. PZPN był otwarty na takie ośrodki. Zagraliśmy w Opolu, w którym kiedyś byłem trenerem, ale to nie ja zabiegałem żeby zagrać tam mecz. To inicjatywa miasta [reprezentacja Polski już nigdy więcej nie zagrała w tym mieście, przyp. aut.].

1 maja 1985, Bruksela, mecz eliminacji mistrzostw świata

Belgia – Polska 2:0 (1:0), ocena: ★⯪☆☆☆

Bramki: 1:0 van der Bergh (30.), 2:0 Vercauteren (53.)

Polska: Młynarczyk – Pawlak, Żmuda Ż, Wójcicki, Ostrowski – Buncol, Matysik, Boniek Ż, Jałocha (46. Komornicki) – Dziekanowski (65. Pałasz), Smolarek

Najtrudniejszy moment eliminacji. Polacy nie są w stanie zagrozić bramce rezerwowego bramkarza gospodarzy Jacques'a Munarona. Po tej porażce tracą do Belgów cztery punkty.

To jeden z ostatnich meczów na słynnym stadionie Heysel. Miesiąc później w trakcie finału PEMK ginie tam 39 osób. Po tej tragedii odbywają się tam głównie imprezy lekkoatletyczne, a w 1995 roku Heysel zostaje rozebrane. Na jego gruzach rośnie nowoczesny stadion im. Króla Baudouina I.

Antoni Piechniczek: – Nie poszło nam, popełniliśmy kilka błędów. Jałocha niepotrzebnie pilnował Enzo Scifo, bo okazało się, że Belg był w słabej formie. Boniek grał w środku. Wolałbym go ustawić w ataku, ale nie mogłem skorzystać z Karasia albo Tarasiewicza.

19 maja 1985, Ateny, mecz eliminacji mistrzostw świata

Grecja – Polska 1:4 (0:1), ocena: ★★★★☆

Bramki: 0:1 Smolarek (25.), 1:1 Anastopoulos (47.), 1:2 Ostrowski (58.), 1:3 Boniek (78.), 1:4 Dziekanowski (90.)

Polska: Młynarczyk – Pawlak, Wójcicki, Przybyś, Ostrowski – Tarasiewicz (15. Dziekanowski), Buncol, Matysik, Urban Ż – Boniek, Smolarek

Jedna z najbardziej niezwykłych metamorfoz reprezentacji Polski w historii. Po wyjątkowo słabym meczu w Brukseli, kiedy polscy dziennikarze drwią i przewidują kolejną klęskę, fantastyczny występ na Stadionie Olimpijskim w Atenach. Włodzimierz Smolarek po meczu powtarza, że od trzech lat (w domyśle: od mundialu w Hiszpanii) nie grał tak dobrze. Grecy są załamani. Oczywiście nie jest ich w stanie pocieszyć honorowa bramka Nikolaosa Anastopoulosa, do dziś najskuteczniejszego strzelca reprezentacji Grecji (łącznie 29 goli).

Antoni Piechniczek: – Nadzieja umiera ostatnia, ale wtedy rzeczywiście była bliska śmierci. Atmosferę mieliśmy fatalną, przygotowywaliśmy się w Wiśle do tego meczu w bardzo złych nastrojach. Tymczasem poszło świetnie, zdecydowałem się na ryzyko i na środku obrony wystawiłem całkowitego żółtodzioba Kazimierza Przybysia. Okazało się, że trafiłem w dziesiątkę. Trzy lata po mundialu w Hiszpanii linię defensywy tworzą zupełnie nowi zawodnicy. Udało się zbudować nową linię obrony. Okazało się, że jest nowa drużyna, która nareszcie zaczęła rokować.

30 maja 1985, Tirana, mecz eliminacji mistrzostw świata

Albania – Polska 0:1 (0:1), ocena: ★★★⯪☆

Bramka: 0:1 Boniek (24.)

Polska: Młynarczyk – Pawlak, Wójcicki, Przybyś, Ostrowski – Matysik, Buncol, Urban (88. Tarasiewicz), Dziekanowski – Boniek, Smolarek.

Dzięki temu zwycięstwu Polska zrównuje się w grupie eliminacyjnej punktami z Belgią i do awansu wystarczy jej remis. Wszyscy są pod wrażeniem wyczynu Zbigniewa Bońka, który niespełna 24 godziny po zwycięskim meczu w finale PEMK zdobywa jedyną bramkę w Tiranie.

Antoni Piechniczek: – Te kilka dni pokazało, jak niezwykła jest piłka. Na początku maja, po porażce w słabym stylu z Belgią, chciało się płakać. Zaledwie po miesiącu i dwóch zwycięstwach okazało się, że z polską piłką nie jest tak źle. I znów po raz kolejny potwierdziło się, że miejsce Bońka jest w ataku. Potwierdziła się teza, że reprezentacja to też drużyna, z którą trzeba trenować, doskonalić elementy taktyczne, przypominać wyuczone schematy, stopniowo wprowadzać nowych zawodników i dać im czas, by wrośli w zespół. Tego czasu przed kolejnym mundialem było coraz mniej.

21 sierpnia 1985, Malmö, mecz towarzyski

Szwecja – Polska 1:0 (0:0), ocena: ★⯪☆☆☆

Bramka: 1:0 Ravelli (74.)

Polska: Młynarczyk – Ostrowski Ż, Wójcicki, Przybyś, Wdowczyk – Matysik, Buncol (46. Dziekanowski), Tarasiewicz, Komornicki – Iwan (72. Pałasz), Smolarek

Mecz oglądają m.in. Guy Thys, selekcjoner reprezentacji Belgii, Franz Beckenbauer, selekcjoner reprezentacji RFN, oraz Sepp Piontek, selekcjoner reprezentacji Danii. Niestety, nie ma się czym chwalić. Szwedzi tłamszą Biało-Czerwonych pod względem fizycznym, zakładają wysoki pressing, z którym Polska nie potrafi sobie poradzić.

Antoni Piechniczek: – Ze Szwedami zawsze grało nam się ciężko. Nie wyglądało to dobrze, choć skład był zbliżony do tego z poprzednich meczów, z wyjątkiem jednej zmiany – zamiast Bońka w ataku zagrał Iwan. Nic nie zdziałał, zmieniłem go. A w obronie popełnialiśmy takie błędy, że Józek Młynarczyk w bramce aż się za głowę łapał.

4 września 1985, Brno, mecz towarzyski

Czechosłowacja – Polska 3:1 (1:0), ocena: ★⯪☆☆☆

Bramki: 1:0 Berger (16.), 1:1 Prusik (47.), 2:1 Prusik (67. samobójcza), 3:1 Kubik (82.)

Polska: Cebrat – Kubicki, Dankowski, Dolny, Jałocha (66. Wdowczyk) – Dziekanowski (46. Furtok), Karaś (66. Sokołowski), Ciołek, Prusik – Pałasz, Okoński

Nietypowa sytuacja: na mecz nie przyjeżdża selekcjoner Antoni Piechniczek. W roli pierwszego trenera występuje jego asystent Bernard Blaut. W tym meczu po raz ostatni w reprezentacji grają Włodzimierz Ciołek, Tadeusz Dolny, Jan Jałocha i Eugeniusz Cebrat.

Antoni Piechniczek: – Na tym meczu nie byłem, bo miałem ważniejsze sprawy na głowie. Trwało zgrupowanie w Wiśle, zaraz był mecz o wszystko z Belgią i nim byłem zaabsorbowany. Spotkanie z CSRS traktowałem jak mecz drugiej reprezentacji. Benek umożliwił tam kilka debiutów. Część kadry została w Wiśle i dalej trenowaliśmy. Z piłkarzy, którzy potem zagrali z Belgią w Brnie, byli tylko Dziekanowski i Pałasz. Darek trochę stroił fochy, że ma tam zagrać. Benek zrelacjonował mi potem, kto się sprawdził, a kto nie. Z tego, co pamiętam, po meczu z Czechosłowacją wielu grających tam piłkarzy nawet nie wracało na zgrupowanie do Wisły.

11 września 1985, Chorzów, mecz eliminacji mistrzostw świata

Belgia – Polska 0:0,
ocena: ★★★★☆

Polska: Młynarczyk – Pawlak, Wójcicki, Przybyś, Ostrowski – Dziekanowski, Matysik, Komornicki, Urban Ż – Boniek (87. Buncol), Smolarek (64. Pałasz)

Czwarty raz Polska zdobywa awans do mistrzostw świata na Stadionie Śląskim. Drugi raz w decydującej grze u siebie wystarcza remis. W 1977 roku w meczu o wszystko z Portugalią bohaterem jest Kazimierz Deyna, który strzela gola z rzutu rożnego. Teraz bramki nie padają, a bohaterem jest Józef Młynarczyk. U Belgów w słabszej dyspozycji jest za to ich gwiazdor Jan Cuelemans.

Antoni Piechniczek: – Ten mecz sporo mnie kosztował, było strasznie nerwowo. Do samego końca nie mogłem być pewny awansu. Pamiętam wielką ulgę po ostatnim gwizdku. Styl nie był najwspanialszy, ale wówczas w ogóle się tym nie przejmowałem. Przede wszystkim cieszyłem się, że osiągnęliśmy cel. Byłem optymistą, wydawało mi się, że stan kadrowy i organizacyjny naszej reprezentacji jest lepszy niż w 1981 roku. Nie brakowało młodych zdolnych piłkarzy. Z nadzieją czekałem na to, co dalej.

16 listopada 1985, Chorzów, mecz towarzyski

Polska – Włochy 1:0 (1:0),
ocena: ★★★★☆

Bramka: 1:0 Dziekanowski (6.)

Polska: Młynarczyk – Pawlak (29. Przybyś), Żmuda, Wójcicki Ż, Ostrowski – Dziekanowski, Buncol, Matysik, Komornicki – Boniek, Smolarek (85. Tarasiewicz)

Pierwszy raz w historii Polska wygrywa u siebie z aktualnym mistrzem świata. W reprezentacji Włoch siedmiu zawodników, którzy trzy lata wcześniej wygrywają mundial w Hiszpanii: obrońcy Giuseppe Bergomi, Gaetano Scirea, Fulvio Collovati i Antonio Cabrini, napastnik Alessandro Altobelli oraz rezerwowy bramkarz Giovanni Galli i rezerwowy napastnik Daniele Massaro. W Chorzowie debiutuje sławny potem napastnik Gianluca Vialli, który wchodzi na ostatnie 12 minut. Włosi są pod wrażeniem gry Dziekanowskiego, koszulką zamienia się z nim Antonio Cabrini.

Antoni Piechniczek: – Gol Dziekanowskiego w tym meczu był wspaniały. Po meczu Włosi o niego pytali, pojawiły się sugestie dotyczące transferu do Serie A. Nic z tego nigdy nie wyszło. Na stopera po dłuższej przerwie wrócił Władek Żmuda, który Włochów dobrze znał jako zawodnik Cremonese. Nie przypuszczałem wtedy, że to będzie jego przedostatni mecz w reprezentacji. Patrząc z perspektywy czasu na skład naszej drużyny, to grało w niej dziewięciu piłkarzy z mistrzostw świata w Hiszpanii, ale doszli Dariusz Dziekanowski, Ryszard Tarasiewicz, Krzysztof Pawlak, Marek Ostrowski, Kazimierz Przybyś, którzy pojechali na mistrzostwa świata do Meksyku. Dobry mecz testowy, trochę więcej optymizmu.

8 grudnia 1985, Tunis, mecz towarzyski

Tunezja – Polska 1:0 (0:0),
ocena: ★⯪☆☆☆

Bramka: 1:0 Jerici (55.)

Polska: Wandzik – Biegun, Wójcicki, Przybyś, Ostrowski – Tarasiewicz, Matysik, Urban, Komornicki (46. Prusik) – Zgutczyński (46. Furtok), Smolarek (75. Pałasz)

Pierwsza w historii porażka z Tunezją. Ani gospodarze, ani polski selekcjoner nie mają pojęcia, że już za 20 miesięcy los złączy ich ze sobą na dłużej. W kadrze Tunezji kilku zawodników, których do kadry będzie powoływał także Piechniczek, m.in Nabil Maaloul. To pożegnalny mecz asa Górnika Zabrze Andrzeja Pałasza i jedyny solidnego ligowca GKS Katowice – Marka Bieguna. Debiutują za to dwa inni gracze Górnika. Obaj pojadą na mundial – napastnik Andrzej Zgutczyński i bramkarz Józef Wandzik.

Antoni Piechniczek: – Ten mecz i następny z Turcją były z gatunku przymusowych. PZPN podpisał umowę i trzeba było je rozegrać. Gdyby nie udało mi się awansować na mundial do Meksyku, gdybym przegrał eliminacje, byłyby to jedne z pierwszych test-meczów dla nowego selekcjonera, bo mnie już by nie było.

11 grudnia 1985, Adana, mecz towarzyski

Turcja – Polska 1:1 (0:1), ocena: ★⯪☆☆☆

Bramki: 0:1 Furtok (26.), 1:1 Tanju Colak (66.)

Polska: Wandzik – Pawlak, Wójcicki, Waleszczyk, Ostrowski – Tarasiewicz, Matysik (46. Prusik, 67. Przybyś), Komornicki, Urban – Furtok (46. Zgutczyński), Smolarek

Gospodarze mogą wygrać, ale Tanju Colak, który w sezonie 1985/1986 w barwach Samsunsporu zostanie królem strzelców tureckiej ekstraklasy, nie wykorzystuje rzutu karnego. Selekcjonerem gospodarzy jest Kálmán Mészöly, który wcześniej prowadzi reprezentację Węgier.

Antoni Piechniczek: – Cieszyliśmy się, że nie kończyliśmy tego udanego dla nas roku dwoma porażkami z niżej notowanymi przeciwnikami. Pierwszego gola w kadrze strzelił Jasiu Furtok. W meczach z Tunezją i Turcją pojawiają się nowi zawodnicy, którzy nie do końca wykorzystali swoją szansę. Każda selekcja zawiera margines błędu, nigdy wszystkie wybory nie są trafione. Szkoda zmarnowanych szans, dla wielu piłkarzy kończy się reprezentacyjna przygoda, nic się już nie powtórzy, nie można cofnąć czasu.

1986

16 lutego 1986, Montevideo, mecz towarzyski

Urugwaj – Polska 2:2 (0:1), ocena: ★★★☆☆

Bramki: 0:1 Baran (7.), 1:1 Bossio (61.), 1:2 Baran (63.), 2:2 Zalazar (78.)

Polska: Wandzik – Pawlak, Wójcicki Ż, Przybyś, Ostrowski – Matysik, Dziekanowski, Buncol, Urban – Baran, Smolarek

Pierwszy w historii mecz z reprezentacją Urugwaju. To ostatnia drużyna będąca wcześniej mistrzem świata, z którą Polska dotąd nie grała. Za cztery miesiące selekcjoner Omar Borras zabierze siedmiu uczestników tego meczu na mistrzostwa świata do Meksyku.

Antoni Piechniczek: – To był mocny akcent przygotowań do mundialu. Bardzo żałuję, że nie udało nam się wtedy wygrać, bo przeciwnik był w naszym zasięgu. Dwie bramki zdobył Krzysztof Baran, który wydawał się silnym wzmocnieniem reprezentacji, jednak forma, jaką prezentował w klubie, zaważyła, że nie pojechał do Meksyku.

26 marca 1986, Kadyks, mecz towarzyski

Hiszpania – Polska 3:0 (2:0), ocena: ★★☆☆☆

Bramki: 1:0 Michel (20.), 2:0 Caldere (30.), 3:0 Salinas (48.)

Polska: Młynarczyk – Majewski, Wójcicki (78. Karaś), Przybyś, Ostrowski (72. Pawlak) – Dziekanowski, Buncol, Matysik, Urban (65. Tarasiewicz) – Boniek, Zgutczyński (65. Baran)

Zaskakująco nieudany – po dobrych występach podczas tournée w Ameryce Południowej – występ reprezentacji Polski. Słabo gra Młynarczyk, który w hiszpańskiej prasie dostaje po tym meczu notę.

Antoni Piechniczek: – Jedyny pozytywny wniosek z tej porażki można było wysnuć taki, że do mundialu było jeszcze trochę czasu, a łatwiej przecież pracować nad budowaniem formy, jak w naszym przypadku, niż nad jej utrzymaniem, jak w przypadku Hiszpanów. Trzeba przyznać, że z nami zagrali bardzo dobry mecz.

16 maja 1986, Kopenhaga,
mecz towarzyski

Dania – Polska 1:0 (0:0),
ocena: ★★⯪☆☆

Bramka: 1:0 Elkjaer-Larsen (61.)

Polska: Młynarczyk – Kubicki, Wójcicki, Majewski, Ostrowski – Matysik, Buncol (76. Tarasiewicz), Komornicki (46. Urban), Boniek – Dziekanowski (67. Zgutczyński), Smolarek Ż

Polska gra znacznie lepiej niż niespełna dwa miesiące wcześniej w Hiszpanii, ale znów przegrywa. Dla rywala to ostatni sprawdzian przed mistrzostwami świata. Po meczu obserwatorzy podkreślają, że Duńczycy więcej grają z pierwszej piłki, nawet kosztem dokładności. W Meksyku osiągną taki sam rezultat jak Polska – odpadną w 1/16 finału, choć w lepszym stylu. Wygrają wszystkie mecze w swojej grupie – ze Szkocją, z Urugwajem i Niemcami. Pokona ich Hiszpania.

Antoni Piechniczek: – To był nasz całkiem niezły mecz, ale brakowało nam skuteczności. Duńczycy mieli wtedy naprawdę świetną drużynę, widać było, że są „w gazie". Mogli się podobać.

2 czerwca 1986, Monterrey,
mecz finałów mistrzostw świata

Polska – Maroko 0:0,
ocena: ★★⯪☆☆

Polska: Młynarczyk – Kubicki (46. Przybyś), Majewski, Wójcicki, Ostrowski – Buncol, Matysik, Boniek, Komornicki – Dziekanowski (56. Urban), Smolarek

Tradycji staje się zadość. Po raz trzeci z rzędu Polska rozpoczyna mundial bezbramkowym remisem. Po 0:0 w RFN w Argentynie i 0:0 z Włochami w Hiszpanii ten remis przynosi zdecydowanie najmniej satysfakcji.

Antoni Piechniczek: – Byliśmy rozczarowani, choć przed meczem wiedziałem, że nie będzie łatwo. Nie tylko dlatego, że rywal był dobry technicznie i umiał konstruować akcje. Dobijająca była także pogoda. Po tym meczu nikt nie przypuszczał, że Maroko wyjdzie z grupy na pierwszym miejscu, a odpadną Portugalczycy, którzy na starcie ograli przecież Anglików.

7 czerwca 1986, Monterrey,
mecz finałów mistrzostw świata

Polska – Portugalia 1:0 (0:0),
ocena: ★★★☆☆

Bramka: 1:0 Smolarek (68.)

Polska: Młynarczyk – Pawlak, Wójcicki Ż, Majewski, Ostrowski – Dziekanowski Ż, Matysik, Komornicki (57. Karaś), Urban – Boniek, Smolarek (75. Zgutczyński)

Jedyny mecz Polaków na mundialu w Meksyku, w którym zdobywają bramkę. To zwycięstwo ostatecznie daje awans z grupy. Ostatni mecz w reprezentacji rezerwowego napastnika Andrzeja Zgutczyńskiego.

Antoni Piechniczek: – Najważniejsze, że wygraliśmy. Dla Portugalczyków to był nokaut – nie spodziewali się tego po pierwszym zwycięskim meczu z Anglią. Myśleli, że wyjście z grupy mają pewne. Tymczasem przegrali zarówno z nami, jak i Marokańczykami i w efekcie odpadli. Przed meczem straszyli nas dwudziestolatkiem Paolo Futre. Nie zachwycił mnie. W meczu z nami grał w mało odpowiedzialny sposób. To był playboy grający pod publiczkę, ale wielki talent nie do końca spełniony.

Dwa mecze mundialowe, remis i zwycięstwo, to wynik lepszy niż w Hiszpanii, bo tam były na początku dwa remisy. Nie dawało to przesadnego optymizmu, choć zapewniało wyjście z grupy.

11 czerwca 1986, Monterrey,
mecz finałów mistrzostw świata

Polska – Anglia 0:3 (0:3), ocena: ★★☆☆☆

Bramki: 0:1 Lineker (8.), 0:2 Lineker (15.), 0:3 Lineker (36.)

Polska: Młynarczyk – Pawlak, Wójcicki, Majewski, Ostrowski – Dziekanowski, Matysik (46. Buncol), Komornicki (24. Karaś), Urban – Boniek, Smolarek

Najwyższa jak dotąd porażka reprezentacji Polski podczas mundialu. Nigdy wcześniej Biało-Czerwoni na najważniejszej imprezie nie przegrywają trzema bramkami.

Antoni Piechniczek: – Słaby mecz. Anglicy rozbili nas bardzo szybko, a potem kontrolowali przebieg meczu.

16 czerwca 1986, Gualadajara,
mecz finałów mistrzostw świata

Polska – Brazylia 0:4 (0:1), ocena: ★★☆☆☆

Bramki: 0:1 Socrates (30. z karnego), 0:2 Josimar (54.), 0:3 Edinho (78.), 0:4 Careca (82. z karnego)

Polska: Młynarczyk – Przybyś (60. Furtok), Wójcicki, Majewski, Ostrowski – Karaś, Tarasiewicz, Dziekanowski Ż, Urban (84. Żmuda) – Boniek Ż, Smolarek Ż

Pożegnanie reprezentacji Polski z mundialem i Antoniego Piechniczka z funkcją selekcjonera. Karierę w biało-czerwonych barwach kończą też trzej znakomici piłkarze, którzy na stałe przechodzą do historii polskiej piłki: Władysław Żmuda (91 meczów w reprezentacji od 1973 roku), Józef Młynarczyk (42 mecze od 1979 roku) i Stefan Majewski (40 meczów od 1978 roku). Koniec ery w polskim futbolu. Następny awans na wielki turniej przydarzy się Polsce dopiero w XXI wieku. Uzyska go Jerzy Engel na mundial w Korei i Japonii.

Antoni Piechniczek: – Mimo najwyższej porażki zagraliśmy zdecydowanie najlepszy mecz. Przynajmniej była walka, nie było jednostronnego widowiska. Upał w Monterrey przygniótł nas do ziemi, w Gualadajarze przynajmniej dało się oddychać. Żegnałem się z reprezentacją, byłem już bardzo znużony. Presja potrafiła dać się we znaki. Skala trudności meczów z Anglią i Brazylią była ponad nasze możliwości, choć szczególnie z Brazylią nie oddaliśmy meczu bez walki. Kończyła się wielka przygoda pracy z reprezentacją. Kończył się pewien etap składający się z czterech kolejnych mundiali, w których dwa razy zajęliśmy trzecie miejsce i zawsze wychodziliśmy z grupy. Są to wyniki bardzo trudne do powtórzenia. Przyszło mi nie tylko obserwować i oceniać pracę następnych selekcjonerów, ale też śledzić kariery wielu zawodników, którym dawałem szansę. Przecież „już im nie przeszkadzałem", na nic nie miałem wpływu. Nikt z nich już na mistrzostwa świata więcej nie pojechał, został żal, że nie wykorzystano kolejnych szans. Jednych nauczyło to pokory i szacunku do pracy, innych arogancji i roszczeniowej postawy wobec życia. Ta strona etyczna była często źródłem kolejnych niepowodzeń kolejnych generacji piłkarzy.

1996

2 czerwca 1996, Moskwa,
mecz towarzyski

Rosja – Polska 2:0 (1:0), ocena: ★★☆☆☆

Bramki: 1:0 Kowtun (21.), 2:0 Biestczastnych (72.)

Polska: Szczęsny – Józwiak Ż, Zieliński, Ratajczyk – Michalski, Gęsior, Pisz, Lewandowski Ż, T. Iwan (46. Jaskulski) – Juskowiak (46. Bukalski), Kowalczyk (40. Saganowski)

Powrót Antoniego Piechniczka po prawie dekadzie (bez dwóch tygodni).

Trudny dla nowego selekcjonera, grono klakierów spodziewa się na tym stanowisku Janusza Wójcika. Mecz głośny ze względu na pierwszy konflikt z kadrowiczami. Ostatni mecz dla Leszka Pisza i Waldemara Jaskulskiego. Piechniczek nigdy nie powołuje już Tomasza Iwana, który wróci do kadry u Janusza Wójcika. W drużynie rywali czterech zawodników, którzy grają przeciwko reprezentacji Polski jeszcze jako piłkarze ZSRR w 1989 roku: bramkarz Dmitrij Charin, Andriej Kanczelskis, Igor Dobrowolski (wtedy kapitan drużyny) i Igor Koływanow.

Antoni Piechniczek: – Ten mecz był ważny na boisku, ale i poza nim. Zupełnie inna generacja piłkarzy niż ci, których prowadziłem w latach 80. Spotkanie w Moskwie było dla mnie ważne, bo mogłem poznać drużynę. I przekonałem się, że łatwo nie będzie.

27 sierpnia 1996, Bełchatów, mecz towarzyski

Polska – Cypr 2:2 (0:0), ocena: ★☆☆☆☆

Bramki: 1:0 Warzycha (47.), 2:0 Mięciel (57.), 2:1 Alexandru (76.), 2:2 Malekos (80.)

Polska: Szamotulski – Węgrzyn, Zieliński, Ratajczyk – Hajto (64. Kaczmarczyk), Brzęczek (79. Gęsior), Ledwoń, Berensztajn, Rzeźniczek – Mięciel (81. Kucharski), Warzycha

Starcie z piłkarzami Widzewa, którzy spóźnili się na zgrupowanie, powoduje, że w reprezentacji debiutuje aż siedmiu zawodników. Nigdy wcześniej ani nigdy później Antoni Piechniczek nie decyduje się na taki krok. Pierwszy raz grają: Grzegorz Szamotulski, Tomasz Hajto, Rafał Kaczmarczyk, Jacek Berensztajn, Dariusz Rzeźniczek, Marcin Mięciel (w debiucie zdobywa gola przewrotką) i Cezary Kucharski. Z kolei Krzysztof Warzycha jest jedynym piłkarzem, który występuje u Piechniczka jeszcze w czasach jego pierwszej kadencji selekcjonerskiej, ale dopiero teraz zdobywa bramkę efektownym „szczupakiem".

Antoni Piechniczek: – Remis z Cyprem to nie jest wynik, którym można się chwalić. W dodatku dwa gole straciliśmy w końcówce.

4 września 1996, Zabrze, mecz towarzyski

Polska – Niemcy 0:2 (0:1), ocena: ★★☆☆☆

Bramki: 0:1 Bierhoff (28.), 0:2 Klinsmann (89.)

Polska: Szczęsny – Józwiak, Zieliński, Wojtala, Hajto – Lewandowski (46. Ledwoń), Michalski, Czerwiec, Brzęczek, Staniek (46. Saganowski) – Warzycha

Na trybunach dochodzi do bójki polskich i niemieckich skinów. Burdy wywołuje 50-osobowa grupa kibiców Legii Warszawa. Zakradają się do miejsca, gdzie stoją Niemcy, kradną im flagę i palą ją. Chwilę później Niemcy ruszają do ataku i rewanżują się tym samym. Mecz ogląda prezydent FIFA João Havelange. Berti Vogts, selekcjoner reprezentacji Niemiec, pozwala w Zabrzu zagrać aż 14 piłkarzom, którzy w czerwcu zdobywają mistrzostwo Europy. W reprezentacji Polski po raz ostatni grają Maciej Szczęsny i Grzegorz Lewandowski.

Antoni Piechniczek: – Mobilizowałem piłkarzy, bo ten mecz był najważniejszym sprawdzianem przed spotkaniem z Anglią w eliminacjach do mistrzostw świata. Powiedziałem zawodnikom: „Chcesz wystąpić na Wembley – musisz zagrać z Niemcami". Potem musiałem to skorygować i skład był trochę inny. Mecz w naszym wykonaniu nie był zły. Żałuję drugiej bramki straconej w samej końcówce.

9 października 1996, Londyn,
mecz eliminacji mistrzostw świata

Anglia – Polska 2:1 (2:1),
ocena: ★★☆☆☆

Bramki: Citko (7.), 1:1 Shearer (25.), 2:1 Shearer (38.)

Polska: Woźniak – Wojtala, Zieliński, Jóźwiak – Hajto Ż, Michalski, Nowak, Wałdoch, Bałuszyński – Warzycha (76. Saganowski), Citko

Po 23 latach reprezentacja Polski znowu zdobywa gola na Wembley. Tym razem ma on mniejsze znaczenie, bo mecz jest przegrany. Mimo to Polska prezentuje się bardzo dobrze i pojawiają się powody do optymizmu. Maciej Szczęsny, który jest rezerwowym, deklaruje, że już nigdy nie zagra. Jego konkurent Andrzej Woźniak w fatalnym stylu przepuszcza pierwszą bramkę i wielu właśnie w nim widzi winnego porażki.

Antoni Piechniczek: – Żałuję do dziś, bo to był niezły mecz i mogliśmy w nim osiągnąć coś więcej niż honorową porażkę. Z drugiej strony, co z tego? W takich meczach liczą się przede wszystkim punkty. Mieliśmy w eliminacjach bardzo ciężką grupę, ale to spotkanie pokazało, że nie stoimy na z góry straconej pozycji.

10 listopada 1996, Katowice,
mecz eliminacji mistrzostw świata

Polska – Mołdawia 2:1 (1:0),
ocena: ★★★☆☆

Bramki: 1:0 Bałuszyński (4.), 2:0 Warzycha (77. z karnego), 2:1 Kleszczenko (83. z karnego)

Polska: Szamotulski – Wojtala Ż, Zieliński, Jóźwiak – Hajto, Michalski, Czerwiec (46. Wałdoch), Nowak Ż, Bałuszyński (72. Kucharski) – Warzycha (87. Staniek), Citko

Pierwszy raz w historii reprezentacja Polski gra z Mołdawią. Wygrywa – to pierwsze zwycięstwo w meczu o punkty w eliminacjach od czerwca 1995 roku, kiedy Polska ogrywa w Zabrzu Słowację. Wśród rywali gra Alexandru Curteian. Kapitana reprezentacji Mołdawii chcą VfB Stuttgart i Valencia, ale trafi wkrótce do Widzewa Łódź. Ostatni występ w reprezentacji Ryszarda Stańka.

Antoni Piechniczek: – Zwycięstwo nie w olśniewającym stylu, ale dla mnie liczyło się tylko jedno – po raz pierwszy od półtora roku wygraliśmy mecz, wreszcie przełamaliśmy paskudną passę. Właśnie dlatego to spotkanie oceniam relatywnie wysoko.

1997

14 lutego 1997, Ayia Napa,
mecz towarzyski

Polska – Litwa 0:0,
ocena: ★☆☆☆☆

Polska: Szamotulski – Skrzypek, Jegor, Kryger – Rzeźniczek (65. Kałużny), Sokołowski, Hajto, Ledwoń, Wojciechowski (65. Berensztajn) – Kucharski (46. Majak), Paluch

15 lutego 1997, Ayia Napa,
mecz towarzyski

Cypr – Polska 2:3 (0:2),
ocena: ★★☆☆☆

Bramki: 0:1 Kucharski (11.), 0:2 Sokołowski (18.), 1:2 Papavasiliou (62., z karnego), 1:3 Kałużny (63.), 2:3 Charalambou (73.)

Polska: Szamotulski – Skrzypek, Jegor Ż, Kryger – Hajto Ż (66. Bogusz), Ledwoń, Kałużny, Majak (71. Płuciennik), Sokołowski, Citko, Kucharski Ż, Cz

17 lutego 1997, Derynia, mecz towarzyski

Polska – Łotwa 3:2 (0:1),
ocena: ★★☆☆☆

Bramki: 0:1 Blagonadeždins (22.), 0:2 Pahars (55.), 1:2 Kałużny (63.), 2:2 Jegor (83. z wolnego), 3:2 Kryger (90.)

Polska: Onyszko – Skrzypek, Jegor, Kryger – Ledwoń, Sokołowski, Wojciechowski

(62. Kaczmarczyk), Kałużny Ż – Płuciennik (90. Paluch), Majak, Citko Ż

Trudno te trzy mecze nazywać spotkaniami reprezentacji, choć PZPN podpisał umowę i spotkania zaliczają się do oficjalnego bilansu. Trener Piechniczek na Cypr zabiera tylko zawodników występujących na co dzień w Polsce. W kadrze debiutują: Daniel Bogusz (tylko jeden występ), Radosław Kałużny, Waldemar Kryger, Sławomir Paluch, Sławomir Wojciechowski i Arkadiusz Onyszko.

Antoni Piechniczek: – To był przegląd zaplecza. PZPN nie powinien podpisywać umów, zgodnie z którymi były to oficjalne mecze reprezentacji Polski. Nie miały znaczenia dla eliminacji mistrzostw świata.

26 lutego 1997, Goiania,
mecz towarzyski

Brazylia – Polska 4:2 (2:0),
ocena: ★☆☆☆☆

Bramki: 1:0 Giovanni (7.), 2:0 Giovanni (27.), 3:0 Ronaldo (49.), 4:0 Ronaldo (70.), 4:1 Kucharski (86.), 4:2 Citko (90. dobitka po własnym karnym)

Polska: Szamotulski – Wojtala, Jegor, Jóźwiak – Hajto (46. Kałużny), Ledwoń (70. Skrzypek), Nowak, Świerczewski, Sokołowski (46. Kucharski Ż) – Citko, Warzycha (46. Kowalczyk)

Brazylijczycy grają w bardzo silnym składzie, mecz na prowincji ogląda aż 50 tysięcy ludzi. Ostatni mecz w reprezentacji dla Piotra Jegora, który nie daje rady brazylijskim mistrzom. Dla trenera gospodarzy, Mario Zagalo, ten mecz jest elementem przygotowań do czerwcowych mistrzostw Ameryki Południowej. Udanym – po pierwsze, wygrywają z Polską, po drugie, wygrywają Copa America.

Antoni Piechniczek: – Dostaliśmy wtedy lekcję futbolu. Humor dodatkowo popsuła mi kłótnia z Kowalczykiem, który się dąsał, że nie grał od początku.

12 marca 1997, Ostrawa,
mecz towarzyski

Czechy – Polska 2:1 (1:0),
ocena: ★☆☆☆☆

Bramki: 1:0 Kuka (21.), 2:0 Rada (64.), 2:1 Zieliński (90.)

Polska: Woźniak – Kałużny, Zieliński, Kryger – Hajto Ż (46. Majak), Kucharski, Skrzypek, Świerczewski (70. Kukiełka), Sokołowski – Warzycha, Kowalczyk (81. Płuciennik)

Pierwszy mecz reprezentacji Polski z tym rywalem po rozpadzie Czechosłowacji. W składzie gospodarzy pięciu zawodników, którzy grają przeciwko Polsce jeszcze w barwach Czechosłowacji, i ośmiu, którzy rok wcześniej zdobywają wicemistrzostwo Europy. Debiut Mariusza Kukiełki, ostatni mecz Jacka Płuciennika (półtora roku później zginie w wypadku samochodowym).

Antoni Piechniczek: – Kolejny mecz, o którym trudno pamiętać. Znów dałem szansę Kowalczykowi, ale nic nie pokazał.

2 kwietnia 1997, Chorzów,
mecz eliminacji mistrzostw świata

Polska – Włochy 0:0,
ocena: ★★☆☆☆

Polska: Woźniak – Skrzypek, Zieliński, Wojtala – Ledwoń, Wałdoch, Świerczewski (44. Kowalczyk), Nowak (46. Sokołowski), Bałuszyński (66. Kałużny) – Citko, Juskowiak

Powrót na Stadion Śląski po czteroletniej przerwie i karencji nałożonej przez FIFA po zamieszkach w trakcie meczu Polska – Anglia w 1993 roku. Remis stawia Polskę w trudnej sytuacji w grupie eliminacyjnej.

Antoni Piechniczek: – Ludzie pamiętają ten mecz ze względu na Pawła Skrzypka, który nie dał pograć Zoli. To było oczywiście ważne, ale my walczyliśmy o zwycięstwo, dlatego do dziś nie potrafię odżałować doskonałej pozycji Wojtali, który przeniósł piłkę nad poprzeczką w bardzo dogodnej sytuacji.

30 kwietnia 1997, Neapol, mecz eliminacji mistrzostw świata

Włochy – Polska 3:0 (2:0), ocena: ★☆☆☆☆

Bramki: 1:0 Di Matteo (24.). 2:0 Maldini (36.), 3:0 R. Baggio (62.)

Polska: Woźniak – Skrzypek, Zieliński, Wojtala – Wałdoch (46. Majak), Kałużny, Nowak, Bałuszyński (46. Hajto), Ledwoń – Citko, Kucharski (46. Warzycha)

Koniec szans na awans do mistrzostw świata we Francji. Ostatnie mecze w reprezentacji Krzysztofa Warzychy, Marka Citki, Henryka Bałuszyńskiego, Pawła Wojtali.

Antoni Piechniczek: – Włosi zagrali bardzo ostro i był to dobry sposób na moją drużynę. Gospodarze szybko odebrali nam chęć do gry. Przegraliśmy gładko i bezdyskusyjnie.

22 maja 1997, Solna, mecz towarzyski

Szwecja – Polska 2:2 (2:0), ocena: ★★☆☆☆

Bramki: 1:0 Zetterberg (15. z wolnego), 2:0 Zetterberg (32. z karnego), 2:1 Bukalski (69.), 2:2 Kałużny (87.)

Polska: Szamotulski – Skrzypek, Zieliński, Hajto Ż (46. J. Bąk) – Kałużny, Michalski (46. Kucharski), Świerczewski (69. Bukalski), Majak (87. Wojciechowski), Ledwoń – Gilewicz, Trzeciak (46. Dembiński)

W drużynie gospodarzy jest dwóch piłkarzy, którzy grają przeciw Piechniczkowi dziewięć lat wcześniej na igrzyskach olimpijskich w Seulu – to dwie szwedzkie gwiazdy Jonas Thern i Martin Dahlin. Mecz odbywa się nietypowo – w czwartek – bo szwedzka kolejka ligowa odbyła się w poniedziałek (przesunięta z kolei ze względu na Pingstdagen, czyli Zielone Świątki, w Szwecji dzień wolny od pracy).

Antoni Piechniczek: – Ten mecz pamiętam z kuriozalnego zachowania młodego bramkarza Aleksandra Kłaka. Zaplanowano mecze pierwszych reprezentacji i kadry B. Kłak się obraził, że miał grać w tej drugiej drużynie, więc został odsunięty od ekipy. Cały czas szukałem napastników. Dałem szansę debiutu Radkowi Gilewiczowi z VfB Stuttgart.

31 maja 1997, Chorzów, mecz eliminacji mistrzostw świata

Polska – Anglia 0:2 (0:1), ocena: ★☆☆☆☆

Bramki: 0:1 Shearer (5.), 0:2 Sheringham (90.)

Polska: Woźniak – Jóźwiak Ż, Zieliński, Kałużny Ż – Ledwoń, Bukalski (46. Świerczewski), Wałdoch, Nowak (59. Kucharski), Majak Ż – Juskowiak (52. Adamczyk), Dembiński Ż

Ostatni mecz Antoniego Piechniczka jako selekcjonera reprezentacji Polski. Eliminacje są przegrane, choć się jeszcze nie skończyły. Doprowadzą je do końca już inni trenerzy.

Antoni Piechniczek: – Byliśmy w tym meczu znacznie gorsi. Miałem dość. Kiedy obejmowałem po raz drugi reprezentację, wszyscy pytali, po co mi to. Uważałem, że mogę się przydać, że muszę pomóc polskiej piłce w trudnych chwilach. Nie dałem rady. Spotkałem się z ogromną krytyką medialną. Nie wiem, który trener poradziłby sobie wówczas na moim miejscu.

Kończy się przygoda z reprezentacyjną piłką, którą przeżyłem na trzech kontynentach, grając pięć razy w eliminacjach mistrzostw świata z trzema reprezentacjami. Reprezentację prowadziłem w 73 meczach, dając szansę

115 piłkarzom. Niektórzy przeszli do historii jako wielokrotni uczestnicy mundialu, zdobywcy dwóch medali na mistrzostwach świata i dwóch medali olimpijskich. Wielu z tych piłkarzy odnosiło też sukcesy z klubami, w których grali.

Jestem dumny, że mogłem z nimi pracować. Jednak nigdy nie byłem showmanem i nie wychodziłem przed szereg. Praca każdego trenera to sukcesy i porażki, jednak sztuką jest nie wygrywanie wszystkiego, ale wygrywanie meczów najważniejszych. I to naszej reprezentacji parę razy się udało.

Przepraszam tych piłkarzy, którym dawałem za mało szans, źle ich oceniałem i mają o to żal. Ważne jest to, że ich dostrzegłem i dałem optymizm na dalszą karierę. Nie byłem ich jedynym trenerem i może oni sami nie do końca wykorzystali szansę rozwoju. Kto i co im przeszkodziło?

BILANS

Reprezentacja Polski za kadencji Antoniego Piechniczka rozegrała 73 mecze (59 w czasie pierwszej kadencji w latach 80. i 14 w czasie drugiej kadencji w latach 90.)

W kadrze Piechniczka zagrało 115 piłkarzy (11 bramkarzy, 104 zawodników z pola)

I kadencja: 22 zwycięstwa, 17 remisów, 20 porażek, bramki 73:68

II kadencja: 3 zwycięstwa, 4 remisy, 7 porażek, bramki 16:26

Gole dla kadry Antoniego Piechniczka strzelali:

12 – Dziekanowski

11 – Boniek, Smolarek

6 – Buncol, Pałasz

4 – Kupcewicz

3 – Kałużny, Majewski

2 – Baran, Ciołek, Citko, A. Iwan, Kucharski, Szarmach, Warzycha

1 – Adamiec, Bałuszyński, Bukalski, Furtok, Jałocha, Jegor, Król, Kryger, Lato, Mięciel, Ogaza, Okoński, Ostrowski, Pawlak, Prusik, T. Sokołowski, Tarasiewicz, Wójcicki, Zieliński, Żmuda

oraz samobójcza: O'Leary (Irlandia)

Gole kadrze Antoniego Piechniczka strzelili:

3 – Lineker (Anglia), Shearer (Anglia)

2 – Giovanni (Brazylia), Negrete (Meksyk), Nene (Portugalia), Ronaldo (Brazylia), Rossi (Włochy), Zetterberg (Szwecja)

1 – Alexanko (Hiszpania), Alexandru (Cypr), Alonso (Hiszpania), Altobelli (Włochy), Anastopoulos (Grecja), R. Baggio (Włochy), Bhattacharya (Indie), Bierhoff (Niemcy), Biestczastnych (Rosja), Blagonadeždins (Łotwa), Błochin (ZSRR), Bossio (Urugwaj), Boy (Meksyk), Caldere (Hiszpania), Camataru (Rumunia), Careca (Brazylia), Carlos Manuel (Portugalia), Cordoba (Kolumbia), Couriol (Francja), Cruz (Meksyk), Czerniatynski (Belgia), Davidsen (Norwegia), Demianienko (ZSRR), Di Gennaro (Włochy), Di Matteo (Włochy), Dimitrow (Bułgaria), Edinho (Brazylia) Elkjaer-Larsen (Dania), Fernando Gomes (Portugalia), Fischer (RFN), Flores (Meksyk), Girard (Francja), Hermann (Szwajcaria), Irimescu (Rumunia), Iordanescu (Rumunia), Jeridi (Tunezja), Josimar (Brazylia), Kleszczenko (Mołdawia), Klinsmann (Niemcy), Kousa (Finlandia), Kowtun (Rosja), Kuka (Czechosłowacja), La Rosa (Peru), Lopez Ufarte (Hiszpania), Maldini (Włochy), Malekos (Cypr), Movila (Rumunia), Michel (Hiszpania), Mitropoulos (Grecja), Najdenow (Bułgaria), Pahars (Łotwa), Passarella (Argentyna), Ponce (Argentyna), Rada (Czechosłowacja), Ravelli (Szwecja),

Rummenigge (RFN), Sadkow (Bułgaria), Salazar (Urugwaj), Salinas (Hiszpania), Sarmiento (Kolumbia), Schnuphase (NRD), Sheringam (Anglia), Sheu (Portugalia), Socrates (Brazylia), Streich (NRD), Tanju Colak (Turcja), Ukkonen (Finlandia), Valvee (Finlandia), van der Bergh (Belgia), Vercauteren (Belgia) oraz Janas, Wójcicki (samobójcze)

W drużynie Antoniego Piechniczka grali:

49 meczów
Andrzej Buncol (1981-1986)
Włodzimierz Smolarek (1981-1986)

42 mecze
Roman Wójcicki (1981-1986)

41 meczów
Waldemar Matysik
(1981-1982, 1984-1986)

36 meczów
Dariusz Dziekanowski (1981-1986)
Józef Młynarczyk (1981-1986)

34 mecze
Zbigniew Boniek (1981-1986)

27 meczów
Jan Jałocha (1981-1985)
Stefan Majewski (1981-1984, 1986)
Marek Ostrowski (1983-1986)

26 meczów
Władysław Żmuda
(1981-1982, 1984-1986)

24 mecze
Krzysztof Pawlak (1983-1986)

22 mecze
Andrzej Pałasz (1981-1985)

19 meczów
Mirosław Okoński (1981-85)
Paweł Janas (1981-1984)

18 meczów
Ryszard Komornicki (1984-1986)
Jan Urban (1985-1986)

17 meczów
Włodzimierz Ciołek (1981-1985)
Marek Dziuba (1981-1983, 1984)

15 meczów
Andrzej Iwan (1981-1985)

14 meczów
Janusz Kupcewicz (1981-1983)

13 meczów
Jacek Kazimierski (1981-1982, 1984-1985)
Ryszard Tarasiewicz (1984-1986)

11 meczów
Tomasz Hajto (1996-1997)
Dariusz Kubicki (1982, 1984-1986)
Grzegorz Lato (1981-1982, 1984)
Waldemar Prusik (1983-1985)
Kazimierz Przybyś (1985-1986)

10 meczów
Jacek Zieliński (1996-1997)

9 meczów

Józef Adamiec (1981-1982, 1984)
Jan Karaś (1984-1986)
Radosław Kałużny (1997)
Cezary Kucharski (1996-1997)
Adam Ledwoń (1996-1997)
Krzysztof Warzycha (1984, 1996)
Dariusz Wdowczyk (1984-1985)
Jerzy Wijas (1983-1985)

8 meczów
Paweł Skrzypek (1997)

7 meczów
Marek Citko (1996-1997)
Sławomir Majak (1997)
Piotr Skrobowski (1981, 1984)

6 meczów
Kazimierz Buda (1981, 1983-1984)
Tadeusz Dolny (1981-1982)
Marek Jóźwiak (1996-1997)
Piotr Nowak (1996-1997)
Grzegorz Szamotulski (1996-1997)
Piotr Świerczewski (1997)
Paweł Wojtala (1996-1997)

5 meczów
Eugeniusz Cebrat (1985)
Czesław Jakołcewicz (1984)
Marek Kusto (1981-1982, 1984)
Radosław Michalski (1996-1997)
Tomasz Sokołowski (1997)
Tomasz Wałdoch (1996-1997)
Andrzej Woźniak (1996-1997)
Andrzej Zgutczyński (1986)

4 mecze
Henryk Bałuszyński (1996)
Jan Furtok (1984-1986)
Piotr Jegor (1997)
Wojciech Kowalczyk (1996-1997)
Paweł Król (1982-1983)
Waldemar Kryger (1997)
Andrzej Szarmach (1981-1982)
Krzysztof Urbanowicz (1983-1984)

3 mecze
Jarosław Araszkiewicz (1985)
Krzysztof Bukalski (1996-1997)
Zdzisław Kapka (1981)
Adam Kensy (1983)
Andrzej Juskowiak (1996-1997)
Damian Łukasik (1985)
Włodzimierz Mazur (1982)
Piotr Mowlik (1981)
Roman Ogaza (1981)
Jacek Płuciennik (1997)
Marek Saganowski (1996)
Józef Wandzik (1985-1986)
Sławomir Wojciechowski (1997)

2 mecze
Krzysztof Baran (1986)
Jacek Berensztajn (1996-1997)
Jerzy Brzęczek (1996)
Ryszard Czerwiec (1996)
Jacek Dembiński (1997)
Dariusz Gęsior (1996)
Rafał Kaczmarczyk (1996-1997)
Grzegorz Lewandowski (1996)
Ryszard Milewski (1981)
Sławomir Paluch (1997)
Krzysztof Ratajczyk (1996)
Dariusz Rzeźniczek (1996-1997)
Ryszard Staniek (1996)
Maciej Szczęsny (1996)
Mirosław Tłokiński (1981, 1983)
Jan Tomaszewski (1981)

1 mecz
Krzysztof Adamczyk (1981)
Waldemar Adamczyk (1997)
Jacek Bąk (1997)
Mirosław Bąk (1983)
Marek Biegun (1985)
Andrzej Bogusz (1997)
Radosław Gilewicz (1997)
Tomasz Iwan (1996)
Waldemar Jaskulski (1996)
Zbigniew Kaczmarek (1985)
Zdzisław Kostrzewa (1981)
Mariusz Kukiełka (1997)
Leszek Lipka (1981)
Marcin Mięciel (1996)
Arkadiusz Onyszko (1997)
Mirosław Pękala (1983)
Leszek Pisz (1996)
Wojciech Rudy (1981)
Mirosław Trzeciak (1997)
Waldemar Waleszczyk (1985)
Krystian Walot (1981)
Kazimierz Węgrzyn (1996)

Aneks II

Ligowe i pucharowe mecze Antoniego Piechniczka jako piłkarza w drużynach seniorskich

(?) oznacza brak dokładnych danych

Naprzód Lipiny

sezon 1961

12 marca – Arka Gdynia 2:0, mecz ligowy na wyjeździe, 90 minut

19 marca – Polonia Warszawa 1:0, mecz ligowy u siebie, do 45.(?) minuty

26 marca – Pogoń Szczecin 0:2, mecz ligowy na wyjeździe, 90 minut

2 kwietnia – Piast Gliwice 7:0, mecz ligowy u siebie, 90 minut, 2 bramki (w 43. i 85. minucie)

9 kwietnia – Unia Racibórz 1:3, mecz ligowy na wyjeździe, 90 minut

23 kwietnia – Garbarnia Kraków 0:0, mecz ligowy na wyjeździe, 90 minut

14 maja – Unia Tarnów 3:0, mecz ligowy u siebie, do 45. (?) minuty

21 maja – Śląsk Wrocław 0:2, mecz ligowy na wyjeździe, 90 minut

28 maja – Wawel Kraków 4:0, mecz ligowy u siebie, 90 minut

1 czerwca – Arkonia Szczecin 1:2, mecz ligowy u siebie, 90 minut

11 czerwca – Bałtyk Gdynia 1:0, mecz ligowy u siebie, 90 minut

17 czerwca – Calisia Kalisz 0:0, mecz ligowy na wyjeździe, 90 minut

29 czerwca – Olimpia Poznań 1:0, mecz ligowy u siebie, 90 minut, 1 bramka (w 79. minucie)

2 sierpnia – Arka Gdynia 6:1, mecz ligowy u siebie, 90 minut

6 sierpnia – Polonia Warszawa 2:2, mecz ligowy na wyjeździe, 90 minut

13 sierpnia – Pogoń Szczecin 1:1, mecz ligowy u siebie, 90 minut

20 sierpnia – Piast Gliwice 1:0, mecz ligowy na wyjeździe, 90 minut

23 sierpnia – Unia Racibórz 2:1, mecz ligowy u siebie, 90 minut, 1 bramka (w 8. minucie)

27 sierpnia – Stal Rzeszów 0:3, mecz ligowy na wyjeździe, 90 minut

3 września – Garbarnia Kraków 1:1, mecz ligowy u siebie, 90 minut

8 września – Unia Tarnów 2:2, mecz ligowy na wyjeździe, 90 minut

12 września – Śląsk Wrocław 5:2, mecz ligowy u siebie, 90 minut

17 września – Wawel Kraków 1:2, mecz ligowy na wyjeździe, 90 minut

24 września – Gwardia Warszawa 1:1, mecz ligowy u siebie, 90 minut

1 października – Arkonia Szczecin 5:5, mecz ligowy na wyjeździe, 90 minut

8 października – Bałtyk Gdynia 0:2, mecz ligowy na wyjeździe, 90 minut

15 października – Calisia Kalisz 3:0, mecz ligowy u siebie, 90 minut

29 października – Legia Krosno 2:0, mecz ligowy na wyjeździe, 90 minut, 1 bramka (w 11. minucie)

5 listopada – Lublinianka Lublin 7:2, mecz ligowy u siebie, 90 minut, 1 bramka (w 79. minucie)

12 listopada – Olimpia Piekary 1:0, mecz ligowy na wyjeździe, 90 minut

26 listopada – Fablok Chrzanów 2:2, mecz 1/128 finału Pucharu Polski, grał od 46. (?) minuty

9 grudnia – Szombierki Bytom 1:1, mecz 1/64 finału Pucharu Polski, grał 120 minut

Naprzód Lipiny zajął trzecie miejsce w II lidze i nie awansował. W Pucharze Polski dotarł do II rundy (1/64 finału PP) sezonu 1961/1962

Bilans sezonu (jednocześnie bilans łączny) – 32 mecze: 30 meczów w II lidze, 6 bramek oraz 2 mecze w Pucharze Polski

Legia Warszawa

sezon 1962

24 marca – Odra Opole 0:3, mecz Pucharu Polski u siebie, 90 minut

1 kwietnia – Cracovia 3:2, mecz ligowy u siebie, do 45. minuty, 1 bramka (w 14. minucie)

22 kwietnia – ŁKS Łódź 0:1, mecz ligowy na wyjeździe, 90 minut

13 maja – Zagłębie Sosnowiec 0:1, mecz ligowy na wyjeździe, 90 minut

20 maja – Ruch Chorzów 0:0, mecz ligowy u siebie, 90 minut

3 czerwca – Cracovia 2:0, mecz ligowy na wyjeździe, 90 minut

6 czerwca – ŁKS Łódź 4:2, mecz ligowy u siebie, 90 minut

10 czerwca – Gwardia Warszawa 1:1, mecz ligowy na wyjeździe, 90 minut

16 czerwca – Górnik Zabrze 0:0, mecz ligowy u siebie, 90 minut

21 czerwca – Wisła Kraków 1:1, mecz ligowy na wyjeździe, 90 minut

Legia Warszawa zajęła 5. miejsce w ekstraklasie. W Pucharze Polski odpadła w 1/8 finału

Bilans sezonu – 10 meczów: 9 meczów w ekstraklasie i 1 bramka oraz 1 mecz w Pucharze Polski

sezon 1962/1963

15 sierpnia – Pogoń Szczecin 3:0, mecz ligowy u siebie, od 46. minuty

25 sierpnia – Stal Rzeszów 0:1, mecz ligowy u siebie, do 46. minuty

12 września – Lech Poznań 3:0, mecz ligowy u siebie, do 46. minuty, 1 bramka (w 75. minucie głową)

15 września – Polonia Bytom 1:2, mecz ligowy u siebie, 90 minut

23 września – Gwardia Warszawa 0:0, mecz ligowy na wyjeździe, 90 minut

17 października – Odra Opole 1:0, mecz ligowy na wyjeździe, 90 minut

31 marca – Ruch Chorzów 2:4, mecz ligowy u siebie, 90 minut, 1 bramka (w 84. minucie głową)

7 kwietnia – Stal Rzeszów 0:2, mecz ligowy na wyjeździe, 90 minut

7 maja – Gwardia Warszawa 0:1, mecz ligowy u siebie, 90 minut

11 maja – Polonia Bytom 0:0, mecz ligowy na wyjeździe, 90 minut

19 maja – Arkonia Szczecin 2:0, mecz ligowy u siebie, od 46. minuty, 1 bramka (w 86. minucie)

26 maja – Górnik Zabrze 0:3, mecz ligowy na wyjeździe, 90 minut

8 czerwca – Lechia Gdańsk 8:1, mecz ligowy u siebie, 90 minut

13 czerwca – Wisła Kraków 0:2, mecz ligowy na wyjeździe, 90 minut

16 czerwca – ŁKS Łódź 0:0, mecz ligowy u siebie, 90minut

Legia Warszawa zajęła 7. miejsce w ekstraklasie

Bilans sezonu – 15 meczów: 15 meczów w ekstraklasie i 3 bramki (w meczach PP nie uczestniczył)

sezon 1963/1964

17 sierpnia – ŁKS Łódź 4:1, mecz ligowy na wyjeździe, od 46. minuty

2 listopada – Stal Rzeszów 1:0, mecz ligowy u siebie, od 29. minuty

17 listopada – Polonia Głubczyce 11:1, mecz Pucharu Polski na wyjeździe, 90 minut

24 listopada – Mazur Karczew 5:0, mecz Pucharu Polski na wyjeździe, 90 minut

8 marca – Szombierki Bytom 2:0, mecz Pucharu Polski u siebie, 90 minut

15 marca – Pogoń Szczecin 1:1, mecz ligowy na wyjeździe, 90 minut

22 marca – ŁKS Łódź 1:0, mecz ligowy u siebie, 90 minut

29 marca – Pogoń Szczecin 1:0, mecz Pucharu Polski u siebie, 90 minut

5 kwietnia – Gwardia Warszawa 4:2, mecz ligowy na wyjeździe, 90 minut

12 kwietnia – Zagłębie Sosnowiec 1:1, mecz ligowy u siebie, 90 minut

19 kwietnia – Ruch Chorzów 0:4, mecz ligowy na wyjeździe, 90 minut

25 kwietnia – Unia Racibórz 0:2, mecz ligowy u siebie, 90 minut

1 maja – Polonia Bytom 2:1, mecz Pucharu Polski, finał na Stadionie Dziesięciolecia, 120 minut

3 maja – Arkonia Szczecin 0:1, mecz ligowy na wyjeździe, 90 minut

17 maja – Wisła Kraków 2:2, mecz ligowy u siebie, 90 minut

24 maja – Odra Opole 0:0, mecz ligowy u siebie, 90 minut

28 maja – Stal Rzeszów 3:1, mecz ligowy na wyjeździe, 90 minut, 1 bramka (w 41. minucie)

31 maja – Polonia Bytom 1:0, mecz ligowy u siebie, 90 minut

3 czerwca – Górnik Zabrze 0:5, mecz ligowy na wyjeździe, 90 minut

7 czerwca – Szombierki Bytom 1:3, mecz ligowy na wyjeździe, 90 minut

Legia Warszawa zdobyła Puchar Polski i zajęła 4. miejsce w ekstraklasie

Bilans sezonu – 20 meczów: 15 meczów w ekstraklasie i 1 bramka, 5 meczów w Pucharze Polski

sezon 1964/1965

16 sierpnia – Zagłębie Sosnowiec 1:3, mecz ligowy na wyjeździe, 90 minut

23 sierpnia – Odra Opole 0:1, mecz ligowy na wyjeździe, 90 minut

19 września – Ruch Chorzów 1:2, mecz ligowy na wyjeździe, od 35. minuty

18 listopada – Galatasaray Stambuł 2:1, mecz Pucharu Zdobywców Pucharów u siebie, 90 minut

22 listopada – Pogoń Szczecin 4:0, mecz ligowy u siebie, 90 minut

28 listopada – Warmia Olsztyn 4:1, mecz Pucharu Polski u siebie, 90 minut

2 grudnia – Galatasaray Stambuł 0:1, mecz Pucharu Zdobywców Pucharów na wyjeździe, 90 minut

10 grudnia – Galatasaray Stambuł 1:0, mecz Pucharu Zdobywców Pucharów na neutralnym terenie (Bukareszt), 90 minut

17 marca – TSV 1860 Monachium 0:0, mecz Pucharu Zdobywców Pucharów na wyjeździe, 90 minut

21 marca – Zagłębie Sosnowiec 3:1, mecz ligowy u siebie, 90 minut

28 marca – Stal Rzeszów 0:0, mecz ligowy na wyjeździe, 90 minut

31 marca – Górnik Zabrze 1:2, mecz Pucharu Polski u siebie, 120 minut

11 kwietnia – Odra Opole 0:2, mecz ligowy u siebie, 90 minut

25 kwietnia – Szombierki Bytom 4:5, mecz ligowy na wyjeździe, 90 minut

9 maja – Gwardia Warszawa 1:1, mecz ligowy na wyjeździe, 90 minut

12 maja – Zawisza Bydgoszcz 1:1, mecz ligowy na wyjeździe, 90 minut

26 maja – Ruch Chorzów 2:2, mecz ligowy u siebie, 90 minut

29 maja – Górnik Zabrze 0:3, mecz ligowy na wyjeździe, 90 minut

5 czerwca – Śląsk Wrocław 5:0, mecz ligowy u siebie, 90 minut

13 czerwca – Unia Racibórz 2:0, mecz ligowy na wyjeździe, 90 minut

23 czerwca – ŁKS Łódź 3:0, mecz ligowy u siebie, 90 minut

26 czerwca – Polonia Bytom 1:0, mecz ligowy u siebie, 90 minut

30 czerwca – Pogoń Szczecin 3:1, mecz ligowy na wyjeździe, 90 minut

Legia Warszawa zajęła 4. miejsce w ekstraklasie i odpadła w 1/2 finału Pucharu Polski. Dotarła do 1/4 finału Pucharu Zdobywców Pucharów

Bilans sezonu– 23 mecze: 17 meczów w ekstraklasie, 2 mecze w Pucharze Polski, 4 mecze w Pucharze Zdobywców Pucharów

Bilans łączny w Legii:

68 oficjalnych meczów i 5 bramek

56 meczów w ekstraklasie, 5 bramek; 8 meczów w Pucharze Polski; 4 mecze w Pucharze Zdobywców Pucharów

Ruch Chorzów

sezon 1965/1966

15 września – Szombierki Bytom 2:3, mecz ligowy u siebie, 90 minut

19 września – Górnik Zabrze 1:3, mecz ligowy na wyjeździe, 90 minut

3 października – Stal Rzeszów 0:0, mecz ligowy na wyjeździe, 90 minut

17 października – ŁKS Łódź 1:1, mecz ligowy u siebie, 90 minut

7 listopada – Odra Opole 1:0, mecz ligowy na wyjeździe, 90 minut

14 listopada – Gwardia Warszawa 4:0, mecz ligowy u siebie, 90 minut

21 listopada – Hutnik II Kraków 2:0, mecz Pucharu Polski na wyjeździe, 90 minut

13 marca – Szombierki II Bytom 1:2, mecz Pucharu Polski na wyjeździe, 90 minut

19 marca – Polonia Bytom 1:0, mecz ligowy u siebie, 90 minut

27 marca – GKS Katowice 1:2, mecz ligowy na wyjeździe, 90 minut

3 kwietnia – Zagłębie Sosnowiec 1:2, mecz ligowy u siebie, 90 minut

10 kwietnia – Śląsk Wrocław 2:2, mecz ligowy na wyjeździe, 90 minut

17 kwietnia – Zawisza Bydgoszcz 2:1, mecz ligowy na wyjeździe, 90 minut

8 maja – Szombierki Bytom 1:4, mecz ligowy na wyjeździe, 90 minut

11 maja – Górnik Zabrze 5:1, mecz ligowy u siebie, 90 minut

21 maja – Stal Rzeszów 1:2, mecz ligowy u siebie, 90 minut

28 maja – ŁKS Łódź 0:1, mecz ligowy na wyjeździe, 90 minut

15 czerwca – Odra Opole 2:3, mecz ligowy u siebie, 90 minut

21 czerwca – Gwardia Warszawa 0:1, mecz ligowy na wyjeździe, 90 minut

Ruch Chorzów zajął 11. miejsce w ekstraklasie i odpadł w 1/8 finału Pucharu Polski

Bilans sezonu – 19 meczów: 17 meczów w ekstraklasie, 2 mecze w Pucharze Polski

sezon 1966/1967

8 sierpnia – Polonia Bytom 2:0, mecz ligowy na wyjeździe, 90 minut, 1 bramka (w 10. minucie)

13 sierpnia – Śląsk Wrocław 2:0, mecz ligowy u siebie, 90 minut

17 sierpnia – Zawisza Bydgoszcz 2:2, mecz ligowy na wyjeździe, 90 minut

21 sierpnia – Pogoń Szczecin 0:1, mecz ligowy na wyjeździe, 90 minut

27 sierpnia – Wisła Kraków 4:1, mecz ligowy u siebie, 90 minut, 1 bramka (w 67. minucie)

17 września – ŁKS Łódź 2:2, mecz ligowy na wyjeździe, 90 minut

21 września – Górnik Zabrze 1:3, mecz ligowy u siebie, 90 minut

9 października – Stal Rzeszów 3:0, mecz ligowy u siebie, 90 minut, 1 bramka (w 78. minucie głową)

30 października – Zagłębie Sosnowiec 2:1, mecz ligowy na wyjeździe, 90 minut

6 listopada – Hutnik II Kraków 3:0, mecz Pucharu Polski na wyjeździe, 90 minut

13 listopada – Cracovia 3:0, mecz ligowy u siebie, 90 minut

20 listopada – Legia Warszawa 0:0, mecz ligowy na wyjeździe, 90 minut

27 listopada – GKS Katowice 3:1, mecz ligowy u siebie, 90 minut

5 marca – Górnik Wałbrzych 2:0, mecz Pucharu Polski na wyjeździe, 90 minut

12 marca – Polonia Bytom 1:2, mecz ligowy u siebie, 90 minut

19 marca – Śląsk Wrocław 1:2, mecz ligowy na wyjeździe, 90 minut

26 marca – Wisła Kraków 0:1, mecz Pucharu Polski u siebie, 90 minut

2 kwietnia – Zawisza Bydgoszcz 2:0, mecz ligowy u siebie, 90 minut

8 kwietnia – Pogoń Szczecin 2:0, mecz ligowy u siebie, 90 minut

23 kwietnia – Wisła Kraków 2:0, mecz ligowy na wyjeździe, 90 minut

3 maja – ŁKS Łódź 5:2, mecz ligowy u siebie, 90 minut

7 maja – Górnik Zabrze 1:4, mecz ligowy na wyjeździe, 90 minut

14 maja – Szombierki Bytom 1:0, mecz ligowy u siebie, 90 minut

25 maja – Stal Rzeszów 0:2, mecz ligowy na wyjeździe, 90 minut

28 maja – Zagłębie Sosnowiec 1:2, mecz ligowy u siebie, 90 minut

4 czerwca – Cracovia 0:1, mecz ligowy na wyjeździe, 90 minut

10 czerwca – Legia Warszawa 1:1, mecz ligowy u siebie, 90 minut

21 czerwca – GKS Katowice 1:0, mecz ligowy na wyjeździe, 90 minut

1 lipca – Young Boys Berno 4:3, mecz Pucharu Intertoto u siebie, 90 minut

8 lipca – Frem Kopenhaga 2:1, mecz Pucharu Intertoto na wyjeździe, 90 minut

15 lipca – Vienna 3:1, mecz Pucharu Intertoto na wyjeździe, 90 minut

22 lipca – Young Boys Berno 2:0, mecz Pucharu Intertoto na wyjeździe, 90 minut

29 lipca – Frem Kopenhaga 5:1, mecz Pucharu Intertoto u siebie, 90 minut

5 sierpnia – Vienna 2:0, mecz Pucharu Intertoto u siebie, 90 minut

Ruch Chorzów zajął 3. miejsce w ekstraklasie i odpadł w 1/4 finału Pucharu Polski. Wygrał grupę w Pucharze Intertoto

Bilans sezonu – 34 mecze: 25 meczów w ekstraklasie i 3 bramki, 3 mecze w Pucharze Polski, 6 meczów w Pucharze Intertoto

sezon 1967/1968

12 sierpnia – Legia Warszawa 1:1, mecz ligowy u siebie, 90 minut

20 sierpnia – Stal Rzeszów 4:0, mecz ligowy na wyjeździe, 90 minut

27 sierpnia – ŁKS Łódź 3:2, mecz ligowy u siebie, 90 minut

30 sierpnia – Odra Opole 3:1, mecz ligowy u siebie, 90 minut

3 września – Szombierki Bytom 2:2, mecz ligowy na wyjeździe, 90 minut

19 września – Zagłębie Sosnowiec 2:0, mecz ligowy u siebie, 90 minut, 1 bramka (w 30. minucie głową)

24 września – Gwardia Warszawa 2:0, mecz ligowy na wyjeździe, 90 minut

27 września – Pogoń Szczecin 6:2, mecz ligowy u siebie, 90 minut

15 października – GKS Katowice 2:2, mecz ligowy u siebie, 90 minut

18 października – Śląsk Wrocław 0:0, mecz ligowy na wyjeździe, 90 minut

22 października – Wisła Kraków 2:2, mecz ligowy na wyjeździe, 90 minut

5 listopada – Polonia Bytom 3:1, mecz ligowy u siebie, 90 minut

12 listopada – Górnik Zabrze 1:4, mecz ligowy na wyjeździe, 90 minut

19 listopada – Garbarnia Kraków 2:1, mecz Pucharu Polski na wyjeździe, 90 minut

10 marca – Legia Warszawa 1:1, mecz ligowy na wyjeździe, 90 minut

17 marca – Stal Rzeszów 2:0, mecz ligowy u siebie, 90 minut

24 marca – ŁKS Łódź 1:1, mecz ligowy na wyjeździe, 90 minut

31 marca – Odra Opole 0:0, mecz ligowy na wyjeździe, 90 minut

7 kwietnia – Szombierki Bytom 1:0, mecz ligowy u siebie, 90 minut

14 kwietnia – Cracovia 3:0, mecz Pucharu Polski na wyjeździe, 90 minut

21 kwietnia – Zagłębie Sosnowiec 2:0, mecz ligowy na wyjeździe, 90 minut

27 kwietnia – Gwardia Warszawa 6:2, mecz ligowy u siebie, 90 minut

8 maja – Polonia Bydgoszcz 3:0, mecz Pucharu Polski na wyjeździe, 90 minut

19 maja – Pogoń Szczecin 0:1, mecz ligowy na wyjeździe, 90 minut

25 maja – Śląsk Wrocław 3:0, mecz ligowy u siebie, 90 minut

28 maja – Baildon Katowice 7:1, mecz Pucharu Polski u siebie, 90 minut

1 czerwca – GKS Katowice 2:2, mecz ligowy na wyjeździe, 90 minut

13 czerwca – Wisła Kraków 0:0, mecz ligowy u siebie, 90 minut

16 czerwca – Polonia Bytom 4:1, mecz ligowy na wyjeździe, 90 minut, 1 bramka (w 14. minucie)

23 czerwca – Górnik Zabrze 3:1, mecz ligowy u siebie (odbył się na Stadionie Śląskim), 90 minut

26 czerwca – Górnik Zabrze 0:3, finał Pucharu Polski (na Stadionie Śląskim), 90 minut

Ruch Chorzów zdobył mistrzostwo Polski i przegrał w finale Pucharu Polski

Bilans sezonu – 31 meczów: 26 meczów w ekstraklasie i 2 bramki, 5 meczów w Pucharze Polski (wszystkie mecze Ruchu w pełnym wymiarze czasowym)

sezon 1968/1969

10 sierpnia – Polonia Bytom 2:4, mecz ligowy na wyjeździe, 90 minut

18 sierpnia – Górnik Zabrze 0:3, mecz ligowy na wyjeździe, 90 minut

24 sierpnia – Śląsk Wrocław 2:2, mecz ligowy u siebie, 90 minut

31 sierpnia – Wisła Kraków 4:1, mecz ligowy u siebie, 90 minut

4 września – GKS Katowice 1:1, mecz ligowy na wyjeździe, 90 minut

8 września – ROW Rybnik 3:4, mecz ligowy u siebie, 90 minut

22 września – Legia Warszawa 0:0, mecz ligowy u siebie, 90 minut

29 września – Stal Rzeszów 1:1, mecz ligowy na wyjeździe, 90 minut

6 października – Szombierki Bytom 0:0, mecz ligowy u siebie, 90 minut

13 października – Zagłębie Sosnowiec 1:3, mecz ligowy na wyjeździe, 90 minut

9 marca – Polonia Bytom 0:0, mecz ligowy u siebie, 90 minut

16 marca – Górnik Zabrze 0:2, mecz ligowy na wyjeździe, 90 minut

23 marca – Śląsk Wrocław 2:0, mecz ligowy na wyjeździe, 90 minut

29 marca – Wisła Kraków 0:1, mecz ligowy na wyjeździe, 90 minut

13 kwietnia – GKS Katowice 0:1, mecz ligowy u siebie, 90 minut

26 kwietnia – ROW Rybnik 1:1, mecz ligowy na wyjeździe, 90 minut

11 maja – Stal Rzeszów 2:0, mecz ligowy u siebie, 90 minut

17 maja – Szombierki Bytom 3:1, mecz ligowy na wyjeździe, 90 minut

24 maja – Zagłębie Sosnowiec 3:1, mecz ligowy u siebie, 90 minut, 1 bramka (w 10. minucie głową)

31 maja – Pogoń Szczecin 0:0, mecz ligowy na wyjeździe, 90 minut

4 czerwca – Odra Opole 2:1, mecz ligowy u siebie, 90 minut

19 czerwca – Zagłębie Wałbrzych 1:0, mecz ligowy u siebie, 90 minut

22 czerwca – Legia Warszawa 2:6, mecz ligowy na wyjeździe, 90 minut

Ruch Chorzów zajął 6. miejsce w ekstraklasie

Bilans sezonu – 23 mecze: 23 mecze w ekstraklasie i 1 bramka (nie grał w Pucharze Polski)

sezon 1969/1970

9 sierpnia – Górnik Zabrze 1:1, mecz ligowy na wyjeździe, 90 minut

16 sierpnia – Gwardia Warszawa 1:0, mecz ligowy u siebie, 90 minut

20 sierpnia – Cracovia 4:2, mecz ligowy na wyjeździe, 90 minut

23 sierpnia – Pogoń Szczecin 2:0, mecz ligowy u siebie, 90 minut

10 września – Stal Rzeszów 1:1, mecz ligowy na wyjeździe, 90 minut

17 września – Wiener S.C. 2:4, mecz w Pucharze UEFA na wyjeździe, 90 minut

20 września – Zagłębie Sosnowiec 1:2, mecz ligowy na wyjeździe, 90 minut

24 września – Zagłębie Wałbrzych 1:1, mecz ligowy u siebie, 90 minut

27 września – Polonia Bytom 1:1, mecz ligowy na wyjeździe, 90 minut

30 września – Wiener S.C. 4:1, mecz Pucharu UEFA u siebie, 90 minut, 1 bramka (w 7. minucie głową)

5 października – Szombierki Bytom 1:0, mecz ligowy u siebie, 90 minut

19 października – Wisła Kraków 5:0, mecz ligowy u siebie, 90 minut

26 października – Odra Opole 3:0, mecz ligowy na wyjeździe, 90 minut

14 listopada – GKS Katowice 3:0, mecz ligowy u siebie, 90 minut

19 listopada – Ajax Amsterdam 0:7, mecz Pucharu Miast Targowych na wyjeździe, 90 minut

26 listopada – Ajax Amsterdam 1:2, mecz Pucharu Miast Targowych u siebie, 90 minut, 1 bramka (w 43. minucie głową)

30 listopada – Legia Warszawa 0:3, mecz ligowy na wyjeździe, 90 minut

7 grudnia – Górnik Radlin 2:0, mecz Pucharu Polski na wyjeździe, 90 minut

11 marca – Górnik Zabrze 1:1, mecz ligowy u siebie, 90 minut

19 marca – Odra Opole 3:1, mecz Pucharu Polski u siebie, 90 minut

22 marca – Gwardia Warszawa 2:0, mecz ligowy na wyjeździe, 90 minut

28 marca – Stal Mielec 3:4, mecz Pucharu Polski na wyjeździe, 90 minut

30 marca – Stal Mielec 1:0, mecz Pucharu Polski u siebie, 90 minut

4 kwietnia – Cracovia 1:1, mecz ligowy u siebie, 90 minut

19 kwietnia – Pogoń Szczecin 0:0, mecz ligowy na wyjeździe, 90 minut

26 kwietnia – Stal Rzeszów 2:1, mecz ligowy u siebie, 90 minut

10 maja – Szombierki Bytom 1:2, mecz ligowy na wyjeździe, 90 minut

13 maja – Zagłębie Sosnowiec 3:0, mecz ligowy u siebie, 90 minut

24 maja – Zagłębie Wałbrzych 1:1, mecz ligowy na wyjeździe, 90 minut

28 maja – Polonia Bytom 3:0, mecz ligowy u siebie, 90 minut

6 czerwca – Wisła Kraków 1:1, mecz ligowy na wyjeździe, 90 minut

13 czerwca – Odra Opole 2:1, mecz ligowy u siebie, 90 minut

16 czerwca – GKS Katowice 0:0, mecz ligowy na wyjeździe, 90 minut

17 czerwca – Legia Warszawa 0:0, mecz Pucharu Polski na wyjeździe, 90 minut

19 czerwca – Legia Warszawa 3:1, mecz Pucharu Polski u siebie, 90 minut

21 czerwca – Legia Warszawa 1:1, mecz ligowy u siebie, 90 minut

5 sierpnia – Górnik Zabrze 1:3, finał Pucharu Polski (na Stadionie Śląskim), 90 minut

Ruch Chorzów zajął 2. miejsce w ekstraklasie i przegrał w finale Pucharu Polski. Dotarł do II rundy Pucharu Miast Targowych

Bilans sezonu – 37 meczów: 26 meczów w ekstraklasie, 7 meczów w Pucharze Polski oraz 4 mecze w Pucharze Miast Targowych i 2 bramki

Wszystkie mecze Ruchu w pełnym wymiarze czasowym

sezon 1970/1971

12 sierpnia – Gwardia Warszawa 3:0, mecz ligowy na wyjeździe, 90 minut

26 sierpnia – Zagłębie Sosnowiec 4:1, mecz ligowy u siebie, 90 minut

20 września – Stal Rzeszów 2:2, mecz ligowy u siebie, od 27. minuty

26 września – Legia Warszawa 1:3, mecz ligowy na wyjeździe, 90 minut

30 września – Fiorentina Florencja 0:2, mecz Pucharu Miast Targowych na wyjeździe, 90 minut

4 października – ROW Rybnik 1:1, mecz ligowy u siebie, 90 minut

15 listopada – Szombierki Bytom 0:1, mecz ligowy na wyjeździe, 90 minut

22 listopada – Zagłębie Wałbrzych 4:0, mecz ligowy u siebie, 90 minut

29 listopada – Wisła Kraków 2:0, mecz Pucharu Polski u siebie, 90 minut

6 marca – ROW Rybnik 0:1, mecz Pucharu Polski na wyjeździe, 90 minut

21 marca – Pogoń Szczecin 0:1, mecz ligowy na wyjeździe, 90 minut

28 marca – Gwardia Warszawa 4:2, mecz ligowy u siebie, 90 minut

4 kwietnia – Górnik Zabrze 0:1, mecz ligowy na wyjeździe, 84 minuty

18 kwietnia – Zagłębie Sosnowiec 0:0, mecz ligowy na wyjeździe, od 30. minuty

24 kwietnia – Polonia Bytom 0:1, mecz ligowy u siebie, 90 minut

29 kwietnia – Stal Rzeszów 1:1, mecz ligowy na wyjeździe, 90 minut

16 maja – Legia Warszawa 2:4, mecz ligowy u siebie, 90 minut

20 maja – Stal Mielec 1:2, mecz ligowy u siebie, 90 minut

30 maja – ROW Rybnik 1:1, mecz ligowy na wyjeździe, 90 minut

3 czerwca – Szombierki Bytom 0:1, mecz ligowy u siebie, 90 minut

6 czerwca – GKS Katowice 0:0, mecz ligowy na wyjeździe, 90 minut

23 czerwca – Zagłębie Wałbrzych 0:2, mecz ligowy na wyjeździe, 90 minut

Ruch Chorzów zajął 5. miejsce w ekstraklasie i odpadł w 1/2 finału Pucharu Polski

Bilans sezonu – 22 mecze: 19 meczów w ekstraklasie, 2 mecze w Pucharze Polski, 1 mecz w Pucharze Miast Targowych

sezon 1971/1972

7 sierpnia – Zagłębie Sosnowiec 3:4, mecz ligowy na wyjeździe, 90 minut

14 sierpnia – Szombierki Bytom 3:1, mecz ligowy u siebie, 90 minut

21 sierpnia – Gwardia Warszawa 2:0, mecz ligowy na wyjeździe, 90 minut

25 sierpnia – Stal Mielec 3:0, mecz ligowy u siebie, 90 minut

29 sierpnia – Zagłębie Wałbrzych 3:0, mecz ligowy na wyjeździe, 90 minut

4 września – Wisła Kraków 1:1, mecz ligowy na wyjeździe, 90 minut

8 września – Pogoń Szczecin 5:0, mecz ligowy u siebie, 90 minut

11 września – Polonia Bytom 1:3, mecz ligowy na wyjeździe, 90 minut

26 września – Granat Skarżysko--Kamienna 6:0, mecz Pucharu Polski na wyjeździe, 90 minut

13 października – Legia Warszawa 2:1, mecz ligowy u siebie, 90 minut

17 października – Stal Rzeszów 1:0, mecz ligowy na wyjeździe, 90 minut

23 października – Górnik Zabrze 1:4, mecz ligowy u siebie, 90 minut

31 października – MZKS Gdynia 2:1, mecz Pucharu Polski na wyjeździe, 90 minut

7 listopada – Odra Opole 5:4, mecz ligowy na wyjeździe, 90 minut

21 listopada – ŁKS Łódź 4:1, mecz ligowy u siebie, 90 minut

18 marca – Zawisza Bydgoszcz 2:0, mecz Pucharu Polski u siebie, 90 minut

26 marca – Zagłębie Sosnowiec 1:0, mecz ligowy u siebie, do 37. minuty

29 kwietnia – Gwardia Warszawa 0:1, mecz ligowy u siebie, 90 minut

Ruch Chorzów zajął 4. miejsce w ekstraklasie i odpadł w 1/2 finału Pucharu Polski

Bilans sezonu – 18 meczów: 15 meczów w ekstraklasie, 3 mecze w Pucharze Polski

Bilans łączny w Ruchu Chorzów:

184 oficjalne mecze i 8 bramek

151 meczów w ekstraklasie i 6 bramek; 22 mecze w Pucharze Polski; 5 meczów w Pucharze Miast Targowych i 2 gole oraz 6 meczów w Pucharze Intertoto

Berrichonne de Châteauroux

sezon 1972/1973

4 listopada – Brest 1:0, mecz ligowy na wyjeździe, 90 minut

11 listopada – Boulogne 1:3, mecz ligowy u siebie, 90 minut

19 listopada – Mantes 4:1, mecz ligowy u siebie, 90 minut

26 listopada – Angouleme 3:0, mecz ligowy u siebie, 90 minut

3 grudnia – Amiens 0:1, mecz ligowy na wyjeździe, 90 minut

10 grudnia – Lens 2:1, mecz ligowy na wyjeździe, 90 minut

14 stycznia – Lorient 1:0, mecz ligowy u siebie, 90 minut

20 stycznia – Poitiers 0:6, mecz ligowy na wyjeździe, 90 minut

28 stycznia – Sete 4:2, mecz Pucharu Francji u siebie, 90 minut

4 lutego – Dunkerque 1:0, mecz ligowy u siebie, 90 minut

10 lutego – Le Mans 0:4, mecz ligowy na wyjeździe, 90 minut

18 lutego – Arles 0:2, mecz Pucharu Francji, stadion w Châlon-sur-Saône, 90 minut

26 lutego – Cambrai 0:1, mecz ligowy u siebie, 90 minut

3 marca – Blois 0:4, mecz ligowy na wyjeździe, 90 minut

17 marca – Bourges 2:1, mecz ligowy u siebie, 90 minut

23 marca – Lille 0:1, mecz ligowy na wyjeździe, 90 minut

31 marca – Caen 0:1, mecz ligowy na wyjeździe, 90 minut

7 kwietnia – Rouen 1:6, mecz ligowy na wyjeździe, 90 minut

20 kwietnia – Brest 2:2, mecz ligowy u siebie, 90 minut

Châteauroux zajęło 16. miejsce w grupie północnej II ligi (na 18 drużyn). W Pucharze Francji odpadło w 1/16 finału

Bilans sezonu (jednocześnie bilans łączny gry we Francji) – 19 meczów: 17 meczów w drugiej lidze francuskiej, 2 mecze w Pucharze Francji

Reprezentacja Polski

1967

8 października – Bruksela (Heysel), Belgia 4:2 (2:2), mecz w eliminacjach mistrzostw Europy, 90 minut

29 października – Kraków (stadion Wisły), Rumunia 0:0, mecz towarzyski, 90 minut

1969

15 czerwca – Sofia (stadion Lewskiego), Bułgaria 1:4, mecz w eliminacjach mistrzostw świata, 90 minut

Bilans reprezentacyjny: 3 mecze

Ogólny bilans Antoniego Piechniczka jako piłkarza w rozgrywkach seniorskich

306 meczów i 19 goli, w tym:

254 mecze ligowe (ekstraklasa i II liga) i 17 goli

34 mecze w pucharach krajowych (Puchar Polski i Puchar Francji) i 0 goli

15 meczów w pucharach europejskich (Puchar Zdobywców Pucharów, Puchar Miast Targowych, Puchar Intertoto) i 2 gole

3 mecze w reprezentacji i 0 goli

Sukcesy:

Mistrzostwo Polski z Ruchem – 1967/1968

Puchar Polski z Legią – 1963/1964

Aneks III

Przygotowania do España '82

Przed mistrzostwami świata w Hiszpanii kadra Antoniego Piechniczka wyjeżdża na tournée do Włoch (w lutym), Hiszpanii (w maju), Francji i Niemiec (na przełomie maja i czerwca). Rozgrywa 11 oficjalnych sparingów i dwa nieoficjalne. Pierwszy oficjalny mecz międzypaństwowy w 1982 roku Polacy grają dopiero podczas mistrzostw świata w Włochami.

Bilans przygotowań: 13 meczów, 11 zwycięstw, 1 remis, 1 porażka, stosunek bramek: 64:12

We Włoszech

11 lutego, Modena 1:2 (0:2); Dziekanowski (76.), Agostinelli (3.), Rabitti (34.); widzów: 15 000

17 lutego, AS Roma 2:2 (1:1); Boniek (29., z wolnego, 63.), Spinosi (39.), Pruzzo (73.); widzów: 5000

20 lutego, reprezentacja Mediolanu* (AC Milan/Inter Mediolan) 2:1 (1:0); Smolarek (15.), Boniek (54.), Serena (69.); widzów: 15 000

Podczas zgrupowania we Włoszech kadra rozgrywa jeszcze nieoficjalny sparing w Folignie koło Perugii. Rywalem jest zespół z włoskiej okręgówki – Spoletto. Polska wygrywa 19:1 (10:0).

*bez włoskich kadrowiczów.

W Hiszpanii

4 maja, Athletic Bilbao 4:1 (2:0); Buncol (3.), Iwan (27.), Janas (47.), Smolarek (52.), Gallego (49.)

6 maja, Celta Vigo 5:1 (4:1); Kusto (15., 40., 67.), Ciołek (27.), Pałasz (43.), Del Cura (35.)

W Niemczech i we Francji

20 maja, Scheidegg 7:1. Drużyna rywali złożona z piłkarzy drużyn niemieckich lig regionalnych. Sparing trwa 55 minut; Kusto – 2, Kupcewicz – 2, Ciołek, Buncol, Lato

22 maja, Stade Reims 5:0 (1:0); Lato (25.), Iwan (56.), Kusto (75., 80.), Szymanowski (88.). W przedmeczu w obecności 18 tysięcy ludzi gwiazdy Stade Reims grają z kombinowaną drużyną gości. W tej pierwszej występują m.in. Just Fontaine i Raymond Kopa, w tej drugiej – Antoni Piechniczek, Piotr Czaja i Stefan Białas. Francuzi wygrywają 3:2, obydwa gole dla gości zdobywa Białas.

25 maja, Racing Lens 3:0 (2:0); Lato (15.), Smolarek (30.), Iwan (57.)

27 maja, Hagenau 5:0 (0:0); Pałasz (61.), Szarmach (67.), Kusto (70.), Ciołek (79.), Romke (86.). Drużyna rywali złożona z piłkarzy drużyn niższych lig francuskich. Część naszych piłkarzy nie bierze udziału w tym meczu, bo jadą na spotkanie do Adidasa.

29 maja, Mulhouse 5:1 (2:0); Smolarek (30.), Boniek (43.), Majewski (60.), Szarmach (68.), Pałasz (89.)

31 maja, VfR Aalen 3:1 (1:0); Romke (20.), Szarmach (76.), Pałasz (86.)

2 czerwca, VfB Stuttgart 2:1 (2:1); Lato (4.), Boniek (28.)

3 czerwca reprezentacja wraca do kraju i po krótkich urlopach 9 czerwca wylatuje do Hiszpanii na mundial.

Aneks IV

Antoni Piechniczek jako selekcjoner Tunezji

Reprezentację Tunezji obejmuje dwukrotnie. W 1988 roku zastępuje Taoufika Ben Othmana, którego drużyna podczas turnieju na Malcie i w rozgrywkach Pucharu Narodów Arabskich nie wygrywa ani jednego meczu. Piechniczek prowadzi Tunezję w fazie wstępnej eliminacji mistrzostw świata Italia '90 (zwycięsko) oraz na igrzyskach w Seulu.

Po olimpiadzie zastępuje go najpierw asystent Baccar Ben Miled, a potem inny tunezyjski szkoleniowiec Mokhtat Tlili. Trudno mu jednak opanować waśnie między zawodnikami Espérance Tunis i Étoile du Sahel. W 1989 roku po wyjazdowej klęsce z Senegalem w drugiej rundzie eliminacji Pucharu Narodów Afryki (w pierwszej rundzie Tunezja dostaje walkowera od Libii) znowu zastępuje go Antoni Piechniczek. Tym razem odchodzi po nieudanej rywalizacji z Kamerunem w ostatniej fazie eliminacji do mistrzostw świata we Włoszech.

Pierwsza kadencja

5 sierpnia 1988, Tunis, eliminacje mistrzostw świata

Tunezja – Gwinea 5:0 (3:0)
Bramki: 1:0 Jeridi (20.), 2:0 Maaloul (36.), 3:0 Limam (33.), 4:0 Limam (53.), 5:0 Yaakoubi (82.)

21 sierpnia 1988, Conakry, eliminacje mistrzostw świata

Gwinea – Tunezja 3:0 (1:0)
Bramki: 1:0 Emmerson (34.), 2:0 Toure (49.), 3:0 Emmerson (82.)

17 września 1988, Daegu, turniej finałowy igrzysk olimpijskich

Tunezja – Szwecja (olimp.) 2:2 (2:2)
Bramki: 1:0 Dhiab (16.), 2:0 Maaloul (43., z karnego), 2:1 Thern (44.), 2:2 Hellstroem (45.)

19 września 1988, Busan, turniej finałowy igrzysk olimpijskich

Tunezja – RFN (olimp.) 1:4 (1:1)
Bramki: 0:1 Grahammer (4.), 1:1 Maaloul (26., z karnego), 1:2 Fach (50.), 1:3 Mill (55.), 1:4 Wuttke (75., z karnego)

21 września 1988, Busan, turniej finałowy igrzysk olimpijskich

Tunezja – Chiny 0:0

Druga kadencja

16 lipca 1989, Tunis, eliminacje Pucharu Narodów Afryki

Tunezja – Senegal 0:1 (0:0)
Bramka: 0:1 Nyoum (88.)

5 sierpnia 1989, Tunis, mecz towarzyski

Tunezja – Malawi 3:0 (2:0)
Bramki: 1:0 Dhiab (12.), 2:0 Abdelli (25.), 3:0 Ben Yahia (69.)

13 sierpnia 1989, Casablanca, eliminacje mistrzostw świata

Maroko – Tunezja 0:0

27 sierpnia 1989, Tunis, eliminacje mistrzostw świata

Tunezja – Zambia 1:0 (0:0)
Bramka: 1:0 Mahjoubi (75.)

8 października 1989, Jaunde, eliminacje mistrzostw świata

Kamerun – Tunezja 2:0 (0:0)
Bramki: 1:0 M'Fede (54.), 2:0 Kunde (89.).

1 listopada 1989, Tunis, mecz towarzyski

Tunezja – Algieria 0:0

7 listopada 1989, Tunis, mecz towarzyski

Tunezja – Egipt 0:4 (0:1)
Bramki: 1:0 Abdel-Rassoul (4.), 0:2 Abdelhamid (62.), 0:3 Ahmed Ramzy (81.), 0:4 Abou Zeid (84., z karnego)

19 listopada 1989, Tunis, eliminacje mistrzostw świata

Tunezja – Kamerun 0:1 (0:1)
Bramka: 0:1 Omam-Biyik (12.)

Bilans: 13 meczów (2 z reprezentacjami olimpijskimi)

3 zwycięstwa, 4 remisy, 6 porażek, bilans bramkowy 12:17

Aneks V

Antoni Piechniczek jako selekcjoner Zjednoczonych Emiratów Arabskich

(?) oznacza brak dokładnych danych

Zastępuje na tym stanowisku Ukraińca Walerego Łobanowskiego pod koniec 1992 roku.

W Pucharze Zatoki Perskiej (Gulf Cup) zdobywa czwarte miejsce (w 1992 roku) i drugie miejsce (1994 roku). Prowadzi zespół do końca 1994 roku. Jego następcą jest Chorwat Tomislav Ivić.

1.

17 listopada 1992, towarzyski

ZEA – Senegal 1:1 (?:?)
Bramki: ?

2.

19 listopada 1992, ? , towarzyski

ZEA – Senegal 2:2 (?:?)
Bramki: ?

3.

24 listopada 1992, Bahrajn, towarzyski

ZEA – Algieria 0:0

4.

28 listopada 1992, Dauha, 11. Puchar Zatoki Perskiej

ZEA – Kuwejt 0:2 (0:1)
Bramki: 1:0 Ali Marwi (40.), 2:0 Wabran (50.)

5.

1 grudnia 1992, Dauha, 11. Puchar Zatoki Perskiej

ZEA – Arabia Saudyjska 1:0 (0:0)
Bramka: 1:0 Abderrazak Ibrahim (75.)

6.

4 grudnia 1992, Dauha, 11. Puchar Zatoki Perskiej

ZEA – Bahrajn 2:0 (1:0)
Bramki: 1:0 Bilal (22.), 2:0 Al-Talyani (60.)

7.

6 grudnia 1992, Dauha, 11. Puchar Zatoki Perskiej

Katar – ZEA 1:0 (0:0)
Bramka: 1:0 Al-Soufi (60.)

8.

9 grudnia 1992, Dauha, 11. Puchar Zatoki Perskiej

ZEA – Oman 1:0 (?:?)
Bramka: 1:0 Ismael Khaled (?.)

9.

18 lutego 1993, Dubaj, towarzyski

ZEA – Bułgaria 1:0 (0:0)
Bramka: 1:0 Hassan Said (63.)

10.

20 lutego 1993, Dubaj, towarzyski

ZEA – Bułgaria 1:3 (0:3)
Bramki: 0:1 Sirakow (4.), 0:2 Widołow (28.), 0:3 Borimirow (43.), 1:3 Al-Talyani (71.)

(1.)

27 marca 1993, Kuala Lumpur, towarzyski, nieoficjalny

ZEA – Chiny (olimp.) 0:0

(2.)

30 marca 1993, Kuala Lumpur, towarzyski, nieoficjalny

ZEA – Chiny 2:1 (olimp.)
Bramki: ?

(3.).

2 kwietnia 1993, Kuala Lumpur, towarzyski, nieoficjalny

Malezja – ZEA 0:1
Bramka: ?

11.

8 kwietnia 1993, Kioto, I runda eliminacji mistrzostw świata

ZEA – Sri Lanka 4:0 (2:0)
Bramki: 1:0 Ali Thani (21.), 2:0 Al-Talyani (24.), 3:0 Saad (56.), 4:0 Saad (88.)

12.

13 kwietnia 1993, Tokio, I runda eliminacji mistrzostw świata

ZEA – Tajlandia 1:0 (0:0)
Bramka: Al-Balooshi (86.)

13.

15 kwietnia 1993, Yokohama, I runda eliminacji mistrzostw świata

ZEA – Bangladesz 1:0 (0:0)
Bramka: Al-Balooshi (56.)

14.

18 kwietnia 1993, Tokio, I runda eliminacji mistrzostw świata

Japonia – ZEA 2:0 (1:0)
Bramki: 1:0 Hashitarani (20.), 2:0 Takagi (76.)

15.

28 kwietnia 1993, Al-Ain, I runda eliminacji mistrzostw świata

ZEA – Sri Lanka 3:0 (1:0)
Bramki: 1:0 Al-Talyani (41.), 2:0 Abderrazak Ibrahim (53.), 3:0 Rashed (90.)

16.

30 kwietnia 1993, Al-Ain, I runda eliminacji mistrzostw świata

ZEA – Tajlandia 2:1 (1:1)
Bramki: 1:0 Abderrazak Ibrahim (10., z karnego), 2:0 Al-Talyani (63.), 2:1 Maperm (90.)

17.

3 maja 1993, Al Ain, I runda eliminacji mistrzostw świata

ZEA – Bangladesz 7:0 (4:0)
Bramki: 1:0 Al-Talyani (5.), 2:0 Khamis Saad (27.), 3:0 Nasser Khamis (35.), 4:0 Abderrazak Ibrahim (36.), 5:0 Abderrazak Ibrahim (60.), 6:0 Al Talyani (65.), Moh Ali (74.)

18.

7 maja 1993, Al-Ain, I runda eliminacji mistrzostw świata

ZEA – Japonia 1:1 (0:0)
Bramki: 1:0 Abderrazak Ibrahim (83.), 1:1 Sawanobori (84.)

19.

26 października 1993, Dubaj, towarzyski

ZEA – Jordania 2:1 (?:?)
Bramki: ?

20.

28 października 1993, Dubaj, towarzyski

ZEA – Jordania 0:2 (?:?)
Bramki: ?

21.

2 lutego 1994, Sharjah, turniej towarzyski

ZEA – Słowacja 0:1 (0:0)
Bramka: 0:1 Weiss (46.)

22.

4 lutego 1994, Sharjah, turniej towarzyski

ZEA – Maroko 1:1 (0:0)
Bramki: 1:0 Seif Sultan (70.), 1:1 Fertoute (73.)

23.

6 kwietnia 1994, Dubaj, turniej towarzyski

ZEA – Egipt 0:1 (0:0)
Bramka: Hosam Hassan (82.)

24.

27 kwietnia 1994, Abu Zabi, towarzyski

ZEA – Niemcy 0:2 (0:0)
Bramki: 0:1 Kirsten (67.), Gaudino (90.)

25.

26 sierpnia 1994, Grassau (Austria), towarzyski

ZEA – Ukraina 1:1 (1:0)
Bramki: 1:0 Bahid Saad Al-Owairan (45.), 1:1 Finkel (90.)

26.

30 sierpnia 1994, Reykjavik, towarzyski

Islandia – ZEA 1:0 (0:0)
Bramka: 1:0 Benediktsson (82.)

27.

6 września 1994, Sion, towarzyski

Szwajcaria – ZEA 1:0 (0:0)
Bramka: 1:0 Sutter (20.)

28.

19 września 1994, Seul, towarzyski

Korea Południowa – ZEA 0:0

29.

3 października 1994, Hiroshima, Igrzyska Azjatyckie

Japonia – ZEA 1:1 (1:1)
Bramki: 0:1 Al-Talyani (3.), 1:1 Miura (66., z karnego)

30.

5 października 1994, Hiroszima, Igrzyska Azjatyckie

ZEA – Myanmar 2:0 (1:0)
Bramki: 1:0 Al-Talyani (42.), 2:0 Al-Talyani (59.)

31.

9 października 1994, Hiroszima, Igrzyska Azjatyckie

ZEA – Katar 2:2 (1:1)
Bramki: 0:1 Mubarak (2.), 1:1 Nasser Khamis (22.), 1:2 Al-Soufi (60.), 2:2 Al-Talyani (79.)

32.

13 października 1994, Hiroszima, Igrzyska Azjatyckie

ZEA – Kuwejt 1:2 (0:0)
Bramki: 0:1 Al-Husaini (51.), 1:1 Al-Talyani (90.). 1:2 Al-Habbachi (95.)

33.

28 października 1994, Abu Zabi, towarzyski

ZEA – Senegal 3:2 (2:0)
Bramki: 1:0 Mohammed Ali (13.), 1:1 Moussa Camara (38.), 1:2 Moussa Camara (68.), 2:2 Zuhair Bakhit (75.), 3:2 Khamis Saad (87.)

34.

3 listopada 1994, Abu Zabi,
12. Puchar Zatoki Perskiej

ZEA – Katar 2:0 (2:0)
Bramki: 1:0 Talyani (11.), 2:0 Mohammed Ali (18., z karnego)

35.

6 listopada 1994, Abu Zabi,
12. Puchar Zatoki Perskiej

ZEA – Arabia Saudyjska 1:1 (0:1)
Bramki: 0:1 Al-Habsi (25.), 1:1 Rahman Haddad (51.)

36.

6 listopada 1994, Abu Zabi,
12. Puchar Zatoki Perskiej

ZEA – Kuwejt 2:0 (0:0)
Bramki: Ismail Rashid (58.), Adnan Talyani (85.)

37.

12 listopada 1994, Abu Zabi,
12. Puchar Zatoki Perskiej

ZEA – Bahrajn 0:0

38.

16 listopada 1994 Abu Zabi,
12. Puchar Zatoki Perskiej

ZEA – Oman 2:0 (1:0)
Bramki: 1:0 Mohammed Ali (8.), 2:0 Mohammed Ali (70.)

Bilans: 41 meczów (3 nieoficjalne)

18 zwycięstw, 12 remisów, 11 porażek, bilans bramkowy: 51:32

Aneks VI

Antoni Piechniczek w klubach arabskich

Tunezja

Espérance Tunis 1987-1990

Zjednoczone Emiraty Arabskie

Al-Shabab Dubaj 1990-1992

Al-Wahda Abu Zabi 1993-1994

Al-Nasr Dubaj 1995

Arabia Saudyjska

Al-Nassr Rijad 1995

Katar

Al-Rajjan 1997-1998

Zjednoczone Emiraty Arabskie

Al-Shabab 1998

Tunezja

Club Africain 2000

Espérance Tunis 2000

BIBLIOGRAFIA

ŹRÓDŁA

1. Akta i dokumenty

IPN BU 01717/13

IPN Wr 519/7703 (EAOP 7703)

Listy z frontu Emila Piechniczka do żony z lat 1942–1944 [w posiadaniu rodziny Piechniczków]

Spisana relacja Egona Kloisa z 24 lutego 2015 roku [w posiadaniu autorów]

2. Wywiady

Rozmowy z Antonim Piechniczkiem i Zytą Piechniczek oraz ich dziećmi: Joanną Piechniczek-Buczek, Justyną Piechniczek-Janicką, Tomaszem Piechniczkiem, a także: Janem Banasiem, Zbigniewem Bońkiem, Lucjanem Brychczym, Rudolfem Bugdołem, Andrzejem Buncolem, Piotrem Czają, Michałem Czarskim, Józefem Dankowskim, Kazimierzem Doktórem, Markiem Dziubą, Jerzym Engelem, Eugeniuszem Faberem, Waldemarem Fornalikiem, Jackiem Gmochem, Andrzejem Gowarzewskim, Józefem Gruszką, Haliną Gruszką, Jerzym Górą, Bogusławem Hajdasem, Tomaszem Iwanem, Pawłem Janasem, Markiem Jóźwiakiem, Krzysztofem Kołaczykiem, Joachimem Klyszczem, Ryszardem Komornickim, Antonim Kotem, Cezarym Kucharskim, Eugeniuszem Kulikiem, Januszem Kupcewiczem, Jackiem Laskowskim, Grzegorzem Latą, Eugeniuszem Lerchem, Janem Linnertem, Michałem Listkiewiczem, Alojzym Łyską, Stefanem Majewskim, Markiem Majką, Joachimem Marxem, Bohdanem Masztalerem, Waldemarem Matysikiem, Józefem Młynarczykiem, Józefem Morcińczykiem, Antonim Nierobą, Małgorzatą Nierobą, Januszem Okrzesikiem, Januszem Osterem, Krzysztofem Pawlakiem, Andrzejem Płatkiem, Jadwigą Płatek, Zdzisławem Podedwornym, Czesławem Ptakiem, Edwardem Sochą, Pawłem Skrzypkiem, Andrzejem Strejlauem, Jerzym Stürtzem, Markiem Szczerbowskim, Zygfrydem Szołtysikiem, Henrykiem Ślezioną, Jerzym Talagą, Ryszardem Tarasiewiczem, Janem Tomaszewskim, Wojciechem Tycem, Janem Urbanem, Józefem Wandzikiem, Tomaszem Wałdochem, Ryszardem Wiejskim, Romanem Wójcickim, Andrzejem Zydorowiczem, Władysławem Żmudą

3. Raporty

Hajdas Bogusław, Kostka Hubert, Obrębski Waldemar, Piechniczek Antoni, Zientara Edmund, Żmuda Władysław, XII Mistrzostwa Świata w Piłce Nożnej. Hiszpania 13.06.-11.07.1982. Raport szkoleniowy, Warszawa 1983

Piechniczek Antoni, Przygotowania piłkarzy do turnieju mundialowego w 1986 r. Konferencja szkoleniowa UEFA, Split, styczeń 1983, Wrocław 1983

OPRACOWANIA

1. Książki

Bargiel Sebastian, *Odra Opole Antoniego Piechniczka w latach 1975-79*, Kraków 2009

Boniek Zbigniew, *Na polu karnym*, Warszawa 1986

Błażyca Eugeniusz, *Dzieje sportu w Świętochłowicach*, Świętochłowice 2005

Grzegorczyk Stefan, Lechowski Jerzy, *Droga do Meksyku*, Warszawa 1986

Grzegorczyk Stefan, Lechowski Jerzy, *Tajemnica mundialu*, Warszawa 1983

Gowarzewski Andrzej, *Biało-Czerwoni. Piłkarska reprezentacja Polski 1921-2001*, Katowice 2001

Gowarzewski Andrzej, *Biało-Czerwoni. Dzieje reprezentacji Polski (4) 1981-97, encyklopedia piłkarska FUJI*, tom 20, Katowice 1997

Gowarzewski Andrzej, Waloszek Joachim, *Ruch Chorzów. 75 lat Niebieskich. Księga jubileuszowa*, Katowice 1995

Gowarzewski Andrzej, Szczepłek Stefan, *Legia Warszawa. 80 lat Zielonych. Księga jubileuszowa*, Katowice 1995

Gowarzewski Andrzej, Szczepłek Stefan, Szmel Bożena, *Legia to potęga*, Kolekcja klubów, t. 9. Katowice 2004

Górski Kazimierz, *Piłka jest okrągła*, Włocławek 2004

Hanke Edward, *Pod okupacją niemiecką* [w:] *Trudy i oczekiwania. Wspomnienia lekarza*, Warszawa 1965

Historia PRL. Wielka kolekcja 1994-89, t. 21 1981-82, Warszawa 2004

Iwan Andrzej, Stanowski Krzysztof, *Spalony. Autobiografia*, Warszawa 2012

Ligarski Sebastian, *Mundial España '82 oczami komisarza wojskowego* [w:] *Nieczysta gra. Tajne służby a piłka nożna*, Chorzów 2012

Łoniewski Krzysztof, *Mundial Meksyk '86. Polscy piłkarze w otoczeniu esbeków* [w:] *Nieczysta gra. Tajne służby a piłka nożna*, Chorzów 2012

Młynarczyk Józef, *Kochana piłeczko*, Warszawa 1992

Polkowski Maciej, *Lato*, Częstochowa 1994

Perzyński Jacek, *Smolar. Piłkarz z charakterem*, Warszawa 2012

Smaczny Paweł, *Zrobił to dwa razy* [w:] *Strzał w dziesiątkę*, Warszawa 1986

Stański Grzegorz, *Mundialowy dziennik Antoniego Piechniczka*, Warszawa 1982

Tomaszewski Jan, *Kulisy reprezentacyjnej piłki*, Łódź 1991

Wawrzynowski Marek, *Wielki Widzew*, Warszawa 2013

Wójcik Janusz, Przemysław Ofiara, *Wójt. Jedziemy z frajerami. Całe moje życie*, Kraków 2014

2. Artykuły w prasie

Antoni Piechniczek, Mocno stąpać po ziemi. Pytania czytelników zebrał Stanisław Penar [w:] „Sport", nr 96 z 20 lipca 1982 roku

Bahdaj Marek, *Ten trzeci* – rozmowa z Piotrem Mowlikiem [w:] „Przegląd Sportowy", nr 102 (8156) z 23 lipca 1982 roku

Błoński Robert, *Płakałem przez piłkę* [w:] „Gazeta Wyborcza", nr 233 z 5 października 1996 roku

Błoński Robert, *Spór o Piechniczka* [w:] „Gazeta Wyborcza", nr 114 z 17 maja 1997 roku

Błoński Robert, *Sześćdziesiątka Pana Jacka* [w:] „Gazeta Wyborcza", nr 262 z 10 listopada 2003 roku

Błoński Robert, Czado Paweł, Góral Rafał, Płatek Piotr, *Trenerska rada starszych* [w:] „Gazeta Wyborcza", nr 52 z 3 marca 2005 roku

Błoński Robert, Pol Michał, *Sięgnęli dna* [w:] „Gazeta Wyborcza", nr 126 z 2 czerwca 1997 roku

Błoński Robert, *Wiary nie traćcie* [w:] „Gazeta Wyborcza", nr 232 z 4 października 1996 roku

Błoński Robert, *Została tylko nazwa* [w:] „Gazeta Wyborcza", dodatek „Sport" nr 105 z 7 maja 2001 roku

Chaouchi Mondher, *L'E.N. de football en stage a Tunis* [w:] „Le Temps du Sports" z 28 lipca 1988 roku

Czado Paweł, *Człowiek od czarnej roboty* [w:] „Gazeta Wyborcza" Katowice, nr 172 z 25 lipca 1997 roku

Czado Paweł, *Miałem lepszy wybór*. Rozmowa z Antonim Piechniczkiem [w:] „Gazeta Wyborcza" Katowice, nr 6 z 8 stycznia 2000 roku

Czado Paweł, *Nasze kluby. Naprzód Lipiny* [w:] „Gazeta Wyborcza" Katowice, nr 149 z 26 czerwca 2003 roku

Czado Paweł, *Pan Myszka, czyli piłkarz, który nie bał się niczego* [w:] „Gazeta Wyborcza" Katowice, nr 61 z 13 marca 2009 roku

Czado Paweł, Todur Wojciech, *Lubiłem grać agresywnie* [w:] „Gazeta Wyborcza" Katowice, nr 231 z 2 października 2009 roku – **wypowiedzi Mariana Ryby w książce wzięto z tego artykułu**

Czado Paweł, Todur Wojciech, *Teo: odeszła legenda* [w:] „Gazeta Wyborcza" Katowice, nr 123 z 27 maja 2009 roku

Czernik Dariusz, *Druga misja Kostki* [w:] „Sport", nr 141 z 19 czerwca 2015 roku

Grabowski Wiesław, *W Scheidegg jak w Kamieniu* [w:] „Sport", nr 57 z 18 maja 1982 roku

Grygierczyk Andrzej, *Upomnieć się o Śląsk* [w:] „Sport", nr 242 z 16 października 2007 roku

Góral Rafał, Płatek Piotr, Zawadzki Piotr, *Szykują się chochoły* [w:] „Gazeta Wyborcza" Katowice, nr 47 z 25 lutego 2005 roku

Hurkowski Roman, *Moje pięć sezonów* [w:] „Piłka Nożna", nr 47 (650) z 19 listopada 1985 roku

Imielski Roman, *Popieram Leo Beenhakkera* [w:] „Gazeta Wyborcza", nr 162 z 13 lipca 2006 roku

Jedlecki Przemysław, *Działacz katowickiego PiS-u chwali kandydata PO* [w:] „Gazeta Wyborcza" Katowice, nr 231 z 3 października 2007 roku

Klich Aleksandra, Żurek Beata, *Trener się boi* – rozmowa z Antonim Piechniczkiem [w:] „Duży Format" nr 23, dodatek do „Gazety Wyborczej", nr 139 z 16 czerwca 2008 roku

Kołakowski Jarosław, *Dwaj w szalupie* – rozmowa z Dariuszem Kubickim i Dariuszem Wdowczykiem [w:] „Sportowiec", nr 9/86 z 4 marca 1986 roku

Kumidor Zbigniew, *60 minut z Enzo Bearzotem* [w:] „Piłka Nożna", nr 47 (650) z 19 listopada 1985 roku

Lechowski Jerzy, *Już w Hiszpanii* [w:] „Piłka Nożna", nr 41 z 13 października 1981 roku

Lechowski Jerzy, *Kibice przewidzieli* [w:] „Piłka Nożna", nr 18 z 5 maja 1981 roku

Lenkiewicz Zygmunt, *Najważniejszy 2 maja* [w:] „Piłka Nożna", nr 6 z 10 lutego 1981 roku

Lenkiewicz Zygmunt, *Oswajanie* [w:] „Piłka Nożna", nr 4 z 3 lutego 1981 roku

Leo idzie na wojnę z PZPN [w:] „Przegląd Sportowy", nr 291 z 13-14 grudnia 2008 roku

Lodziński Waldemar, *Wakacje...* [w:] „Piłka Nożna Plus", nr 7 (127) z lipca 1996 roku

Marcinek Kazimierz, *Kadra Polski odleciała do RFN* [w:] „Sport" z 18 maja 1982 roku

Maciorowski Mirosław, *Ka-ca-py do do-mu!* [w:] „Ale Historia!" (dodatek historyczny „Gazety Wyborczej"), nr 54 z 5 marca 2012 roku

Niemiec Ryszard, *Senat wieńczy dzieło* [w:] „Sport", nr 239 z 12 października 2007 roku

Piechniczek Antoni, *Bez kompleksów* [w:] „Gazeta Wyborcza", nr 52 z 3 marca 2005 roku

Płatek Piotr, *Nigdy nie mówię nigdy* – rozmowa z Antonim Piechniczkiem [w:] „Gazeta Wyborcza" Katowice, nr 219 z 19 września 2000

Płatek Piotr, *Piechniczek w Górniku* [w:] „Gazeta Wyborcza" Katowice, nr 234 z 6 października 2000 roku

Rassek Paweł, *Kto mieczem wojuje, od miecza ginie* [w:] „Super Express", nr 165 z 17 lipca 2006 roku

Romaniuk Rafał: *Lato: Nie ma awansu, odchodzę* [w:] „Przegląd Sportowy", nr 278 z 30 listopada 2011 roku

Rzekanowski Paweł, *Piechniczek: Każdemu podaję rękę. Przecież może zacząć od początku* [w:] „Gazeta Wyborcza" Toruń, nr 27 z 1 lutego 2008 roku

Smaczny Paweł, *Najlepsze przed nami* – rozmowa z Antonim Piechniczkiem [w:] „Piłka Nożna", nr 42 z 20 października 1981 roku

Sobczyk Iwona, *Senatorom niestraszny deszcz ani piłkarski przeciwnik* [w:] „Gazeta Wyborcza" Katowice, nr 233 z 4 października 2008 roku

Stański Grzegorz, *Biało-Czerwoni trzecią drużyną świata* [w:] „Sport", nr 90 z 12 lipca 1982 roku

Stański Grzegorz, *Biało-Czerwoni w półfinale* [w:] „Sport", nr 85 z 5 lipca 1982 roku

Stański Grzegorz, *Koncert Biało-Czerwonych na Camp Nou* [w:] „Sport", nr 81 z 29 czerwca 1982 roku

Stański Grzegorz, *Próbne galopy* [w:] „Piłka Nożna", nr 9 z 3 marca 1981

Stański Grzegorz, *Sidła Kamerunu skuteczne* [w:] „Sport", nr 75 z 21 czerwca 1982 roku

Stański Grzegorz, *Z wzajemnym respektem* [w:] „Sport", nr 71 z 15 czerwca 1982 roku

Stec Rafał, *Antek policmajster* [w:] „Gazeta Wyborcza", nr 50 z 28 lutego 2005 roku

Szczepłek Stefan, *...a czas ucieka* [w:] „Piłka Nożna", nr 13 z 31 marca 1981 roku

Szczepłek Stefan, *Do maja bez zmian* – rozmowa z Antonim Piechniczkiem [w:] „Piłka Nożna", nr 3 z 20 stycznia 1981 roku

Szczepłek Stefan, *Pokazówka* [w:] „Piłka Nożna", nr 10 z 10 marca 1981 roku

Szczerba Jacek, *Kłopoty bogactwa* – rozmowa z Antonim Piechniczkiem [w:] „Duży Format", dodatek do „Gazety Wyborczej", nr 124 z 29 maja 2002

Todur Wojciech, *Piechniczek: Powiem, czyja to wina, że Śląsk przegrał Euro* [w:] „Gazeta Wyborcza" Katowice, nr 113 z 16 maja 2006 roku

Todur Wojciech, *Świeczki się dopalają* [w:] „Gazeta Wyborcza" Katowice, nr 133 z 9 czerwca 2011 roku

Wołowski Dariusz, *Nie szczur, lecz kozioł* [w:] „Gazeta Wyborcza", nr 106 z 8 maja 1997 roku

Zawadzki Piotr, *Klaps troskliwego ojca*. Rozmowa z Antonim Piechniczkiem [w:] „Gazeta Wyborcza" Katowice, nr 217 z 17 września 2003 roku

Zawadzki Piotr, *Trwam przy swoim*. Rozmowa z Józefem Ciszewskim [w:] „Gazeta Wyborcza" Katowice, dodatek „Sport", nr 114 z 17 maja 2004 roku

Żelazny Piotr, *Górnik i Ruch w poszukiwaniu straconego towaru* [w:] „Przegląd Sportowy", nr 99 z 27 kwietnia 2013 roku

Victoria Seleccjonador. Triumfalny powrót Antoniego Piechniczka do rodzinnego Chorzowa [w:] „Sport", nr 93 z 15 lipca 1982 roku

3. Internet

Antoni Krzysztof Piechniczek – International Matches as Coach – opracowanie Jarosława Owsiańskiego [w:] www. rsssf.com

(http://www.rsssf.com/miscellaneous/piechniczek-cintl.html)

La Fédération doit servir de locomotive du foot – rozmowa Tharaka Gharbiego z Tharakiem Diabem z 26 września 2011 roku [w:] „La Presse de Tunisie" (http://www.lapresse.tn/07042015/37399/la-federation-doit-servir-de-locomotive-du-foot.html)

Leo: Nie jestem śmieciem, Marek Wawrzynowski, Piotr Żelazny z 11 września 2009 roku [w:] przegladsportowy.pl

Mucha chce rozliczyć PZPN za klęskę naszej drużyny, 18 czerwca 2012 roku [w:] fakt.pl

Piechniczek na prezesa PZPN, Michał Karnowski, 29 sierpnia 2008 roku [w:] dziennik.pl

Piechniczek ma swojego faworyta na selekcjonera, Dariusz Czernik, 21 września 2009 roku [w:] przegladsportowy.pl

Smuda odchodzi. Nowego trenera poznamy..., RR, 20 czerwca 2012 roku [w:] przegladsportowy.pl

Smuda trenerem reprezentacji!, 29 października 2009 roku [w:] sport.tvp.pl

Rozmowa z Antonim Piechniczkiem, członkiem zawieszonego zarządu PZPN, Andrzej Grygierczyk, źródło „DZ" z 29 stycznia 2007 roku [w:] www.opolskie.naszemiasto.pl

Rozmowa z Antonim Piechniczkiem, wiceprezesem PZPN do spraw szkolenia, Andrzej Grygierczyk, źródło „DZ" z 4 lutego 2005 roku [w:] www.wisla.naszemiasto.pl

Wyniki wyborów samorządowych i parlamentarnych [w:] www.pkw.gov.pl

4. Audycje radiowe

Rozmowa z Antonim Piechniczkiem, „Kontrwywiad" Konrada Piaseckiego, 28 czerwca 2012 roku [w:] RMF FM

ZDJĘCIA

Archiwum prywatne Antoniego i Zyty Piechniczków s. 8-9, 12, 16-17 (reprodukcja pocztówki, wydawnictwo KAW), 31, 51, 60, 63, 64, 72-73, 80, 84, 85, 89, 92-93, 95, 98, 102, 110, 119, 122-123, 140, 164, 168-169, 183, 211, 232, 253, 256, 260-261, 266, 275, 279, 284; **Archiwum Joachima Klyszcza** s. 68; **Archiwum Antoniego i Małgorzaty Nierobów** s. 106, 126; **Agencja Gazeta: Marta Błażejowska** s. 249, **Bartosz Bobkowski** s. 326, **Grzegorz Celejewski** s. 338-339, 340, **Robert Krzanowski**, s. 294, **Anna Lewańska** s. 308, **Marcin Tomalka** s. 314-315; **East News: Reporter** s. 26, **Janusz Szewiński/Reporter** s. 206, **Marek Wielgus/Reporter** s. 34, 53, 171, 176, 344-345; **Forum: Adam Chełstowski** s. 317, **Forum** s. 291, **Maciej Jarzębiński** s. 311, **Tomasz Prażmowski/MsiT** s. 6, 198-199, 201, **Jacek Sielski** s. 56-57; **Agencja Newspix: Mieczysław Świderski** s. 87; **PAP: Maciej Billewicz/CAF** s. 218, **Adam Hawałej/CAF** s. 23, 38-39, 44, 47, 136, 163, **Stanisław Jakubowski/CAF** s. 238, **Zbigniew Matuszewski/CAF** s. 192, **Ryszard Okoński/CAF** s. 151, **Radek Pietruszka** s. 323, **Marek Wachowicz/TVP** s. 297, **Teodor Walczak/CAF** s. 224-225.

Redakcja: **Dariusz Kortko**

Korekta: **Teresa Kruszona**

Konsultacja: **Grzegorz Kaczmarzyk**

Fotoedytor: **Katarzyna Stańczuk**

Projekt graficzny okładki, makiety, skład i łamanie oraz przygotowanie zdjęć do druku:
Paweł Panczakiewicz / PANCZAKIEWICZ ART.DESIGN – www.panczakiewicz.pl

Zdjęcie na okładce: **Maciej Billewicz/CAF/PAP**

AGORA SA

ul. Czerska 8/10, 00-732 Warszawa

WYDAWNICTWO KSIĄŻKOWE:

Dyrektor wydawniczy: **Małgorzata Skowrońska**

Redaktor naczelny: **Paweł Goźliński**

Koordynacja projektu: **Katarzyna Kubicka**

Warszawa 2015

ISBN: 978-83-268-2311-4

Druk: **Drukarnia Perfekt**